KATASTROPHEN UND KRISEN

Ereignisse, die die Welt erschütterten

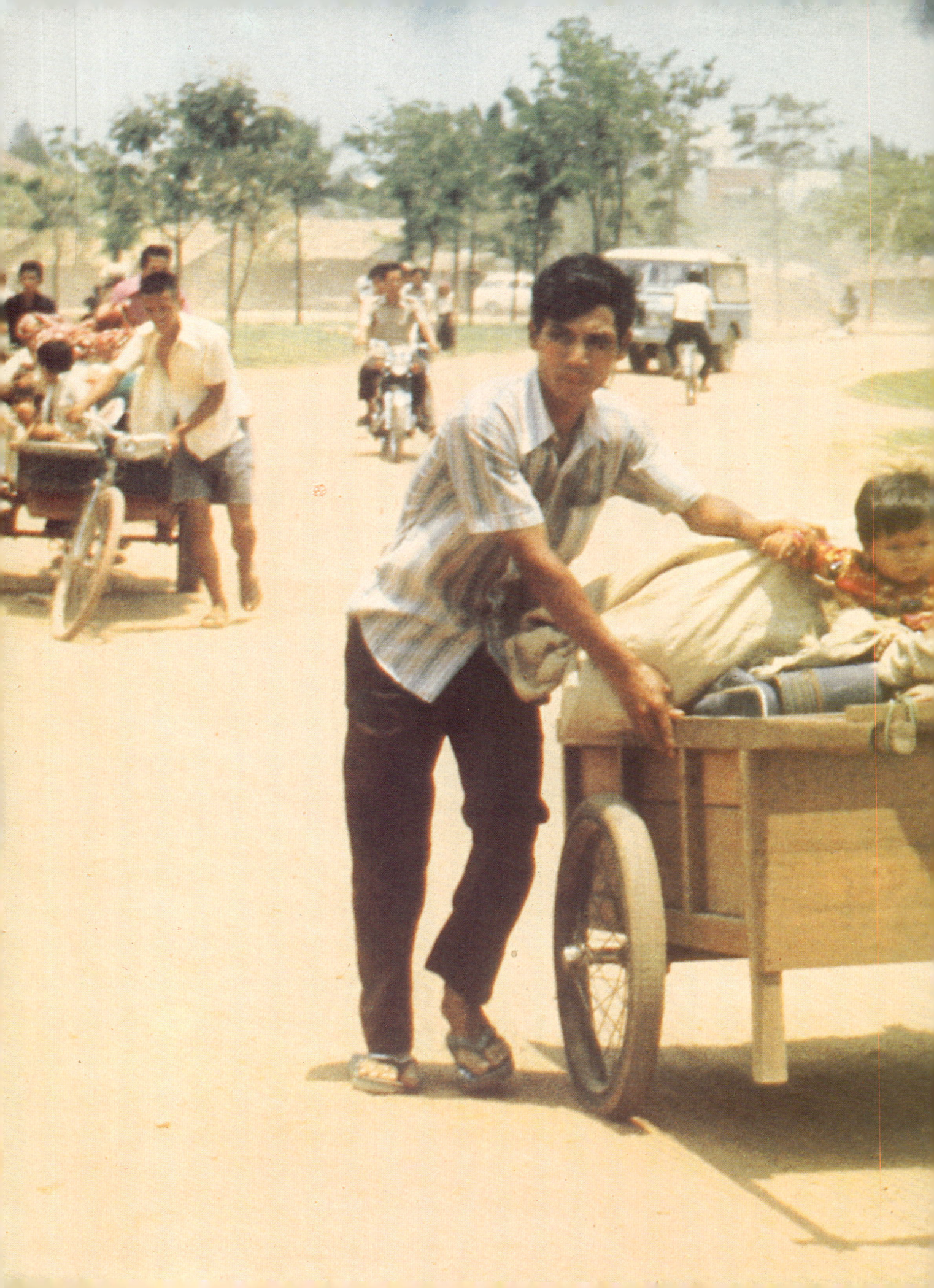

Jeremy Kingston und
David Lambert

KATASTROPHEN
UND
KRISEN

Deutsch von Edda Janus

VERLEGT BEI

KAISER

Titel des Originals: „Catastrophe and Crisis"
Chefredaktion: John Mason
Entwurf: Grahame Dudley
Bildmaterial: Adrian Williams
Redaktion: Damian Grint
Redaktionelle Beratung: Marian Pullen; Sarah Waters
Deutsche Redaktion: Dr. Mathias Jung
Schutzumschlag: Volkmar Reiter
Alle Rechte vorbehalten
Gesamtdeutsche Rechte bei Neuer Kaiser Verlag –
Gesellschaft m.b.H., Klagenfurt
Copyright des Originals © 1979
by Aldus Books Limited, London
Copyright der deutschen Ausgabe © 1980
by Neuer Kaiser Verlag – Gesellschaft m.b.H.,
Klagenfurt
Neuauflage: 1997
Druck und Bindearbeit: Gorenjski Tisk, Kranj – Slowenien

Einleitung

Die Geschichte ist reich an dramatischen und oft folgenschweren Ereignissen, die Narben auf der Oberfläche der Erde und in der Erinnerung der Menschen hinterlassen haben. Erdbeben, Feuersbrünste, Überschwemmungen und Vulkanausbrüche; Seuchen, Morde und Verbrechen gegen die Menschlichkeit; wirtschaftliche und wissenschaftliche Katastrophen und tragische Unglücksfälle, die weltweite Anteilnahme erregten — das alles sind Themen dieses Buches. Jede Gruppe wird gesondert behandelt, und bei Morden und anderen Gewaltverbrechen werden ihre Ursachen sowie ihre Auswirkungen auf spätere Entwicklungen geschildert. Naturkatastrophen wie Erdbeben, Epidemien, Hungersnöte und Vulkanausbrüche werden wissenschaftlich untersucht und zugleich praktische Methoden der Voraussage und Bekämpfung aufgeführt. Das Buch bietet einen weltumfassenden historischen Überblick über die Katastrophen und Krisen, von denen die Menschheit seit Beginn der Geschichtsschreibung bis zur Ermordung von Präsident Kennedy im Jahre 1963, zum chinesischen Erdbeben von 1976 und den indischen Zyklonen von 1977 heimgesucht wurde.

Inhalt

1
Mensch und Katastrophe

Der primitive Mensch sah seine Götter als willkürliche oder gar rachsüchtige Mächte, die sein tägliches Leben auf dieser Erde bestimmten. Angesichts der erschreckenden Zahl von Naturkatastrophen, die uns in unserem fortschrittlichen, wissenschaftlichen 20. Jahrhundert immer noch heimsuchen — Erdbeben, Stürme, Vulkanausbrüche, Hungersnöte, Brände, Überschwemmungen —, läßt sich diese Auffassung vielleicht verstehen. Es liegt jedoch in der Natur des Menschen, daß er sich selbst häufig zum ärgsten Feind wird. Habgierig, angriffslustig und grausam gegen seinen Mitmenschen, gefährdet er seine Existenz durch sein eigenes Handeln. Das erste Kapitel dieses Buches betrachtet den Hintergrund seines Kampfes gegen Katastrophen und Krisen, gegen seine Umwelt und seine eigene Natur. Die folgenden Seiten leiten das Gesamtthema ein: Mensch und Katastrophe.

Links: Ein Haldenrutsch, der 1964 eine Schule und einen Teil der Stadt Aberfan in Wales unter sich begrub. Die 144 Toten waren zumeist Kinder. Leichtsinniges Aufhäufen von Abraum einer Kohlenzeche, der vom Regenwasser durchweicht wurde, führte hier zur Katastrophe. Trotzdem existieren ähnliche Halden weiter. Sie verschandeln die Umgebung, machen die Erde unfruchtbar und nehmen benachbarten Häusern das Licht.

Unser gefährlicher Planet

Der Mensch lebt auf einer gefährlichen Erde. Die Gefahren, die ihn bedrohen, haben vielerlei Gestalt, manche sind naturgegeben, manche von Menschenhand geschaffen. Sie treten periodisch oder permanent auf, sie reichen vom Mikroskopischen zum Kosmischen. Am einen Ende der Skala steht der winzige Mikroorganismus *Pasteurella Pestis*, der Pestbazillus, der während der als Schwarzer Tod bekannten Epidemie schätzungsweise 43 Millionen Menschen in Europa und Asien zwischen 1345 und 1350 dahinraffte, zu welcher Zeit er die Randgebiete Europas — Irland, Schottland und Skandinavien — erreicht hatte und sich erschöpfte.

Am anderen Ende der Skala steht die Sonne, deren stete Ausstrahlung auf unserem Planeten Leben schuf und als Wärme und Licht die Basis für alle Lebensformen bildet. Aber die Strahlen, die der lebende Organismus benötigt, sind nur ein schmaler Streifen des Spektrums. Hinter dem ultravioletten Licht liegen breite Streifen von Röntgenstrahlen und todbringenden Gamma-Strahlen, die die Umhüllung zerstören, die organische Moleküle zusammenhält. Wenn diese tödlichen Strahlen nicht größtenteils von der Ozonschicht in der Stratosphäre absorbiert würden, könnten auf der Erde nur noch primitivste Lebensformen existieren.

In vieler Hinsicht hat der Mensch sich in den letzten Jahrhunderten seine Umwelt freundlicher gestaltet, aber obwohl ihm das Rüstzeug der modernen Wissenschaft zur Verfügung steht, wird er immer noch von denselben Feinden bedroht, die ihm durch die Zeiten zur Gefahr wurden: Erdbeben, Feuer, Überschwemmungen, Vulkanausbrüche, Seuchen — und Morde und Verbrechen gegen die Menschlichkeit. Die moderne Medizin hat die gefährlichen Seuchen wie Pest, Cholera und Gelbfieber unter Kontrolle bekommen, aber eben diese Kontrolle kann manchmal zur Folge haben, daß Bakterien neue und virulentere Stämme entwickeln. Desgleichen ist die moderne Wissenschaft heute wahrscheinlich in der Lage, die Ozonschicht zu durchlöchern, die unsere Erde umgibt und unsere äußerste und sicherste Abwehr gegen den Tod durch die Sonne darstellt.

Viele Errungenschaften von Wissenschaft und Technik, die dem Menschen helfen, sind in Wirklichkeit Versuche, die Natur zu beherrschen. Deiche werden gebaut, um die See in Schach zu halten, Uferbefestigungen sollen Flußläufe eindämmen, Sümpfe werden entwässert, um Ackerland zu gewinnen. Die Natur aber läßt sich Zeit. Früher oder später schwemmt das Wasser weg, was Menschenhand durch die Jahrhunderte errichtet hat, und rächt sich offenbar auf seine Weise an jenen, die zu sehr ihrem Werk vertraut haben.

Weil heute die Bevölkerungszahl der Erde größer ist als je zuvor in der Menschheitsgeschichte, siedeln sich Menschen in gefährdeten Gebieten an, auf fruchtbaren Berghängen und im Tiefland an Flüssen und Meeresküsten. Viele hungrige Mäuler müssen um jeden Preis überall auf der Erde gestopft werden. Die neugezüchteten, ertrag-

Oben: Das ganze Grauen der Pest hat der Holländer Pieter Breughel in seinem Gemälde *Triumph des Todes* festgehalten.

reicheren Kornarten entziehen dem Boden mehr Nährstoffe als früher, setzen ihn der Erosion aus und verwandeln Äcker in Brachland. Der nachfolgende Einsatz von Kunstdünger verändert die Substanz der Erdkrume. Medizin, Hygiene, Industrialisierung, Verstädterung, ja die gesamte Zivilisation, sie alle bedeuten Abkehr von der Natur und ihren Gegebenheiten.

Dieses Abrücken und Eingreifen haben den Menschen

zu dem gemacht, was er heute ist. Sein Kampf, die Natur zu überwinden, ist im wahrsten Sinn die Geschichte des Menschen auf der Erde. Die früheren Kulturen, die an den Ufern großer Flüsse entstanden, kannten die Schrecken der Überschwemmungen nur zu gut — und im Falle Ägyptens wußten sie, welche Notzeit folgte, wenn das Hochwasser ausblieb, das den reichen, fruchtbaren Schlamm über das Uferland schwemmte. Sintflut, Erdbeben, Hunger und alle

anderen Naturkatastrophen wurden als Mißfallensäußerung der Götter oder als von ihnen verhängte Strafen angesehen. Und wie der Mensch nun einmal ist, fiel es ihm nie schwer, nach einer zerstörenden Flut oder einem Erdbeben ein Vergehen oder Versagen zu finden, das einen bestimmten Gott in Zorn versetzt haben mußte. Als sich durch ein Erdbeben im alten Rom im Forum eine breite Spalte öffnete, verkündeten die Priester, die Götter würden sie erst wieder schließen, wenn Roms kostbarster Besitz hineingeworfen würde. Ein junger Mann, Marcus Curtius, trat vor und erklärte, Roms wahrer Reichtum wären seine tapferen Männer. Er stieg auf sein Pferd und sprengte in die Spalte, die sich im selben Augenblick schloß. Selbst heute noch tragen bei Ausbrüchen des Ätna und des Vesuvs Priester die Reliquien ihrer Ortsheiligen in einer Prozession dem Vulkan entgegen und hoffen, damit dem Ausbruch ein Ende zu setzen.

Vulkanausbrüche, Erdbeben und sogar Zyklone sind von lokaler Bedeutung, vergleicht man sie mit den Schrecken von Krieg und Pestilenz — zwei Phänomenen, die oft gleichzeitig auftreten. Pest, Typhus, Syphilis und Ruhr wüteten im Europa des Mittelalters und der Renaissance, als Staat gegen Staat Krieg führte und Armeen landauf und landab zogen, um menschliche Macht- oder Habgier zu befriedigen. Im Sommer 1528, während des langen Machtkampfes zwischen den Franzosen und dem Heiligen Römischen Reich, stand die französische Armee in der Nähe von Neapel kurz vor dem Sieg über die spanischen Truppen Karls V., als plötzlich Typhus ausbrach. Nach einem Monat lebten von den 25000 Franzosen nur noch 4000. Sie wurden niedergemetzelt, und die Habsburger und Spanier beherrschten Europa ein weiteres Jahrhundert lang. Wenn das Schicksal ganzer Nationen vom Biß einer Laus abhing, nimmt es nicht wunder, daß der Mensch mit Unsicherheit und Angst auf seine Umwelt reagierte.

Der Feldzug, der vor Neapel so katastrophal endete, war nur einer aus der schier endlosen Folge von Kriegen auf der Erde. Welches die Gründe für die vielen Kriege im Verlauf der Geschichte auch sein mögen — Gebietserweiterung, Handelsrivalität, Glaubenskrieg oder persönliches Machtstreben —, diese Ziele werden nie ohne Leid, Greueltaten und Tod erreicht. Aber die sinnlosen Schrecken des Krieges werden immer von neuem durch die Grausamkeiten übertroffen, die der Mensch dem Menschen zufügt, manchmal von einer Ungeheuerlichkeit, die vor Entsetzen den Verstand stillstehen läßt. Nun ist die Unmenschlichkeit des Menschen kein Phänomen, das mit den Christenverfolgungen durch die römischen Kaiser oder mit dem Sklavenhandel ein Ende fand. Unser Jahrhundert hat neue Beweise erbracht, zu welch furchtbarer Grausamkeit gegen seine Mitmenschen der Mensch fähig ist: dem wohl unfaßlichen systematischen Mord an Juden, Slawen, Zigeunern und anderen „Unerwünschten" durch die Nazis. In den Nachkriegsjahren setzt sich diese lange Liste fort, am schrecklichsten in Teilen Afrikas und Südostasiens; eine Liste, die von Dekade zu Dekade länger wird.

Dann gibt es jene, die ihre politischen Ziele oder Ambitionen erreichen wollen, indem sie ihre Gegner ermorden. Die Ausschaltung eines Gegners durch Mord ist in der Tat eine seit langem gebräuchliche Waffe im politischen Kampf. Von den tödlichen Dolchstichen, die Julius Cäsar im Jahre 44 v. Chr. trafen, bis zur Erschießung von Martin Luther King 1968 erschien Mord oft als einfachste Lösung eines schwierigen politischen Problems, was jedoch in den seltensten Fällen zutraf. Die meisten Morde beschworen vielmehr genau die Krise herauf, die sie eigentlich verhindern sollten. Nicht wenige erwiesen sich als Wendepunkte für den Verlauf der Weltgeschichte.

Ehe nicht der Mensch die Bestie in sich bezwungen hat,

Oben: Der Brand von London und (unten) Chlorgasopfer im 1. Weltkrieg. Feuer und Krieg, zwei Geißeln der Menschheit.

vermag er derzeit wohl kaum etwas gegen die systematische Grausamkeit einzelner oder ganzer Staaten auszurichten. Sehr viel mehr hingegen kann er erreichen, wenn es darum geht, die Leiden der Opfer von Naturkatastrophen zu lindern. Die erste Reaktion ist die spontane Hilfeleistung. Die Methoden für Langzeitvorhersagen von Katastrophen oder möglichen Katastrophen wie Erdbeben, Vulkanausbrüchen oder Wirbelstürmen werden ständig verbessert. Die Medizin hat große Fortschritte im Kampf gegen Krankheiten gemacht, die Menschen überall auf der Welt Leid und Tod bringen. Schädlingsbekämpfungsmittel und Kunstdünger steigern die Ernteerträge, die der Versorgung einer ständig wachsenden Weltbevölkerung dienen. Aber auch hier kann das Instrument, das die Wissenschaft dem Menschen gibt, seine Lebensqualität zu verbessern, zur gegen ihn selbst gerichteten Waffe werden. Der Einsatz von breitenwirksamen Pestiziden, die viele Arten von Insekten vernichten, verursacht bereits große Sorge bei den Umwelt-

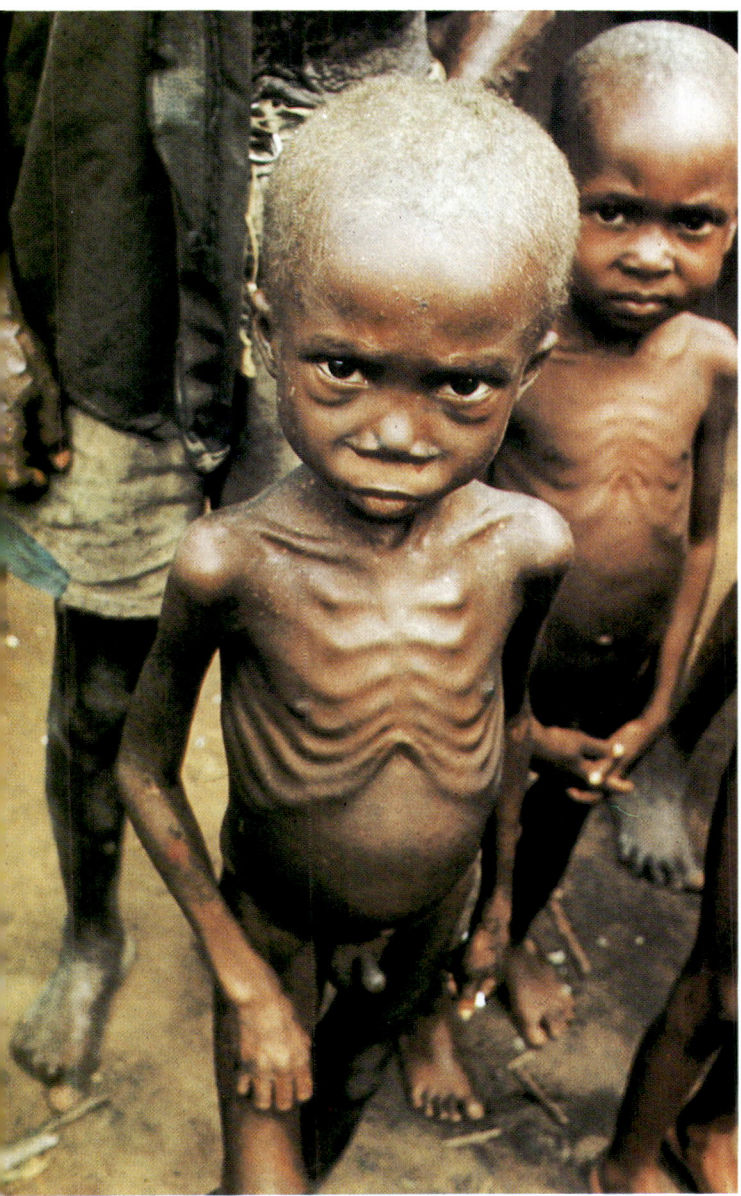

Oben: Ein Opfer der Ölpest und (unten) ein Tornado. Umwelt- und Naturkatastrophen fordern ständig Opfer.

Oben: Hunger — das immer wiederkehrende Problem der Dritten Welt.

schützern: Nicht nur die Schädlinge, sondern auch ihre natürlichen Feinde werden vernichtet. Da dieser Feind nun zu einer höher entwickelten Spezies gehört und einen längeren Lebenszyklus als sein Opfer hat, braucht er auch länger, um sich an das Gift zu gewöhnen. Die Folge ist, daß die Schädlinge, die viel schneller resistente Stämme entwickeln, vermehrt wiederauftreten, was sich weder durch ihre natürlichen Feinde noch durch Gift verhindern läßt.

Genau dasselbe kann geschehen und geschieht bei Antibiotika, durch die sich vielfach resistente Bakterienstämme bilden. Eine weitere Sorge ist die Umweltverseuchung durch die chemische Industrie, sei es aus Unachtsamkeit oder durch Unfälle. In der Mitte der sechziger Jahre starben 68 Menschen, wurden 330 zu lebenslänglichen Invaliden und erlitten etwa 10000 Schäden durch Quecksilbervergiftung, weil sie Fische oder Meerestiere aßen, die in der Minamata Bucht in Japan gefangen worden waren. Es stellte sich heraus, daß eine chemische Fabrik in der Stadt

Minamata quecksilberhaltige Abfälle in die Bucht ableitete.

Im Jahre 1498, in dem Savonarola in Florenz auf dem Scheiterhaufen endete, weil er für eine geistige und moralische Erneuerung eintrat, und Machiavelli ebendort Sekretär des Kriegsrates wurde, schuf in Deutschland Albrecht Dürer seinen wohl bekanntesten Holzschnitt „Die vier apokalyptischen Reiter". Die gefürchteten Reiter — Pest, Krieg, Hunger und Tod — ziehen noch immer ihren Weg, wie sie es von jeher getan hatten, lange bevor der Evangelist Johannes seine Offenbarungen, das letzte Buch des Neuen Testaments, aufzeichnete. Der Mensch wird nie den Tod besiegen und wohl auch nie ganz der drei anderen Reiter Herr werden. Aber das Elend, das sie mit sich bringen, kann wesentlich gemildert werden. Um dies zu erreichen, muß man allerdings die Katastrophen und ihre Ursachen begreifen, und zwar sowohl die sogenannten Naturkatastrophen wie die vom Menschen ausgelösten.

13

2
Unsere ruhelose Erde

Die meisten Menschen halten es für selbstverständlich, daß der Boden unter ihren Füßen fest ist. Auf dieser Voraussetzung planen sie ihr Leben und bauen Städte und Straßen. In Wirklichkeit aber stehen wir auf einer ruhelosen Erde — keineswegs auf einer *terra firma*. Und gerade weil man dem festen Boden nicht mehr trauen kann, ist ein Erdbeben ein so besonders erschreckendes Erlebnis.

Im Durchschnitt gibt es auf der Erde etwa eine Million Erdbeben im Jahr — zwei in jeder Minute. Die Mehrzahl kann nur von Instrumenten registriert werden, etwa dreihunderttausend sind immerhin spürbar. Zwanzig wären zwar stark genug, eine Stadt zu zerstören, treten aber in dünnbesiedelten Gebieten auf. Fünf jedoch richten Zerstörungen an und fordern Menschenleben. Seit dem Jahr 1900 sind über anderthalb Millionen Menschen bei Erdbeben umgekommen. Wenn man diese beängstigend hohe Zahl herabsetzen will, muß dies durch umfassendere Erkenntnis der geheimnisvollen Kräfte geschehen, die unsere Erde zum Beben bringen.

Links: Zerstörungen nach dem Erdbeben in Alaska 1964. Schwere Erdbeben, die oft ohne jede Vorwarnung einsetzen, haben die Menschen von jeher in Furcht und Schrecken versetzt. Wenn man weiß, wie Erdbeben entstehen und welch verheerenden Personen- und Sachschaden sie anrichten können, sind zumindest gewisse vorbeugende Maßnahmen möglich.

Wie entstehen Erdbeben?

Die meisten Erdbeben beginnen mit einem tiefen, lauten Grollen unter der Erdoberfläche. Danach bildet sich — auf dem freien Land — eine wellenartige Bewegung. Der Boden hebt sich zu einem kleinen Kamm, der sich wie eine Welle auf dem Meer über das Land fortbewegt. Diese Begleiterscheinungen machen es verständlich, daß sich die Menschen in früherer Zeit vorstellten, Erdbeben seien das Werk unterirdischer Ungeheuer.

Die Griechen suchten nach einer natürlichen Erklärung. Aristoteles vermutete, in der Erde eingeschlossene Gase verursachten Erdbeben, wenn sie aus unterirdischen Hohlräumen entwichen. Diese Ansicht hielt sich fast zweitausend Jahre lang.

Das erste Instrument, das die Richtung eines Erdbebens anzeigte, war ein Pendel in einem Krug, das der chinesische Astronom Tschang Heng etwa im Jahre 130 n. Chr. erdachte. Im 17. Jahrhundert benützte man in Italien mit Wasser gefüllte Gefäße, die bei Erschütterungen überliefen, und im 18. Jahrhundert Quecksilber in Bechern. Diese Geräte nennt man Seismoskope.

Im 19. Jahrhundert wurde der Seismograph zur Registrierung entfernter Erdbeben erfunden und ein weltweites Netz seismischer Stationen eingerichtet. Der Seismograph ist so konstruiert, daß er nicht nur die Richtung eines Erdbebens anzeigt, sondern auch den Zeitpunkt. Er registriert ferner die Wellen, die von dem Beben ausstrahlen. Die meisten Seismographen messen Erdbewegungen nur in einer Richtung, und daher braucht die Empfangsstation drei Instrumente: eins für die vertikale und je eins für die Nord-Süd- und die Ost-West-Bewegung. Man entdeckte, daß Erdbeben von plötzlichen Bewegungen der Erde verursacht werden, meistens entlang von Verwerfungsflächen, das heißt an den schwächsten Stellen der Erdkruste. Was jedoch diese Bewegungen auslöst, ist bisher noch nicht ganz geklärt.

Der Punkt auf der Erdoberfläche senkrecht über dem Herd des Erdstoßes heißt *Epizentrum*, und die Erschütterung ist hier meist am stärksten. Der Herd im Erdinnern heißt *Hypozentrum*. Flache Beben entstehen in 90 oder weniger Kilometer Tiefe, tiefe liegen bei 600—750 Kilometern. Durch Berechnung der Zeit, die die verschiedenen Wellenbewegungen brauchen, drei oder mehr Empfangsstationen zu erreichen, können Seismologen genau den Herd und die Tiefe eines Bebens bestimmen.

Die Stärke eines Erdbebens wurde nach Graden auf einer Skala gemessen, die von I (unmerklich) bis XII (große Katastrophe) reichte. Aber das Ausmaß der Zerstörung ist kein zuverlässiger Meßwert, weil es von Ort zu Ort variabel ist und von der Beschaffenheit des Bodens,

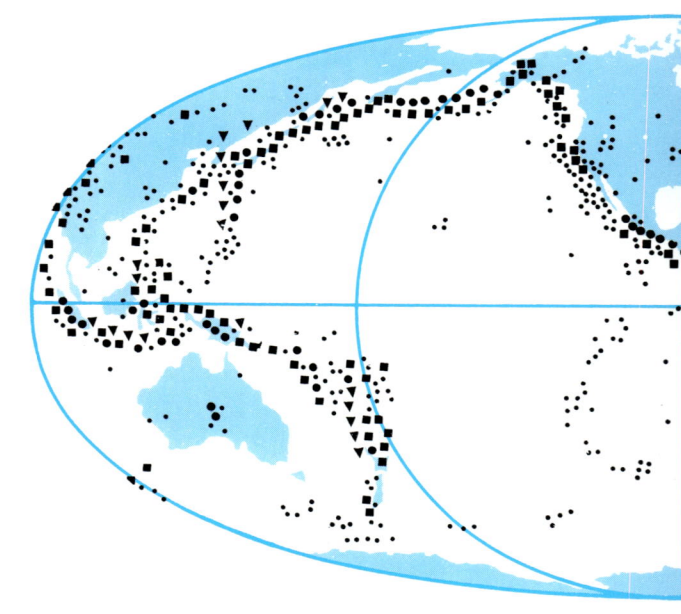

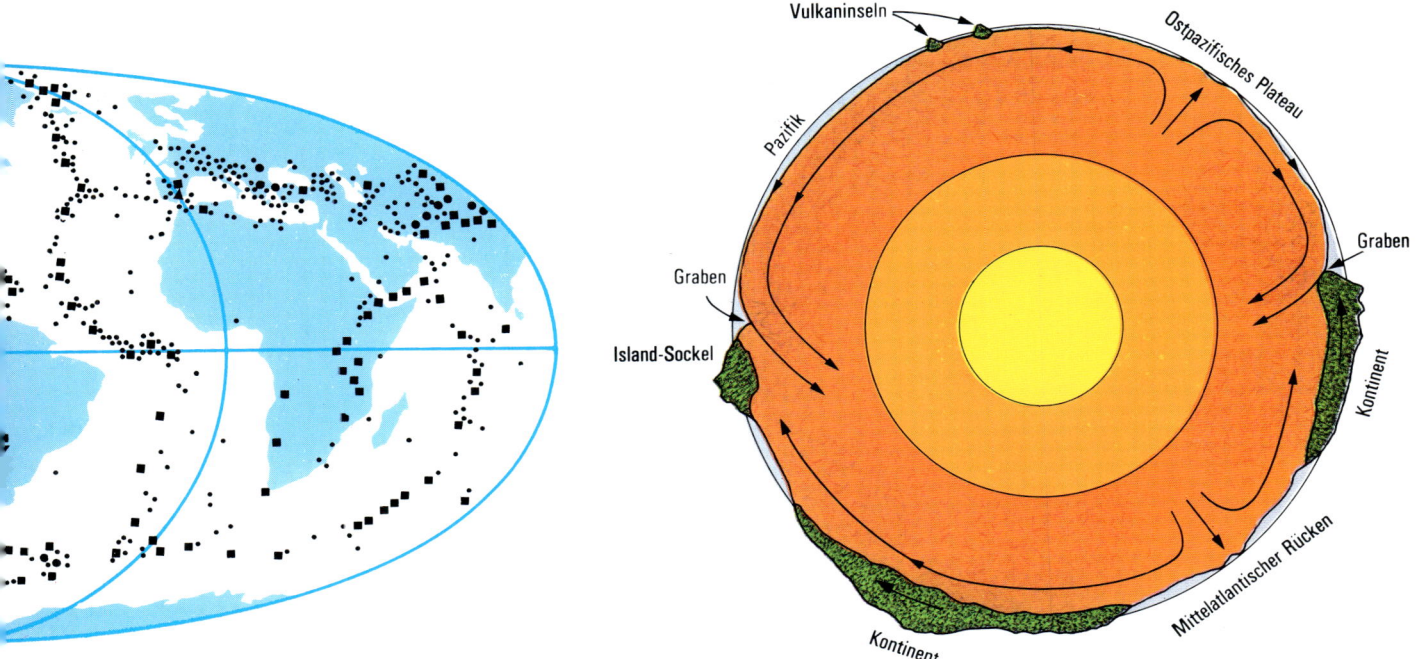

Amerika

Eurasien

Arabien

Karibik

Kokosinseln

Afrika

Nazca

Falklandinseln

Antarktis

Links: Eine Weltkarte, auf der die Ränder der größten der 19 Schollen, die die Erdkruste bilden, eingezeichnet sind.
Unten links: Eine Weltkarte, die zeigt, wo Erdbeben auftreten. Man sieht, daß sie am häufigsten rund um den Pazifik, in Zentralasien, im Mittelmeergebiet und an den mittelozeanischen Grabensystemen vorkommen. Der Stärkegrad wird gekennzeichnet durch kleine Punkte für normale Beben bis zu großen Zeichen für schwere Beben — unterteilt in Oberflächen-(Quadrat), Mittel-(großer Punkt) und Tiefenbeben (Dreieck).
Unten: Diese schematische Darstellung eines Querschnitts der Erde zeigt, wie sich neue Erdkruste bildet. Neues Magma steigt aus dem Mantel in den ozeanischen Gräben auf, breitet sich über den Meeresboden aus und versinkt in den ozeanischen Gräben wieder in den Mantel.

Vulkaninseln

Ostpazifisches Plateau

Pazifik

Graben

Graben

Island-Sockel

Kontinent

Kontinent

Mittelatlantischer Rücken

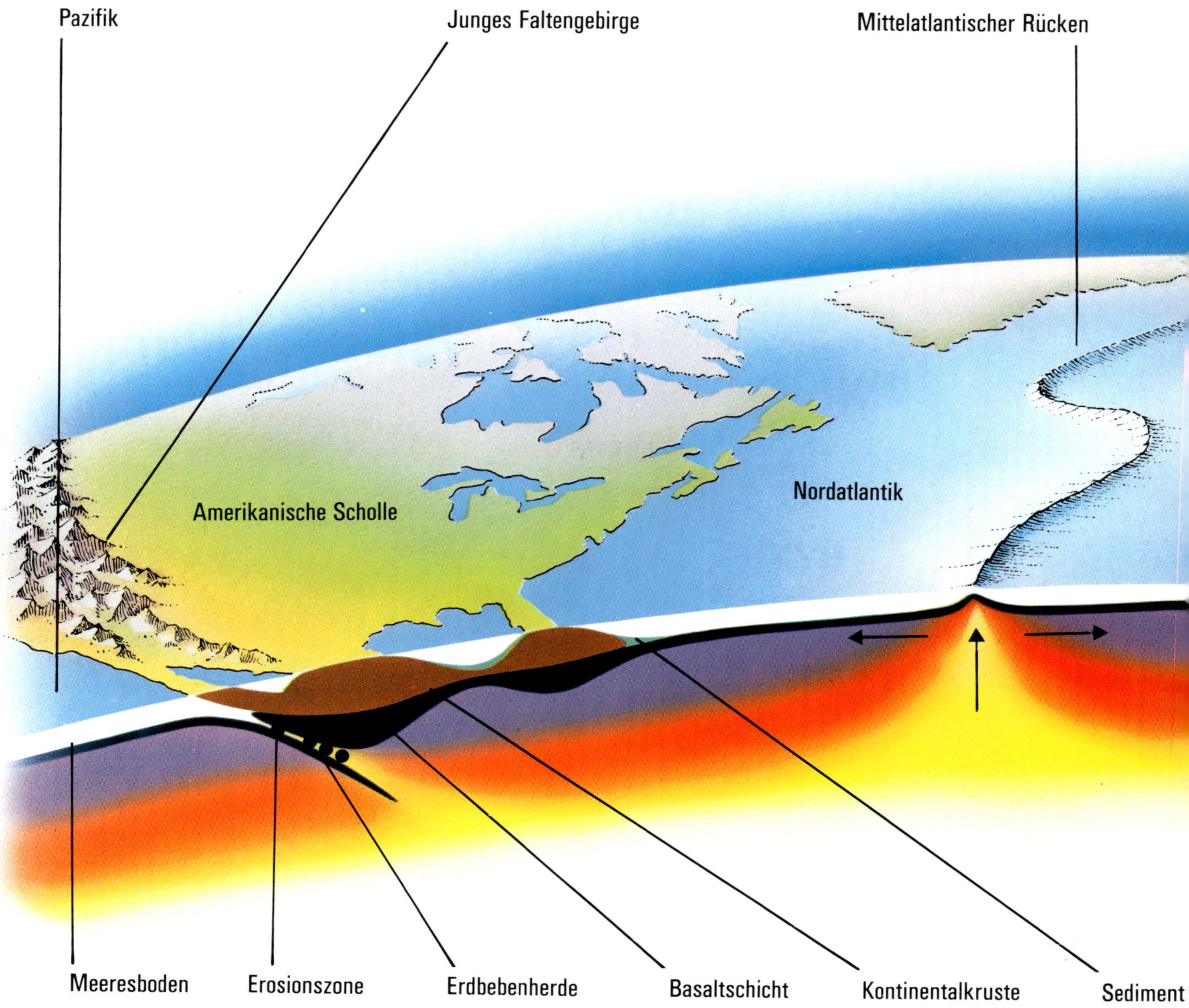

Pazifik   Junges Faltengebirge   Mittelatlantischer Rücken

Amerikanische Scholle   Nordatlantik

Meeresboden   Erosionszone   Erdbebenherde   Basaltschicht   Kontinentalkruste   Sediment

der Standfestigkeit der Gebäude und nicht zuletzt der subjektiven Beurteilung der Beobachter beeinflußt wird. Sie kann auch nicht auf Beben angewandt werden, die auf dem Meeresboden auftreten. Heute werden Erdbeben allgemein nach der Energiemenge gemessen, die im Hypozentrum frei wird.

Eine Skala für die Stärke wurde 1935 von Charles F. Richter entwickelt, später Professor der Seismologie am *California Institute of Technology*. Sie basiert auf dem größten Ausschlag eines Seismographen unter Berücksichtigung der Entfernung des Geräts vom Epizentrum. Die Richter-Skala ist logarithmisch, das heißt, daß Stärke 6 zehnmal größer ist als Stärke 5, hundertmal größer als Stärke 4 und tausendmal kleiner als Stärke 9. Das größte Erdbeben des 20. Jahrhunderts war das Kolumbien-Equador-Beben vom 31. Januar 1906, das eine Stärke von 8,9 erreichte. Die dabei freigewordene Energie entspricht der einer 100-Megatonnen-Atombombe.

Man stellte fest, daß zahlreiche Erdbeben unter der See in bestimmten, genau bekannten Gebieten auftraten. Im Atlantik spannt sich der Erdbebengürtel fast über die ganze

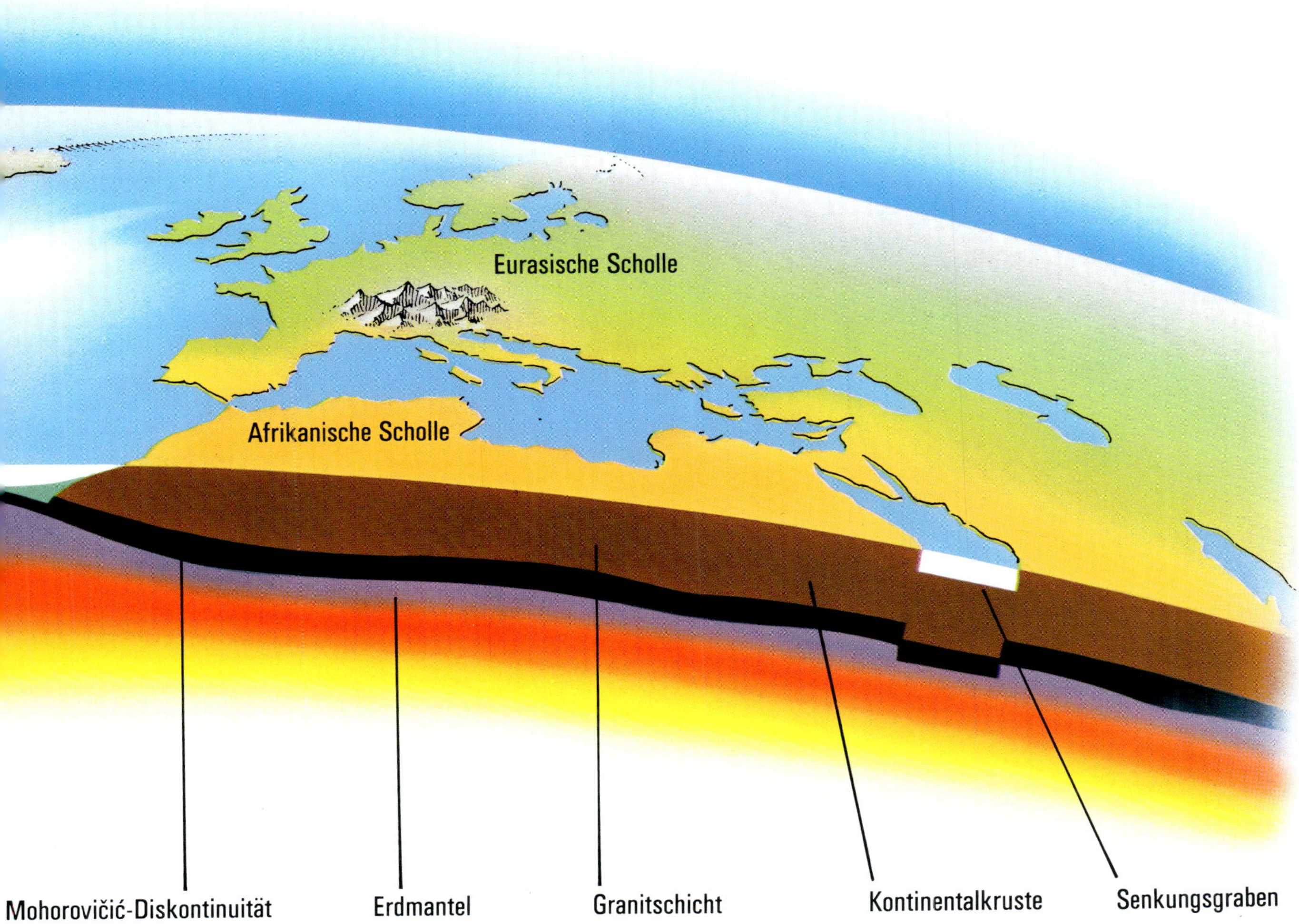

Eurasische Scholle

Afrikanische Scholle

Mohorovičić-Diskontinuität   Erdmantel   Granitschicht   Kontinentalkruste   Senkungsgraben

Oben: Ein Schnitt durch die Erdkruste zeigt die Kräfte, die Kontinente verschieben, Gebirge errichten und Erdbeben auslösen. Der Mittelatlantische Rücken ist dadurch entstanden, daß Masse aus dem Mantel aufsteigt und Kontinente auseinanderschiebt. Island, das direkt über diesem Rücken liegt, ist Schauplatz beträchtlicher vulkanischer Aktivität (links: Lavakrater auf Surtsey). Die amerikanische Scholle schiebt sich über die pazifische, wobei an deren Rand Gebirge und Erdbebengebiete entstehen.

Rechts: Luftaufnahme des San-Andreas-Grabens auf der amerikanischen Scholle. Er ist durch Reibung zwischen amerikanischer und pazifischer Scholle entstanden.

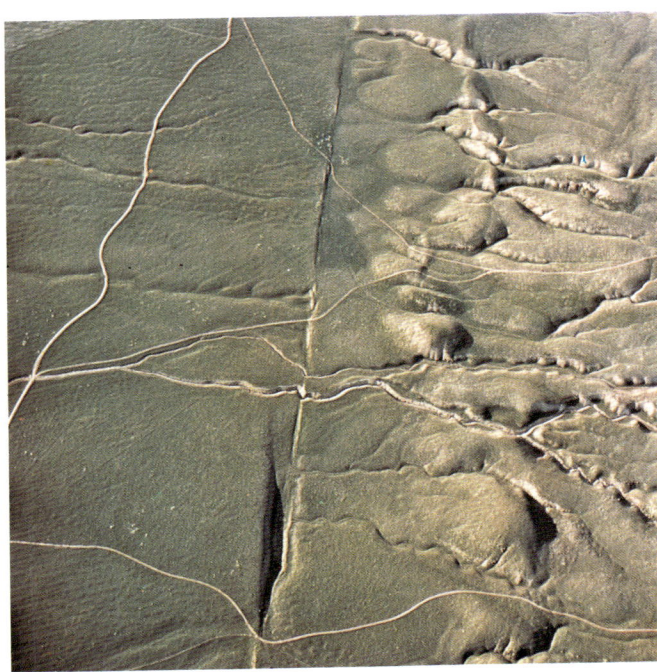

Länge des Ozeans von Island bis zur Antarktis. In den fünfziger Jahren unseres Jahrhunderts entdeckte man bei ozeanographischen Forschungsfahrten durch Tiefenlotungen, daß dieser Gürtel aus dem längsten Gebirgszug der Erde besteht; er ragt dreitausendfünfhundert Meter vom Meeresgrund auf, ist Hunderte von Kilometern breit und Tausende von Kilometern lang. Dieser früher nie vermute-

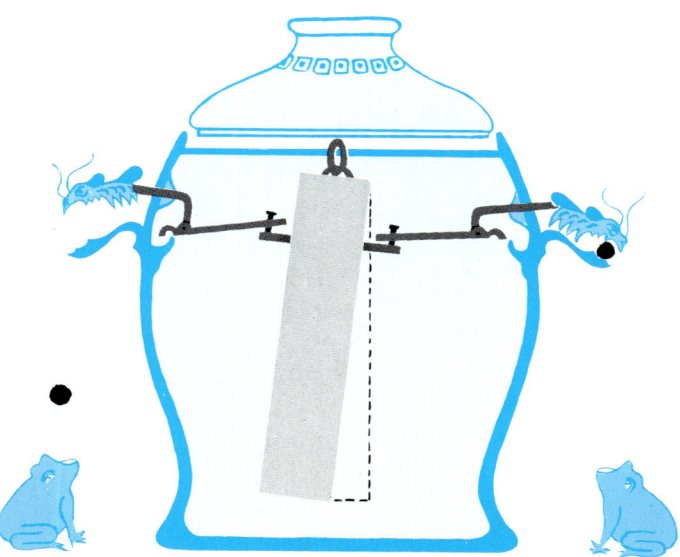

Oben: Ein chinesisches Seismoskop um 130 n. Chr. Ein im Krug hängendes Pendel ist mit den beweglichen Oberkiefern von acht Drachenköpfen rund um die Außenfläche verbunden. Erdstöße bringen das Pendel zum Schwingen, wodurch ein Ball aus einem der Drachenmäuler in das Maul eines hohlen Frosches fällt.

te Gebirgszug der Erde verläuft um die Südspitze Afrikas und durch den Indischen Ozean bis in den Golf von Aden. Im südlichen Indischen Ozean teilt er sich, ein Zug geht zwischen Australien und der Antarktis hindurch und

verbindet sich im östlichen Pazifik mit einem weiteren. Große Teile dieses ozeanischen Gebirges werden durch diagonale Brüche voneinander getrennt, und fast immer findet sich in ihrer Mitte ein besonders tiefer Senkungsgraben.

Entdeckungen auf diesem und verwandten Gebieten, wie zum Beispiel die magnetischen Differenzen bei Gesteinen, führten zur ersten verständlichen und überzeugenden Erklärung der Erdstruktur.

Die äußeren sechzig Kilometer der Erde, die Kruste und die obere Schicht des *Mantels* (die dicke Gesteinsschicht unter der Erdkruste) besteht aus sechs großen und einer Anzahl kleinerer Schollen. Diese Schollen tragen auf ihren Rücken die Kontinente und Ozeane. Entlang den Senkungsgräben unter der Meeresoberfläche, die die Grenzen zwischen zwei Schollen markieren, dringt geschmolzene oder basaltische Masse durch die Oberfläche der Kruste und treibt die Schollen jährlich um wenige Zentimeter auseinander. Solche Bewegungen haben vor Millionen Jahren unsere heutigen Kontinente entstehen lassen. Vor hundert Millionen Jahren zum Beispiel war Südamerika mit Afrika verbunden, und Nordafrika und Europa bildeten eine Einheit mit Grönland, Kanada und den Vereinigten Staaten.

Weil die Erde nicht größer wird, bedeutet das Aufsteigen von Masse an die Oberfläche, daß anderswo Masse in den Mantel zurückkehren muß. Dieser Austausch findet in den tiefen ozeanischen Gräben statt, die wie die ozeanischen Gebirgszüge Zonen hoher Erdbeben- und vulkanischer Aktivität sind. Wenn der Rand einer ozeanischen mit dem einer Kontinentalscholle zusammenstößt, muß der Rand der ozeanischen Scholle in tiefere, heißere Teile des Erdmantels eintauchen und geht allmählich darin auf. Der Ort des Eintauchens bildet den Graben.

Wenn die Ränder zweier Kontinentalschollen zusammentreffen, versinkt keine. Jeder Graben zwischen ihnen füllt sich, und die beiden Landmassen verbinden sich langsam. Weiteres Zusammendrängen führt zur Gebirgsbildung. Vor mehreren Millionen Jahren stieß die indische Scholle gegen Asien, wobei sich der Himalaja zusammenschob. Derselbe Vorgang findet heute statt, weil die

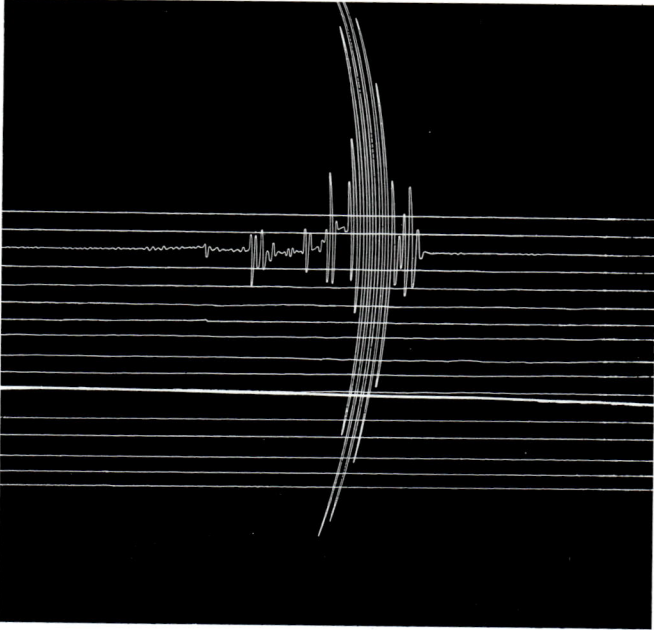

Oben: Ein Seismograph zur Registrierung von Erdbeben. Eine bewegliche Schreibfeder zeichnet eine Linie auf eine sich drehende Walze. Bei Erdbeben wird die Linie wellenförmig, woraus sich Rückschlüsse auf Stärke und Dauer des Bebens ergeben.
Links: Aufzeichnung eines Seismographen von einem Erdstoß auf Island im März 1963.

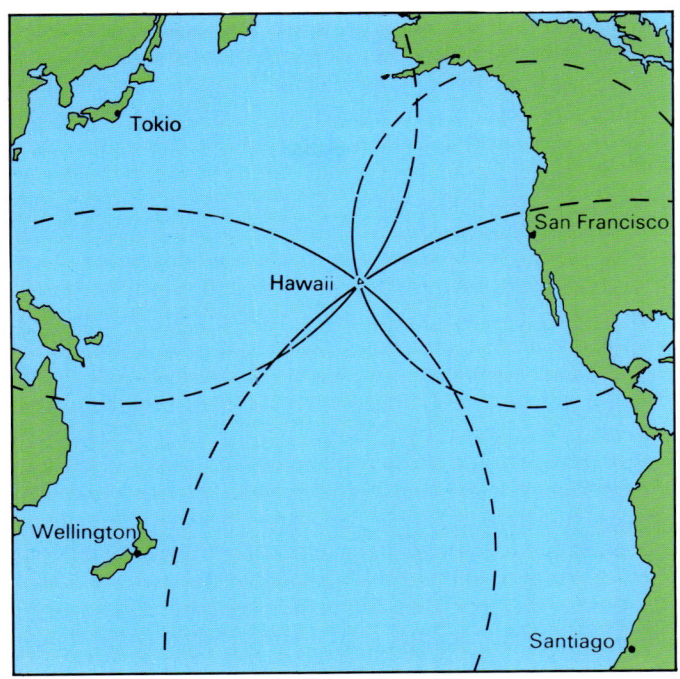

afrikanische Scholle allmählich immer mehr nach Norden driftet. Sie drückt das Mittelmeer zusammen und hebt die Alpen noch höher an.

Geschmolzenes Gestein kann auch in der kontinentalen Masse der Schollen zur Oberfläche aufsteigen und sie sprengen, wodurch Senkungsgräben entstehen. Der größte erstreckt sich von Ostafrika durch das Rote Meer zum Toten Meer und dem Jordan. Wenn der Prozeß weitergeht, wird in weiteren hundert Millionen Jahren der Jordan so breit sein wie heute der Atlantik.

Reiben die beiden Stirnseiten von zwei Schollen sich aneinander, ohne jedoch unterzutauchen, bildet sich in der Erdkruste ein Graben oder vertikaler Riß. Die Stoßbewegung der Schollen entlang eines solchen Grabens können ganz leicht, aber auch heftig sein.

Die Oberfläche unserer Erde ist ruhelos, ein Puzzlespiel aus Schollen, die langsam gegeneinander stoßen und vielfältig darauf reagieren. Sie können zusammengedrückt, auseinandergeschoben, zerrieben oder zerschnitten werden. Durch alle diese Vorgänge werden Erdbeben verursacht.

Oben: Wissenschaftler können den Ort eines Erdbebens bestimmen, indem sie von zumindest drei weit auseinanderliegenden Beobachtungsstationen aus die Entfernung zum Epizentrum messen und graphisch darstellen. Die Karte zeigt Bögen, die von Stationen in Japan, Neuseeland, den USA und Chile aufgezeichnet wurden und die sich in Hawaii schneiden. Damit ist das Epizentrum des Erdbebens lokalisiert.

Rechts: Eine Karikatur, nach dem Erdbeben von 1906 in San Francisco erschienen. Der Text lautet: *Die Erde: „Hoffentlich bekomme ich nie wieder so furchtbare Kopfschmerzen."* Der Zeichner hat zweifellos den Überlebenden des Erdbebens, das die Stadt zerstörte, aus der Seele gesprochen. Allerdings glauben einige Forscher, daß es für diese schweren Beben eine Gesetzmäßigkeit gibt; mit dem nächsten rechnen ie um das Jahr 2000.

Die Zerstörung einer Stadt
Lissabon 1755

Im Jahr 1755 war Lissabon dreifach berühmt, für seine Frömmigkeit, seinen Handel und seinen Reichtum. Eine Stadt von 275000 Einwohnern, das Nervenzentrum des Portugiesischen Weltreichs, zu dem Brasilien, große Gebiete in Afrika und im Fernen Osten gehörten. Die Schiffe, die in den Tejo segelten und an den von Menschen wimmelnden Kais anlegten, brachten Güter aus allen großen Welthäfen.

Am Morgen von Allerheiligen, am Samstag, dem 1. November, gingen die meisten Bürger zur Messe in eine der zahllosen Kirchen, deren Türme wie ein Wald über den Dächern der Häuser aufragten. Um halb zehn erschütterte der erste von drei Erdstößen die nichtsahnende Stadt. Erst kam ein lautes Grollen wie unterirdischer Donner. Nach kurzer Pause folgte ein zwei Minuten dauerndes Beben, das Häuser, Geschäfte, Kirchen und Paläste mit ohrenbetäubendem Getöse einstürzen ließ. Ein dritter Erdstoß vollendete die Zerstörung. Der Tag wurde zur Nacht, als eine riesige Staubwolke sich über die Ruinenstadt senkte. Nachdem der Staub sich gelegt hatte und die Überlebenden sich sammelten, brach in den Ruinen eine verheerende Feuersbrunst aus. Noch in derselben Stunde kam die nächste Katastrophe. Drei sieben Meter hohe seismische Wellen (unter ihrem japanischen Namen *Tsunami* bekannt) überrollten mit ungeheurer Wucht den gesamten Hafenbezirk und richteten dort überall die schwersten Verwüstungen an.

Augenzeugen, die von den Höhen rund um Lissabon die Vorgänge beobachteten, berichteten, die Gebäude hätten wie Korn im Wind geschwankt, ehe sie einstürzten. Von den 20000 Häusern der Stadt wurden 17000 vernichtet, und was das Erdbeben verschonte, verschlang das Feuer. Der königliche Palast und das prachtvolle neue Opernhaus, beide beim Erdbeben nur leicht beschädigt, fielen den Flammen zum Opfer. Viele andere Paläste, öffentliche und kirchliche Gebäude, mit Waren gefüllte Lagerhäuser und ganze Straßenzüge erlitten dasselbe Schicksal durch das Feuer, das den größten Teil der Stadt in eine verkohlte Wüste verwandelte. Viele der unglückseligen Einwohner waren in den Ruinen gefangen und verbrannten lebendigen Leibes. Andere, die vor dem Feuer zum Hafen geflüchtet waren, wurden von den Tsunami mitgerissen und ertranken. Die durch Trümmer verschütteten Straßen und Plätze widerhallten von den Schreien derer, die vor dem Tod noch beichten wollten. Nach Schätzungen starben etwa sechzigtausend Menschen.

In mehr als einem Drittel Europas spürte man das Beben. Noch 1500 Kilometer entfernt schwankten in Kirchen die Leuchter und zeichneten als primitive Seismographen die Wellenbewegung der Erdstöße auf. Der Wasserspiegel geriet von den Schweizer Seen bis hin zum Loch Lomond in Schottland in Bewegung und stieg und fiel eine Stunde lang, wobei die Differenz bis zu einem Meter betrug. In den holländischen Grachten und Flüssen war die Wellenbewegung so stark, daß große Schiffe sich von den Haltetauen losrissen. Die vom Erdbeben verursachte Flutwelle überquerte den Atlantik und brandete sieben Meter hoch an die Küste der Kleinen Antillen. Die großen Erdstöße beschränkten sich nicht nur auf das Gebiet um Lissabon, sondern trafen auch Nordafrika und verursachten schwere Zerstörungen in Fez. In Lissabon waren wenigstens noch ein Jahr lang kleinere Erdstöße zu spüren. Bis dahin hatte es mehr als fünfhundert Nachbeben gegeben, die bei den Menschen hysterische Angstzustände auslösten.

Das Feuer hatte zahlreiche Leichen beseitigt, die übrigen wurden teils beerdigt oder aber in Booten gestapelt aufs Meer gebracht, beschwert und versenkt. Zelte und Hütten wurden rasch als Notunterkünfte errichtet, und dann begann die harte Arbeit des Wiederaufbaus, der aber vom religiösen Wahn vieler Priester behindert wurde. Auf die Frage, warum gerade Lissabon der Zerstörung anheimgefallen sei, eiferten diese fanatischen Priester, daß Gott den sündigen Bürgern zürne und sie erneut strafen würde, wenn sie nicht Buße täten. Da sie täglich Hunderte solcher Strafpredigten zu hören bekamen, reagierten die Menschen mit stumpfer Teilnahmslosigkeit, und alle Bemühungen, das Leben der Stadt wieder zu normalisieren, wurden dadurch erheblich beeinträchtigt. Schließlich mußte man die größten Eiferer unter den Priestern ins Gefängnis werfen.

Dieser religiöse Konflikt macht das Erdbeben von Lissabon besonders bedeutungsvoll. Weil sie wußten, wie viele Kinder und andere Unschuldige an jenem schrecklichen

Oben: Der Marquis de Pombal, portugiesischer Minister, schickte nach dem Erdbeben von Lissabon an jede Gemeinde einen Fragebogen, um Uhrzeit und Dauer der Erdstöße festzustellen. Es war einer der ersten Versuche, die Stärke von Erdstößen nach den Zerstörungen zu messen.

Oben: Ein Kupferstich des Erdbebens von Lissabon im Jahre 1755. Nachdem die meisten Häuser durch die Erdstöße eingestürzt waren, brach Feuer aus und vernichtete die nur leicht beschädigten ebenfalls. Überlebende, die zum Hafen gelaufen waren, wurden von drei Flutwellen mitgerissen, die sieben Meter hoch und von dem Erdbeben ausgelöst worden waren.

Rechts: Die Ruine der Kathedrale von Lissabon nach dem Erdbeben. Viele Portugiesen waren zu Allerheiligen in der Messe, als die Erdstöße kamen, und wurden von den herabstürzenden Trümmern erschlagen.

Tage umgekommen waren, begannen die Menschen, an Gottes Gnade und Barmherzigkeit zu zweifeln. Die Erfindungsgabe der Priester wurde hart auf die Probe gestellt, als sie erklären sollten, warum Gott die Zerstörung so vieler Kirchen zugelassen hatte, während die Bordellstraße verschont geblieben war. Der Meinungsstreit wurde mit zahlreichen Pamphleten und Schriften ausgefochten; einige stammten von Wissenschaftlern, die behaupteten, das Erdbeben sei nicht durch die Sünden Lissabons, sondern durch unterirdische Erdbewegungen verursacht worden. Das war ein Wendepunkt in der Einstellung der Menschen zu Naturkatastrophen.

„Ein Brüllen in den Straßen"
San Francisco 1906

Oben: Dieses Bild der California Street in San Francisco gibt einen Eindruck von der Stadt, ehe sie vom Erdbeben und den Bränden zerstört wurde (unten). San Francisco liegt über dem San-Andreas-Graben, an dem die Ränder von zwei Schollen sich aneinanderreiben. Durch diese Bewegung wird ein Landstreifen, der von San Francisco bis Baja California in Mexiko reicht, allmählich vom Kontinent abgetrennt und in Richtung Alaska geschoben.

Schon in der Zeit, als San Francisco, die elftgrößte Stadt der Vereinigten Staaten, kaum mehr als ein Dorf aus Holzhütten war, galt die kalifornische Küste, an der es lag, bereits als „Erdbebenland". Heute kennen die Geologen den Grund dafür: Es liegt an der Grenze zwischen zwei Schollen, die mit einer jährlichen Verschiebung von etwa 7 Zentimetern aneinander vorbeitreiben. In manchen Gegenden geschieht das reibungslos, anderswo bleiben die Schollen für ein paar Jahre oder Jahrzehnte aneinander hängen. Der Druck steigert sich, bis der Gesteinsmantel endlich nachgeben muß und die Schollen sich voneinander losreißen. Dieser unvermittelte, heftige Ruck löst dann ein Erdbeben aus.

Nach einem Erdbeben in Südkalifornien im Jahre 1857 stellte man fest, daß sich im Grenzgebiet zwischen den beiden Schollen (als San-Andreas-Graben bekannt) das Bett vieler Flüsse bis zu zehn Metern verlagert hatte, vermutlich die größte horizontale, von einem Erdbeben verursachte Verschiebung der Neuzeit. Im gleichen Jahr gab es ein weiteres Erdbeben, über das aber wenig bekannt ist, weil es ein damals kaum besiedeltes Gebiet traf. Noch weniger weiß man über das Erdbeben im Gebiet von San Francisco aus dem Jahr 1800. In diesen beiden Teilen Kaliforniens hängen die Schollen aneinander fest, so daß sie besonders durch Erdbeben gefährdet sind. Es scheint sie abwechselnd zu treffen: San Francisco im Jahre 1800, Los Angeles 1857. Wenn es um 1900 wieder ein Erdbeben geben sollte, wäre San Francisco an der Reihe.

Um 5.15 Uhr am Morgen des 17. April 1906 wachten die Bewohner von San Francisco vom „Ächzen der Balken,

Oben: Ein Haus in San Francisco, das 1906 das Erdbeben und den Brand überstanden hat. Es rutschte auf seinem Fundament 120 Zentimeter weiter.
Rechts: Das Bild zeigt die Erschießung von Plünderern nach dem Beben. Das Chaos in der verwüsteten Stadt war unbeschreiblich, so daß man das Kriegsrecht verhängte, um Hilfs- und Rettungsmaßnahmen überhaupt durchführen zu können.

einem mahlenden, knirschenden Geräusch und dann einem Brüllen in den Straßen" auf. Im Norden, an der Tomales Bucht, unmittelbar über dem San-Andreas-Graben, sprang ein zweistöckiges Hotel aus dem Fundament und landete im Meer. Der Graben verlief weiter unter der Skinner Ranch in Olema, wo neben dem Haus eine Zypressenreihe und ein Rosengarten plötzlich wegrutschten und vor dem Stall einen neuen Standplatz fanden. Die Kühe gerieten in Panik und flüchteten, wobei eine in eine Spalte stürzte, die durch die Erdbewegung entstanden war.

Die äußeren Vororte von San Francisco lagen nur siebeneinhalb Kilometer vom Graben entfernt. Das Beben kam donnernd von Norden her über die Bucht heran, und die Häuser begannen zu tanzen. Giebel brachen ab, Fassaden rutschten weg, Straßenbahnschienen verbogen sich, elektrische Leitungen rissen — in der Stadt erloschen die Lichter. Der schwerste Schaden aber ereignete sich einige Kilometer südlich der Stadt, wo durch das Erdbeben die großen Rohre der Wasserversorgung barsten, so daß es im Fall eines Feuers kein Löschwasser in San Francisco geben würde.

Die Zerstörungen in der Innenstadt waren besonders schwer, weil dort die Wohnhäuser auf einem alten, mit Sand bedeckten Sumpfgelände standen. Auf festerem Baugrund stürzten weniger Gebäude ein, eins allerdings doch, nämlich das Rathaus. Es war nach zwanzigjähriger Bauzeit und 6 Millionen Dollar Kosten erst kürzlich fertig geworden.

Dennoch wurden nur verhältnismäßig wenige Gebäude in San Francisco durch das Erdbeben zerstört. Die „feuergefährdetste Stadt der Welt" fiel unkontrollierbaren Bränden zum Opfer. Sie verwüsteten das Geschäftsviertel, zerstörten fast alle öffentlichen Gebäude ebenso wie die Paläste der Millionäre oben auf dem Nob Hill und insgesamt 28 188 Häuser. Da es kein Wasser zum Löschen gab, wütete das Feuer drei Tage lang in der ganzen Stadt. Die verzweifelte Feuerwehr behalf sich schließlich sogar mit Abwässern, aber das Inferno fand erst ein Ende, als der Wind drehte.

Wenn die Erdbeben nach dem bisherigen Muster von 1800—1906 auftreten, könnte San Francisco bis zum Ende dieses Jahrhunderts sicher sein. Aber was ist mit Los Angeles? Entlang dem San-Andreas-Graben im südlichen Kalifornien reicht der aufgestaute Druck aus, eine plötzliche Verschiebung von etwa sechs Metern auszulösen. Einmal muß der Gesteinsmantel nachgeben. Inzwischen leben im Großraum Los Angeles sieben Millionen Menschen.

Katastrophe in Japan
Tokio 1923

Etwa 1500 Erdbeben erschüttern Japan alljährlich. Aus diesem Grund bauten die Japaner von alters her ihre Häuser aus leichten Holzlatten und mit verschiebbaren, mit Papier bespannten Rahmen als Innenwänden — Material, das kaum Schaden anrichten kann, wenn es bei einem Erdbeben zusammenstürzt. Am 28. Oktober 1891 traf ein schweres Beben die Provinzen Mino und Owase auf Hondo. An der Nordseite eines über hundert Kilometer langen Grabens verschob sich der Erdboden bis zu vier Metern. In den Dörfern fielen ganze Straßenzüge wie Kartenhäuser zusammen. Rund 197000 Häuser wurden zerstört, die Zahl der Todesopfer (7300) jedoch war glücklicherweise relativ niedrig.

Ganz andere Auswirkungen hatte das Erdbeben (Stärke 8,3), das Tokio und die angrenzende Provinz Kanto am 1. September 1923 erschütterte. In den dichtbevölkerten Zentren von Tokio und seiner großen Hafenstadt Jokohama und in den Dörfern und Kleinstädten an der Bucht von Sagami kamen 140000 Menschen ums Leben. Das Epizentrum lag in der Mitte der Bucht, deren Boden sich teils 240 Meter hob, teils bis zu 500 Meter tief eingedrückt wurde. Die Stadtverwaltung von Jokohama hatte erwogen, das Hafenbecken zu vertiefen, damit mehr große Linienschiffe dort anlegen könnten. Das Erdbeben nahm ihr diese Arbeit ab.

In Japan soll der 1. September nach alter Überlieferung ein Unglückstag sein. Das Unglück begann zwei Minuten vor zwölf, als die Holzkohlefeuer für die Mittagsmahlzeit in mehr als einer halben Million Häuser entzündet wurden. Die Vorbeben waren bereits so stark wie sonst der Hauptstoß. Der Hauptstoß riß die Nadeln aller Seismographen in der Umgebung von den Walzen.

So schwer das Beben auch war, stürzten nach Schätzungen nur 5000 der halben Million Häuser von Tokio ein. Die Geschichte, daß allein das Hotel Imperial wegen der revolutionären Bauweise seines Architekten Frank Lloyd Wright überdauerte, ist eine beliebte, aber unzutreffende Legende. Zahllose im traditionellen Stil errichtete Bauwerke blieben ebenso stehen wie andere mit meterdicken Ziegelmauern.

In Jokohama, das dem Epizentrum fünfundzwanzig Kilometer näher lag, brachte der Erdstoß 12 Prozent der 100000 Häuser zum Einsturz. Durch einen absonderlichen Zufall sackte eine Badende mitsamt Wanne vom zweiten Stock des Grand Hotels auf den nachgebenden Leitungsrohren allmählich ab, bis sie auf der Straße landete, und mit ihr der größte Teil des Badewassers.

Tragisch endete dagegen der Ausflug von 200 Schulkindern in Jokosuka, die lebendig begraben wurden, als eine hohe Böschungsmauer über dem Zug zusammenstürzte. Weiter westlich ergoß sich ein Erdrutsch aus Schlamm über das Dorf Nebukawa, schob die Häuser in die Bucht und begrub sie unter sich. Ein überfüllter Zug, der auf dem Bahnhof des Dorfes wartete, wurde über einen 50 Meter hohen Steilhang ins Meer geschleudert. Bis auf einen ertranken alle Fahrgäste.

In Tokio waren die Erdstöße auf trockengelegten Sumpfgebieten wie dem Vergnügungsviertel von Asakusa am heftigsten. Der Zwölf-Stockwerke-Turm, Tokios höchstes Bauwerk, stand in dieser Stadtgegend. Einige Sekunden nach dem Beben neigte sich der Turm zur Seite und brach dann in Höhe des achten Stocks in zwei Teile auseinander.

Den weitaus schwersten Schaden aber richtete das Feuer an. Das Erdbeben hätte zu keinem unglücklicheren Zeitpunkt ausbrechen können. Hunderttausende Holzkohlebecken kippten um und setzten die Häuser aus Holz und Papier in Brand. Es gab keine Hoffnung, sie zu retten, weil die gesamte Ausrüstung der Feuerwehr zerstört war. In Jokohama floß Öl aus zerborstenen Lagertanks in die Kanäle und entzündete sich dann. Tausende wurden in dem Flammenmeer eingeschlossen. Menschen versuchten mit Gewalt, in die angeblich feuersichere Jokohama Specie Bank einzudringen, fielen aber auf den Stufen den Flammen zum Opfer. Ein paar hundert, die in den Kellern der Bank Zuflucht gefunden hatten, starben durch die Hitze oder erstickten. Das Feuer, das sich durch das exklusive Wohnviertel „Auf der Klippe" den Weg bahnte, trieb die Bewohner bis zum Rand eines dreißig Meter hohen steilen Felsens. Zum Springen gezwungen, stürzten sie auf diejenigen, die es vor ihnen gewagt hatten und verletzt liegengeblieben waren. Die Schreie der Sterbenden gellten durch die Nacht.

Tausende in Tokio flohen zu den Brücken über den Sumida-Fluß. Durch Funken, die auf ihre mitgeschleppten Habseligkeiten fielen, wurden die Brücken in Brand gesetzt und mit sämtlichen darauf befindlichen Menschen vernich-

Oben und unten: Bilder der Zerstörung nach dem Erdbeben in Tokio von 1923. Zahllose Häuser stürzten ein, 20 Quadratkilometer der Stadt wurden ein Raub der Flammen, und 140 000 Menschen kamen ums Leben.

Rechts: Viele Menschen hatten vor den verheerenden Feuerstürmen, die kreuz und quer durch die Stadt rasten, in den Kellergewölben einer Bank Zuflucht gesucht und waren dort verbrannt.

tet. Eine Ausnahme bildete die Shin-Ohashi-Brücke, vor der ein beherzter Polizist jedem, der etwas trug, den Zutritt verwehrte. Seine Besonnenheit rettete 12000 Menschen das Leben.

Vierzigtausend Menschen suchten Zuflucht auf einem 25 Morgen großen leeren Gelände am Hafen, dem sogenannten Armee Depot. Während des Nachmittags entstanden durch die zahllosen Einzelbrände Feuerstürme, die kreuz und quer über die brennende Stadt fegten, Menschen bei lebendigem Leibe rösteten oder durch Kohlenmonoxid vergifteten. Um vier Uhr raste der schwerste der Feuerstürme durch das Depot-Gelände und „wirbelte Hunderte von Menschen wie Bohnen in die Luft", wie es ein Überlebender ausdrückte. Feurige Rauchsäulen fegten durch die Reihen der kauernden Schutzsuchenden. Von den 40000 überlebten „wenige hundert", die am Rand oder unter Leichenstapeln gelegen hatten.

Drei Fünftel von Tokio waren zerstört, vier Fünftel von Jokohama. Das Kanto-Erdbeben von 1923 bleibt Japans größte Naturkatastrophe.

Lawine in den Anden
Peru 1970

Der Huascarán ist Perus höchster Berg; er erhebt sich 6768 Meter hoch in der Cordillera Blanca in den Anden. Die obersten 850 Meter bestehen aus einer senkrechten Granitwand, die auf dem Gipfel von dicken Schichten aus Eis und Schnee bedeckt ist. Acht Jahre zuvor, im Juli 1962, brach ein Teil dieser Eiskappe ab und löste eine Eis- und Steinlawine aus, die zu Tal donnerte, acht Dörfer und die Hälfte der kleinen Stadt Ranrahirca mitriß und 3500 Menschen tötete. Die Lawine zerschründete und zertrümmerte die Westflanke des Huascarán, die von da an zur Talseite überhing. Es fehlte nur ein winziger Anstoß, diese Felsmassen loszubrechen.

Das Erdbeben von 1970 gab diesen Anstoß. Das Epizentrum lag etwa 14 Kilometer landeinwärts, und die Küstenstädte Casma und Huarmey wurden völlig zerstört. Aber dank der sehr breiten Straße gab es weniger als ein Dutzend Todesopfer. Als die Menschen auf die Straßen rannten, brachen hinter ihnen leere Häuser zusammen. Ganz anders sah es im dichtbesiedelten Tal von Rio Santa am Fuß der Weißen Kordilleren aus. Weil anbaufähiges Land rar ist, sind die Städte auf kleinste Flächen zusammengedrängt und haben enge Straßen. Die Menschen in Huarás, der Hauptstadt des Santa-Tals, wurden unter den Trümmern der Lehmziegelhäuser begraben, als sie auf die engen Straßen flüchteten. Zehntausend, fast die Hälfte der Einwohner, fanden den Tod.

Fünfundsiebzig Kilometer talaufwärts lag die wiederaufgebaute Stadt Ranrahirca und oberhalb davon Yungay, ein hübsches Städtchen, in dem sich die Menschen durch den 220 Meter hohen Felsen zwischen der Stadt und dem Huascarán vor Lawinen geschützt glaubten. Dort hatte Dr. Morales, Perus führender Gletscherforscher, am Tag des Erdbebens zu Mittag gegessen und zwei durchreisende Geophysiker empfangen. Dann aber beschloß er, von einer merkwürdigen Unruhe getrieben, das Tal zu verlassen. Auf seinem Weg nach Huarás begann das Erdbeben, und von der Wand des Huascarán lösten sich etwa 10.000 Kubikmeter Felsgestein. Gleichzeitig stürzte eine dicke Eisschicht ab, die durch die Reibungshitze teilweise schmolz und zu einem rasenden Sturzbach aus Schlamm und riesigen Eis- und Felsbrocken wurde. Diese Lawine donnerte in einem Tempo von 240 Stundenkilometern unaufhaltsam durch die enge Schlucht und begrub Ranrahirca unter einer schwarzen zähflüssigen Masse. Ein großer Seitenstrom der Lawine ergoß sich über den schützenden Felsen von Yungay, stürzte wie ein Wasserfall über die Stadt und überschwemmte sie. Die meisten Einwohner lagen tot unter der Schlammflut. Zu den wenigen Überlebenden gehörten Dr. Morales' Gäste, die beiden Geophysiker. In einem Artikel im *American Alpine Journal* schrieb Morales: „Die beiden rannten wie besessen zum Friedhof, dem höchsten Punkt der Stadt. Als der Schlamm schon um ihre Füße schwappte, erreichten sie die Treppe, die hinaufführte. Drei Nächte und zwei Tage hockten sie dort mit den ungefähr 200 anderen Geretteten zwischen den offenen Gräbern und warteten darauf, daß der Schlamm hart wurde."

Zu Morales' Aufgaben gehört das Planen von Schutzmaßnahmen gegen Naturkatastrophen. Peru wird immer unter Erdbeben zu leiden haben, aber Gefahren können verringert werden, wenn man Städte wie Huarás mit soliderem Material und breiteren Straßen wiederaufbaut. Da es kein Mittel gibt, Gesteinslawinen vom Huascarán zu verhindern, konnte Morales nur raten, Yungay, Ranrahirca und die anderen Dörfer kilometerweit von ihrem ehemaligen Standort neu aufzubauen. Ob man dieses Terrain in einem landarmen, kargen Tal unbebaut lassen kann, bleibt abzuwarten.

Oben: Die Stadt Yungay am Fuße des Huascarán in Peru. Am 31. Mai 1970 löste ein Erdbeben eine gewaltige Fels- und Eislawine aus, die sich mit 300 Stundenkilometern über die Stadt ergoß und sie unter einer fünf Meter tiefen Schlammschicht begrub.

Unten: Yungay nach der Lawine. Über 20 000 Menschen kamen in den Schlammassen um. Unter den Geretteten befanden sich zwei Geophysiker, die mit etwa 200 Einwohnern zum höchsten Punkt der Stadt geflüchtet waren, dem Friedhof.

Eine zerstörte Gemeinde
Italien 1976

Die Bergregion von Friaul im Nordosten von Italien liegt in einem bekannten seismischen Gebiet, aber seit Hunderten von Jahren hatte kein größeres Erdbeben die malerischen, rotbedachten Häuser und mittelalterlichen Kirchen der alten Städte getroffen. Die Städte am Rande der Alpen sind klein, die Dörfer abgelegen. Das Leben der Bauern ist hart, aber der gemeinsame Kampf um das tägliche Brot schließt die Gemeinden eng zusammen. Das folgenschwere Unglück, das am 6. Mai 1976 begann, zerstörte mehr als die Städte und Dörfer — auch der alte, festgefügte Gemeinschaftsgeist des Friaul ist vielleicht für immer verlorengegangen.

Oben: Ruine des romanisch- gotischen Doms von Gemona im Friaul.

Der erste Erdstoß kam um acht Uhr abends, und viele Menschen, die beim Abendbrot saßen, rannten aus den Häusern. Dieses noch milde Vorbeben rettete Tausenden das Leben, als der Hauptstoß (6,0 auf der Richter-Skala) die Häuser einstürzen ließ. Das Epizentrum war in der Nähe von Udine, der Provinzhauptstadt, aber die schwerstgetroffenen Orte lagen weiter im Norden. Im Dorf Maiano wurden fünfzig Familien verschüttet, als zwei Häuserblocks einstürzten. Sechzig Menschen wurden bei einem Festessen unter den Trümmern eines Restaurants begraben. Die Bergstadt Gemona und ihre mittelalterliche Burg bestanden hinterher zu 80 Prozent aus einer Trümmerwüste.

Die Erdstöße waren von Jugoslawien bis Belgien zu spüren, wo Hunderte von Bewohnern moderner Hochhäuser auf die Straßen stürzten. In Venedig, 90 Kilometer von Udine entfernt, gingen alle Lichter aus, und die Menschen rannten in Panik aus Häusern und Kinos. Der Markusplatz war wie ausgestorben, weil die Leute, aus Angst, daß der Glockenturm einstürzen könnte, auf anderen Plätzen Schutz suchten.

Im Gebiet von Friaul fanden 939 Menschen den Tod, und 50000 wurden obdachlos, fast ein Drittel der Bevölkerung. In aller Eile wurden Zelte als Notunterkünfte geschickt; wer Glück hatte, zog in leere Eisenbahnwaggons. Hilfe von außen war dringend vonnöten, aber die Friauler wurden von den Versprechungen der Regierung, Hilfsgüter und Geld zu schicken, wenig beeindruckt. Ihr Mißtrauen gegen diese Angebote erwies sich als gerechtfertigt. Die Anlieferung und der Aufbau von Fertighäusern verzögerten sich immer wieder durch den schwerfälligen italienischen Verwaltungsapparat. Schließlich begann der Wiederaufbau, aber im September kam es mehrfach zu Demonstrationen gegen die Regierung, an denen sich auch zahlreiche ältere Leute beteiligten, die kaum noch damit rechneten, vor dem Winter wieder ein Dach über dem Kopf

zu haben.

Wahrscheinlich wurde das Erdbeben durch starken Druck verursacht, der sich dadurch gebildet hatte, daß sich die Gesteinsmassen unter der Adria nach Norden gegen die Alpen vorschoben. Unglücklicherweise hatte die Druckentladung im Mai und in den 188 Nachbeben der folgenden vier Monate nicht ausgereicht, die Erde zu beruhigen. Am 12. September zerstörten zwei schwere Erdstöße in wenigen Sekunden die Aufbauarbeit von vier Monaten. Bereits einmal beschädigte Gebäude stürzten nun vollends ein. Straßen und Eisenbahnlinien wurden wiederum blockiert und Dörfer durch Erdrutsche von der Außenwelt abgeschnitten.

Und als ob dies nicht genügte, brachte ein früher Herbst Frost und Wolkenbrüche. Viele der 119 Zeltdörfer wurden überschwemmt und versanken im Morast; die Häuser und Hütten für die Obdachlosen (jetzt schon 60000) waren nicht fristgerecht fertig geworden. Am 13. September hatte sich der Unmut der Friauler in Verzweiflung verwandelt. Im Sommer gefaßte Pläne, das ganze Gebiet zu evakuieren, hatte man aufgegeben, weil die Menschen ihre Heimat nicht verlassen wollten. Nun wurden sie zu Tausenden in Autos, Omnibussen und Armeelastwagen an die Adriaküste verfrachtet und in leeren Ferienwohnungen und Strandhäusern einquartiert. Binnen einer Woche waren vier Fünftel der Einwohner aus Gemona und zwei Drittel aus Maiano evakuiert. Viele Dörfer lagen verlassen. Im folgenden April, als beinahe alle Fertighäuser standen, kehrten viele Menschen zurück — aber nicht alle. Sie waren zu Verwandten in Frankreich, Venezuela und in die Vereinigten Staaten gereist — überall dorthin, wo die Erde sich ruhig verhielt. Das alte Leben im Friaul war tatsächlich für immer zerstört.

Oben: Nach dem Erdbeben im Friaul im Nordosten Italiens versuchen Männer, Reste ihrer Habe aus den Trümmern zu bergen. **Links und rechts:** Zu den am schwersten betroffenen Orten gehörte die mittelalterliche Bergstadt Gemona, die zu rund 80 Prozent zerstört wurde.

Vernichtung einer Stadt
China 1976

„Eine der schrecklichsten Naturkatastrophen in der Geschichte der Menschheit", beschrieb ein chinesischer Regierungssprecher das grauenerregende Erdbeben, bei dem eine nicht genannte Zahl von Menschen — möglicherweise 750000 — in der Stadt Tangschan am 28. Juli 1976 ums Leben kam.

Tangschan existiert nicht mehr; früher lag es inmitten der dichtestbesiedelten Region Chinas, etwa 130 Kilometer südlich von Peking. Obwohl die Chinesen bei der Vorhersage von Erdbeben manche Erfolge hatten, kam dieses — in einem Teil Chinas, der nicht als Gefahrenzone galt — völlig unerwartet. Um 3 Uhr 45 nachts erschütterte ein schweres, zwei Minuten dauerndes Beben (Stärke 8,2) die Kohlenzechenstadt mit 1,6 Millionen Einwohnern, die anscheinend total zerstört wurde — eine seltene, wahrscheinlich einmalige Katastrophe. Auch nach den bisher schwersten Erdbeben der Welt blieben wenigstens Teile von Gebäuden erhalten. Ein besonders grausiges Schicksal traf die Tausenden von Bergleuten der Nachtschicht, die für immer unter Tage in den einstürzenden Schächten verschüttet blieben. Ein Krankenhaus und ein Zug wurden buchstäblich von der Erde verschlungen, nachdem die Untertagebaue unter der Stadt einstürzten und eine riesige Bodenabsenkung verursachten.

Gough Whitlam, der ehemalige australische Premierminister, war gerade in Tientsin, der drittgrößten Stadt Chinas, nur sechzig Kilometer südlich von Tangschan. In seinem Zimmer im siebten Stock des Hotels stürzten die Möbel um, und ein schwerer Toilettentisch wurde auf das Bett geschleudert. „Einer unserer offiziellen Reisebegleiter fand eine Taschenlampe", erinnert er sich, „und führte uns die Treppen hinunter. Wir mußten über einen dreißig Zentimeter breiten Mauerriß springen, der vom Dach bis zum Keller des Hotels reichte."

Sechzehn Stunden nach dem Hauptbeben wurde das Gebiet von einem besonders heftigen Nachbeben erschüttert (Stärke 7,9). Wegen der Gefahr weiterer Erdstöße ordnete in Peking die Polizei an, alles hätte die Häuser zu verlassen. 6 Millionen Menschen verbrachten die Nacht bei Wolkenbrüchen auf den Straßen in Zelten oder Notunterständen. Sechzehn Tage lang glich die Hauptstadt einem riesigen Flüchtlingslager. Jeder Baum, Strauch, Telegrafenmast oder Zaun wurde als Stütze für die Wände von Notunterkünften benützt.

Die Nachbeben dauerten an, und in den folgenden Tagen näherte sich das Epizentrum bedrohlich Peking. Das Betreten von Gebäuden wurde verboten. Die ausländischen Diplomaten kampierten auf den Rasenflächen und Tennisplätzen ihrer Botschaften. Pekings Hauptbahnhof war abgesperrt, und Reisende durften erst kurz vor Abfahrt der Züge hinein. Sie mußten durch die langen unterirdischen Gänge zu den Bahnsteigen rennen, immer in der Furcht, von neuen Erdstößen eingeholt und verschüttet zu werden.

In dieser Zeit gab China keine genauen Auskünfte über die Lage in Tangschan. Offiziell hieß es lediglich, das Gebiet habe „Zerstörungen unterschiedlichen Ausmaßes" erlitten. Aus der Mandschurei zurückkehrende Ausländer berichteten dagegen, sie hätten Militärflugzeuge mit Verwundeten landen sehen. Später wurde die Zahl der Verletzten auf 800000 geschätzt.

Nach einer Woche aber erschien in einer der Tageszeitungen ein Artikel, der bezeichnend ist für die chinesische Praxis, alles unter politischem Aspekt zu betrachten. Danach sollte ein gewisser Tsche Tscheng-min, Mitglied des ständig tagenden Parteikomitees von Tangschan, nachdem er selbst sich aus den Trümmern seines zerstörten Hauses befreit hatte, seine beiden Kinder rufen gehört haben: „Schnell, Papa, komm und rette uns!" Als er zu ihnen wollte, hörte er in der Nähe den Hilferuf von Tschin Kuang-ju, dem Sekretär des Nachbarschafts-Parteikomitees. Sogleich sagte Tsche zu seiner Frau: „Ich gehe erst den alten Tschin retten." Nachdem er das getan hatte, fragte ihn Tschin: „Was ist mit deinen Kindern?" Er antwortete: „Das darf uns jetzt nicht kümmern. Du bist Sekretär des Nachbarschaftskomitees. Du mußt sofort die Rettungsarbeiten organisieren." Als er zu seinem Haus zurückkehrte, waren seine Kinder tot. Doch er empfand weder Gewissensbisse noch Trauer. Er hatte nicht gezögert — so endete der Bericht —, seine Kinder dem Wohl seiner Nachbarn zu opfern.

Nach inoffiziellen chinesischen Quellen betrug die Zahl der Toten 655000, die sich jedoch nach späteren Informationen um weitere 100000 erhöhte. Erst nach elf Monaten

Oben: Einheiten der chinesischen Armee auf dem Marsch zu Aufräumungsarbeiten in der Industriestadt Tangschan, die eins der schwersten Erdbeben der Welt am 28. Juli 1976 verwüstet hatte. Die Erdstöße hatten überdies die wie Bienenwaben unter der Stadt liegenden Untertagebaue der Kohlezechen einstürzen lassen.
Die Eisenbahnanlagen (unten) wurden besonders schwer durch das Erdbeben und die Bodenabsenkungen betroffen, bei denen schätzungsweise 655 000 Menschen umgekommen sind. **Rechts:** Einwohner von Peking, die wegen der Gefahr von Nachbeben im Freien kampieren.

durften ausländische Journalisten durch das verwüstete Gebiet reisen. Peter Griffiths von der Londoner *Times* schrieb: „Wenn man sich der Stadt nähert, sieht man zahllose neuerrichtete Dörfer und Brücken, endlose Reihen frischer Grabhügel und gelegentlich Trümmerhaufen inmitten der Felder. Doch das bereitet den Reisenden kaum auf das Grauen von Tangschan vor, das an Hiroshima nach der Bombe erinnert. Der Übergang von fast normalem ländlichem Leben zu den Bildern einer weithin zerstörten Stadt ist jäh und atembeklemmend. In einer Minute rast der Zug an wogenden Kornfeldern vorbei, in der nächsten kriecht er durch eine Steinwüste, die so weit reicht, wie das Auge blicken kann, und die einst eine Millionenstadt war."

Vorhersage und Vorbeugung

Große Erdbeben verursachen soviel Zerstörungen und Elend, daß eine genaue Methode der Vorhersage für die Menschheit von unschätzbarem Nutzen wäre. Es hat in der Vergangenheit zutreffende Vorhersagen gegeben. So wurde das Erdbeben, das im Jahre 1042 stattfand, im nordpersischen Täbris von einem Astrologen genau vorausgesagt. Allerdings konnte er die Einwohner nicht dazu bewegen, die Stadt zu verlassen, so daß dann 40000 Menschen umkamen. Im Jahre 1549 forderte wiederum in Persien ein Erdbeben 3000 Menschenleben. Es war vom Satrapen vorausgesagt worden, der aber seine Untertanen ebenfalls nicht veranlassen konnte, die Nacht im Freien zu verbringen. Er blieb allein draußen, kehrte jedoch der Kälte wegen bald ins Haus zurück und kam mit den anderen um.

Worauf sich diese Vorhersagen stützten, ist nicht bekannt. Möglicherweise besitzen manche Menschen ebenso wie einige Tiere ein gesteigertes Wahrnehmungsvermögen für winzige physikalische Veränderungen, die sich in der Erde oder der Atmosphäre unmittelbar vor Ausbruch eines Erdbebens zeigen. Aber nicht alle Anzeichen erfordern eine solche Fähigkeit. Am Nachmittag vor dem Agadir-Erdbeben waren in den Hotels die Bilder an den Wänden verrutscht und hingen schief. Ein kleiner Junge in der Kasba soll ausgeschimpft worden sein, weil ein Eimer übergeschwappt war, obwohl er beteuerte, ihn nicht berührt zu haben. Abends heulten Hunde, Katzen strichen unruhig umher, und Maultiere schlugen gegen die Stallwände aus. In Tokio und Jokohama verließen ganze Vogelschwärme mehrere Stunden vor dem Erdbeben von 1923 das Stadtgebiet. Am Vorabend des Erdbebens von Quetta im Jahre 1935 wurde eine ungewöhnlich hohe Elektrizität in der Luft gemessen.

Noch vor wenigen Jahren betrachtete man eine wissenschaftliche Vorhersage von Erdbeben als unmöglich. Seither ist die Entwicklung so rasch fortgeschritten, daß Seismologen in den USA, in Japan und Rußland Erdbebenvorhersagen in den achtziger Jahren für denkbar halten, falls der Forschung genügend Mittel zur Verfügung gestellt werden.

Die russischen Untersuchungen begannen 1949, als ein verhängnisvolles Erdbeben in Tadschikistan an der chinesischen Grenze Erdrutsche auslöste, bei denen 10000 Menschen umkamen. Nach zwanzig Jahren stand für die russischen Wissenschaftler fest, daß vor einem Erdbeben gewisse meßbare Veränderungen in der Erde stattfinden. So treten Veränderungen des elektrischen Widerstands und der Geschwindigkeit seismischer Wellen, die durch Gestein gehen, in bestimmten Tiefen der Erde auf. Das radioaktive Gas Radon verdichtet sich im Wasser von Quellen erheblich, und der Boden über dem Herd eines drohenden Bebens hebt sich leicht an. Diese Aufwölbung ist zur Zeit in weiten Gebieten Südkaliforniens zu beobachten, die sich seit 1960 um 25 Zentimeter angehoben haben.

In Kalifornien werden daher auch die intensivsten Forschungen über physikalische Veränderungen vor dem Ausbruch von Erdbeben angestellt. Die südkalifornische Wölbung hat ihr Zentrum über dem San-Andreas-Graben. Dieses berüchtigte Gebiet ist die Grenze zwischen der Pazifischen Scholle, die sich in nordwestlicher Richtung gegen die Scholle schiebt, auf der der übrige amerikanische Kontinent liegt. Wenn der San-Andreas-Graben gerade verliefe, würden die beiden Schollen verhältnismäßig leicht aneinander vorbeidriften, und es käme zu ziemlich häufigen, kurzen Stößen, die nur leichte Beben auslösten. Der von Ost nach West verlaufende San-Bernardino-Gebirgszug bildet jedoch eine natürliche Barriere und verhindert, daß der ständige Druck ohne weiteres nachläßt. In drei Abschnitten, in denen sich der Graben in viele kleine Seitenäste verzweigt, kommt es zu zwar häufiger, aber geringfügiger Erdbebentätigkeit. Sie trennen zwei Gebiete, in denen der Graben eine fortlaufende Linie bildet. Das eine, das sich nördlich von San Francisco erstreckt, war Schauplatz des Bebens von 1906. Das andere verläuft südlich über Los Angeles bis San Bernardino. Dort fand das Erdbeben von 1857 statt, bei dem sich das Gelände westlich des Grabens bis zu neun Metern nach Norden verschob. In der Mitte dieser beiden Gebiete ändert der Graben jeweils seinen Lauf, was vermutlich bewirkt, daß die beiden Schollen so lange aneinander festhaken, bis der allzu starke Druck sich plötzlich und heftig entlädt. Da diese beiden Gebiete dicht bevölkert sind und in beiden (besonders aber in Los Angeles), das Gestein dem Druck nicht mehr lange wird standhalten können, ist es für die

Oben: Das Saada Hotel in Agadir an der Westküste von Marokko. **Unten:** Das Saada Hotel nach dem Erdbeben vom 29. Februar 1960, bei dem es wie ein Kartenhaus einstürzte.

Oben: Zerstörungen in der Stadt Port Richardson in Alaska nach dem Erdbeben vom 27. März 1964. **Unten:** Das Transamerika-Gebäude in San Francisco. Alle neuen Bauwerke in dieser von Erdbeben bedrohten Zone werden erschütterungssicher gebaut.

Wissenschaft eine vordringliche Aufgabe, eine Methode zur Vorhersage und, wenn möglich, zur Vorbeugung zu finden.

Ein bemerkenswerter Fortschritt in der Vorhersage ist in China erzielt worden. Neben der großangelegten wissenschaftlichen Beobachtung durch Seismologen haben Tausende von Menschen aus anderen Berufen Lehrgänge mitgemacht, um Daten über ungewöhnliche Phänomene registrieren zu können. Dazu gehören Brunnen, deren Wasser plötzlich trübe wird, Flüsse, die versiegen oder die Farbe verändern, sowie viele Beobachtungen über das Verhalten von Tieren — Ratten, die Gebäude verlassen; Schlangen, die plötzlich in großer Menge aus ihren Schlupflöchern kriechen; ungewöhnliche Reaktionen von Hunden; Vögel, die keine Nester bauen wollen. Manche dieser Beobachtungen dürften vermutlich nichts mit Erdbeben zu tun haben. Aber die chinesische Devise lautet: „Man muß überall nach Symptomen suchen und jeder Spur folgen, die man findet."

1970 errechneten Seismologen, daß Haitscheng in der südlichen Mandschurei ein zukünftiges Gefahrengebiet sein müsse. 1974 klangen die Berichte der örtlichen Beobachter immer bedrohlicher. Alles schien sich auf eine Krise zuzuspitzen, und die Wissenschaftler schlugen Alarm. Die Bürger verbrachten zwei Nächte bei Temperaturen unter dem Gefrierpunkt im Freien. Dieser Alarm erwies sich als falsch, aber Anfang Februar 1975 sagten die Seismologen ein schweres Beben innerhalb von zwei Tagen voraus. „Unverzüglich", so heißt es in einem chinesischen Bericht, „wurden die Massen angewiesen, leichte Hütten als Notunterkünfte zu bauen . . . und die Alten und Kranken aus den Häusern zu holen." In einigen Gemeinden wurden Filme im Freien vorgeführt, um die Menschen zu bewegen, ihre bedrohten Häuser zu verlassen. Am 4. Februar, fünf Stunden nach dem Alarm, zerstörte ein· Erdbeben von der Stärke 7,3 die Stadt.

Viele der Vorzeichen waren vor dem schrecklichen Erdbeben von Tangschan am 28. Juli 1976 beobachtet worden, unglücklicherweise aber gab es unmittelbar vor Ausbruch des Bebens keine überzeugenden Hinweise. Daher konnte kein Alarm gegeben werden, um die 750000 Menschen zu retten, die bei dem bisher mörderischsten Erdbeben umkamen.

In Kalifornien erschienen 1978 schlüssige Berichte, wonach vor einem Erdbeben die Konzentration des seltenen schweren Gases Radon im Wasser von Schächten bis um das Vierfache ansteigt. Das Radon dringt aus uranhaltigen Mineralien in die Schächte, und zwar, weil nach Annahme der Wissenschaftler tiefe, unterirdische Gesteinsschichten kurz vor einem Erdbeben plötzlich durchlässig und rissig werden und sich ausdehnen. Dadurch wird Radon frei, dringt in den Boden ein und konzentriert sich dicht unter der Erdoberfläche. Seismologen haben bereits 20 Bohrlöcher entlang dem San-Andreas-Graben etwa im Abstand von dreieinhalb Kilometern angelegt, die wöchentlich auf

Oben: Arbeitsraum in der Erdbebenforschungsstation Menlo Park in Kalifornien. Auf der Welt gibt es mehr als 1000 seismographische Stationen, insbesondere in erdbebengefährdeten Gebieten wie China, wo dieser Seismologe (links) die Aufzeichnungen eines Seismographen prüft. Einige Instrumente zeigen jedes Erdbeben von der Stärke 4 oder mehr an jedem Punkt der Erde an.

Links: Ein Erdbeben auf den Philippinen im August 1976 beschädigte dieses Haus auf der Insel Mindanao. Erdbebenvorhersage und geeignete Bautechniken sind für die Wirtschaft der Entwicklungsländer lebenswichtig.

Oben: Gerade Baumreihen einer Orangenplantage über dem San-Andreas-Graben, dem Bruch in der Erdoberfläche, der Kalifornien fast zur Hälfte durchzieht. Unter diesem Gebiet treffen sich zwei Schollen und driften aneinander vorbei. Der ungeheure Druck, der entsteht, wenn die Schollen aneinander hängenbleiben, entlädt sich in Erdbeben — manchmal mit heftigen, manchmal mit schwachen Erdstößen. 1906 verursachten horizontale Bewegungen in der Erdkruste an dem rund 850 Kilometer langen Bruch das große Erdbeben von San Francisco.

ihre Ausdehnung hin untersucht werden und dadurch offenbar die bisher zuverlässigsten Vorhersagen ermöglichen.

1962 grub die US-Armee auf einem Militärgelände in Colorado einen 3400 m tiefen Schacht, um bei der Herstellung von Nervengas und Insektiziden verseuchtes Wasser zu beseitigen. Sechs Wochen, nachdem zum erstenmal Wasser in diesen Schacht gepumpt worden war, erlebte Denver, die Hauptstadt von Colorado, das erste Erdbeben seit achtzig Jahren. Eine alte Verwerfung unter der Stadt war, durch das Wasser angereichert, reaktiviert worden. Die Erdbeben setzten sich fast täglich fort, bis die US-Armee 1966 den Schacht stillegte. Im folgenden Jahr erreichte die Erdbebentätigkeit ihren Höchststand und hat sich seitdem wieder gelegt.

Die Entdeckung, daß Erdbeben künstlich erzeugt werden können, hat die Seismologen auf den Gedanken gebracht, daß der Druck auf den San-Andreas-Graben sich verringern ließe, wenn man an ihm entlang eine Folge kontrollierter kleinerer Beben künstlich herbeiführen würde. Natürlich ist hierbei die Kontrolle der kritische Faktor, damit nicht versehentlich das große Erdbeben ausgelöst wird, das ja gerade verhindert werden soll. Kurz gesagt, plant man Reihen von jeweils drei Bohrlöchern, die 3500—4000 m tief sein sollen. Die beiden Löcher am Außenrand, etwa 1000 m voneinander entfernt, sollen leergepumpt werden, um den Graben an diesen Stellen abzuriegeln. Dann soll Wasser in das mittlere Loch gepumpt werden. Jedes dadurch ausgelöste Erdbeben, so

hoffen die Wissenschaftler, würde nicht über die beiden den Graben abriegelnden äußeren Bohrlöcher hinausgelangen.

Nicht jede Erdbebenregion auf der Erde läßt sich durch solche Methoden sicherer machen. Man könnte sie zwar in der Türkei und in Persien anwenden, aber die Wissenschaftler halten es weder für möglich noch für wünschenswert, auf Erdbeben einzuwirken, die in den tiefen ozeanischen Gräben ihren Ursprung haben. Daher liegt für Japan und Chile die Hoffnung in genauer Vorhersage und fortschrittlicher Bauweise. Selbst in Kalifornien machen die katastrophalen Folgen eines Fehlschlags jeden Eingriff zum höchst gefährlichen Risiko. Da sich beim San-Andreas-Graben der kritische Punkt nähert, erscheint es unklug, vorbeugende Maßnahmen vor dem nächsten größeren Erdbeben auszuprobieren. Danach aber könnte man sie regelmäßig anwenden und so verhindern, daß sich der Druck jemals wieder bis zum Gefahrenpunkt steigert. Viele Gebäude stehen tatsächlich direkt über dem Graben. Das nächste Erdbeben wird sie ebenso zerstören wie zahlreiche andere. Die Ruinenstädte können dann aus Material wiederaufgebaut werden, das erdbebensicher ist. Die unmittelbare Umgebung des Grabens müßte freilich unbebaut bleiben. Danach wäre — hoffentlich — jedes künftige Erdbeben von Menschenhand zu steuern und bliebe geringfügig.

3
Sturm und Flut

Wasser ist die unabdingbare Voraussetzung, daß Leben entstehen und sich fortpflanzen kann. Aber dieses lebensnotwendige und lebenspendende Element besitzt auch die unheimliche Macht, Leben zu zerstören. Viele Weltreligionen wissen in ihren Mythen davon zu berichten, wie die Menschheit für ihre Sündhaftigkeit oder ihre Gleichgültigkeit durch einen Gott gestraft wurde, der eine Sintflut schickte, unter der die Erde verschwand. Ob diese Mythen nun auf Erinnerungen an eine tatsächliche Flut in der frühen Menschheitsgeschichte zurückgehen oder nicht, zeigen sie doch, in welchem Maße unsere Vorfahren Furcht empfanden vor der Macht des Meeres und der Wut der Stürme.

Manche Stürme bringen zwar zunächst Vernichtung, auf lange Sicht aber auch Segen. Jahrhunderte hindurch lebte Ägypten von den jährlichen Überschwemmungen des Nils. Doch dies sind Ausnahmen, Zerstörung und Verzweiflung dagegen die Regel. Sie treten im Gefolge dessen auf, was eine amerikanische Zeitung einmal treffend als „Hölle und Hochwasser" bezeichnete.

Links: Die heftige Drehbewegung der Winde ist das Hauptkennzeichen der als Hurrikane oder Tornados bekannten Wirbelstürme. Der Hurrikan hat die größere Reichweite. Er ist der Sturm, der die schwersten Schäden verursacht, während der Tornado zwar am heftigsten tobt, aber sein Zerstörungswerk sich im allgemeinen auf eine kurze, schmale Strecke beschränkt. Doch beide hinterlassen auf ihrem Weg das gleiche Bild der Verwüstung.

Die Zerstörungskraft von Wind und Wasser

Oben: Der US-Luftwaffenstützpunkt in Oklahoma, nach einem Tornado von 150 Stundenkilometern im März 1948. Manche Sturmböen erreichten bis zu 375 Stundenkilometer. Der Tornado zerstörte den Stützpunkt und 50 Flugzeuge, wodurch ein Schaden in Höhe von rund 15 Millionen Dollar entstand.

Als der Hwangho, der Gelbe Fluß, 1887 seine 22 m dicken Ufermauern durchbrach, ertranken 900000 Menschen in den Fluten. Beim Kansas-Missouri-Hochwasser von 1951 kamen nur 28 Personen ums Leben, aber der durch diese teuerste Überschwemmung in den USA angerichtete Schaden belief sich auf 935.224.000 Dollar. Diese nackten Zahlen zeigen das Ausmaß der Zerstörungen, die Wasser verursachen kann, wenn es aus dem Bett ausbricht, das ihm von der Natur oder vom Menschen geschaffen wurde.

Wasser ist schwer, ein Kubikdezimeter wiegt 1 Kilogramm und ein Kubikmeter (anderthalb Badewannenfüllungen) 1 Tonne. Der große Schaden, den Überschwemmungen anrichten können, hat drei Ursachen: das Gewicht, die ungeheure Beweglichkeit und die zusätzliche Wucht, die das Wasser gewinnt, wenn es Hindernisse wie Deiche, Dämme und Flutmauern überwindet, die der Mensch ihm in den Weg gestellt hat.

Generell gibt es zwei Arten von Überschwemmungen: Inlandfluten wie Hochwasser von Flüssen oder Dammbrüche und Überflutungen durch das Meer. Beide können verschiedene Ursachen haben, die sich jedoch manchmal überschneiden. Die schwersten Meeresüberflutungen sind Nebenwirkungen subozeanischer Erdbeben oder der Ausbrüche von küstennahen Vulkanen. Beim Ausbruch des Krakatau im Jahre 1883 ertranken 36000 Menschen, als riesige Wellen über die niedrig gelegenen Siedlungen von Java und Sumatra brandeten. Das Epizentrum des schrecklichen Erdbebens von Messina von 1908, bei dem 82000 Menschen umkamen, lag in der Meeresstraße zwischen Sizilien und Italien. Drei mächtige Wellen, die bis zu 14 Meter Höhe erreichten, wurden dabei ausgelöst. Die zweite war die stärkste; sie schob im kalabrischen Hafen Reggio einen Betonblock von 15 Tonnen Gewicht 20 Meter weit.

Brandungswellen sind eine ständige Gefahr für Holland und die östlichen Grafschaften Englands. Heftige Nordwinde, verbunden mit niedrigem Luftdruck — ähnlich dem im „Auge" eines Hurrikans — lassen den Wasserspiegel ansteigen. Wenn das Wasser nicht nach Süden durch den Ärmelkanal abfließen kann, überflutet es die Küste. Das bekannteste Beispiel dafür war die Überschwemmung von 1953, aber die Aufzeichnungen über ähnliche Katastrophen reichen tausend Jahre zurück. Im Jahr 1287 löste ein schwerer Sturm Überschwemmungen rechts und links der Zuidersee aus, bei denen 50000 Menschen ertranken. 1421 stand Südwestholland unter Wasser, was insgesamt 100000 Opfer forderte.

Über die Jahre sind die Küstenbefestigungen verbessert worden, was aber leider weitgehend wirkungslos blieb, weil auch die Flut höher geworden ist. Eine der Ursachen dafür ist das anhaltende Abtauen der Gletscher. Wenn das zu Eis gefrorene Wasser von Grönland und der Antarktis schmelzen würde, stiege der Meeresspiegel auf der ganzen Erde um etwa 100 Meter. Auch Vorgänge im Erdinnern können Teile der Landmassen zum Absinken bringen. Ostengland sinkt relativ schnell; Uferbefestigungen an der von den Gezeiten beeinflußten Themse, die in London 1972 erhöht wurden, mußten bereits ein zweites Mal aufgestockt werden. Im Januar 1978 trafen starke Ostwinde, die themseaufwärts wehten, mit den monatlich einsetzenden Hochfluten (Springfluten) zusammen, so daß das Wasser bis wenige Zentimeter unter die roten Alarmmarken stieg. Zum Glück für London hatte es am Vortag nicht geregnet, so daß der Fluß kein Hochwasser führte. Doch auf solche Zufälle kann man sich nicht verlassen.

Einige besonders gefährdete Städte wird man eines Tages notgedrungen aufgeben müssen. Venedig dürfte wohl bedauerlicherweise dazu gehören, falls es nicht gelingt, seinem Absinken in die Adria gegenzusteuern. Aber selbst dann ist es unwahrscheinlich, daß menschlicher Erfindergeist mehr erreicht als ein Hinauszögern des Unvermeidlichen. Die vielen Sagen der Menschheit über versunkene Städte beruhen auf Tatsachen.

Manchmal wird Erstaunen darüber geäußert, daß sich Millionen von Bauern an gefährlichen Flüssen wie dem Hwangho, dem Ganges und den anderen großen Strömen Südostasiens ansiedeln, die so häufig über die Ufer treten. Doch sie haben nur die Wahl zwischen diesem Risiko und dem Hunger. Land ist knapp und die von den Flüssen bewässerte Erde außergewöhnlich fruchtbar.

Die Überschwemmungskatastrophen in Südostasien sind meist die Folge tropischer Zyklone, die aus riesigen, sich rasch drehenden Luftmassen bestehen und sich über allen tropischen Ozeanen mit Ausnahme des südlichen Atlantik bilden. In Asien heißen diese Wirbelstürme Taifune, auf den Philippinen werden sie Baguios und in Australien Willy-willies genannt. In der Karibik und im Nordatlantik nennt man sie Hurrikane.

Warum sich tropische Zyklone bilden, ist trotz aller meteorologischer Forschung noch nicht sicher bekannt. Wie sie sich bilden weiß man, aber nicht, warum ein Zyklon an einem bestimmten Tag und Ort entsteht. Feuchte Luft, aufgeheizt durch die Äquatorsonne, beginnt aufzusteigen, kühlere Luft fließt nach, erwärmt sich und steigt auch auf. Infolge der Drehung der Erde wehen die Winde nicht genau

Ganz oben: Ein Landsitz in Pass Christian am Mississippidelta, ehe der Hurrikan Camille im August 1969 zuschlug. Auf seinem Höhepunkt erreichte er Sturmböen von etwa 300 Stundenkilometer.

Oben: Der gleiche Landsitz nach dem Hurrikan Camille. Zu der von dem Wirbelsturm angerichteten Zerstörung kam noch eine Sturmflut, die acht Meter über der Normalmarke lag.

Oben: Ein Glasfenster im Ulmer Münster von Noah und der Arche — die bekannteste aller Flutgeschichten.

einer Meeresbucht oder einer Flußmündung, das im Weg eines Hurrikans liegt, ist besonders gefährdet. Daher wird auch das im Innern der Bucht von Bengalen gelegene Bangladesch am stärksten von Überschwemmungen heimgesucht.

Die bekannteste aller Fluten ist natürlich die biblische Sintflut Noahs, als „das Gewässer nahm überhand, und wuchs so sehr auf Erden, daß alle hohen Berge unter dem ganzen Himmel bedecket wurden". Hinweise auf eine große Überschwemmung kommen in der Literatur des alten Mesopotamien häufig vor. Im Jahr 1930 entdeckte der britische Archäologe Sir Leonard Woolley bei Ausgrabungen der Königsstadt Ur — Abrahams Geburtsort — physikalische Spuren einer riesigen Überschwemmung, die eine zweieinhalb Meter dicke Sedimentschicht hinterlassen hatte. Unter dieser Ablagerung fand Woolley Reste einer

Unten: Eine vereinfachte Darstellung der Erde und der Luftdruckzonen und Winde. Die Windrichtung geht von den Polen und den Tropen weg; beides sind Hochdruckzonen im Gegensatz zu den Tiefdruckzonen der gemäßigten und äquatorialen Breiten. Wetteränderungen treten ein, wenn sich zwei Luftmassen verschiedenen Drucks treffen.

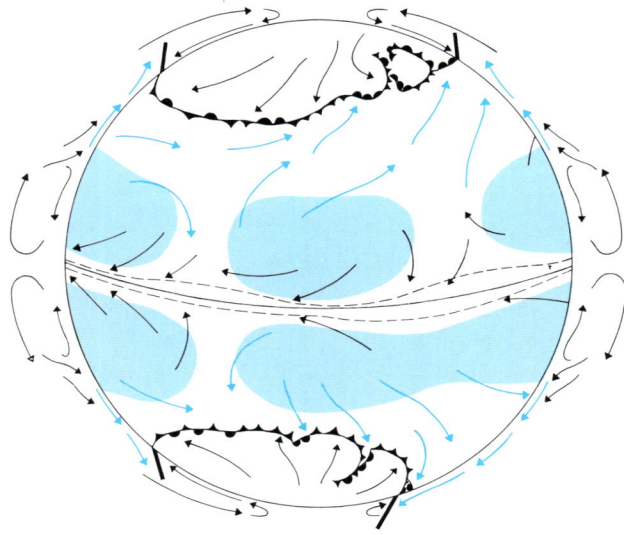

Unten: Entstehung eines Zyklons. Die schwarzen Pfeile zeigen die Luft, die unten in den Zyklon oder Hurrikan einfließt und oben wieder ausströmt. Der niedrige Druck zieht wärmere Luft aus der Stratosphäre nach unten, wodurch sich das typische warme „Auge" des Wirbelsturms bildet.

geradeaus, sondern seitlich abgelenkt — gegen den Uhrzeiger in der nördlichen Hemisphäre und mit dem Uhrzeiger in der südlichen. Sehr schnell wirbelt eine gewaltige Luftmasse um einen Mittelpunkt, vergleichbar mit einer riesigen Schallplatte. Im Zentrum, in dem der Luftdruck sehr niedrig und die Temperatur relativ hoch ist, weht der Wind nur schwach. Aber dieses Auge des Sturms ist von steilen Wolkenbänken umgeben, die sich schichtweise bis zu 10 km über der Meeresoberfläche auftürmen. Diese Wolken bringen die Regenfluten, die zu den Wirbelstürmen gehören.

Wie ein Kreisel, der sich zwar sehr schnell dreht, aber nur langsam vorwärtsbewegt, nähert sich ein Hurrikan mit nur 15—20 km/h, während seine Wirbelwinde ein Tempo von 150 km/h bis zu Böen von 300 km/h erreichen. Wenn der Hurrikan vorbeizieht, fegen die Sturmwinde erst aus einer Richtung und dann, nach dem kurzen Intervall im Auge des Sturms, aus der andern. Sturm und Regen richten große Verwüstungen an, aber mehr als drei Viertel der Todesopfer von Wirbelstürmen fordern die von ihnen ausgelösten Sturmfluten. Während sich die Wellen der Küste nähern, bestimmt die Topographie des Seebetts ihre Höhe; je flacher es ist, desto höher werden sie. Das Ufer

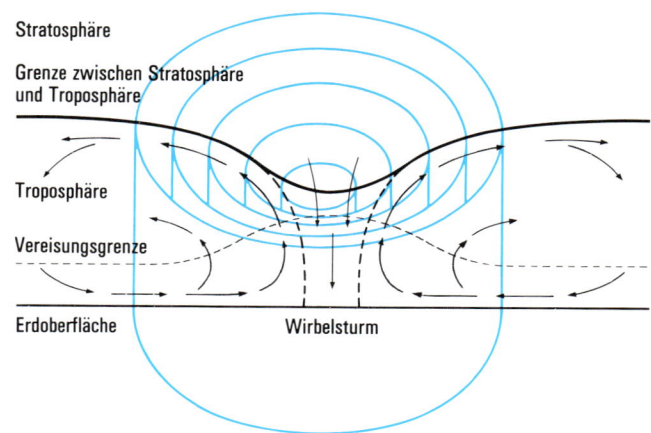

Stratosphäre

Grenze zwischen Stratosphäre und Troposphäre

Troposphäre

Vereisungsgrenze

Erdoberfläche   Wirbelsturm

Oben: Venezianer überqueren während der Hochflut im Winter den Markusplatz auf einem Notsteg. Venedig ist nicht auf festem Grund erbaut, sondern auf einer Reihe kleiner schlammiger Inseln, die langsam in der Adria versinken.

Steinzeitkultur, die in den darüber liegenden Schichten nicht nachweisbar war. Die Katastrophe, durch die diese Sedimentablagerungen verursacht wurden, hatte eine alte Kultur ausgelöscht.

„Zweieinhalb Meter Sediment", schrieb Woolley, „weisen auf sehr tiefes Wasser hin, und die Überschwemmung, die sie abgelagert hat, muß in diesem Gebiet bis dahin unbekannte Ausmaße erreicht haben." An anderen Orten in Mesopotamien gegrabene Schächte ließen erkennen, daß das überflutete Gebiet etwa 600 km lang und 150 km breit war, und daß sich die Überschwemmung etwa 4000 v. Chr. ereignet hatte. „Es war keine weltweite Flut", schrieb Woolley weiter. „Es war vielmehr eine riesige Überschwemmung in den Flußtälern des Euphrat und Tigris, die alles bewohnbare Land zwischen den Bergen und der Wüste überflutete; für die Menschen, die dort lebten, bedeutete dies die ganze Welt. Die Mehrzahl muß

umgekommen sein, und nur ein spärliches, verschrecktes Grüppchen kann von den Stadtmauern aus das Zurückweichen des Wassers beobachtet haben. Kein Wunder, daß sie diese Katastrophe als Bestrafung einer sündigen Generation durch die Götter ansahen und sie auch so in einem religiösen Epos schilderten; und wenn es einer Familie gelungen war, auf einem Boot der Flut zu entkommen, wurde natürlich ihr Oberhaupt zum Helden der Sage erhoben."

Die genaue Ursache der Flut wird wohl nie entdeckt werden, aber ein tropischer Wirbelsturm oder von einem Erdbeben ausgelöste Tsunamis könnten durchaus plausible Erklärungen sein. Als die Wellen vom Arabischen Meer in den schmalen Persischen Golf strömten und wie eine breite Mauer aus Wasser in das flache mesopotamische Tal stürzten „. . . war der Tag, da aufbrachen alle Brunnen der großen Tiefe".

„Long Island Expreß"
Neuengland 1938

Hurrikane entstehen in der Karibik und in den tropischen Gewässern des Atlantik. Sie ziehen nach Westen, drehen häufig nach Norden ab und suchen die südlichen Küsten der USA heim. Die Zerstörungen werden durch die Wucht des Windes, die unglaublichen Regenmengen und die riesigen Wellen verursacht, die gewöhnlich einen Hurrikan begleiten. In den Zeiten, in denen man noch keine Vorwarnungen geben konnte, war die Zahl der Todesopfer sehr hoch. Nachdem im August 1893 ein Hurrikan die Küsten von Süd-Carolina und Georgia verwüstet hatte, hieß es in einem Bericht: „Hunderte von Leichen lagen auf den Feldern, nur von den Geiern beachtet, die über ihnen kreisten." Im September 1900 fanden 6000 Menschen in Galveston den Tod, als ein heftiger, von hohen Wellen begleiteter Wirbelsturm die Küste von Texas verwüstete. Während des Sturms fielen schätzungsweise 2 Milliarden Tonnen Regen. Zu seinen makabren Folgen gehörte, daß er Hunderte von Särgen vom Friedhof von Galveston in den Golf von Mexiko schwemmte.

Selbst Vorwarnungen haben oft nicht viel geholfen. Der Hurrikan, der am 2. September 1935 über Florida hereinbrach, war einer der stärksten, die je gemessen wurden. Er bekam den Namen *Labor-Day-Hurricane*, traf nur ein kleines Gebiet, war aber ungeheuer heftig. Die Spitzenböen sollen bis zu 300 km/h erreicht haben, und der Barometerstand von 26,35 auf Long Key war der niedrigste, der jemals in der westlichen Hemisphäre gemessen wurde. Etwa 700 Kriegsveteranen befanden sich in einem Urlaubslager genau an der Stelle, wo der Hurrikan über die Inseln hinwegfegte. Der Zug, der sie in Sicherheit bringen sollte, wurde aus den Gleisen gerissen. 286 Veteranen und Zivilisten wurden getötet, 90 vermißt. Einige der Opfer gerieten buchstäblich in ein Sandgebläse — ihre Kleidung, bis auf Gürtel und Schuhe, wurde heruntergefetzt, ihre Haut abgeraspelt.

Ein Jahrhundert lang hatten die Stürme Neuengland verschont. Aber am 20. September 1938 näherte sich ein Hurrikan Florida von Westen her, drehte dann plötzlich nach Norden ab und wurde immer schneller. Die meisten nach Norden vordringenden Wirbelstürme werden von den ständigen Westwinden zum offenen Atlantik abgedrängt, ohne Schaden anzurichten. Diesmal jedoch versperrte eine ungewöhnlich nahe vor der amerikanischen Küste liegende Hochdruckzone diesen Ausweg. Als noch ein weiteres Hochdruckgebiet sich von Westen näherte, blieb dem Hurrikan nur eine schmale Tiefdruckrinne, die direkt nach Long Island führte. Die riesige, wirbelnde Luftmasse raste diesen Korridor mit 90 km/h entlang, ein außergewöhnliches Tempo, das dem Hurrikan den Namen *Long-Island-Express* einbrachte. Die Windgeschwindigkeiten innerhalb des Hurrikans waren natürlich sehr viel größer. Im Blue-Hills-Observatorium in Massachusetts wurde fünf Minuten lang eine Windgeschwindigkeit von 182 km/h gemessen, wobei eine Böe sogar auf 276 km/h kam. Am 21. September trafen diese Wirbelwinde auf das dichtbesiedelte Long Island und Neuengland und begannen ihre Zerstö-

Links: Die Kirchturmspitze der Community Church von Dublin in New Hampshire wurde durch den Hurrikan, der Neuengland im September 1938 heimsuchte, weggerissen und in der Luft herumgewirbelt. Sie durchstieß das Dach und blieb in der Kirchenbank stecken, auf der sonst die Frau des Geistlichen beim Gottesdienst saß. **Rechts:** Eins der Häuser in Long Beach auf Long Island, die der Hurrikan im September 1938 zerstörte.

Rechts: Die Leichen von Veteranen des Ersten Weltkriegs, die im September 1935 während eines Wirbelsturms in Florida ums Leben kamen. Sie werden aus dem verwüsteten Ferienlager auf Matecumbe Key auf behelfsmäßigen Holzgestellen abtransportiert, die man an Autos angehängt hat.

Unten: Ein Ehepaar zwischen den Ruinen seines Hauses, das der Hurrikan vom September 1938 auf Rhode Island zerstört hat.

rungsorgie, die 7 Millionen Menschen von der Außenwelt abschneiden sollte.

Nach einem Erkundungsflug beschrieb der Journalist Rudy Arnold die Stätte der Verwüstung. „In vielen Morgen Wald lagen die Bäume wie Streichhölzer durcheinander. Umgekippte Autos waren fast im Schlamm versunken. Häuser waren wie von einer Dampfwalze plattgedrückt; an einer Stelle waren an die 15 Häuser wie von einem riesigen Schneebesen durcheinander gequirlt."

Etwa 275 Millionen Bäume waren entwurzelt oder geknickt. Stromkabel und Telefondrähte waren im ganzen Gebiet gerissen; herausgerissene Wurzeln hatten Gas- und Wasserrohre zertrümmert. Die Ulmen, die auf der Hauptstraße von East Hampton auf Long Island anstelle der durch den Hurrikan von 1815 entwurzelten gepflanzt worden waren, erlitten nun das gleiche Schicksal. In Dublin in New Hampshire wurde die Spitze des Kirchturms weggerissen und herumgewirbelt, so daß sie das Kirchendach durchbohrte. Der Wind kratzte den Lack von Autos und blätterte den Anstrich der Häuser bis aufs Holz ab.

Eine Niederschlagsmenge von 280 Millimeter fiel auf ein Gebiet von 25000 Quadratkilometern. Von den Bergen ergossen sich Sturzbäche, und das Meer überflutete die Küste. Im überschwemmten Providence auf Rhode Island löste das Wasser Kurzschlüsse bei Autohupen aus, deren Lärm nun das Heulen des Sturms untermalte. Tausende von Häusern an der Küste wurden fortgeschwemmt, und vielerorts veränderte sich die Küstenlinie. Ein Mann, der gerade tausend Dollar für ein Ufergrundstück bezahlt hatte, mußte feststellen, daß seine Neuerwerbung vom Meer weggespült worden war.

Sechshundert Menschen kamen um, und der Schaden belief sich auf 350 Millionen Dollar, der höchste jemals von einem Sturm angerichtete Sachschaden. Seit 1938 ist Neuengland von anderen Hurrikanen heimgesucht worden, aber der *Long-Island-Express* bleibt unvergessen. Er diente als Warnung, daß kein Ort an der atlantischen Küste der USA sicher vor der zerstörerischen Gewalt dieser Stürme ist.

Tsunami-Schrecken

Warnzeichen für Seebeben sind an der langen, oft von Erdbeben erschütterten Küste Chiles wohlbekannt. Am Nachmittag des 22. Mai 1960 sahen die Bewohner des 300 Kilometer langen Küstenstreifens von Valdivia bis zur Chiloe Insel das Meer stetig über die Hochflutmarke ansteigen. Dieses Phänomen ist unter dem Namen „sanfte Welle" bekannt. Danach wich das Wasser plötzlich sehr weit zurück, weiter als beim Tiefstand der Ebbe. Alte Wracks tauchten auf, Fische zappelten auf dem Sand, aber nur wenige Zuschauer beobachteten die seltsamen Vorgänge. Die Erfahrung aus Jahrhunderten hatte sie gelehrt, was in Kürze zu erwarten war. „Das Meer ist zurückgewichen!" ertönte es überall und alles flüchtete in die Berge vor dem *Maremoto*, dem Seebeben. Der französische Vulkanforscher Haroun Tazieff hat geschildert, was sich dann im

gelegenen Vulkans, aber auch Erdrutsche unter der Wasseroberfläche an Hängen des Kontinentalsockels haben sie schon gelegentlich ausgelöst. Die größte, in historischer Zeit gemessene Welle gab es nach einem gewaltigen Felssturz in der Lituya Bay, einer fjordähnlichen, fast ganz von Land umschlossenen Bucht in Alaska. Am 9. Juli 1958 stürzten 90 Millionen Tonnen Fels etwa 1000 Meter tief in die Bucht. Eine Welle durchraste die Bucht und schwappte bis zur unglaublichen Höhe von 580 Metern (fast doppelt so hoch wie der Eiffelturm) über die gegenüberliegende Landzunge. Eine Waldfläche von 10 Quadratkilometern wurde bis auf den nackten Fels abrasiert.

Jedoch fast immer sind Erdbeben die Ursache dieser großen Wellen, die auch im Mittelmeer und im Mittleren Orient bekannt sind, meistens aber im Pazifischen Ozean vorkommen, wo der Meeresboden ständig in Bewegung ist. Wie Wellen, die von einem kräftigen Steinwurf ausgelöst werden, pflanzen sie sich Tausende von Kilometern weit über den riesigen Ozean fort. Die Japaner nennen sie *Tsunami*, und diesen Namen hat die Wissenschaft übernommen.

Wo der Ozean tief ist, entwickeln die *Tsunami* eine enorme Geschwindigkeit von 450 bis zu 750 km/h, sind

Links: Ein Kupferstich des Postschiffs *La Plata*, das 1867 vor den Jungferninseln in Westindien von einer Tsunami getroffen wurde. Die durch Erdbeben oder unterseeische Vulkanausbrüche hervorgerufenen Tsunamis rasen mit unglaublicher Geschwindigkeit über den Ozean und türmen sich vor den Küsten zu riesigen Wassermauern von 15, 30 oder gar 60 Meter Höhe auf.

kleinen Hafen von Corrall, 15 km südlich von Valdivia, abspielte.

„Das Wasser kam nach 20 Minuten zurück, eine über acht Meter hohe Welle, die im erschreckenden Tempo von über 150 Stundenkilometern hereinraste. Das Kreischen der Frauen mischte sich mit ihrem furchtbaren Getöse ... Wie eine riesige Hand, die einen Papierstreifen zerknüllt, zertrümmerte die Welle der Reihe nach alle Häuser unter dem gewaltigen Krachen berstender Bretter. Binnen 20 Sekunden hatte sie aus 800 Häusern Spanholz gemacht und es am Fuß des Berges aufgehäuft."

Kein Damm, kein Wellenbrecher, kein von Menschen errichteter Schutzwall kann auch nur einer dieser verheerenden Wellen standhalten. Sie sind meist die Folge eines Unterwasserbebens oder des Ausbruchs eines an der Küste

dann aber nicht sehr hoch. Daher werden sie auch so selten auf hoher See beobachtet. 1896 gab es östlich von Japan ein schweres Seebeben, von dem aus eine Folge gewaltiger Wellen die Küste von Sanriku traf. Fischer aber, die 30 Kilometer vor der Küste fischten, bemerkten nichts und waren völlig unvorbereitet, als sie bei ihrer Heimkehr die schreckliche Verwüstung entdeckten. Tausende von Booten waren in den Häfen zertrümmert worden, und 28000 Menschen hatten den Tod gefunden. Erst wenn sich die *Tsunami* der flachen Küste nähert, hebt sie sich zu einer Mauer aus Wasser. Sie verliert dann zwar an Geschwindigkeit, donnert aber immer noch mit etwa 90 Stundenkilometern ans Ufer.

Wegen seiner zentralen Lage im Pazifik ist Hawaii von allen Seiten den *Tsunamis* ausgesetzt. Die Stadt Hilo

wurde 1946 von einer gewaltigen Welle verwüstet, die von den Aleuten kam. Die chilenischen Erdbeben vom Mai 1960 waren so schwer, daß laut einem Forscher „das Grollen aus den tiefsten Tiefen der Erde zu vernehmen war". Die *Tsunamis,* die durch sie ausgelöst wurden, waren von gleicher Wucht, aber diesmal war Hawaii vorbereitet. Als die Welle Hilo erreichte, ertranken nur 61 Menschen, die den offiziellen Alarm nicht beachtet hatten und in der Stadt geblieben waren.

Die *Tsunami* rollte dann von Hawaii weiter über den Pazifik. Die japanische meteorologische Station erhielt eine Warnung, die beiden diensttuenden jungen Meteorologen meinten jedoch, sie beträfe nur den Südpazifik und unternahmen nichts. Neun Stunden später traf eine Reihe von Siebenmeterwellen die Küstenstädte im Norden von Honschu und Hokkaido und hinterließ das nur allzu vertraute Bild von zertrümmerten Booten, 50 000 zerstörten Häusern und — in diesem Fall — vermeidbaren Todesopfern.

Links: In der Lituya Bay in Alaska löste ein gewaltiger Felssturz eine Welle aus, die bis zu einer Höhe von 600 Meter sämtliche Bäume des Vorgebirges wegrasierte und nur den nackten Fels zurückließ. **Unten:** Zerstörungen durch eine Tsunami auf der Kodiak Insel 1964 in Alaska. Sie folgte einem der schwersten Erdbeben, das Nordamerika je getroffen und ein Gebiet von 259 000 Quadratkilometer verwüstet hat.

Sturmflut an der Nordsee
Februar 1953

Nordwinde hatten in Sturm- bis Hurrikanstärke 24 Stunden lang getobt. Auf den Orkney Inseln wurden Böen von 180 km/h gemessen. Zwei Schiffe sanken vor der schottischen Küste. In Schottland und England wurden schätzungsweise 4 Millionen Bäume, meistens in Nadelholzschonungen, durch die heftigen, wiederholten Windböen geknickt. Aber diese Schäden, wenn auch schwer genug, waren nichts verglichen mit dem, was folgen sollte. In der Nacht vom 31. Januar auf den 1. Februar kam die Sturmflut an der Nordsee.

Die anhaltenden Nordstürme waren die schwersten, die je auf den Britischen Inseln gemessen wurden. Sie trieben Milliarden Tonnen Wasser nach Süden, genug, um die vorausgesagte Fluthöhe um 1,80 bis 2,40 m steigen zu lassen. An der Küste von Essex sank das Wasser bei der Nachmittagsebbe kaum merkbar. Auf der anderen Seite der Nordsee verhinderten die heftigen landeinwärts wehenden Winde das Zurückfluten des Wassers aus den südlichen Flußmündungen und Küstengebieten von Holland bei Ebbe völlig. Der Flutpegel veränderte sich ein paar Stunden lang gar nicht, dann stieg das Wasser noch höher. Der ungewöhnlich niedrige Luftdruck hatte das Wasser zusätzlich ansteigen lassen, und der Sturm hatte die Wasseroberfläche zu Wellen aufgepeitscht, die mancherorts über 4 m hoch waren.

Die schwersten Überschwemmungen in England gab es in Essex. Im Hafen von Harwich überspülten Wellen die Kais schon drei Stunden vor der Hochflut. Kurz darauf flutete das Wasser in die Stadt und wälzte sich durch die schmalen Straßen; wer im Kellergeschoß wohnte, konnte nicht mehr heraus. Überall an der Küste schlugen die Wellen über die Deiche, um sie dann von der Landseite aus zu unterspülen. Das bewirkte einen Deichbruch nach dem anderen, und die Wassermassen strömten allenthalben durch die Risse.

Auf der Insel Canvey, im 17. Jahrhundert von holländischen Pionieren dem Meer abgewonnen, lag alles Land unter der Flutmarke. Etwa 11500 Menschen lebten dort

zumeist in einstöckigen Häusern, von hohen Deichen geschützt und durch nur eine Brücke mit dem Festland verbunden. Kurz vor Mitternacht ergoß sich die See wie ein Wasserfall über eine besonders gefährdete Deichwand und riß sie teilweise ein. Sehr rasch folgten weitere Deichbrüche, und die Sturzflut überschwemmte die wehrlose Insel. Die meisten Bewohner schliefen ahnungslos und erwachten erst, als das eisige Wasser in ihre Häuser eindrang. Vielen, die auf die Möbel geklettert waren, wurden diese unter den Füßen weggeschwemmt. Andere klammerten sich an den oberen Türrändern fest, so daß ihre Köpfe in dem schmalen Luftraum zwischen Wasser und Zimmerdecke verblieben.

In England ertranken 307 Menschen, aber in den Niederlanden waren die Verluste an Menschenleben und die Zerstörungen noch viel schrecklicher. Seit der berüchtigten Überschwemmung von 1421 hatte keine solche Katastrophe mehr das Land getroffen, von dessen Fläche 40 Prozent unter dem Meeresspiegel lagen und vor der Flut durch mehr als 1000 Kilometer Deiche und Dünen geschützt wurden.

Die Hochflut sollte kurz nach Mitternacht am 1. Februar eintreten, aber schon lange vorher stand die vom Sturm hereingetriebene See in Höhe der Deichkronen. Wasser-

Oben: Die Polizei bei der Suche von Haus zu Haus nach Überlebenden der Nordseeflut auf der Insel Canvey. Wie in Holland erlitten die britischen Ostküstenstädte während der Sturm- und Überschwemmungskatastrophe vom 31. Januar zum 1. Februar 1953 schwere Schäden.

massen wurden über die Innenwände der Deiche geschwemmt und begannen dort ihr Zerstörungswerk, so daß, als plötzlich eine Sturzsee kurz vor der Hochflut kam, die Deiche bereits erheblich beschädigt waren. Warnungen vor einer ungewöhnlich starken Hochflut waren gegeben worden, aber mit einer Sturzsee hatte man nicht gerechnet, und die meisten Menschen schliefen, als die Katastrophe einsetzte. Mehr als fünfzig Deiche brachen etwa gleichzeitig, und 400000 Morgen Ackerland auf den Poldern (dem Meer abgewonnenes Land) wurden von der tobenden See überschwemmt. In den Provinzen Seeland, Südholland und Nordbrabant, die alle an den Mündungen von Rhein, Maas und Schelde liegen, wurde das Werk von Jahrhunderten in Minuten vernichtet.

Die Kirchenglocken wurden geläutet, im tosenden Sturm aber kaum gehört. In Stavenisse auf der Insel Tholen zertrümmerte eine vier Meter hohe Wasserwand die Bauernhäuser hinter dem Deich und schwemmte die schweren Dach- und Mauerbalken in das Dorf, wo sie wie Rammböcke die Hauswände einstießen. Über 200 Menschen ertranken. In einem anderen Dorf auf Tholen sah ein zehnjähriges Mädchen seine Eltern und acht Geschwister ertrinken. In Spijkenisse, 7 Kilometer südlich von Rotterdam, hingen ein Mann und eine Frau am Dach ihres Hauses. Die Frau umklammerte mit einem Arm den Schornstein und hielt mit der anderen Hand ihren Mann. „Länger als 24 Stunden wurde der Fuß des Mannes von den strudelnden Wassermassen gegen ein Metallabflußrohr geschleudert. Als die beiden endlich gerettet wurden, waren von seinem Fuß nur noch ein paar zerschmetterte Knochenreste übrig."

Im ganzen starben 1800 Menschen; annähernd 100000 wurden evakuiert, nachdem die Flut fast 1700 Quadratkilometer Land überschwemmt hatte. Die Geschichte Hollands ist die eines unaufhörlichen Kampfes gegen das Meer. Die Nacht vom 31. Januar zum 1. Februar 1953 zeigt, daß man angesichts dieser ständigen Bedrohung niemals nachlassen darf.

Links: Ein Holländer geht über die zerstörten Bahngleise durch das überflutete und verwüstete Land nach der Nacht vom 31. Januar. Stürme und Hochfluten ließen die Nordsee ansteigen, bis sie in Holland die Deiche und an der Ostküste Englands Uferbefestigungen überschwemmte. **Oben:** Häuser unter Wasser in Lieriksee in Holland. **Unten:** Die Brücke eines britischen Trawlers, die von einer Welle zerschmettert wurde.

Hochwasser in Florenz
November 1966

Oben: Die schlammbedeckten Straßen von Florenz nach dem Abfluß des Arno-Hochwassers. Man schätzt, daß 500 000 Tonnen Schlamm durch das Hochwasser vom 4. November 1966 in die Stadt geschwemmt wurden.

Der Oktober 1966 brachte in ganz Italien zahlreiche Niederschläge. Die ersten beiden Novembertage waren sonnig, aber dann folgten am 3. November Wolkenbrüche — ein Drittel der normalen Jahresmenge fiel innerhalb von 24 Stunden. Es kam vielerorts zu schweren Überschwemmungen, nirgendwo aber wirkten sie sich so katastrophal aus wie im Arnotal. Am frühen Morgen des 4. November stellten die Einwohner von Florenz fest, daß der sonst so gemächliche grüne Fluß zu einem reißenden braunen Strom geworden war. In den Wassermassen trieben Balken, Ölfässer, entwurzelte Bäume und die Kadaver ertrunkener Kühe.

Obwohl man am oberen Flußabschnitt Dämme errichtet hatte, reichten die Abflußkanäle für die gewaltigen Regenmengen jener Nacht nicht aus. Sturzbäche ergossen sich in den Fluß, der in Florenz bald über die Ufermauern trat und die Stadt mit verschmutztem, öligem Wasser überschwemmte. Die Flutmassen donnerten mit 60 km/h durch die Straßen, wirbelten Autos wie Spielzeug umher, quollen in Tausende von kleinen Läden und Werkstätten am Straßenrand und rissen alles, was sich darin befand, mit sich. Das Wasser führte etwa 500000 Tonnen Schlamm mit, der auf den Straßen und in den Kellern eine dicke Schicht hinterließ. Schlimmer noch aber war das Öl, das alles mit einer übelriechenden, glitschigen schwarzbraunen Masse überzog.

Der Fluß stieg 18 Stunden lang und begann dann wieder zu fallen. Am Morgen des 5. November war der Pegelstand um fünfeinhalb Meter gesunken — und Florenz, eine der Schatzkammern europäischer Kultur, machte sich an die Schadensaufnahme.

In den Uffizien und im Palazzo Pitti waren die Gemäldesammlungen in den oberen Stockwerken untergebracht, so daß die zahllosen Kunstschätze unbeschädigt blieben. In anderen Sammlungen, Kirchen und Museen jedoch entstand unermeßlicher Schaden. Auf der Piazza del Duomo wurden fünf von den zehn vergoldeten Bronzereliefs an dem weltberühmten Ostportal des Baptisteriums herausgerissen, die der Bildhauer Ghiberti im 15. Jahrhundert geschaffen und die Michelangelo für wert befunden hatte, den Eingang zum Paradies, die *Porta del Paradiso,* zu schmücken. Die fehlenden Reliefs wurden wiederaufgefunden, waren aber beschädigt. Die Marmorstatuen überall in der Stadt waren mit schwärzlichem Öl überzogen. Die Kirche Santa Croce im alten Teil der Stadt enthielt neben anderen Schätzen einmalige Fresken aus dem 14. Jahrhundert von Giotto und eine Kreuzigung aus dem 13. Jahrhundert von Cimabue. Sämtliche Fresken waren gefährdet. Obwohl das Hochwasser nur den unteren Rand erreicht hatte, stieg die Feuchtigkeit in den Mauern hoch und ließ Salze kristallisieren, wodurch die Wandfarben abblätterten. Die Kreuzigung fand man, auf der Vorderseite liegend, im Schlamm wieder; die Farben waren weitgehend weggewaschen.

In der ganzen Stadt hatten unersetzliche Kunstschätze schweren Schaden erlitten, manche waren für immer zerstört; nicht nur Gemälde, sondern auch alte Landkarten, Urkunden, seltene Musikinstrumente (nunmehr zu Kleinholz zersplittert) aus dem Bardini Museum sowie kolorierte Handschriften, Wandteppiche und Bücher. In der Nationalbibliothek bildeten 300 Studenten von den Ausstellungsräumen in den Kellergeschossen (wo die Luft so verpestet war, daß sie Gasmasken tragen mußten) bis in die oberen Stockwerke eine Kette, in der sie sich Stunden um Stunden die schlammüberzogenen seltenen Bücher und Handschriften weiterreichten. Vieles davon wäre ohne sie für immer vernichtet worden. Die Florentiner tauften die Studenten daher *angeli del fango* — Schlammengel. Neue Restaurierungstechniken mußten entwickelt werden, denn nie zuvor war eine solche Unmenge verschiedenartigster Kunstwerke zugleich durch Wasser und Öl beschädigt worden.

Von den 10000 Geschäften der Stadt wurden 6000 zerstört. Das Hochwasser traf auch die berühmten Goldschmiedeläden auf dem Ponte Vecchio. Einige Goldschmiede hatten sich in der Nacht vom 3. November auf die schwankende Brücke gewagt und ihre Ware vor den Fluten in Sicherheit gebracht. Arme Handwerker und Ladenbesitzer, die in ihren Läden wohnten, kamen nur mit dem nackten Leben davon. In jenem Winter gab es in Florenz viel bittere Armut.

Die Kinder in Italien bekommen ihre Geschenke nicht zu Weihnachten, sondern am Dreikönigstag, an dem die freundliche alte Hexe, *La Befana,* den braven Kindern Spielzeug und Süßigkeiten und den bösen einen mit Kohle vollgestopften Strumpf bringt. Am Dreikönigstag 1967 hing mitten auf dem Ponte Vecchio ein mannsgroßer Strumpf voller Kohlen über dem Wasser. Er trug die Aufschrift: „Für den Arno." Das war *La Befanas* Geschenk an den Fluß.

Oben: Schätze der Bibliothek sind durch die Überschwemmungen zum Großteil vernichtet worden. Die Kellergeschosse waren besonders durch die Schlammassen und vor allem durch das zähflüssige Öl, das sie mitführten, betroffen.

Unten: Einige der geretteten kostbaren Ledereinbände trocknen auf Leinen, die nach dem Hochwasser gespannt wurden. Nach stundenlangem Säubern waren weitere Stunden für Lederbehandlung und Schimmelbekämpfung erforderlich.

Der Golf von Bengalen
Ein Katastrophengebiet

Im Lauf der Geschichte ist das Land am Golf von Bengalen von immer neuen schrecklichen Überschwemmungen heimgesucht worden. Der Staat Bengalen, später Ostpakistan und heute Bangladesch, liegt an der Spitze des trichterförmigen Golfs und ist ein Flachland, zerteilt von den vielarmigen Deltas zweier großer Flüsse, des Ganges und des Brahmaputra. Es steht in dem Ruf, ein glückloses Land zu sein, und das zu Recht. Überschwemmungskatastrophen sind vom Meer wie vom Inland aus ständig zu befürchten. Alljährlich im April und Mai, wenn die Schneeschmelze im Himalaja einsetzt, droht Hochwasser von den Flüssen. Am gefährlichsten aber ist die Monsunzeit im Juli und August. Regenfluten ergießen sich dann über die steilen Berge von Nordostindien, das regenreichste Gebiet der Erde, und wenn diese Wassermassen die bengalische Ebene erreichen, kommt es fast in jedem Jahr, und zwar besonders am Brahmaputra, zu großen Überschwemmungen.

Selbst in dieser Gegend nie erlebte, schwerste Regenfälle lösten die verheerende Überschwemmung von 1974 aus. Der Monsun setzte früher als sonst ein, bereits Ende Juni, und es regnete 50 Tage lang fast ununterbrochen. Täglich 12 Zentimeter sind in dieser Weltgegend nicht außergewöhnlich, aber die gleiche Niederschlagsmenge an vier Tagen der Woche, und das über sieben Wochen lang, machte sämtliche in dem gerade unabhängig gewordenen Bangladesch getroffenen Notstandsmaßnahmen zunichte, zumal das Land noch unter den Folgen des vorangegangenen Bürgerkriegs litt. Vieh und strohgedeckte Hütten wurden weggeschwemmt; die Menschen retteten sich auf Bäume oder auf die Dächer noch stehender Hütten. In einem Dorf bei Fulchari Ghat, etwa 150 Kilometer nordwestlich der Hauptstadt Dacca, standen die Häuser auf einem Lehmdamm über dem Hochwasser. Langsam löste sich der Lehm zu einem zähflüssigen Brei auf, und alle Versuche, den Damm wieder zusammenzuflicken, zögerten die unvermeidliche Katastrophe nur hinaus. Die Häuser stürzten schließlich doch ein, die Bewohner bündelten ihre armselige Habe und wateten zu einem höhergelegenen Eisenbahndamm.

Mitte Juli stand das halbe Land unter Wasser, ein Gebiet von 49000 Quadratkilometern. Der vom Regen angeschwollene Brahmaputra überflutete unaufhaltsam die gesamte Ebene. 800000 Häuser wurden dabei weggeschwemmt.

Aber das Hochwasser der Flüsse bringt weniger Schrecken als die tropischen Zyklone, die beängstigend oft die Küste verwüsten. Der schwerste Sturm, der seit Menschengedenken über das Delta hereinbrach, kam am 12. November 1970. Tausende wurden von einer 6 Meter hohen Wassermauer weggerissen. Später fand man ihre Leichen überall verstreut in Reisfeldern oder in Baumkronen. Der Boden war getränkt vom Blut der verendeten Rinder. Die küstennahe Insel Bhola wurde am schwersten vom Sturm getroffen. Ali Hussain, ein 25jähriger Soldat, war einer der beiden Überlebenden seiner 15köpfigen Familie. „Wir schliefen alle, als der Sturm um Mitternacht kam", sagte er. „Ich hielt mich an einer Palme fest, kletterte hinauf und hing dort, bis das Wasser in der Morgendämmerung wieder

Oben: Eine gerettete Frau nach einer der zahllosen Überschwemmungen in Bangladesch. **Oben rechts:** Hungernde Dorfbewohner vor einer Ausgabestelle von Nahrungsmitteln. Viele Bauern leben am Rande der Armut; in Notzeiten sind sie schnell dem Hunger ausgesetzt. **Rechts:** Dorfbewohner stehen nach einer Überschwemmung ihrer Dörfer Schlange nach Wolldecken, die ein Wasserflugzeug gebracht hat. **Links:** Vieh wird bei Überschwemmungen besonders betroffen. Diese Verluste sind für die Bauern am härtesten.

sank." Unter den Kindern, die nicht kräftig genug waren, sich an Bäumen festzuklammern, gab es die meisten Opfer. Mehr Glück als die große Mehrheit hatten sechs Kinder zwischen drei und zwölf Jahren, die von ihrem Großvater in eine Holzkiste gesetzt wurden. Nach drei Tagen wurde die Kiste mit den noch lebenden Kindern ans Ufer geschwemmt. Der Zyklon und die folgende Choleraepidemie forderten 150000 Menschenleben.

Die weiter südlich gelegenen indischen Küstengebiete am Golf von Bengalen werden weniger oft von Zyklonen heimgesucht, sind aber keineswegs vor ihnen sicher. Erst 1977 verwüsteten zwei Zyklone an zwei Wochenenden hintereinander mehrere Küstenregionen. Der erste traf den Bundesstaat Tamil Nadu (früher Mysore), wo mehrere hundert Menschen ums Leben kamen. Danach überquerte der Zyklon die Südspitze Indiens, drehte sich und brachte der Westküste heftige Regenfälle und Sturmböen. Für die Meteorologen stellte das ein bisher unbekanntes Phänomen dar. Schwerere Schäden verursachte der Zyklon vom 19. November, der mit voller Wucht die Küste von Andhra

Pradesh (früher Haiderabad) 600 Kilometer weiter nördlich heimsuchte. Ganze Dörfer verschwanden, Hunderttausende von Bauern verloren ihre gesamte Ernte, und die Zahl der Todesopfer wurde auf rund 20000 geschätzt.

In Bangladesch scheint die unaufhörliche Folge von Katastrophen die Menschen zu Fatalisten gemacht zu haben. Sie sind von einer Apathie, die Hilfsmannschaften oft verärgert hat. Dagegen reagierte die Bevölkerung in Südindien entschlossen und tatkräftig und machte sich sofort an die Beseitigung der Sturmschäden. Innerhalb von wenigen Tagen begann man mit der Aufräumungsarbeit. Häuser wurden wiederaufgebaut und die Bewässerungsgräben gereinigt, damit das Wasser das Salz aus den Feldern spülen konnte. Aber leider läßt in dieser katastrophenanfälligen Weltgegend das nächste Unglück nie allzu lange auf sich warten.

Warnung und Abwehr

Schon seit frühester Zeit hat das von Sturm und Hochwasser ausgelöste Elend — in humanitärer wie in wirtschaftlicher Hinsicht — die Menschen veranlaßt, nach Schutzmaßnahmen zu suchen. Gegen keine andere Bedrohung durch die Natur sind so viele Abwehrmethoden entwickelt und mit dem Fortschritt der Technik zunehmend verbessert worden. Gegen die verheerende *Tsunami* ist man zwar machtlos, aber gegen Überschwemmungen durch Meer oder Flüsse wurden Deiche, Dämme oder Uferbefestigungen errichtet. Natürliche Kanäle sind begradigt und vertieft worden, um schneller mehr Wasser aufnehmen zu können; Notabflüsse und Talsperren wurden gebaut, um einen Wasserüberschuß ablaufen oder stauen zu können. Maßnahmen dieser Art helfen, das Wasser vom Land fernzuhalten, und sind seit Jahrhunderten angewendet worden. Aber erst in jüngster Zeit konnte die wirksamste Methode entwickelt werden: die Frühwarnung.

Hurrikanwarnungen gibt es seit 1898, als Präsident McKinley während des Spanisch-Amerikanischen Krieges Wetterbeobachtungsstationen in Westindien einrichten ließ. Durch die Erfindung der drahtlosen Telegrafie konnten Schiffe, die Hunderte von Meilen vom Land entfernt waren, bereits die Entstehung tropischer Zyklone weitermelden. 1960 starteten die ersten Wettersatelliten, und damit konnte man zum erstenmal ganze Wettersysteme beobachten. Satelliten über den Polarregionen liefern einen genauen Überblick über die Wetterlage aus mehreren hundert Meilen Höhe. Aus 35 000 km Höhe können Satelliten über dem Äquator — ihre Umlaufzeit ist die Erdumdrehung angepaßt — die Hälfte unseres Planeten auf einmal aufnehmen.

Bis vor kurzem erhielten Hurrikane Mädchennamen, seit 1978 werden auch Männernamen benützt. Man wählt 26 Vornamen aus, und der erste Hurrikan des Jahres bekommt den, der mit einem A anfängt, der zweite den mit B usw., Mädchen- und Männernamen abwechselnd. Wenn ein Name für einen besonders zerstörerischen Hurrikan verwendet worden ist, wird er in den nächsten 10 Jahren nicht mehr benützt.

Die exakteste Vorhersage kann zwar keine Ernten retten, die in der Bahn des Sturms liegen, jedoch sehr wohl Menschenleben. Das Verhältnis zwischen Verlusten an Menschenleben und Sachschäden ist im letzten halben Jahrhundert sehr viel günstiger geworden. Das läßt sich aus einem Vergleich der beiden Hurrikane ersehen, die Belize, die Hauptstadt von Britisch-Honduras, heimgesucht haben. Der Hurrikan vom September 1931 staute den Belize-Fluß mit den Wracks aller kleineren Boote. Zweitausend Menschen kamen ums Leben. Als 1961 der sehr viel heftigere Hurrikan Hattie die Stadt traf, fegten Sturzwellen über die Ufer und hinterließen in manchen Gebäuden noch im vierten Stock Schlammspuren. Die Stadt wurde zu drei Vierteln zerstört und mußte im

Oben: Eine Wasserlawine ergießt sich während der Hochwasserkatastrophe an der Ostküste 1966 durch eine Straße in Putnam, Connecticut. Von den sechs Staaten wurde Connecticut am schwersten betroffen.

Oben: Ein schmaler, überaus fruchtbarer Landstreifen an beiden Nilufern beweist, daß Überschwemmungen auch Nutzen bringen können. Gehaltvoller schwarzer Schlamm, den der Nil aus Innerafrika mitführt, überflutet alljährlich die Ufer. **Rechts:** Wolkenbrüche über Flachland sind oft die Ursache blitzartiger Überschwemmungen wie hier bei Brisbane in Australien. In diesen trockenen Gebieten versickern seichte Flußläufe im flachen Gelände, so daß sie plötzlich einsetzendes Hochwasser nicht aufnehmen können. Zum Glück sind die Überschwemmungen meist von kurzer Dauer und füllen häufig das dringend benötigte Grundwasser auf.

Binnenland neu aufgebaut werden, aber diesmal gab es lediglich 275 Todesopfer.

Es wurden viele Vorschläge gemacht, wie man Hurrikane bändigen könne. Man hat ziemlich erfolglos versucht, sie mit Trockeneis zu berieseln, wobei zumindest ein solches Experiment mit Schrecken endete. Der Hurrikan vom Oktober 1947 war über Florida gezogen und drehte zum mittleren Atlantik ab. Über das, was dann geschah, gibt es Meinungsverschiedenheiten, aber es scheint, daß der Hurrikan nach der Berieselung mit Trockeneis in einer Haarnadelkurve zur amerikanischen Küste zurückdrehte und in Georgia Schäden in Höhe von 3 Millionen Dollar anrichtete.

Ein anderer Vorschlag zielte darauf ab, bereits die Entstehung von Hurrikanen zu verhindern, wofür Wärme erforderlich ist. Wenn man nun unter dem Entstehungsgebiet kaltes Wasser an die Meeresoberfläche bringen könnte, ließe sich dadurch die Entwicklung des Hurrikans unterbinden.

Trotzdem bleibt bei jeder möglichen Methode die Frage, ob sie sinnvoll wäre. Der britische Schriftsteller Frank Lane befaßt sich damit in seinem Buch *The Elements Rage,* das 1966 erschienen ist: „Vielleicht entsteht daraus nur noch etwas Schlimmeres. Hurrikane scheinen wichtige Faktoren in der allgemeinen Zirkulation der Atmosphäre und des Wärmeausgleichs zu sein. Wenn Hurrikane verhindert werden könnten, wer kennt die möglichen Folgen? Es

kann sich als äußerst gefährlich erweisen, Naturkräfte zähmen zu wollen."

In einen Wirbelsturm zu geraten ist, gelinde gesagt, unangenehm; wenn man von Böen gepeitscht wird, die mit 150 km/h dahinfegen, und von Wolkenbrüchen durchnäßt wird, vergißt man begreiflicherweise leicht, daß der Sturzregen das lebenswichtige Grundwasser auffüllt. Um bei Überschwemmungen durch Regenfluten wirksam helfen zu können, muß ein gutfunktionierender Rettungsdienst aufgebaut werden. Während der Überschwemmungen im Norden Australiens im Dezember 1974 wurden Flugzeuge, Boote und Hubschrauber eingesetzt, um vom Wasser eingeschlossene Menschen und Haustiere in Sicherheit zu bringen.

Die Überschwemmungen des Nils haben landwirtschaftlichen Nutzen gebracht. Ohne die jährliche Überschwemmung des schmalen Landstreifens an seinen beiden Ufern wäre Ägypten nie entstanden. Aber in den Tälern der anderen großen Ströme der Erde sind Überschwemmungen nicht lebensspendend, sondern todbringend. Der Hwangho, der Indus und der Ganges überfluten immer wieder die angrenzenden Anbaugebiete. In den Vereinigten Staaten hat das gewaltige Flußsystem des Mississippi zweimal in diesem Jahrhundert Zehntausende von Quadratkilometern Land in eine gelbe Wasserwüste verwandelt. Der Mississippi hat Zuflüsse aus 31 Staaten der USA und aus zwei kanadischen Provinzen. Im März 1927 verursachten schwere Regenfälle mit einer Niederschlagsmenge von 300 bis 600 mm in den an den Unteren Mississippi angrenzenden Staaten eine plötzliche Überschwemmung bisher unbekannten Umfangs. Straßen und Brücken waren für Wochen überflutet; in weiten Teilen des Tals wurde die gesamte Ernte vernichtet, und die Menschen verelendeten. Etwa 40000 Quadratkilometer standen unter Wasser, und mehr als 300 Menschen ertranken in einer so hohen Flut, daß die Rettungsboote zwischen den Baumkronen umherfahren mußten. Sobald das Wasser über die Dämme getreten oder sie durchbrochen hatte, stieg es so schnell, daß „die Straßen von Arkansas City um die Mittagszeit noch trocken waren, und um zwei Uhr die Maultiere dort ertranken, ehe sie ausgespannt werden konnten". Die Deiche wurden einige Meilen nördlich von New Orleans absichtlich durchbrochen, um das Hochwasser von der Stadt fernzuhalten.

Die Katastrophe von 1927 führte dazu, daß die gesamte Hochwasserkontrolle umgestellt wurde. Die Kompetenzen wurden weitgehend von den einzelnen Staaten auf die Bundesregierung übertragen. Aber die Natur hält ständig neue böse Überraschungen bereit. Im Mai und Juni 1951 fiel im sonst trockenen Staat Kansas ungewöhnlich viel Regen. Es gab einige Überschwemmungen, jedoch nur in geringem Ausmaß. Der Boden war immer noch durch und durch feucht, als an drei Julitagen die Niederschlagsmenge ungefähr 400 mm erreichte. Überall am Kansas-Fluß brachen die mit Wasser vollgesogenen Dämme; die Menschen retteten nichts als das nackte Leben. Das Wasser stand so hoch, daß es flußabwärts die Deiche überspülte, diesmal allerdings von der Landseite her, um sich dann wieder in den Kansas zu ergießen. Der entstandene Schaden wurde auf 870 Millionen Dollar geschätzt und wäre um weitere 250 Millionen höher gewesen, ohne die seit 1927 von den Bundesstellen für Hochwasserkontrolle durchgeführten Maßnahmen.

Dennoch machen alle auf Landes- oder Bundesebene getroffenen Schutzvorkehrungen die individuelle Verantwortung keineswegs überflüssig. Die Geschichte von dem holländischen Jungen, der mit dem Finger das Loch im Deich verstopft haben soll, liefert dafür ein anschauliches Beispiel. Bei den Überschwemmungen von 1951 vergaß man, einen Öltank von 27000 Litern sicherzustellen, der dann gegen eine Hochspannungsleitung geschwemmt wurde; das Öl entzündete sich, und die Flammen vernichteten mehrere Ölraffinerien. Der Gesamtschaden belief sich auf 10 Millionen Dollar. Einzelpersonen wie Regierungen haben bei der Bekämpfung von Hochwasser Pflichten zu erfüllen. Dieser Kampf wird keineswegs leichter. Die Regierungskommission für Wasserwirtschaft stellte 1950 in ihrem Bericht für Präsident Truman fest: „Wie groß Hochwasserkatastrophen auch sein mögen, es werden immer noch größere folgen." Die Überschwemmungen im Jahr darauf bestätigten die Richtigkeit dieser Feststellung, die bedauerlicherweise wohl auch in Zukunft gültig bleiben dürfte.

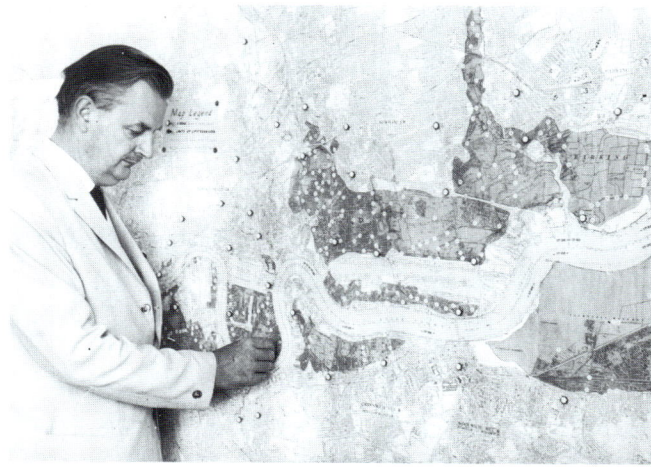

Oben: Ein Ingenieur in der Hochwasser-Warnzentrale in London. Hinter ihm hängt eine große Karte der Themse, auf der Gefahrenzonen schraffiert sind. In vielen Ländern der Erde befaßt man sich endlich mit der Frage, wie Hochwasser vorhergesagt und verhütet werden kann.

Rechts: Eine vom US-Wetteramt benützte Maschine für die schnelle Auswertung von Daten, die von einem Computer geliefert werden.

Unten: Satellitenbild von einem etwa 1800 Kilometer nördlich von Hawaii entstehenden Wirbelsturm.

Links unten: Die Stadt Marysville in Kalifornien, die vor Überschwemmungen rundum durch Dämme geschützt ist.

4
Vulkanausbrüche

Ein großer Vulkanausbruch ist das eindrucksvollste und erstaunlichste Schauspiel, das die Natur zu bieten hat. Die Erde bebt. Dichte Wolken aus Asche und heißen Gasen schießen in den Himmel, gelegentlich von zuckenden Blitzen und Donnerschlägen begleitet. Im Krater explodiert weißglühende Lava zu Fontänen leuchtenden Feuerwerks. Felsbrocken werden in die Luft geschleudert, und über die Hänge des Berges ergießen sich Ströme glühenden, flüssigen Gesteins, die alles unter sich begraben.

Vulkane gelten als Symbole der Zerstörung, und sie haben tatsächlich Hunderttausende von Menschen und Tieren, von Pflanzen und anderen Organismen vernichtet. Dennoch bringen sie auch unschätzbare Vorteile. Vulkanische Asche und Lava sind reich an Mineralien, und überall auf der Erde gedeihen Feldfrüchte auf dem fruchtbaren Boden, der sich aus verwittertem vulkanischen Gestein gebildet hat. Von ebenso großer Bedeutung ist, daß Gold, Kupfer, Silber und andere wertvolle Metalle bei erloschenen und aktiven Vulkanen gefunden werden. Die Geschichte der Vulkane ist eng mit der des Menschen verbunden.

Linke Seite: Die Ingenieurschule auf der Insel Heimaey vor Island, von rotglühender Lava eingeschlossen und in Brand gesetzt.

Was ist ein Vulkan?

In alten Zeiten wurden Vulkane als Wohnsitz der Götter verehrt. Die Römer glaubten, Vulkan, der Gott des Feuers, lebe unter einer Vulkaninsel vor der Küste von Sizilien. Die Insel wurde nach ihm benannt, und als *Vulkan* bezeichnete man jede Erdöffnung, aus der geschmolzenes Gestein, Dampf und Asche zutage traten. Später nahm man an, daß diese Ausbrüche durch unterirdische Winde verursacht würden, und hielt an dieser Auffassung fest, bis Wissenschaftler entdeckten, daß die Erde um so heißer wird, je tiefer man in sie eindringt. In einer bestimmten Tiefe, so argumentierten sie, muß das Erdinnere flüssig sein. Unter dieser Voraussetzung betrachtete man Vulkane nunmehr als wichtige Sicherheitsventile, die überschüssige Hitze entweichen ließen.

Seither aber hat man sehr viel mehr über das Innere der

dem man vermutet, daß er aus einer Mischung aus Eisen und Nickel besteht. Der innere Teil dieses Kerns ist fest, der äußere flüssig. Man nimmt an, daß sich durch Bewegungen im äußeren flüssigen Teil eine Dynamik entwickelt, die das Magnetfeld der Erde aufbaut. Um den Kern schließt sich der Mantel, der die Hauptmasse der Erde bildet und reich an Silizium, Eisen und Magnesium ist. Im äußeren Teil des Mantels hat das Gestein die Konsistenz einer dicken, zähflüssigen Masse. Konvektionsströme bringen heißere (und daher leichtere) Materie an die Oberfläche. Dort kühlt sie ab, wird schwerer, zerbricht in Platten oder Schollen und sinkt Millionen Jahre später wieder in die tieferen Regionen des Mantels ab. Dieselben Konvektionsströme bringen die Schollen der Erdkruste zum Driften. In bestimmten Gebieten der Erde, vor allem unter den Ozeanen, dringt geschmolzene Materie des Mantels — das *Magma* — bei untermeerischen Vulkanausbrüchen durch die dünne Ozeankruste. Das führte zur Entstehung der Meeresrücken.

Wenn das Magma abkühlt, verwandelt es sich in verschiedenartige schwarze feinkörnige, schwere Gesteine, die *Basalte*. Aus ihnen besteht der Meeresboden. Auch ozeanische Vulkane, die aus dem Wasser aufragen, zum Beispiel auf Hawaii, Island oder Tristan da Cunha, werfen basalti-

Links: Diese Darstellung aus dem 17. Jahrhundert zeigt einen Querschnitt des Erdinnern und der Formation von Vulkanen nach damaligem Kenntnisstand.

Erde gelernt. Wir wissen zum Beispiel, daß das Erdinnere nicht ganz flüssig ist. Die Erde besteht aus einer Anzahl konzentrischer Schichten von verschiedener chemischer Zusammensetzung und Dichte. Seismologen haben die Dichte dieser Schichten gemessen, indem sie den Weg, den die Stoßwellen bei schweren Erdbeben und kontrollierten Atomexplosionen durch sie nahmen, etappenweise verfolgten.

Im Mittelpunkt der Erde liegt ein sehr dichter Kern, von

sches Magma aus.

In bestimmten Gebieten der Erde stoßen die sich ausbreitenden ozeanischen Schollen mit den leichteren Kontinentalschollen zusammen, durch die sie nach unten gedrückt werden. Die tiefen ozeanischen Gräben markieren diese Stellen. Bei dem Zusammenstoß entwickeln sich ungeheure Mengen an Reibungswärme, was das Randgestein der ozeanischen Scholle sowie die von ihr aufgenommenen Sedimente aus der Tiefsee und Teile der Unterseite der

Rechts: Der Kilimandscharo in Tansania, Teil des Ostafrikanischen Grabens — ein enges, langes Tal mit steilen, durch Verwerfungen entstandenen Felswänden. Die afrikanischen Vulkane entlang dem Grabensystem haben sich vor 20 Millionen Jahren nicht durch zusammenstoßende oder sich übereinanderschiebende Schollen gebildet, sondern als Folge eines Landeinbruchs in den Graben und der Entstehung des Roten Meers. **Unten:** Blick aus 3700 Meter Höhe über die Felswände des Afrikanischen Grabens nach Norden auf den Rudolfsee.

Kontinentalscholle zum Schmelzen bringt. Dieses flüssige Gemisch steigt danach nach oben. Ein großer Teil der Masse erstarrt einige Kilometer unter der Oberfläche der dicken Kontinentalkruste zu gewaltigen Schichten von Eruptivgestein, die hauptsächlich aus Granit bestehen. Der Rest erreicht die Oberfläche, durchbricht sie als Lava und Asche und bildet einen Vulkangürtel entlang der Kontinentalseite des ozeanischen Grabens. Die Beimischung von Sedimenten und Bestandteilen der Kontinentalmasse

gibt dieser Lava eine andere Zusammensetzung als der basaltischen. Sie wird *Andesit* genannt nach den Anden, in denen es Tausende solcher Vulkane gibt, die längst nicht mehr alle aktiv sind.

Die Mehrzahl aller Vulkane auf der Welt liegt an den Rändern der Kontinentalschollen, wo neue Materie aufsteigt oder alte absinkt. Um den Pazifischen Ozean, der fast ganz von tiefen untermeerischen Senkungsgräben umschlossen ist, zieht sich außerdem ein langgestreckter Vulkangürtel — der sogenannte „Feuerring". Die europäischen Vulkane sind durch das Driften der Schollen entstanden, deren Ränder unter dem Mittelmeer zusammenstoßen.

Die meisten Vulkane liegen nur wenige Kilometer von der Küste entfernt, weil dort im allgemeinen die Schollen aneinander stoßen. Die scheinbare Ausnahme von der Regel findet sich in Ostafrika, wo eine Anzahl Vulkane — am bekanntesten der Kilimandscharo und der Mount Kenia — siebenhundertfünfzig und mehr Kilometer von der Küste entfernt sind. Sie alle aber liegen am Ostafrikanischen Graben, einer geologischen Formation, die sich über 4500 Kilometer nach Norden über Äthiopien bis zum Roten Meer erstreckt. Dieser langgestreckte Graben ist das Anfangsstadium, aus dem sich ein neuer Ozean bilden und in ferner Zukunft die afrikanische Scholle in zwei Teile spalten wird. Eine ozeanische Kruste entsteht bereits auf dem Grund des Roten Meers, und an anderen Stellen des Ostafrikanischen Grabenbruchs ist das Magma schon so dicht unter die Oberfläche aufgestiegen, daß sich an den Hängen Vulkane gebildet haben.

In Europa fließt der Rhein an einem Grabenbruch

zwischen Bingen im Süden und Bonn im Norden, der möglicherweise den Ausgangspunkt für die Entstehung eines neuen Ozeans zwischen Frankreich und Deutschland bilden könnte. Die Entwicklung scheint vorerst zu einem Ende gekommen zu sein, hat aber eine Reihe von Vulkanen in der Eifel hinterlassen, die erst in der geologischen Neuzeit untätig geworden sind.

Ein ausbrechender Vulkan bringt Gas, Lava (flüssiges Gestein) und verschiedene feste Stoffe hervor, die den Sammelnamen *Tephra* tragen. Dieses Ergußgestein kann sich aus großen Brocken, kieselsteingroßen Stückchen *(Lapilli)* und feiner Asche zusammensetzen, die jedoch aus pulverisierter Lava besteht und kein Verbrennungsprodukt ist. Manche Lava ist dünnflüssig; wenn sie aus dem Krater hochsteigt — weißglühend und mit Temperaturen von über

1500 Grad Celsius —, fließt sie schneller talwärts, als ein Mensch laufen kann. Mit dem Abkühlen wird sie erst gelb und dann rot, bis sich schließlich eine dunkle Kruste bildet, die anfangs verhältnismäßig glatt ist, sich bei weiterer Abkühlung jedoch aufwirft und zuletzt einer gepflügten Fläche gleicht. Für die Vulkane auf Hawaii ist diese Form des Lavastroms typisch, dessen einheimische Bezeichnung *Pahoehoe* lautet. Anderswo wird die Oberfläche der Lava nach dem Erstarren unregelmäßig und steinig; über eine solche Geröllhalde läuft es sich nicht eben angenehm. Auch sie trägt einen hawaiischen Namen — *Aa*.

Solange die Magmamasse in der Erdrinde unter Druck steht, bleiben die darin enthaltenen Gase gelöst, der Magmaaufstieg aber wird durch Temperatursenkung und Druckentlastung verursacht, die zu Gasentbindungen füh-

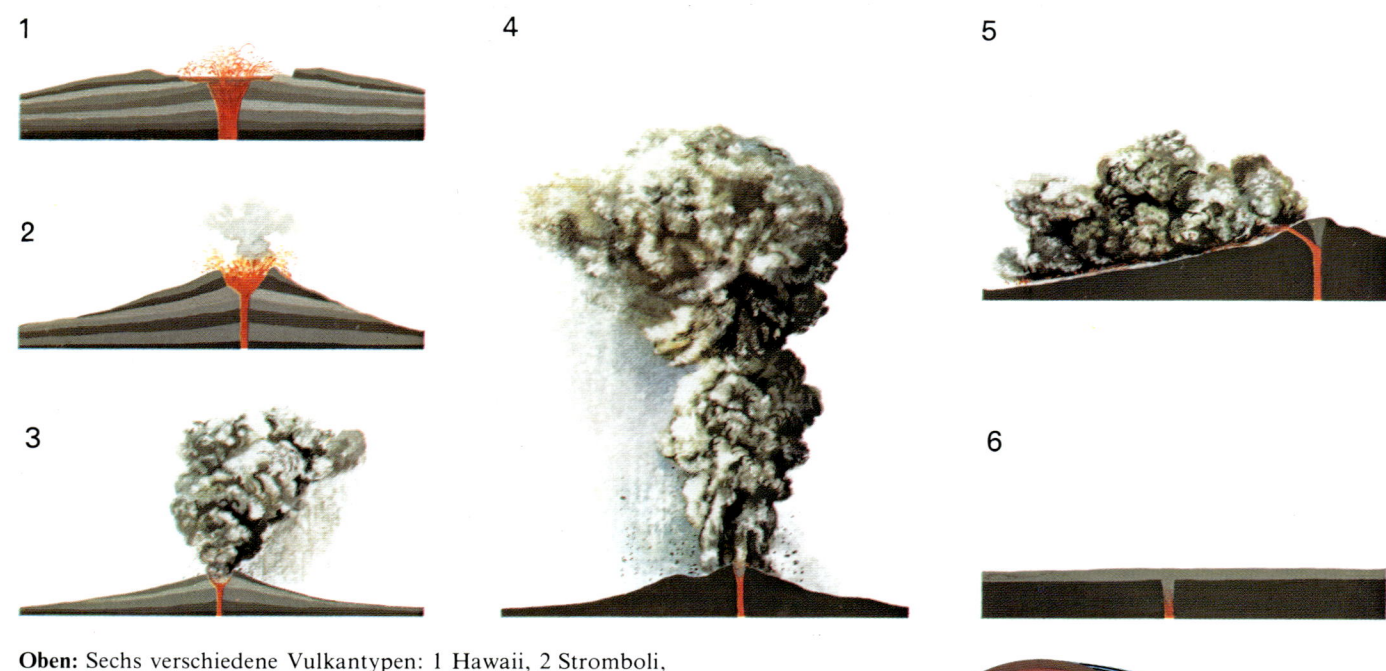

Oben: Sechs verschiedene Vulkantypen: 1 Hawaii, 2 Stromboli, 3 Vulkan und Vesuv, 4 Plinius, 5 Pelée, 6 Island.
Unten: Mauna-Ulu-Krater, Beispiel einer Eruption des Hawaiityps. Flüssige Lava zeigt die rotglühende Unterseite der dünnen erstarrten Kruste. **Unten rechts:** Schema der Erdkruste, die etwa 40 Kilometer dick ist; darunter die 2800 Kilometer dicke Gesteinsschicht des Mantels, der 2000 Kilometer dicke flüssige äußere Kern und der innere Kern von 1350 Kilometer Durchmesser.

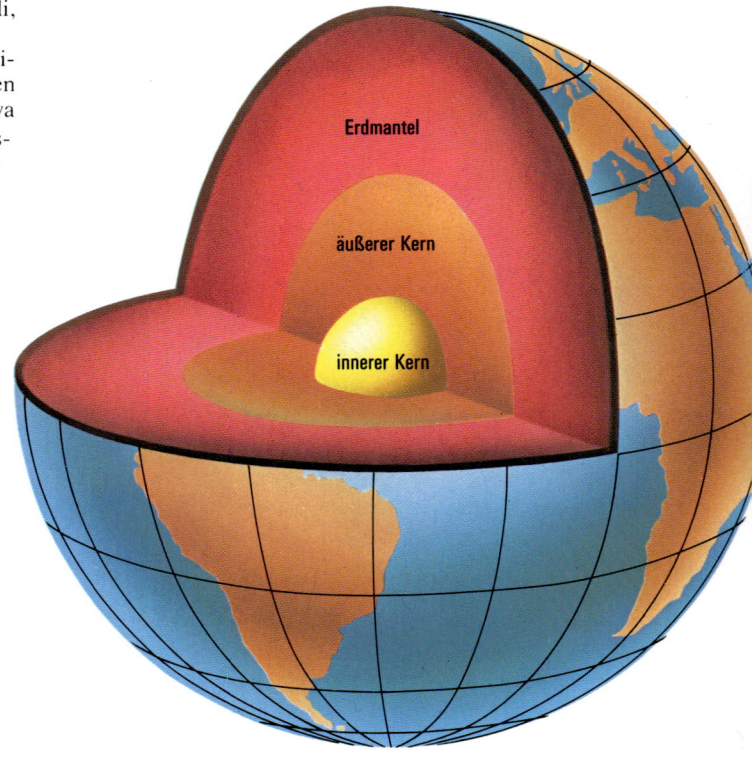

ren. Die Art dieser Gasentbindungen bestimmt weitgehend den Verlauf des Vulkanausbruchs. Wenn das Magma sehr dünnflüssig ist, entweicht das Gas leicht, so daß die Eruption meistens schwach bleibt. Besteht das Magma aber entweder aus dickflüssiger Granitmasse oder wird es sehr rasch zur Oberfläche gedrückt, so erfolgt die Gasentbindung explosionsartig, und die Lava verwandelt sich in eine schaumige Masse. Der anschließende Ausbruch geschieht dann unter Donnergetöse und kann außerordentlich heftig sein.

Die Wissenschaftler unterscheiden bestimmte Arten vulkanischer Tätigkeit. Die wichtigsten Typen sind:

Der *Islandtyp.* Diese Ausbrüche werden auch Spalteneruptionen genannt, weil die Lava nicht aus einem zentralen Krater, sondern aus langen Spalten in der Erde austritt. Riesige Mengen sehr flüssiger Lava ergießen sich aus den Spalten und breiten sich flächenhaft aus. Derartige Ausbrüche sind für Island typisch.

Der *Hawaiityp.* Die Lava ist ebenfalls sehr flüssig, bildet aber sanft abfallende Kegel, die manchmal auch Schildvulkane genannt werden. Eruptionen treten häufig auf, sind aber milde. Oft bildet sich im Krater ein Lavasee, aus dessen Mittelpunkt hohe Feuerfontänen ausgeworfen werden. Einige Partikel dieser Fontänen erstarren in der Luft zu schwarzen, glasigen Tropfen. Man nennt sie Peles Tränen — nach der hawaiischen Göttin des Feuers.

Der *Strombolityp.* Diese explosiveren Eruptionen sind nach der kleinen vulkanischen Insel benannt, die nördlich der italienischen Stiefelspitze liegt. Die Lava dieses Typs ist nicht so flüssig, und das Gas entweicht in unregelmäßigen Intervallen, die von wenigen Sekunden bis zu ein oder zwei Stunden dauern können. Blöcke halberstarrter Lava werden herausgeschleudert, gelangen aber nicht sehr weit. Die Eruptionswolke über dem Krater ist weiß, was bedeutet, daß sie wenig Asche enthält. Der Stromboli ist seit mehr als zweitausend Jahren in steter, leichter Tätigkeit, worauf auch sein Beiname „Leuchtturm des Mittelmeers" zurückzuführen ist.

Der *Vulkan-* oder *Vesuvtyp.* Nur sechzig Kilometer südlich des Stromboli liegt der Vulcano, dessen Eruptionen jedoch völlig anders verlaufen: zwischen Perioden heftiger Tätigkeit liegen lange Intervalle. Die Lava ist zähflüssig und breiig; große Bomben werden ausgeworfen und von dicken Aschenwolken begleitet, die oft pinienförmig sind und in denen heftige Gewitterstürme toben. Lavaergüsse gibt es beim Vulcano selbst nicht, der seit 1890 nicht mehr ausgebrochen ist. Die Wissenschaft benutzt heute gelegentlich den Ausdruck *Vesuvtyp,* der eine Vulkaneruption mit Lavaergüssen bezeichnet.

Der *Pliniustyp.* Die heftigeren vulkanischen Ausbrüche enden mit einer gewaltigen Explosion, die eine Wolke aus Gas und Staub 40 und mehr Kilometer hoch in die Luft treibt, riesige Mengen von Asche und Bimsstein auswirft und häufig einen Teil des Kraters absprengt. Dieser Typ wurde erstmals von Plinius dem Jüngeren nach dem katastrophalen Ausbruch des Vesuv im Jahre 79 n. Chr. beschrieben.

Der *Peléetyp.* Bei diesem Typ, der erstmals bei der schrecklichen Eruption des Mont Pelée im Jahre 1902 beobachtet wurde, ist die Lava so zähflüssig, daß sie den Vulkanschlot blockiert. Der Druck von unten hebt die Masse allmählich zu einer Kuppe an. Wenn diese schließlich aufreißt, wird unter großem Druck eine Wolke aus Gas und heißen, weißglühenden, kompakten Steinen seitwärts ausgestoßen.

Obwohl vulkanische Tätigkeit zum Zweck wissenschaftlicher Klassifikation in die eine oder andere dieser Gruppe eingeordnet wird, gibt es viele Faktoren, die jedem einzelnen Vulkan seinen individuellen Charakter verleihen. Manche sind ruhig, geradezu friedfertig — anderen wiederum ist entschieden nicht zu trauen.

Oben: Eine pinienförmige Aschenwolke stieg im März 1944 kilometerhoch über dem Vesuv auf. Dies ist ein Beispiel für den Ausbruch des Vulkan- oder Vesuvtyps.

Eine zerstörte Kultur
Thera ca. 1470 v. Chr.

Oben: Die Caldera (Krater) von Thera mit den Vulkankegeln des Nea Kameni und Palaea Kameni im Zentrum. Vergleiche mit dem Krakatau zeigen, daß die vom Ausbruch des Thera verursachten Zerstörungen ungeheuer gewesen sein müssen.

Europas bekannteste Vulkane sind die vier im Süden von Italien und Sizilien. Dennoch gibt es einen fünften, tätigen Vulkan weiter östlich, dessen verheerender Ausbruch um das Jahr 1470 v. Chr. eine ganze Kultur zerstört und damit die Geschichte der Menschheit stärker beeinflußt hat als jeder andere.

Der Vulkan heißt Thera, besser unter dem Namen Santorin bekannt, und besteht heute aus einer Gruppe kleiner, seltsam geformter Inseln im Archipel der Kykladen in der Mitte zwischen dem südlichen Griechenland und der Türkei. Diese Inseln sind die Überreste eines einstmals beachtlichen Vulkans mit einem Durchmesser von 15 Kilometern und einer Höhe von etwa 1500 Metern. Während seines letzten großen Ausbruchs wurden solche Massen von Bimsstein, Asche und anderem festen Material ausgeworfen, daß der Kegel des Vulkans in die leere Magmakammer hinunterstürzte. Das Meer strömte nach und füllte die große kesselartige Vertiefung, die sogenannte *Caldera*.

Die schrecklichen Ereignisse dieses fast 3500 Jahre zurückliegenden Tages mußten aus geologischen Merkmalen, archäologischen Forschungen und den Berichten der griechischen Mythologie rekonstruiert werden. Kein zeitgenössischer Bericht über den Vulkanausbruch ist erhalten geblieben. Vielleicht wurde auch nie einer geschrieben. Die Griechen auf dem Festland waren noch nicht zur Nation geworden, und die unmittelbar betroffenen wenigen Überlebenden waren zu verstört durch die Katastrophe, um an etwas anderes zu denken als an die Flucht aus ihrer verwüsteten Heimat.

Sie stammten aus dem minoischen Kreta, ein hochzivilisiertes, kluges und offenbar glückliches Volk, das über viele Inseln der Ägäis herrschte. Die minoische Kultur wurde in ihrer höchsten Blütezeit durch eine so gewaltige Katastrophe zerstört, daß alle ihre Errungenschaften bald völlig in Vergessenheit gerieten. Allein die Sagen von einem Goldenen Zeitalter, von König Minos und dem Minotaurus — halb Mensch, halb Stier — überdauerten. Europa wußte nichts weiter von dieser Kultur aus der späten Bronzezeit, bis im Jahre 1900 der englische Archäologe Sir Arthur Evans den großen Palast von König Minos in Knossos auf Kreta ausgrub und Funde machte, die die Welt in Erstaunen versetzten.

Evans entdeckte, daß andere Paläste und Siedlungen an der Nordküste von Kreta zur gleichen Zeit zerstört worden waren. Er führte dies auf eine Invasion von Barbaren zurück, während der griechische Professor Spyridon Marinatos zu einem anderen Schluß gelangte, nachdem er an der Küste nördlich von Knossos gegraben hatte. Er fand zwischen den Ruinen große Mengen Bimsstein, und dann fiel ihm auf, daß Mauersteine so lagen, als wären sie durch heftigen Wassersog umgestürzt. Konnte die Katastrophe durch einen unvorstellbar gewaltigen Vulkanausbruch ausgelöst worden sein?

Im Jahre 1967 begann Marinatos mit Ausgrabungen auf Thera, 100 Kilometer nördlich von Kreta. Vom ersten Tag an machte er erstaunliche Entdeckungen. Minoische Vasen

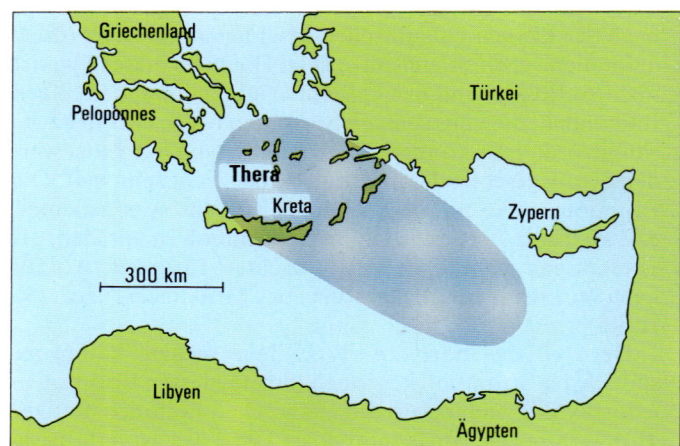

Oben: Die Karte des östlichen Mittelmeers zeigt die Reichweite des Aschenregens beim Ausbruch von Thera. Sie stützt sich auf die Analyse von Sedimentproben aus dem Meeresgrund.

Rechts: Ein Fresko aus dem West-Haus auf Thera. Es stellt eine Küstenstadt dar mit ankernden Schiffen, bewaldetem Land und viel Wild und stammt von einem unbekannten Maler aus der Blütezeit der minoischen Kultur.

64

Rechts: Die ringförmige, eingesunkene Caldera von Thera mit den tätigen Vulkaninseln in der Mitte, aufgenommen während der Eruptionen von 1938—1941.

waren durch vulkanisches Gestein vom Sockel gestürzt worden, und prächtige Fresken lagen wohlerhalten unter der Asche. Nur wenige Leichen wurden gefunden, was darauf schließen ließ, daß die Bewohner von Thera Zeit gehabt hatten, vor dem ersten Ausbruch ihre Häuser zu verlassen. Der rekonstruierte Ablauf der Ereignisse spricht dafür, daß sich die Katastrophe in etwa so abgespielt haben könnte:

Nach 20 000 Jahren der Untätigkeit wurde Theras Vulkan um 1500 v. Chr. wieder aktiv und spie groben Bimsstein aus, der die Insel etwa vier Meter hoch bedeckte. Dann folgten dreißig Jahre lang periodisch kleinere Ausbrüche, die mit einer Explosion oder einer Kette von Explosionen endeten, deren Stärke der berüchtigten Eruption des Krakatau von 1883 gleichkam oder sie noch übertraf. Der Explosionsdonner war vermutlich im ganzen Mittelmeerraum zu hören. Thera wurde von einer 70 Meter hohen Ascheschicht bedeckt. Eine dichte Staubwolke verdunkelte die ganze Umgebung, und der Wind trug die Asche nach Südosten. Bohrproben aus dem Meeresboden beweisen, daß in 900 Kilometern Entfernung die Ascheablagerung noch etwa 5 Zentimeter dick war. Wie sich ein so dicker Aschenregen auf das Land auswirkt, kann man sich vorstellen, wenn in Island bereits 10 Zentimeter ausreichten, Bäume absterben zu lassen und die Landwirtschaft jahrelang lahmzulegen. Die Schlußkatastrophe müssen wohl die *Tsunami* ausgelöst haben, die von Thera in rasendem Tempo die Nordküste Kretas erreichten und alles unter sich begruben. Damit war der Untergang der glanzvollen minoischen Kultur besiegelt.

Es blieb die dunkle Erinnerung an ein Goldenes Zeitalter, und vielleicht war dies der Ursprung der Sage von Atlantis. Fast tausend Jahre später erzählten ägyptische Priester dem griechischen Reisenden Solon von einer Katastrophe, die ein Volk im „fernen Westen" heimgesucht habe. Für die Ägypter stellte damals Kreta die westliche Grenze ihrer Welt dar, aber als dann später Plato die Geschichte von Solon mit seiner Atlantissage verwob, war für Griechenland der ferne Westen bereits der Atlantik. Das Ende von Platos Atlantis, in dem der Stier angebetet wurde (wie in Kreta), kam mit „heftigen Erdbeben und Überschwemmungen — in einem Tag und einer Nacht des Unheils . . . verschwand die Insel Atlantis in den Tiefen des Meeres".

Der Ausbruch des Vesuv
Pompeji 79 n. Chr.

einen Herzschlag erlitten.

Inzwischen wurden auf der anderen Seite der Bucht die Erdstöße so heftig, daß der 17jährige Neffe des Plinius mit seiner Mutter die Villa verließ. Sie schlossen sich der Menschenmenge an, die in panischer Angst aus der Stadt flüchten wollte. Über dem Vulkan „türmte sich drohend eine gräßliche schwarze Wolke, durchzuckt von Feuer-

Links: Ein Lichtbild aus dem 19. Jahrhundert von einem Ausbruch des Vesuv.

Rechts: Die Beschreibung des schweren Vesuvausbruchs 79 n. Chr. durch Plinius den Jüngeren hat offenbar um 1820 den britischen Maler John Martin zu diesem Bild inspiriert, das er *Die Zerstörung von Pompeji und Herkulaneum* nannte. **Unten rechts:** Abgüsse von drei Bürgern von Pompeji, die durch den Aschenregen und die Schwefeldämpfe beim Vesuvausbruch den Tod fanden.

Der Ausbruch des Vesuv im Jahre 79 n. Chr., durch den Pompeji, Herkulaneum und mehrere andere blühende römische Städte vernichtet wurden, ist wahrscheinlich der bekannteste der Geschichte. Die Römer hielten den Vesuv für erloschen — seit etwa 3000 Jahren war er untätig geblieben —, und auf seinen Hängen wuchsen bis zum Gipfel Olivenbäume und Weinreben. Im Jahre 62 erschütterte ein schweres Erdbeben das Gebiet, aber niemand vermutete einen Zusammenhang mit dem schönen grünen Berg, der über der heutigen Bucht von Neapel aufragte. Geringe Erdbebentätigkeit setzte sich 17 Jahre fort, bis am 24. August 79 der Vulkan zum Leben erwachte.

Was damals geschah, kann man zwei Briefen entnehmen, in denen Plinius der Jüngere den Tod seines Onkels, des Naturforschers, Schriftstellers und Rechtsgelehrten Plinius des Älteren, während des Vulkanausbruchs schilderte. Die Familie wohnte in ihrer Villa auf der gegenüberliegenden Seite der Bucht. Das erste Anzeichen ungewöhnlicher Vorgänge war eine riesige Wolke über dem Vesuv.

Der Ältere Plinius, der eine Flotte befehligte, ging an Bord eines Schnellseglers, um den Schauplatz des Geschehens zu besichtigen. Aber heißer Aschen- und Bimssteinregen ging so dicht auf das Ufer nieder, daß sie nicht landen konnten und Plinius einige Meilen weiter nach Süden steuern ließ. Dort konnten sie an Land gehen und bis zur Villa eines Freundes vordringen. Um die Morgendämmerung trieben der Bimsstein- und Aschenregen und fortgesetzte Erdstöße die Gesellschaft zum Ufer zurück, wo jedoch der hohe Wellengang die Flucht übers Meer unmöglich machte. In den Wolken von Schwefeldämpfen nach Luft ringend, fiel Plinius tot um. Er war erstickt oder hatte

strahlen wand sie sich schlangengleich und schleuderte dann plötzlich hohe Flammengarben empor, gewaltiger als Blitze". Das Grauen hielt eine Weile unverändert an. Die Asche regnete so dicht, daß sie sich, aus Angst, darunter begraben zu werden, immer wieder freischütteln mußten. Als es endlich heller wurde und die Sonne trübe durch die Wolken schien, sahen sie, daß der gesamte Gipfel des Vesuv weggerissen worden war und über den einstigen Feldern, Bauernhöfen und üppigen Weingärten ein dicker grauer Teppich aus Asche lag.

Die Stadt Pompeji wurde unter fünf bis acht Metern

Asche und Bimsstein begraben. Gipsabgüsse von einigen der bis heute gefundenen 2.000 Leichen zeigen, daß viele im Sterben die Hände oder Tücher vor den Mund gehalten hatten, um sich vor den giftigen Gasen der Aschenwolke zu schützen.

Das kleinere Herkulaneum nahm ein anderes Ende. Zwar lag es dem Vesuv näher als Pompeji, jedoch im Windschatten des Berges, und entging so dem stärksten Aschenregen. Aber nach dem Hauptausbruch verwandelte wolkenbruchartiger Regen die Asche auf den oberen Hängen in eine Schlammflut, die sich wie eine Lawine über Herkulaneum ergoß und es völlig verschüttete. Wie seine berühmtere Nachbarstadt Pompeji blieb auch Herkulaneum 1600 Jahre lang begraben.

Asche und Bimsstein wurden nach dem Jahre 79 n. Chr. weiterhin periodisch ausgespien, und 1036 gab es den ersten Lavaerguß. Nach einer ruhigen Zeit kam es 1631, 1779, 1872 und 1906 zu schwereren Ausbrüchen, die Todesopfer forderten und das Land verwüsteten. Der letzte Ausbruch des Vesuv fand im März 1944 statt, neue kann es jederzeit geben. Heute leben sehr viel mehr Menschen an der Bucht von Neapel als im Jahre 79 n. Chr.; sollte es trotz des Warnsystems zu einer plötzlichen Eruption kommen, könnte dies unvorstellbare Zerstörungen verursachen.

Vulkaninsel im Norden
Island 1783

Oben: Ein Haus wird während des Vulkanausbruchs von 1973 auf Heimaey unter einem Strom basaltischer Asche begraben. Die Menschen auf Island sind ständig durch Vulkantätigkeit bedroht, weil ihre Insel direkt auf dem mittelatlantischen Sockel liegt und durch Erdspalten ständig neue basaltische Lavamassen aufsteigen.

Island — Land aus Feuer und Eis — wurde von Vulkanen erschaffen. Die Insel von 100000 Quadratkilometern, etwa so groß wie Irland, liegt auf dem Nordende des mittelatlantischen Sockels. Auch an anderen Stellen dieser riesigen, fast durchweg untermeerischen Erhebung reichen Vulkane bis zur Oberfläche, aber nur in Island steigt der Sockel selbst aus dem Meer auf. Der Senkungsgraben im Zentrum ist charakteristisch für die rauhe isländische Landschaft. Über 50 Millionen Jahre lang ist basaltische Lava aus dem Erdinnern aufgestiegen und hat riesige Lavafelder an beiden Seiten des Sockels gebildet. Im Laufe von Äonen, in denen Nordamerika und Europa auseinandergedriftet sind, verschob sich der Westteil Islands nach Westen und der Ostteil nach Osten, wodurch der Senkungsgraben im Zentrum um etwa zwei Zentimeter im Jahr verbreitert wurde.

Vulkanische Eruptionen erfolgen auf Island nicht durch einen zentralen Krater, sondern durch lange Spalten oder Risse im Boden. Solche Ausbrüche produzieren gewaltige Mengen Lava, die sich in Schichten über das umliegende Land ausbreitet. Fast ganz Island ist auf diese Weise entstanden, ähnlich wie unter anderem das Hochland von Dekkan in Indien und die Gebiete am Columbia und am Snake River im Nordwesten der USA. Die einzigen Spalteneruptionen in historischer Zeit gab es auf Island, die größte im Jahre 1783. Sie hatte, soweit es die Produktion von Lava betrifft, nie zuvor beobachtete Ausmaße und war die schwerste Katastrophe, die je über Island hereingebrochen ist.

Gegen Ende Mai 1783 beobachteten Bauern im dünn besiedelten Südosten von Island einen merkwürdigen bläulichen Dunst über dem Quellgebiet des Skafta Flusses beim Berg Skaptar. Am 1. Juni kam das erste einer Folge von heftigen Erdbeben, die acht Tage lang anhielten. Die verängstigten Bewohner verließen ihre Häuser und bauten Zelte im Freien auf.

Der Morgen des 8. Juni brachte mehrere schwere Explosionen; eine riesige, dichte Rauchwolke verfinsterte die Sonne und ließ über weite Gebiete einen Aschenregen niedergehen. Winde trugen die Asche in solchen Mengen nach Osten, daß in Schottland und Norwegen die Ernte Schaden nahm.

Der eigentliche Ausbruch begann zwei Tage später, als sich Lava aus vielen kleinen Kratern an der 15 Kilometer langen Lakispalte ergoß und nach Südwesten strömte. Die flüssige Lava erreichte sehr schnell das steilufrige Tal des Skafta, das an einigen Stellen 200 Meter tief und 60 Meter breit war, und schüttete es bis zum Rand zu. Danach überflutete sie die angrenzenden Felder und verwüstete die Weiden, Bauernhöfe und Kirchen der kleinen Siedlungen, die in ihrem Weg lagen. Der Hauptstrom floß unaufhaltsam bis zum 22 Kilometer weit entfernten Meer. In den Niederungen verbreitete sich der Lavastrom bis auf 15 Kilometer und erreichte eine durchschnittliche Tiefe von 30 Metern.

Oben: Der Gipfelkrater des Hekla stößt eine Aschenwolke aus, die an die Katastrophe von 1783 erinnert. Damals verheerte der dichte Aschenregen Felder und Weiden, so daß mehr als 10 000 Menschen, 190 000 Schafe, 18 000 Pferde und 11 500 Rinder verhungerten.

Durch den Ausbruch schmolzen große Massen von Gletschereis, und der vulkanische Dampf kondensierte zu Wasser, das in heftigen Regengüssen niederging. Weil das Bett des Skafta mit Lava zugeschüttet war, überfluteten die Wassermassen das Land und rissen zahlreiche Häuser und Kirchen, die von der Lava verschont geblieben waren, mit sich.

Während der nächsten zwei Monate wurde das ganze Gebiet periodisch in pechschwarze Nacht gehüllt. Um die Mittagsstunde eines Hochsommertages konnte man ein gegen ein Fenster gehaltenes weißes Blatt Papier nicht erkennen.

Eine neuerliche Eruption am 3. August brachte weitere gewaltige Lavaergüsse. Da dieser Strom nicht zum Skafta abfließen konnte, brach er sich nach Südosten zum Hverfisfljot Bahn. Er schüttete bald auch dessen Flußbett randvoll zu und überflutete das Flachland in geradezu unglaublichem Tempo. Als die Ausbrüche dann im August ein Ende fanden, hatte Lava ein riesiges Gebiet von 570 Quadratkilometern bedeckt. Das Gesamtvolumen der ausgeströmten Lavamassen wurde auf rund 5,4 Kubikkilometer geschätzt.

Bei dieser Lavaflut fand zwar niemand den Tod, aber unter den folgenschweren Auswirkungen haben noch Generationen gelitten. Der Aschenregen vertrieb die Fische von den Küsten. Der blaue Nebel, der in großen Teilen der nördlichen Hemisphäre beobachtet wurde und sogar über Italien die Sonne verschleierte, machte Tiere und Menschen krank. Durch den Mangel an Sonnenschein während des Sommers wuchs in jenem Jahr auf ganz Island kein Gras, so daß die Hälfte aller Rinder und Dreiviertel sämtlicher Schafe und Pferde verhungerten. Aber die Hungersnot forderte auch unter den Menschen zahlreiche Opfer: Ein Viertel der Bevölkerung Islands, 49000 Menschen, wurde dahingerafft. Um den quälenden Hunger zu betäuben, kauten Menschen auf ungegerbten Häuten und Seilfasern herum, und Schafe fraßen sich gegenseitig die Wolle vom Leib. Schließlich wurde sogar ein Plan ausgearbeitet, der eine Evakuierung der Insel und die Umsiedlung der verbliebenen Einwohner ins dänische Westjütland vorsah, woraus jedoch nichts wurde. Für die Überlebenden des Vulkanausbruchs der Laki-Spalte bedeuteten die Jahre nach 1783 die schlimmste Notzeit in Islands langer Geschichte.

Rechts: Ein Teil des mittelatlantischen Rückens, der sich aus dem Meer erhebt, ist der 22 km lange Laki-Graben oder -Spalte auf Island. Neue Lavamassen quellen aus dem Laki-Graben und schieben die beiden Hälften Islands jährlich um etwa zwei Zentimeter auseinander.

Der verheerendste Ausbruch
Krakatau 1883

Der katastrophalste Vulkanausbruch in der Geschichte der Menschheit ereignete sich am 27. August 1883 auf der fast unbekannten, selten besuchten Insel Krakatau zwischen Java und Sumatra. Im Gegensatz zu den höheren, tätigen Vulkanen Indonesiens galten die kleinen auf Krakatau als harmlos. Der höchste, der Rakatam, war nur 900 Meter hoch.

Im Mai 1883 ereignete sich auf Krakatau plötzlich eine

Folge heftiger Detonationen, die bis in die 150 Kilometer entfernte holländische Kolonialstadt Batavia, das heutige Djakarta, zu hören waren. Eine große Dampf- und Aschenwolke stieg über der Insel auf und ließ im weiten Umkreis Asche herabregnen. Das Deck des holländischen Postboots *Zeeland*, das gerade durch die Sundastraße zwischen Java und Sumatra fuhr, wurde von hühnereigroßen Bimssteinen übersät. Diese erste Vulkantätigkeit dauerte zwar nicht lange, aber den ganzen Sommer über kam es zu sporadischen Ausbrüchen, die dann in der entsetzlichen Katastrophe des 26. und 27. August ihren Höhepunkt erreichten.

Die wenigen Zeugen in den Städten und Dörfern an der Küste, die mit dem Leben davonkamen, waren von dem ausgestandenen Grauen so verstört, daß es einige Zeit dauerte, bis man sich ein zusammenhängendes Bild der Ereignisse machen konnte. Die erste Salve setzte um

Rechts: Ein zeitgenössischer Stich vom Ausbruch des Krakatau 1883. Die Insel zwischen Java und Sumatra war Schauplatz der schrecklichsten Vulkaneruption in historischer Zeit, die bis Australien zu hören war.

13 Uhr am Sonntag, dem 26. August, mit einer Serie schwerer Detonationen ein, die zunächst alle 10 Minuten erfolgten, bald darauf aber schon alle 2 Minuten. Um 14 Uhr wurde eine dicke schwarze Wolke aus dem neuen Krater Krakataus ausgespien, und schätzungsweise 30 Kilometer hochgeschleudert. Riesige Massen von Asche und Bimsstein gingen über den Küstengebieten und dem Meer herunter, und um 15 Uhr herrschte überall Finsternis. Im Umkreis von 75 Kilometern dauerte die Dunkelheit 57 Stunden an.

Mehrere Schiffe gerieten in den Vulkanausbruch, als sie gerade auf der Höhe der Insel Krakatau waren. Der Kapitän des englischen Schiffes *Charles Bal* schrieb in sein Logbuch: „Der die Augen beizende Regen aus Sand und Steinen, die tiefe Schwärze um uns, die nur das ständige Zucken großer und kleiner Blitze durchbricht, und das fortgesetzte brüllende Donnern des Krakatau machen unsere Lage wahrhaft entsetzlich."

So schlimm es auch auf See sein mochte, war es doch dem vorzuziehen, was an Land geschah, wo die schwere Brandung Boote und Häuser zertrümmerte. Niemand im Umkreis von 150 Kilometern fand in dieser Nacht Schlaf. Das Brüllen des Vulkans dauerte ununterbrochen an. Überlebende schilderten den Himmel folgendermaßen: „Eine Sekunde tiefste Dunkelheit, in der nächsten greller Feuerschein."

Aber dies alles war nur das Vorspiel zu den Ausbrüchen am Montagabend, die eine Folge von Detonationen brachten, heftiger als alles, was die Menschheit bis dahin oder seither erlebt hatte. Der schwerste Ausbruch kam um 22.02 Uhr, als 28,5 Quadratkilometer der Insel Krakatau in die leere Magmakammer stürzten. Das Meer ergoß sich in das klaffende Loch, und die anschließende Explosion — Krakataus Todesschrei — war in großen Teilen der Erde zu hören. Im Innern Australiens, 3500 Kilometer entfernt, war sie so laut, daß man sie für eine Sprengung in einem Steinbruch hielt. Noch weiter weg, nämlich 4700 Kilometer westlich, auf der winzigen Insel Rodriguez bei Mauritius im Indischen Ozean, wurde sie von einem aufmerksamen Angehörigen der Küstenwache registriert und für Gewehrfeuer gehalten.

In Batavia riß die Druckwelle Mauern ein und hob einen Gasometer aus der Verankerung. Im Süden von Sumatra kamen Hunderte durch massenhaft niederregnenden heißen Bimsstein und glühende Asche um. Überlebende wurden von Durst gequält, konnten aber nirgendwo trinkbares Wasser finden. Die schwersten Zerstörungen jedoch richteten die furchtbaren Tsunamis an, die unentwegt von den Resten der Insel Krakatau davonrollten und die meisten der 36417 Todesopfer forderten. Städte und Dörfer wurden von den gewaltigen Wassermassen weggeschwemmt. In der pechschwarzen Nacht sahen die Menschen das Wasser nicht einmal kommen und konnten sich daher auch nicht helfen, wenn es sie erfaßte. Die wenigen Überlebenden waren in Baumkronen geschwemmt worden und dort hängengeblieben.

Insgesamt wurden 295 Städte und Dörfer ganz oder teilweise zerstört. Im javanischen Hafen Merak war die Flutwelle so hoch, daß sie die Steinhäuser auf einem über 40 Meter hohen Hügel einriß, auf den sich die meisten der 2700 Einwohner geflüchtet hatten. Nur zwei von ihnen überlebten. Im Hafen von Telok Betong auf Sumatra wurde das holländische Kanonenboot *Berouw* anderthalb

Kilometer landeinwärts geschwemmt und strandete zehn Meter über dem Meeresspiegel hinter einem Hügel. Dort liegt es immer noch — ein Mahnmal der Katastrophe von Krakatau. Telok Betong wurde total verwüstet und lange Zeit zum verödeten Sumpfgebiet.

Innerhalb weniger Jahre umhüllte wieder wuchernde Vegetation die übriggebliebenen Inseln von Krakatau. 1927 begann ein neuer Vulkan aus dem Calderagrund aufzusteigen. Er heißt Anak Krakatau, „Kind des Krakatau" — und durchbrach 1952 die Oberfläche. Heute ist sein Kegel schon über 100 Meter hoch. Die Welt dürfte von diesem so täuschend harmlos wirkenden Fleckchen Land nicht zum letztenmal gehört haben.

Oben: Ein von den gewaltigen Tsunamis nach dem Ausbruch des Krakatau landeinwärts geschwemmtes Dampfschiff. Die riesigen Wellen vernichteten Städte und Dörfer und forderten mehr als 36 000 Menschenleben. **Unten:** Anak Krakatau, „Kind des Krakatau", aus den Resten des alten Vulkans aufgestiegen, bei einem Ausbruch 1969.

Karibische Explosion
Mont Pelée 1902

Oben: Dieser 311 Meter hohe Klumpen aus erstarrter Lava schob sich nach dem schrecklichen Ausbruch, der die Stadt Saint-Pierre zerstörte, über den Kraterrand des Mont Pelée, bis er nach einem Jahr einstürzte.

„Dieses Datum sollte mit Blut geschrieben werden", schrieb der Generalvikar der karibischen Insel Martinique am 8. Mai 1902 an seinen Bischof. „Saint-Pierre, das am Morgen noch voller Leben war und von Menschen wimmelte, existiert nicht mehr. Seine Ruinen breiten sich vor uns aus, in einen Mantel aus Rauch und Asche gehüllt, düster und stumm, eine Stadt der Toten."

Die blühende, elegante Hafenstadt Saint-Pierre, bis zu jenem Morgen die bedeutendste Stadt von Martinique, lag zwischen einer breiten Bucht und dem schlafenden Vulkan Mont Pelée. Vor 50 Jahren hatte ein geringfügiger Ausbruch graue Asche über die Hänge des Berges gestreut, seither aber war nichts geschehen, was zu Besorgnis Anlaß bot. Die ersten Zeichen neuer Tätigkeit wurden im April beobachtet. Unheilverheißendes Grollen war zu hören, Dampfwolken stiegen über dem Krater auf, und eine leichte Decke aus Asche breitete sich wie Schnee über Saint-Pierre. Im Laufe der Zeit wurde der Aschenregen dichter. Mrs. Prentiss, die Frau des Konsuls der USA, schrieb nach Hause: „Der Schwefelgestank ist so stark, daß Pferde auf der Straße stehenbleiben und schnauben, manche fallen angeschirrt um und ersticken. Viele Menschen schützen sich mit feuchten Taschentüchern vor dem Einatmen der starken Schwefeldämpfe." Am 5. Mai ergoß sich eine Lawine kochenden Schlamms in ein Tal, das nur 3 Kilometer von der Stadt entfernt war. Sie zerstörte eine Zuckerfabrik an der Küste und begrub die 30 Arbeiter lebendig unter sich.

Trotz des warnenden Zeichens versicherte der Chefredakteur der lokalen Tageszeitung *Les Colonies* seinen Lesern, es gäbe nichts zu befürchten. „Wo ließe sich besser leben als in Saint-Pierre?" fragte er in der letzten Ausgabe seiner Zeitung.

Um 7.50 Uhr am Morgen des 8. Mai begann der Vulkanausbruch mit vier ohrenbetäubenden Detonationen. Eine große schwarze, von Blitzen zerrissene Wolke trat direkt unterhalb des Kraters aus und wälzte sich wie eine Lawine unbehindert und unaufhaltsam den Berghang hinunter. Wenige Sekunden später waren 30000 Menschen tot oder lagen im Sterben, verbrannt und verkohlt in der unerträglichen Hitze, die der Schwall aus Gas und Staub entwickelte. Die Detonation entwurzelte große Bäume und zertrümmerte meterdicke Mauern. Innerhalb von Minuten stand die ganze Stadt in Flammen. Von den 18 im Hafen liegenden Schiffen kenterten 16 und sanken, als der Sturm über sie hinwegfegte. Von einem der beiden geretteten Schiffe, der amerikanischen *SS Roraima*, wurden die Masten und der Schornstein abgerissen. Alle an Deck waren sofort tot, unter Deck aber überlebten einige. Ein Kindermädchen aus Barbados gab einen bewegenden Bericht der Katastrophe:

„Ich half beim Anziehen der Kinder, als der Steward vorbeirannte und schrie: ‚Schließen Sie die Kabinentür — der Vulkan kommt!' Wir schlossen die Tür, und im gleichen Augenblick gab es eine entsetzliche Explosion, die uns fast das Trommelfell zerriß . . . Wir wurden alle von der Erschütterung zu Boden gerissen und kauerten in der Ecke der Kabine. Meine Herrin hielt das kleinste Mädchen im Arm, die Ältere lehnte sich an meinen linken Arm, und im rechten hielt ich den kleinen Eric. Die Explosion muß das Oberlicht eingedrückt haben, denn bevor wir aufstehen

konnten, ergoß sich heiße, feuchte Asche über uns in glühenden, aufplatzenden Klumpen. Wir versuchten vergebens, uns dagegen zu schützen. Als wir unsere Gesichter wieder sehen konnten, waren sie alle mit schwarzer Lava überzogen. Das Baby lag im Sterben; Rita, das ältere Mädchen, hatte furchtbare Schmerzen, und mir tat der ganze Körper weh. Ein Schlammhaufen hatte sich neben uns aufgetürmt, und als Rita sich auf die Hand stützen wollte, um aufzustehen, versank ihr Arm bis zum Ellbogen in dem kochendheißen Zeug . . .

Dann kam der Erste Ingenieur, und als er unser Stöhnen hörte, trug er uns zum Vorderdeck; wir blieben dort auf dem brennenden Schiff von früh halb neun bis drei Uhr nachmittags. Meine Herrin lag zusammengebrochen auf Deck; der kleine Junge war schon tot, und das Baby lag im Sterben. Die gnädige Frau war gefaßt und gottergeben; sie gab mir Geld, sagte, ich solle Rita zu ihrer Tante bringen, und lutschte noch ein Stückchen Eis, ehe sie starb."

In Saint-Pierre überlebten zwei Menschen das Inferno, ein Schuster, der am Stadtrand wohnte, und ein junger Mörder im Verlies des Gefängnisses.

Die Zerstörung von Saint-Pierre wurde durch eine sich schnell ausbreitende Wolke aus heißen Gasen und Asche und überaus zähflüssiger Lava verursacht. Nach dem Ausbruch schob sich ein mächtiger Klumpen aus erstarrter Lava über den Kraterrand und erreichte schließlich eine Höhe von 311 Metern. Ein Jahr lang blieb er eine Art natürliches Denkmal für die 30000 Menschen, die zu seinen Füßen gestorben waren.

Sind Vorhersagen möglich?

Ein Vulkanausbruch mag die „größte Schau der Welt" sein, aber der Eintritt ist nicht frei. Der hohe Preis heißt: Zerstörung von Bauwerken, Ernteverluste, vernichtete Vegetation, durch Ascheablagerungen unfruchtbar gewordene Felder, von Staubwolken gedämpfte Sonnenbestrahlung, die sich auf das Wetter auswirkt, und nicht zuletzt die Vernichtung von Leben.

Vermutlich ist es unmöglich, einen Vulkanausbruch ganz zu verhindern — und in dem unwahrscheinlichen Fall, daß es technisch doch einmal machbar sein sollte, sind die Risiken hoch und nützliche Resultate fraglich. Man hat Bombenabwürfe auf Vulkane erwogen, um Ausbrüche entweder zu beenden oder auszulösen. Der guatemaltekische Vulkan Santa Maria begann 1946 mit einer leichten Eruption, die bald größeren Schaden anrichtete als viele kürzere, aber heftigere Ausbrüche. Der Vulkan stieß keine feste Materie aus, nur Schwefeldämpfe — aber sie zerstörten viele Morgen einst fruchtbarer Kaffeeplantagen. Die Gase strömten sieben Jahre lang aus. Zu den Vorschlägen, wie man dieser Gefährdung von Guatemalas wichtigstem Landwirtschaftsprodukt abhelfen könne, gehörte ein Plan, den Krater zu bombardieren und damit wenigstens zeitweilig den Schlot zu blockieren, durch den die Gase ausströmten. Ehe eine Entscheidung getroffen wurde, löste der Vulkan selber das Problem, indem er aufhörte, Gase auszustoßen.

Im Zweiten Weltkrieg erwog man die Möglichkeit, den Vesuv und bestimmte japanische Vulkane zu bombardieren. Wenn dadurch ein Ausbruch ausgelöst werden könnte, so hoffte man, würden die Italiener und Japaner von ihren Kriegsanstrengungen abgelenkt. Die Vulkanologen beurteilten die militärische Wirksamkeit eines solchen Unterfangens skeptisch und wiederum wurde der Versuch nicht durchgeführt. Der Vesuv brach aus, als die alliierten Truppen bereits in Süditalien stationiert waren. Die Landebahnen des Flughafens von Neapel waren mit Asche bedeckt, was die Starts behinderte, aber sonst gab es kaum nennenswerte Beeinträchtigungen.

Im Gegensatz zu diesen Unwägbarkeiten bringt die verläßliche Vorhersage, wann mit einem Vulkanausbruch zu rechnen ist, unschätzbaren Nutzen. Die sorgsame Beobachtung seines Barometers rettete Fernand Clerc, einem der größten Plantagenbesitzer auf Martinique, beim Ausbruch des Mont Pelée das Leben. Er wachte früh am Morgen des 8. Mai auf, sah die Nadel seines Barometers ständig hin und her zucken und handelte unverzüglich. Der britische Autor Frank Lane schildert Clercs Reaktionen in seinem Buch *The Elements Rage*. „Er ließ sofort anspannen, packte seine ganze Familie in die Kutsche und fuhr kurz nach sieben Uhr aus der Stadt. Seine Freunde lachten

ihn wegen seiner Angst aus. Er fuhr zum Mont Parnasse, eine Meile von Saint-Pierre entfernt. Als er und seine Familie ausstiegen, blickten sie zur Stadt hinüber. Es war zehn Minuten vor acht am 8. Mai — die Stunde Null für eine der größten Tragödien der Welt."

Messungen der Vorgänge vor einem Vulkanausbruch sind seit 1902 erheblich genauer geworden. Seismometer registrieren die Zunahme örtlicher kleiner Erdbeben, sogenannter Mikrobeben, die auf Bewegungen des Magma in einem Vulkan hinweisen. Das Aufsteigen von Magma verändert die lokalen Gravitations- und Magnetfelder, und diese Veränderungen deuten auf einen bevorstehenden Ausbruch hin. Auf manchen Vulkanen sind Observatorien eingerichtet worden, die ihre Aktivitäten messen. Ein Instrument, das gute Dienste bei der Vorhersage leistet, ist der *Neigungsmesser*. In manchen Fällen dringt vor einem Ausbruch Magma in die Kammern und Spalten eines Vulkans ein und läßt ihn zwar nur geringfügig, jedoch meßbar anschwellen. Im wesentlichen besteht ein Neigungsmesser aus zwei Flüssigkeitsbehältern (im allgemeinen Quecksilber), die durch eine Röhre verbunden sind. Ein „Anschwellen" des Bodens verändert den Pegel in den Behältern, weil die Flüssigkeit vom oberen in den unteren abfließt. Meistens stehen zwei dieser Instrumente im rechten Winkel zueinander, so daß auch die Richtung der Neigung festgestellt werden kann.

Die Neigungsmesser warnen nicht nur, daß ein Ausbruch bevorsteht, sondern können auch anzeigen, daß die Aktivität bloß vorübergehend nachläßt. Ein Beispiel dafür

gab es auf dem Kilauea, dem jüngsten Vulkan auf Hawaii mit seinem berühmten Lavasee Halemaumau, das heißt „Wohnsitz des ewigen Feuers". 1957 zeigten die Neigungsmesser auf dem Kilauea an, daß die gesamte Oberfläche des Berges anschwoll. Dieses Anschwellen setzte sich über die nächsten zwei Jahre gleichmäßig fort, bis eine plötzliche Steigerung des Tempos im November 1959 einen unmittelbar bevorstehenden Ausbruch ankündigte. Er kam am 14. November aus einem Krater in Gipfelnähe, aber es trat nicht viel Lava aus, und im Dezember hörte die Aktivität wieder auf. Der Berg „wuchs" jedoch immer noch stark an, ein Zeichen dafür, daß der Ausbruch noch nicht vorbei war. Seismische Messungen ließen auf unterirdische Bewegungen der Lava schließen, und am 13. Januar 1960 entstanden in der Innenstadt von Kapaho — fast 45 Kilometer vom Gipfelkrater entfernt — Erdrisse. Außerhalb der Stadt öffnete sich eine 750 Meter lange Spalte, aus der große Mengen Lava quollen und zum Meer flossen. Dämme wurden errichtet, um Kapaho und einen Leuchtturm zu schützen, aber sie hielten sämtlich den Lavamassen nicht stand, die vier Wochen später, als der Ausbruch versiegte, auf 150 Millionen Kubikmeter errechnet wurden. Zu der Zeit zeigten die Neigungsmesser ein starkes Einsacken an, und nach ein paar Monaten hatte der Kilauea wieder den Umfang von vor 1957.

Der erste bekannte Versuch, einen Lavastrom abzuleiten, fand 1669 auf Sizilien bei einem schweren Ausbruch des Ätna statt. Ein Mann aus Catania namens Pappalardo hüllte sich mit 50 anderen Bürgern zum Schutz gegen die

Oben: Der Ätna während eines Ausbruchs im Mai 1971, der in den Dörfern im Tal schweren Schaden anrichtete. Auch die Vulkanologische Beobachtungsstation auf dem Ätna wurde verschüttet (links).

Rechts: Ein Forscher versenkt einen Meßstab, in den ein winziger Neigungsmesser eingelassen ist, anderthalb Meter tief in den Boden über dem südkalifornischen Erdbebengebiet. Im Kasten links oben der empfindliche nur 3,5 cm große Neigungsmesser, durch dessen Verwendung sich die Vorhersage vulkanischer Tätigkeit erheblich verbessern läßt, besonders dort, wo sich einige Zeit vor dem Ausbruch ein Aufwölben des Bodens zeigt. Zwei in weitem Abstand stehende und durch eine Röhre verbundene Flüssigkeitsbehälter sind das einfache Prinzip des Geräts. Wenn sich der Boden unter einem Behälter aufwölbt, fließt die Flüssigkeit aus dem oberen in den unteren, so daß sich die Höhe der Aufwölbung abmessen läßt.

Hitze in nasse Kuhhäute. Mit Brecheisen und eisernen Haken rissen sie am Rand des Lavastroms in die erstarrende Kruste ein Loch. Lava strömte durch diese Bresche, und damit verlor der sich auf Catania zubewegende Strom beträchtlich an Wucht und Tempo. Bedauerlicherweise bedrohte dieser abgeleitete Strom die kleine Stadt Paterno, woraufhin 500 Bewohner die Catanier mit Waffen vertrieben. Die Bresche verkrustete nunmehr, und die gesamten Lavamassen nahmen wieder Richtung auf Catania. Sie stauten sich zunächst vor der fast 20 Meter hohen Stadtmauer, ergossen sich dann mit voller Wucht über die Stadt und begruben große Teile unter sich.

Im heutigen Sizilien liegen so viele Dörfer an den fruchtbaren Hängen des Ätna, daß jetzt Versuche, die Lava abzuleiten, nicht mehr erlaubt sind. Derartige Verbote standen den entschlossenen Bemühungen der Isländer auf den Nestmann Inseln (zu denen der neue Vulkan auf Surtsey gehört) nicht im Wege, als sich eine Spalte auf dem Helgafell öffnete, einem Berghang, der knapp einen Kilometer von Heimaey, Islands größtem Fischereihafen, entfernt ist. Der Ausbruch begann im Januar 1973. Innerhalb weniger Stunden waren in der Stadt viele Dächer unter der Last der Asche eingebrochen. Die Bevölkerung wurde evakuiert, aber die Lava drohte den Hafen zu blockieren und die Stadt zu zerstören. Um die Lava abzukühlen, wurde Wasser aus dem Meer auf den sich nähernden Strom gepumpt. Man hoffte, er würde dadurch erstarren. Dank aus den USA eingeflogenen Spezialpumpen verlief die Aktion erfolgreicher als vermutet. Durch Bohrlöcher in der

kan, bedrohte 1935 den Hafen von Hilo. Dr. Thomas A. Jaggar, der Leiter des hawaiischen Vulkan-Observatoriums, gab den Rat, den raschfließenden Lavastrom an strategischen Punkten zu bombardieren und dadurch kleine Seitenströme zu schaffen. Zwei Ziele wurden gewählt und mit 300-Kilogramm-Bomben belegt. Am folgenden Tag hatte der Lavastrom sein Tempo von 270 Metern auf nur 34 Meter in der Stunde verlangsamt und blieb bald darauf ganz stehen. Diese Aktion kostete 25000 Dollar. Hätte der Strom Hilo erreicht, wäre der Schaden in die Millionen gegangen.

Am schwersten beeinflußbar sind Vulkanausbrüche der Art, die Saint-Pierre zerstörten. Das liegt an der ungeheuren Hitze und Schnelligkeit der Feuerwolke. Man hat jedoch folgende Gegenmaßnahme erwogen: Wenn Siedlungen gefährdet sind, sollte ein Einschnitt an einer anderen Stelle des Kraterrandes geschaffen werden, damit die tödlichen Gaswolken in eine andere Richtung entweichen können.

Der Kelut auf Java ist durch aufwendige technische Konstruktionen sicherer gemacht worden, um die Bewohner des an seinem Fuße gelegenen Dorfes zu schützen. Die größte Gefahr bildete der tiefe Kratersee in seinem Kegel. Die Ausbrüche des Kelut sind meist heftig, aber kurz, sie können sich jedoch katastrophal auswirken, weil der See aus dem Krater geschleudert wird, sich mit der Asche zu Schlamm verbindet, der dann die Hänge hinabfließt und alles zerstört. Im Jahre 1919 fanden dabei über 5000 Menschen den Tod. Die holländischen Behörden beschlos-

nicht mit Wasser besprengten Lava wurde in 14 Meter Tiefe eine Temperatur von 1.000 Grad Celsius gemessen, in der mit Wasser getränkten dagegen nur 700 Grad. Als der Ausbruch im Juni zu Ende war, lag die Stadt in Trümmern, aber die durch den Lavafluß verengte Einfahrt hatte den Hafen geschützter gemacht.

Ein Ausbruch des Mauna Loa, Hawaiis größtem Vul-

Oben: Hafen und Stadt Heimaey. Bei dem Ausbruch von 1973 kühlten die Inselbewohner die Lava mit Wasser und versuchten dadurch, den Strom abzuleiten.

Oben: Ein Ingenieur am Ausgang eines Dränagetunnels am Kratersee des Kelut auf Java. Die Tunnels werden gebaut, um bei einem Ausbruch die Gefahr von Schlammströmen zu verringern.
Unten: Ein Wissenschaftler in Schutzkleidung prüft die Temperatur eines Vulkans am Kraterrand. Temperaturschwankungen sind ein wichtiger Hinweis auf bevorstehende Tätigkeit.

sen daraufhin, ein Tunnelsystem anzulegen, das den See zum größten Teil entwässern sollte. Über dreißig Jahre verstrichen, bis bei der nächsten Eruption 1951 die Tunnels erprobt wurden. Diesmal bildeten sich keine Schlammströme mehr, und nur sieben Menschen kamen ums Leben. Zwei davon waren Vulkanologen, die zufällig in einem der Dränagetunnels arbeiteten, als der Vulkan ausbrach. Allerdings blockierte der Ausbruch die Tunnels, und in einem neuen, tieferen Krater entstand abermals ein großer See. Es wurden keine neuen Abflußtunnels gebaut, und 1966 brachte eine Eruption wieder große Schlammströme mit sich, die viele hundert Menschen unter sich begruben. Seither wurden neuerlich künstliche Abflüsse geschaffen.

Vulkane in abgelegenen Weltgegenden, die man für erloschen hält, werden manchmal plötzlich wieder aktiv und verursachen schwere Zerstörungen. Man kann nicht jeden Vulkan der Erde beobachten, aber in Japan, auf Hawaii, auf den Philippinen und in Teilen Indonesiens — dichtbesiedelten Gebieten, die ständig durch Vulkane gefährdet sind — nimmt man die Überwachung sehr ernst. Es ist heutzutage unwahrscheinlich, daß ein Vulkanausbruch die Umgebung unvorbereitet trifft. Bei rechtzeitiger Warnung können sämtliche Anwohner evakuiert werden. Vulkane sind höchst unterschiedlich, und nur für die auf Inseln, in der Nähe von Seen oder anderen großen Wasserflächen gelegenen läßt sich eine allgemeingültige Regel aufstellen: Wer das Schauspiel einer Eruption genießen will, sollte dies nicht vom Ufer aus tun. Er sollte vielmehr an den Krakatau denken und zusehen, daß er auf einen Berg entkommt, je höher, desto besser!

5
Dürre und Hungersnot

Im Gegensatz zu anderen Naturkatastrophen bricht eine Hungersnot nicht plötzlich herein, sondern ist ein langer Prozeß, der mehrere Stadien durchläuft. Der Regen bleibt aus, die Vegetation verkümmert aus Wassermangel, die Nahrungsmittel verknappen allmählich. Aus Knappheit wird Mangel und schließlich Not. Bis dahin können viele Monate verstreichen.

Dürre ist wie eh und je die Hauptursache von Hungersnöten, die manchmal nach schweren Überschwemmungen auftraten. In zum Glück seltenen Fällen hat eine neue Pflanzenkrankheit das Grundnahrungsmittel eines Volkes vernichtet, etwa bei der Kartoffel-Hungersnot in Irland. Armeen haben Hungersnöte im Gefolge gehabt, indem sie die Männer töteten, die den Boden bestellen sollten, oder indem sie nach dem Prinzip der „verbrannten Erde" absichtlich das Land verwüsteten.

In diesem Jahrhundert droht eine neue weltweite Gefahr — die Übervölkerung. Von den heute auf der Erde lebenden 4 Milliarden Menschen sind schätzungsweise 2,4 Milliarden unterernährt. Bis zum Ende des Jahrhunderts rechnet man mit einem Anwachsen der Weltbevölkerung auf 7 Milliarden Menschen. Wird es jemals genug Nahrung für sie alle geben?

Links: Eine Aufnahme aus der australischen Wüste. Die Landmasse der Erde besteht zu 20 bis 25 Prozent aus Wüsten oder Steppen. In diesen Gebieten fällt kaum Regen, und die Menschen, die dort oder in unmittelbarer Umgebung leben, fristen ein kärgliches Dasein. Ihre Existenz wird ständig bedroht durch die Furcht vor einer langen Dürreperiode und der unausweichlich nachfolgenden Hungersnot.

Warum verhungern Menschen?

Tropen können alle Regionen der Erde von Störungen ihres normalen Klimas betroffen werden. Regen zur falschen Zeit und zu wenig Sonnenschein beeinträchtigen die Ernte; der größte Schaden jedoch entsteht nicht durch zu viel, sondern durch zu wenig Regen.

Die indische Landwirtschaft ist vom Monsun abhängig, der im Juni und Juli aus dem Südwesten kommt und bis September anhält. Die Haupterntezeit ist im Dezember. Die letzten Wochen vor Einsetzen des Monsuns sind eine Zeit großer Sorge. Schon eine Woche Verzögerung kann die Erntequalität beeinflussen. Der Monsun ist zwar noch nie in ganz Indien ausgeblieben, was die Meteorologen auch für ausgeschlossen halten, aber doch in Gebieten, in denen 50 Millionen oder mehr Menschen leben. Die große Masse der Bevölkerung hat nicht die Möglichkeit, Getreide aus gelegentlichen Rekordernten einzuspeichern. Wenn der Monsun nicht kommt, hungern sie.

Die schlechten Verkehrsverbindungen in den meisten von Hungersnöten bedrohten Ländern verschlimmern die Lage weiterhin. In den siebziger Jahren des vorigen Jahrhunderts litt Nordchina unter einer dreijährigen Dürreperiode. Es kam zu einer Hungersnot und in fünf Provinzen zum Chaos. Riesige Getreidemengen lagerten in den Häfen, aber es fehlte an entsprechenden Transportmitteln.

Oben: Teil eines Reliefs aus dem Grabdenkmal von König Unis in Sakkara. Es zeigt einen ausgemergelten Ägypter um das Jahr 2350 v. Chr. Die Geschichte der Hungersnöte ist so alt wie die der Menschheit.

Wüsten sind ebenso naturgegeben wie Regenwälder oder Grasland. Das Klima entsteht durch das Zusammenspiel von Atmosphäre (besonders Luftfeuchtigkeit und Windrichtung), physikalischer Beschaffenheit des Bodens und Erdrotation. Große Gebiete in Australien, Südafrika und Südamerika auf der südlichen, in Zentralasien, Nordafrika und dem Südwesten der Vereinigten Staaten auf der nördlichen Halbkugel haben wenig oder gar keinen Regen. Es gibt Gebiete in der Atacamawüste im Norden von Chile, in denen seit Jahrhunderten kein Regen mehr gefallen ist. Diese Bedingungen werden wohl in absehbarer Zukunft so bleiben und sich vielleicht erst durch eine neue Eiszeit ändern, die Richtung und Stärke der Winde global beeinflußt.

Manche haben sich dem Leben am Rande dieser Wüsten angepaßt, aber die Mehrzahl der Weltbevölkerung, ob Jäger, Bauern oder Städter, hat günstigere Heimstätten gewählt, wo Tiere Nahrung und Wasser finden und die Landbebauung mit einer gewissen Sicherheit Ernten einbringt. Leider ist diese gewisse Sicherheit keine absolute. Abgesehen von den immer feuchten Regenwäldern der

Zwischen neun und dreizehn Millionen Menschen verhungerten, erlagen Krankheiten oder kamen bei Hungerrevolten um.

Der in Irland geborene Experte für Ernährungsfragen und Hungerhilfe, Dr. W. R. Aykroyd, sagt in seinem Buch *Der Sieg über den Hunger:* „Eine Hungersnot kann in Begriffen der Weltgegend, der Dauer, der Zahl der von ihr Betroffenen, der Knappheit und der Kosten der Nahrungsmittel, der Todesrate und anderer Punkte erfaßt werden, im Grunde aber bedeutet sie, daß viele armselige Menschen an Unterernährung leiden und physisch und geistig durch sie geschädigt werden ... Menschen ohne Nahrung legen sich nicht still hin und sterben. Der Weg zum Tod ist häßlich, brutal und oft lang."

Im ersten Stadium einer Hungersnot sind Lebensmittel knapp, aber noch erhältlich. Gesunde Menschen können 10 Prozent ihres Normalgewichtes verlieren, ohne ihre Leistungsfähigkeit zu beeinträchtigen. Sie sind durchaus noch imstande, sich zielstrebig und energisch Nahrung zu beschaffen. Der Hunger füllt sehr rasch ihr ganzes Denken aus. Mit fortschreitendem Gewichtsverlust verändert sich die Zellstruktur des Körpers mit dem Ergebnis, daß die Energie nachläßt, die erforderlich ist, die lebenswichtigen Prozesse in Gang zu halten. Wenn 20 Prozent des Körpergewichts verloren werden, versinkt das Opfer in Apathie. Menschen im Hungerstreik können eine erstaunliche Anzahl von Tagen überleben, weil sie große Mengen Flüssigkeiten zu sich nehmen, ausschließlich ruhen und Trost in dem Bewußtsein finden, daß sie das selbstauferlegte Fasten jederzeit beenden können. Menschen, die Hungers sterben, haben keinen Trost. Die Verzweiflung läßt sie manchmal aufstöhnen, aber dann versinken sie wieder in einen Zustand halbkomatöser Teilnahmslosigkeit. Nach mehr als 30 Prozent Gewichtsverlust tritt der Tod fast unausweichlich ein.

Sobald das Ende naht, wird das Opfer gleichgültig gegenüber seiner Umgebung und erschütternderweise sogar gegenüber den Leiden anderer. Während der Kartoffel-Hungersnot in Irland schrieb ein Arzt: „Ich habe Mütter ihren verhungernden Kindern das Brot aus der Hand reißen sehen, einen Vater gekannt, der sich in einen tödlichen Kampf mit seinem Sohn um eine Kartoffel einließ, Eltern beobachtet, die die verwesenden Leichen ihrer Kinder ohne jedes Zeichen einer Gemütsbewegung betrachteten." Es überrascht kaum, daß Menschen, die eine Hungersnot durchleiden und überleben, seelische Schäden davontragen, die die physischen Symptome lange überdauern.

Links: Eine Frau aus Kenia schöpft Wasser aus einem Brunnen.

Rechts: Bauern in Mali pflügen die verkrustete Erde. **Unten rechts:** Ein Inder pflanzt Reis nach dem Monsun. All diese dem Leben in Dürregebieten angepaßten Menschen trifft jede Niederschlagsschwankung.

Unten: Karte des Trockengürtels (rot), der sich von Nordafrika nach Osten durch den Vorderen Orient und Zentralasien bis in den Fernen Osten erstreckt. Reine Wüstengebiete sind braun.

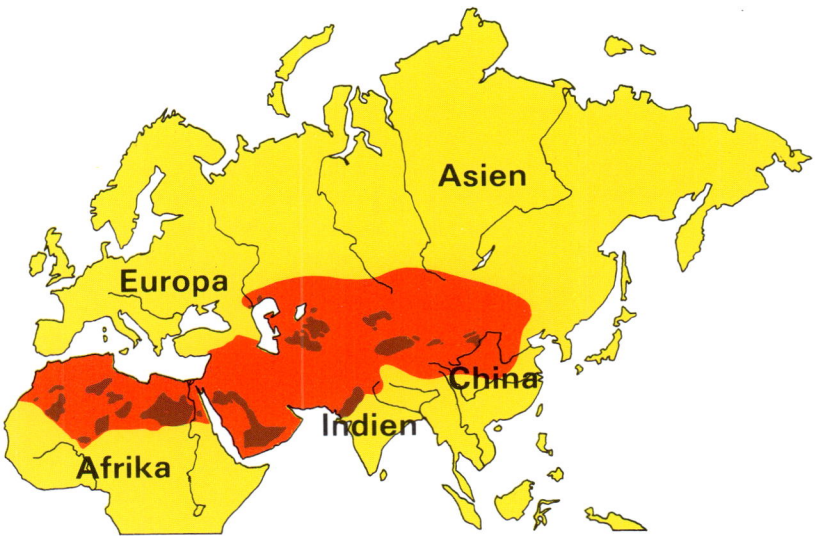

Die große Hungersnot
Irland 1845–1849

Oben: Zeichnung aus einer britischen Zeitschrift von 1847, als die irische Kartoffel-Hungersnot auf dem Höhepunkt war. John Bull verteilt Almosen an die verhungernden, arbeitslosen Iren. Tatsächlich lag es in erster Linie an den Versäumnissen der Regierung, daß die Iren so entsetzlich leiden mußten.

Im Jahre 1844 trat eine bisher unbekannte Kartoffelkrankheit in Nordamerika auf. In Europa wurde dies wenig beachtet. 1845 befiel diese Fäule die Kartoffelfelder in Irland, wo praktisch die gesamte Bevölkerung von Kartoffeln lebte. Die Pilzsporen verbreiteten sich mit erschreckender Schnelligkeit und vernichteten einen großen Teil der Ernte. Im nächsten Jahr verfaulten alle Kartoffeln auf den Feldern. 1847 gab es keine Kartoffelfäule, aber die Hungersnot hatte das ganze Land so durcheinandergebracht, daß nur ein Achtel der sonst üblichen Menge an Saatkartoffeln gelegt worden war. 1848 hungerte wiederum das ganze Land. Ende 1849, als endlich wieder eine gute Kartoffelernte eingebracht wurde, waren anderthalb Millionen Iren verhungert, am Hungerfieber oder an den Unbilden der Witterung gestorben, nachdem sie die Grundbesitzer aus ihren Hütten vertrieben hatten. Irland, das damals noch zum Vereinigten Königreich gehörte, hat nie vergessen, daß englische Halsstarrigkeit, Mißwirtschaft und Gewinnsucht Wegbereiter der Hungersnot waren, und daß dann bei weitem nicht genug zu deren Bekämpfung getan wurde.

Irland hatte keine Industrie. Etwa die Hälfte der Bevölkerung lebte auf kleinen Höfen und baute Kartoffeln als Grundnahrungsmittel an. Andere arbeiteten als Pachtbauern auf Gütern, die Engländern gehörten. Sie bauten Getriede an und züchteten Vieh, verwandten jedoch den Erlös, um den abwesenden Besitzern die Pacht zu zahlen. Wie alle anderen lebten sie von Kartoffeln, die leicht anzubauen waren und auf einem Morgen Land einen Ertrag brachten, der vier Menschen ein Jahr lang ernährte Um ihre Familien mit Getreide zu ernähren, hätten sie drei- bis viermal soviel Ackerland gebraucht, das wegen der Übervölkerung rar war. Kartoffeln mit Buttermilch waren eine nahrhafte Kost. Dennoch bringt der weitverbreitete Anbau einer einzigen Kulturpflanze Gefahren mit sich. Kartoffeln sind nur begrenzt haltbar, und in sehr nassen oder sehr trockenen Jahren gab es häufig Mißernten. Da keine Alternativen vorhanden waren, mußten die Menschen hungern. Die Kartoffelfäule von 1845 war ein neuer, nicht greifbarer Feind, aber die Iren hatten schon früher gehungert, und wenngleich viele Menschen in jenem Jahr nicht satt wurden, gedieh doch die neue Aussaat im Frühling und Sommer 1846 vielversprechend, bis dann die Katastrophe hereinbrach. Über Nacht verdorrten die Felder und verfärbten sich schwarz. Der Gestank verfaulender Kartoffeln breitete sich überall aus. Die irische Kartoffelernte war vernichtet.

Die englische Regierung wollte das Ausmaß der Katastrophe nicht sehen und weigerte sich, den sogenannten „normalen Handelsablauf" durch Vergabe großer Geldsummen für die Ernährung der Iren zu ändern. Es wurde vereinbart, die Iren gegen Bezahlung arbeiten zu lassen (Straßen- und Kanalbau); dieses Geld würde dann das Ausland im „normalen Handelsablauf" veranlassen, Lebensmittel nach Irland einzuführen. Freie Wirtschaft sollte gefördert werden. Diese Politik scheiterte völlig. Letztlich bekamen die Arbeiter zu wenig Geld, und da es überall in Europa Mißernten gegeben hatte, schnellte der Getreidepreis in die Höhe, und so gut wie keine Importe erreichten die irischen Häfen. Ausgemergelte, hungernde Männer zogen auf der Suche nach Nahrung durch die Straßen; Frauen und Kinder ernährten sich von Unkraut. Inzwischen wurde unglaublicherweise weiterhin Getreide *aus* Irland exportiert, um aus dem Erlös die Pachtsummen bezahlen zu können.

Der Winter 1846—1847 war der kälteste seit Menschengedenken. Schnee bedeckte monatelang die Felder. Ein Friedensrichter aus der Grafschaft Cork schilderte in einem Brief an die Londoner *Times* seinen Besuch im Dorf Skibbereen. Er fand es scheinbar verlassen, sah dann aber in einer Lehmhütte „sechs ausgezehrte, gräßliche Skelette, allem Anschein nach tot, die in einer Ecke auf schmutzigem Stroh lagen, nur mit einer zerlumpten Schabracke zugedeckt. Ich trat entsetzt näher und merkte an einem langgezogenen Stöhnen, daß sie noch lebten. Sie hatten alle Fieber, vier Kinder, eine Frau und ein Schemen, der einmal ein Mann gewesen war. In wenigen Minuten wurde ich von wenigstens 200 dieser Gespenster umringt — so grauenhaft von Hunger und Fieber gezeichnete Elendsgestalten, daß ich sie nicht beschreiben kann".

Viele Grundbesitzer nützten die Lage aus, ihre Pächter wegen der nicht bezahlten Pacht auf die Straße zu setzen. Verzweifelte, verhungernde Familien wurden weinend aus den Hütten geschleift, deren Dächer und Wände man sofort abriß. Ganze Dörfer wurden entvölkert, damit Weizen statt Kartoffeln angebaut werden konnte. Die Bauern suchten in Gräben Schutz, wurden aber auch dort verscheucht.

Die Engländer richteten Armenküchen ein — verlangten aber, daß die Gemeinden durch Umlagen dafür bezahlen müßten. Es gab buchstäblich in ganz Irland kein Geld mehr, aber die Regierung in London ließ sich dadurch nicht umstimmen.

Das Jahr 1848 brachte eine Kartoffelmißernte, die sich nicht weniger katastrophal auswirkte wie 1846. Zehntausende starben an Typhus. Die Cholera breitete sich aus. In der Stadt mit dem beziehungsvollen Namen Skull (Totenkopf), waren die Leichen so ausgezehrt, daß man, wenn sie auf dem Rücken lagen, ihre Rückenwirbel zählen konnte. Diejenigen, die das Geld für die Schiffspassage aufbringen konnten, wanderten nach Kanada oder in die USA aus. Viele starben auf der Überfahrt. Die Überlebenden aber bewahrten einen Haß gegen England, der erst jetzt, nach Generationen, allmählich abzuklingen beginnt, und auch das nur teilweise.

Rechts: Verteilung von Kleidung in Kilrush in Irland während der Hungersnot. Es gab viele private Hilfsaktionen, aber die habsüchtigen, abwesenden Grundbesitzer zusammen mit der absolut verständnislosen Regierung machten das Elend der Iren unerträglich. Zehntausende starben durch Hunger, Krankheiten und Kälte, rund 1 250 000 wanderten aus, vor allem in die Vereinigten Staaten und nach Kanada, manche auch nach England.
Unten: Irische Familien beim Aufbruch nach Nordamerika.

Indien:
Millionen verhungerten

Millionen Inder führen einen verzweifelten Kampf gegen den Hunger. Frühe historische Aufzeichnungen und Sagen berichten von schrecklichen Hungersnöten, die das Land verheerten. In Kaschmir im Jahre 917 n. Chr. war die Erde von den Knochen und Schädeln der nicht bestatteten Toten bedeckt, während der König und seine Minister, so wird erzählt, gewaltige Reichtümer anhäuften, indem sie Reis zu Wucherpreisen verkauften.

Die indische Landwirtschaft war immer vom Monsunregen abhängig, der gelegentlich über großen Gebieten ausbleibt. Selbst in normalen Zeiten ist die Ernährung der Bevölkerung kaum ausreichend. Es fehlt ihr an Eiweiß und Vitaminen, und der Körper kann keine Fettreserven bilden. Schon ein geringes Defizit an Getreide genügt, daß aus Mangel Not wird. In früheren Zeiten machten es die schlechten Verkehrsverbindungen unmöglich, Getreide von einem Teil des Landes in einen anderen zu bringen, und ehe die Briten Indien eine Art Einheit aufzwangen, bestand es aus zahllosen Staaten, die einander unaufhörlich bekriegten.

Das Verhalten des letzten Großmoguls Aurangzeb während einer Hungersnot im Jahre 1660 steht im Gegensatz zum üblichen Prassen der Herrscher. Der Großmogul kaufte Getreide in anderen Teilen seines Reiches und verkaufte es im Hungergebiet zu niedrigen Preisen. Im nächsten Jahr wurde Getreide umsonst verteilt, und die Bauern in den Hungergegenden brauchten keine Steuern zu zahlen. Aurangzebs Politik rettete Hunderttausenden das Leben.

Der britische Einfluß in Indien wuchs im 18. Jahrhundert, aber der Gedanke, daß Regierungen die Pflicht haben, bei Hungersnöten helfend einzugreifen, verbreitete sich trotz Aurangzebs Beispiel nur zögernd. Eine als ganz besonders schrecklich geschilderte Hungersnot gab es 1769—1770 nach dem fast völligen Ausbleiben des Mon-

Oben: Ein Stich aus dem 19. Jahrhundert zeigt hungernde Inder um Nahrung bettelnd. Die Freihandelspolitik verhinderte Hilfsmaßnahmen bei Hungersnöten, obwohl Warren Hastings bereits 1783 Kornspeicher (unten) in Patna bauen ließ, um Abhilfe zu sichern.

suns in Bihar und Teilen Bengalens. Man vermutet, daß ihr etwa 10 Millionen Menschen, ein Drittel der Gesamtbevölkerung, zum Opfer fielen. Der Gestank verwesender Leichen breitete sich aus, und Millionen verhungernder und kranker Bauern schleppten sich vom Land nach Kalkutta und in andere Städte. Als im nächsten Jahr der Monsunregen kam, waren viele Dörfer verlassen. Nach einer weiteren Hungersnot im Jahre 1783 ordnete der Generalgouverneur Warren Hastings den Bau eines riesigen Kornspeichers in Patna im Staat Bihar an. Der Inschrift nach sollte er „für immer Hungersnöte in diesen Provinzen verhindern", doch bedauerlicherweise wurde er nie seiner Bestimmung zugeführt.

Die britische Wirtschaftspolitik in der ersten Hälfte des 19. Jahrhunderts wurde von der Theorie beherrscht, daß Freihandel alle Probleme lösen würde. Sich starr an diese Doktrin haltend, weigerte sich die britische Regierung von Hungersnot zu Hungersnot, die Preise zu kontrollieren oder den Export von Getreide aus Hungergebieten zu unterbinden oder Getreide von anderswo zu importieren. Während der Hungersnot von Orissa von 1866—1867 lief ein Getreideschiff vor der Küste auf Grund. Die britischen Beamten gestatteten nicht, daß das Getreide an die Hungernden verteilt wurde, weil das Schiff nach Kalkutta gehen sollte. Das Getreide verfaulte in den Lagerräumen, während die Beamten endlose Debatten darüber führten, wie es an seinen Bestimmungsort gebracht werden könnte.

Der Freihandel funktionierte nicht bei der Bekämpfung der Hungersnot in Orissa, und wiederum schätzte man die Zahl der Toten auf zehn Millionen. Endlich lernten die britischen Regierungen aus der Erfahrung. Als in den siebziger Jahren nach einer Dürre in Bihar wieder eine Hungersnot drohte, wurde das Gebiet schleunigst mit Getreide und Geld versorgt. Ein Hungersnotprogramm wurde entwickelt, um die Gefahr schon im Anfangsstadium erkennen zu können, und der Bau von Eisenbahnen löste das Transportproblem. 60 Jahre lang blieben Indien schwere Hungersnöte erspart, und das gut funktionierende Verhütungssystem brach erst im Zweiten Weltkrieg zusammen.

Im Jahre 1942 besetzte die japanische Armee Birma, und Flüchtlinge retteten sich über die Berge nach Bengalen. Im Zuge der Abwehrmaßnahmen gegen eine japanische Invasion Indiens verlagerten die Briten überschüssige Reisvorräte aus Bengalen. Ende Oktober richtete ein heftiger Zyklon unmittelbar vor der Reisernte schwere Schäden an. Diese Naturkatastrophe bewirkte zusammen mit der Invasionsfurcht einen starken Preisanstieg: im Januar 1943 um das Dreifache, im Mai um das Achtfache, für arme Bauern unerschwinglich. Spekulanten, Hindus wie Moslems, nützten die Lage aus und machten zum Teil riesige Vermögen. Durch den Krieg beansprucht, erkannten die britischen Behörden das Ausmaß der Katastrophe erst, als sich Scharen verhungernder Flüchtlinge Kalkutta näherten. Lebende Skelette schleppten sich durch die Straßen und starben in der Gosse. Sogar jetzt noch liefen die Hilfsmaßnahmen der Regierung von Bengalen nur langsam an, und erst als die Armee im Oktober 1943 die Organisation übernahm, begann sich die Lage zu bessern. Nahrungsmittel wurden von Wagenkolonnen aufs Land gebracht und Verteilungszentren eingerichtet. Die Hungersnot wurde beseitigt, aber die geschwächte Bevölkerung starb weiterhin an Cholera, Malaria und Pocken. Der britische Ernährungsforscher W. R. Aykroyd, der bei der Untersuchungskommission arbeitete, meint, daß 3 Millionen Menschen umgekommen sind. Außerhalb Chinas und der Sowjetunion war dies die schwerste Hungersnot des 20. Jahrhunderts.

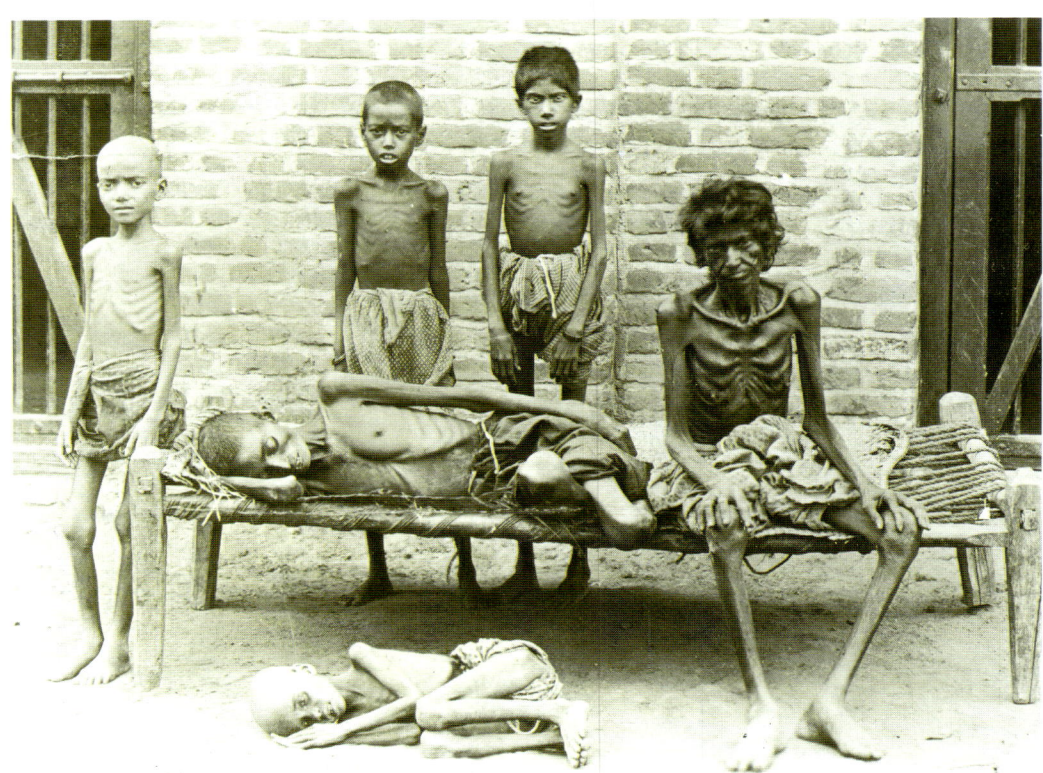

Rechts: Eine hungernde indische Familie während der Orissa-Hungersnot von 1866/67. Solche Bilder waren typisch und nur allzu häufig in den Städten, wo die Ankunft hungernder Familien vom Land oft für die Verwaltung der erste Hinweis war, daß eine Mißernte eine Hungersnot ausgelöst hatte.

Aufgezwungene Hungersnot
Holland 1944/45

In der Neuzeit ist Hungersnot in Europa ungewöhnlich. Die hochentwickelte Landwirtschaft und das allgemein günstige Klima führen dazu, daß der Boden gute Erträge bringt, ohne dabei Raubbau zu betreiben. Aber Hungersnöte sind nur ungewöhnlich, nicht unbekannt. Denn einer Politik des absichtlichen Aushungerns in Kriegszeiten ist auch die leistungsfähigste Landwirtschaft nicht gewachsen.

Diese Erfahrung machten die Niederlande in den letzten Monaten des Zweiten Weltkrieges, als 10000 Menschen starben und Hunderttausende nur knapp dem Hungertod entrannen.

Die Befreiung der Niederlande zögerte sich lange hinaus. Paris wurde am 25. August 1944 befreit, Brüssel am 3. September, und am 5. September drängte sich eine jubelnde Menschenmenge in den Straßen von Rotterdam, Amsterdam, Den Haag und Haarlem, um den in Kürze erwarteten Einzug der alliierten Truppen zu feiern. Aber nach dem Taumel des *Dolle Dinsdag* mußten die Holländer weitere acht Monate auf ihre Befreiung warten. Es sollten qualvolle Monate werden.

Im September 1944 begannen die Alliierten den Luftlandeangriff auf Arnheim, der zu einem Fehlschlag wurde. Die holländische Exilregierung in London wies die holländischen Bahnbeamten an zu streiken und so die deutschen Wehrmachtstransporte zu behindern, und die Bahnbeamten gehorchten. Arthur Seyß-Inquart, der Reichskommissar für die besetzten Niederlande, stoppte als Vergeltungsmaßnahme sämtliche Nahrungsmitteltransporte in die dichtbevölkerten westlichen Provinzen, die seit jeher von den vorwiegend landwirtschaftlichen Gebieten im Norden und Osten abhängig waren.

Lebensmittel wurden sehr bald knapp. Mitte November zogen die Stadtbewohner zwei oder mehr Tage der Woche mit Fahrrädern, Kinderwagen oder Schubkarren zum

Oben: Ein kleines Mädchen, das während des Hungerwinters 1944/45 in den Niederlanden in Abfalleimern nach Eßbarem sucht. **Rechts:** Ein alliierter Angriff auf die strategisch wichtige Brücke von Arnheim am Nordufer des Niederrheins. Um diesen Angriff von Luftlandetruppen zu unterstützen, streikten die holländischen Eisenbahner. Als Vergeltungsmaßnahme hungerten die Nazis absichtlich und kaltblütig die großen Städte im Westen des Landes aus.

Hamstern aufs Land. Kartoffeln und Zuckerrüben ließen sich noch auftreiben, aber westlich des Ijsselflusses waren 4,5 Millionen Menschen abgeschnitten, und die Lage verschlechterte sich zusehends. In der ersten Dezemberwoche wurden folgende Wochenrationen zugeteilt: 600 g Brot, 1100 g Kartoffeln für Kinder unter 14 Jahren, für die älteren nichts. Keine Butter, kein Fett, kein Zucker, keine Hülsenfrüchte. Auf Lebensmittelschiffen, die im befreiten Antwerpen anlegten, wurden Mehl, Corned Beef, Suppenkonserven und anderes gelöscht, aber es gab keine Möglichkeit, sie in die Niederlande zu transportieren. Auf Befehl Seyß-Inquarts verfaulten in den nordöstlichen Provinzen eher die Kartoffeln, als daß sie in den Westen gebracht werden durften, um die Not der Hungernden in Rotterdam, Amsterdam, Utrecht, Dordrecht, Delft, Haarlem, Gouda und Den Haag zu lindern.

Fünf Jahre kriegsbedingten Mangels, hauptsächlich darauf zurückzuführen, daß 60 Prozent der landwirtschaftlichen Erzeugnisse von den Deutschen requiriert wurden, hatten die Gesundheit der Menschen angegriffen, und durch den anhaltenden Eisenbahnerstreik gingen die Brennstoffvorräte zur Neige. Der Mangel an Hausbrand und Lebensmitteln erschwerte es den Menschen zunehmend, sich warm zu halten. Im Oktober hatten sie 780 Kalorien täglich bekommen, im Januar 1945 waren es nur noch 460 und im März 320 — etwas über ein Zehntel dessen, was ein arbeitender Mensch braucht. Im Januar traten vielfach Hungerödeme auf, das für Hungernde charakteristische Aufschwemmen, bei dem sich Wasser im schlaffgewordenen Zellgewebe ansammelt. Es gab kein

Oben: Eins der vielen kleinen Kinder während der Hungersnot. Jugendliche wurden besonders hart vom Proteinmangel getroffen, das für sie bis zum Alter von 14 lebenswichtig ist. Insgesamt gab es 10 000 Todesopfer.

Heizmaterial mehr. Die meisten Gebiete waren ohne ausreichende Wasserversorgung und ohne jede Möglichkeit, Wasser zu erhitzen oder die wenigen Lebensmittel zu kochen. Die meisten Todesfälle gab es bei den Kindern unter 14, die eine proteinhaltige Ernährung zum Aufbau brauchen, oder bei den Menschen über 40. Viele alte Leute, vor allem die Alleinstehenden, verhungerten in ihren Betten. In Amsterdam wurden die Leichen der auf den Straßen Gestorbenen von anderen entkräfteten Menschen in die Kirchen getragen, wo sie liegenblieben, weil niemand die Kraft hatte, sie zu begraben.

Erst Anfang Mai, eine Woche vor Kriegsende, nahm Seyß-Inquart an einem Treffen alliierter und deutscher Offiziere teil, bei dem Hilfsmaßnahmen gegen die Hungersnot beschlossen wurden. Lebensmittel sollten mit Fallschirmen abgeworfen werden; Schiffe mit Hilfsgütern, die Rotterdam anliefen, dessen Hafenanlagen durch die Nazis weitgehend zerstört worden waren, sollten von den Deutschen Geleitschutz erhalten. Bei Kriegsende zogen die alliierten Streitkräfte in Holland ein; sie wurden von Hilfsorganisationen und Lebensmitteltransporten begleitet, und oft waren die Helfer schon vor den Truppen da. Diejenigen, die die Hungersnot überlebt hatten, erholten sich bald wieder, aber in den Worten des offiziellen Berichts wäre die Hungerzeit beinahe zur „entsetzlichen Katastrophe geworden. Hätten die deutschen Besatzer zwei bis drei Wochen länger dem Angriff der Alliierten standgehalten, wären Hunderttausende in den großen Städten von Westholland unausweichlich der Hungersnot zum Opfer gefallen".

Afrikanische Nöte
1960–1969

Menschen dürftig ernährte, mußte nun für weitere 300000 erschöpfte und hungernde Flüchtlinge aufkommen. Unterernährung war unvermeidbar.

Es gab keine echte Hungersnot, aber Zehntausende von Kindern zeigten die schweren Proteinmangelerscheinungen, die *Kwaschiorkor* genannt werden. Die Krankheit bekam ihren Namen vom Ga-Stamm aus Ghana. Wörtlich

„Teilnahmslos und mißgestaltet, geschwollene Füße und Gesichter, die Bäuche von Luft und Wasser aufgebläht, die Arme bis auf die Knochen abgemagert und das Haar grauverfärbt wie Tabakasche." Diese Beschreibung galt für Hunderte von Kindern, die zu fünft in einem Bett schliefen oder im Staub des Krankenhausgeländes von Miawi bei Bakwanga im Kongo lagen.

Als die Belgier ihre frühere Kolonie (das heutige Zaire) 1960 aufgaben, brachen Kämpfe zwischen den Stämmen der Luluas und der Balubas in der Provinz Kasai aus. Die Balubas wurden geschlagen, und da sie — sehr zu Recht — Vergeltungsmaßnahmen ihrer siegreichen Gegner fürchteten, flüchteten sie in Scharen aus dem Norden und Westen von Kasai in ihre Heimat im Süden. Die Balubas, ein kluger und zivilisierter Stamm, sind fähige Organisatoren und gewitzte Händler, aber der karge Boden und das wellige Grasland in Südkasai liefern kaum Überschuß an Nahrungsmitteln. Die spärlichen Vorräte waren zu Beginn der Kämpfe von den Feinden geplündert oder vernichtet worden. Ein Gebiet, das normalerweise etwa 2 Millionen

heißt das „Erster-Zweiter", weil die Symptome sich beim ersten Kind nach der Geburt des zweiten zu entwickeln begannen, durch die sich die Ernährung des älteren Kindes qualitativ verschlechterte. Heranwachsende Kinder brauchen ebenso nötig Eiweiß wie Vitamine, und das Fehlen von Protein führt zum Tod. Sie verlieren Gewicht, bekommen Hungerödeme, ihre Haare verfärben sich grau oder rötlich, und sie fallen in einen Zustand der Apathie, in dem sie nicht mehr auf äußere Reize reagieren. Einige Wochen eiweißhaltiger Ernährung (vorzugsweise Magermilch), lassen sie körperlich zwar wieder gesunden, aber *Kwaschiorkor* kann in einem kritischen Stadium der Kindheit Dauerschäden im Wachstum und in der geistigen Entwicklung hervorrufen.

In Südkasai gab es für die Balubaflüchtlinge als einziges Nahrungsmittel Kassawa, die Maniokwurzel, die fast nur aus Stärke besteht und kein Protein enthält. Im November 1960 trafen erste Berichte über hungernde Männer und Frauen ein, und es hieß, täglich stürben bis zu 200 Kinder. Die UNO, die schon im Bürgerkrieg eingegriffen hatte, leitete sofort Hilfsmaßnahmen ein. Fahrzeuge und bestimmte Lebensmittel wurden eingeflogen. Die Kinder bekamen Magermilch und Maniokbrei, und Ende Januar war die Zahl der täglichen Todesfälle auf 40 gesunken. Die Toten und Sterbenden lagen nicht mehr hilflos am Straßenrand. Es war Saatzeit, und die neue Ernte im Juni sollte dazu beitragen, daß das Gebiet wieder alle seine Bewohner

starben, stieg stetig. Hilfsorganisationen auf der ganzen Welt wurden angesichts der notleidenden Bevölkerung aktiv und organisierten Hilfsflüge in das eingeschlossene Biafra. Die Piloten flogen unter großem persönlichen Risiko über die Stellungen der Republik Nigeria, um Uli zu erreichen und Hunderte von Tonnen Stockfisch, Weizenmehl, Milchpulver und andere eiweißhaltige Lebensmittel

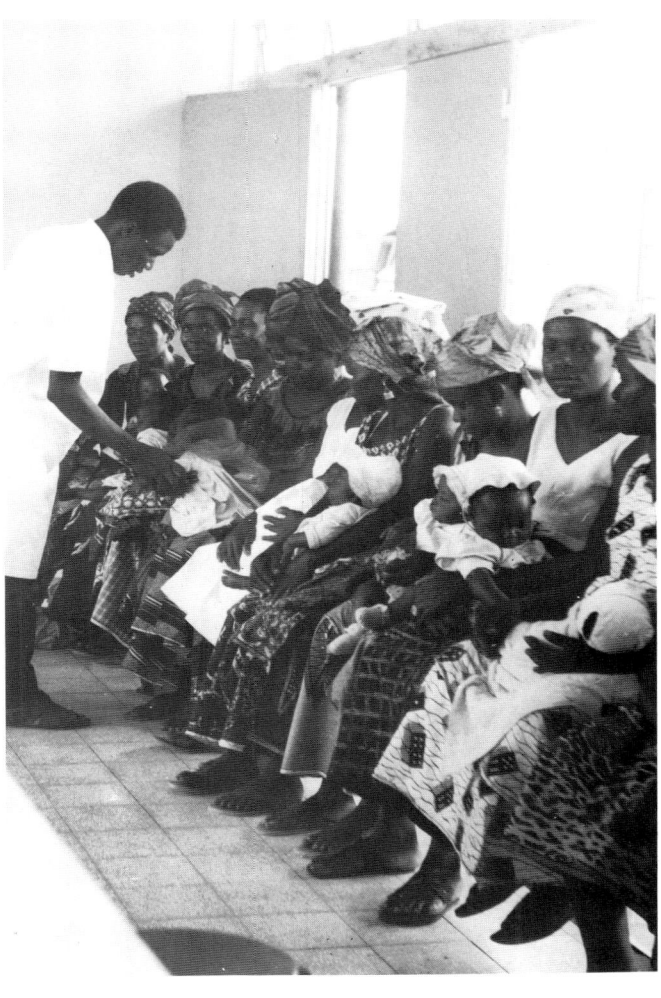

Oben: Säcke mit Trockenmilch werden in das Hungergebiet von Ostnigeria eingeflogen, das sich von Nigeria als „Republik Biafra" losgesagt hat. **Links:** Eine aus den Kampfgebieten gerettete Gruppe biafranischer Kinder. Sie leiden an unheilbaren Proteinmangelerscheinungen und sind zum Tode verurteilt. In der Ostregion starben etwa 2 Millionen Menschen, meistens Kinder.

Rechts: Diese Klinik in Zaire wird vom Kinderhilfswerk unterhalten. Sie dient der Gesundheitsfürsorge und Betreuung der Kinder und will Krankheiten wie *Kwaschiorkor*, den tödlichen Proteinmangel, ausrotten.

ernähren konnte.

Sieben Jahre später brachte ein anderer Bürgerkrieg 1500 Kilometer nordöstlich von Kasai eine schwere Hungersnot nach Nigeria, das bis dahin nicht zu den Hungergebieten Afrikas gehört hatte. Kurz nach der Unabhängigkeit begann ein Machtkampf zwischen den vorwiegend christlichen Ibos in Ostnigeria und den mohammedanischen Stämmen im Norden. Auf zwei blutige Staatsstreiche folgte die Niederlage der Ibos und, wie im Kongo, ihre Flucht in die Heimat. 1967 erklärten sie ihre Unabhängigkeit als Republik Biafra. Damit begann ein verzweifelter Krieg, der 30 Monate dauern sollte.

Nach Anfangserfolgen wendete sich das Kriegsglück, und die Grenzen von Biafra brachen immer mehr ein; bald war es vom Meer abgeschnitten und schließlich mit der Außenwelt nur noch durch eine kleine Landebahn in Uli verbunden. Die Ibos, bei Ausbruch des Krieges 14 Millionen, wurden in ein zunehmend schrumpfendes Gebiet zusammengepfercht. Maniok hielt die Erwachsenen am Leben, aber die Zahl der Kinder, die an Kwaschiorkor

auszuladen. Der Krieg zog sich, vielleicht gerade durch diese Hilfsaktionen, bis zum Januar 1970 in die Länge. Gegen die Hilfsorganisationen wurden Vorwürfe laut, durch ihren Einsatz das Leiden verlängert zu haben, dem etwa 2 Millionen Menschen, vorwiegend Kinder, zum Opfer fielen.

Die Kosten solcher Hilfe sind enorm. Die Hilfseinsätze kosteten pro Flug zwischen 1250 und 1450 Pfund je nach Größe des Flugzeugs, und im Juli 1969 waren es bereits 2500 Einsätze. Allein das Rote Kreuz schickte jeden Monat 800000 Pfund nach Nigeria und 500 000 nach Biafra. Die Hilfe, die beide Seiten bekamen, hätte, wie ein Mitglied der Genfer Zentrale feststellte, „einem friedlichen Land mittlerer Größe ungefähr fünf Jahre lang ein Leben in Luxus finanziert".

Krise in der Sahelzone
1968–1974

füllen sich wieder auf, und in alten Wasserläufen bilden sich kleine Seen. Im südlichen Sahel werden raschwüchsige Hirsearten wie Sorghum angebaut. Weiter nördlich beginnt Gras zu sprießen und sich auszubreiten.

Seit unendlichen Generationen hat die Sahelzone im Süden seßhafte Ackerbauern und im Norden nomadische Viehzüchter ernährt. Der bekannteste Nomadenstamm sind die Tuaregs, ein berberischer Volksstamm. Ihre Her-

Im Laufe des Jahres 1973 drangen aus dem Inneren Westafrikas erste Berichte, daß sich über den nomadischen Hirtenvölkern, die am Südrand der Sahara lebten, eine Katastrophe zusammenbraute. Eine langanhaltende Dürre hatte Brunnen austrocknen lassen. Die Menschen hungerten, und das Vieh starb, weil es kein Weideland mehr fand. Kamerateams des Fernsehens reisten in das Gebiet, und die Außenwelt wurde zum erstenmal auf diesen faszinierenden, überaus gefährdeten Landstreifen aufmerksam, der sich über 3000 Kilometer nach Osten quer durch Afrika zieht — die Sahelzone.

In normalen Jahren gibt es dort im Sommer eine geringe Niederschlagsmenge zwischen 100—500 mm. Die Brunnen

den waren seit jeher klein, bedingt durch das Weideland, das sie in der Trockenzeit von ihren Oasen aus erreichen konnten. Nach der Trockenzeit beginnt überall das Gras zu wachsen, und das Vieh zieht von den Oasen weiter, so daß sich der Boden bis zur Rückkehr der Herde erholen kann. Zwischen Nomaden und Ackerbauern entwickelte sich eine Art Tauschgeschäft: Nach Einbringung der Ernte durfte das Vieh auf den Stoppelfeldern weiden, wodurch der Boden organisch gedüngt wurde. Hungerzeiten hatte es in der Vergangenheit zwar gegeben, aber diese Lebensform war weitgehend der Dürre angepaßt und daher auch imstande, deren Auswirkungen auf ein Minimum zu beschränken.

Mit 1969 begann eine Reihe von abnorm trockenen Jahren, doch die Warnzeichen wurden wenig beachtet. Die Sahelzone verläuft von der Hafenstadt Dakar im westafrikanischen Senegal quer durch das ehemalige französische Kolonialgebiet, das jetzt aus sechs armen Staaten besteht: Senegal, Mauretanien, Mali, Obervolta, Niger und Tschad. Bis auf die ersten beiden sind es Binnenländer und verkehrstechnisch kaum erschlossen. Durch unüberlegte

einzige, was noch fehlte, um eine Katastrophe in Gang zu setzen. Dennoch war die Dürre nur das auslösende Moment, nicht die primäre Ursache dessen, was nunmehr in der Sahelzone geschah.

Erste Krisenzeichen wurden erkennbar, als Tuaregs in viel weiter südlich gelegenen Städten auftauchten als sonst und versuchten, dort ihre Tiere zu verkaufen. Die Männer waren ausgemergelt, die Tiere nur noch Haut und Knochen. Den Hungertod starben zwar nur wenige, aber der Hunger hatte sie geschwächt, so daß schätzungsweise 100000 Menschen den Folgekrankheiten Tuberkulose und Typhus erlagen. Die Verluste an Vieh waren enorm. In den letzten beiden Dürrejahren verlor Mauretanien von 2100000 Rindern allein 1600000. Als die Dürre zu Ende war, mußte man in Mali mit der Aufzucht ganz neuer Herden beginnen. Die Ernteverluste lagen zwischen 50 und 70 Prozent.

Die Sahelzone hat sich auf die frühere britische Kolonie Gambia ausgeweitet, wo die Reisernte mißriet, und auf die Kapverdischen Inseln, wo es neun Jahre lang keine nennenswerten Niederschläge gegeben hatte. Für diese nun verwüsteten und der Winderosion preisgegebenen Inseln, die von der portugiesischen Kolonialmacht abgeholzt wurden, haben internationale Organisationen Mittel bereitgestellt, um den Boden zu konservieren und zugleich den Menschen ihre Selbstachtung zu erhalten.

Dieser letzte Punkt sollte bei allen Hilfsprogrammen beachtet werden. Sobald die Tuaregs eine kleine Herde von etwa 2 Kamelen, 3 Kühen und 10 Schafen für eine Gruppe von sechs bis sieben Menschen zusammenbringen können, verlassen sie die Auffanglager und nehmen ihr gewohntes Leben wieder auf. Man hat ihnen zwar inzwischen beigebracht, an den Oasen Tomaten und Zwiebeln anzubauen, aber im Grunde ihres Wesens bleiben sie Nomaden. Wenn man ihnen ihre Art zu leben nimmt, richtet man sie zugrunde. Es wird immer Dürrezeiten in der Sahelzone geben. Entwicklungspläne müssen sicherstellen, daß durch menschliches Eingreifen die Auswirkungen nicht noch verschlimmert werden.

Oben: Die Verzweiflung auf den Gesichtern der Frauen aus Obervolta in der Sahelzone findet sich bei Millionen anderer Menschen in diesem Dürregebiet. Die Frauen aus Niger (**links**) können noch Wasser aus den tiefen Brunnen holen. Aber ohne Regen, der das Grundwasser wieder auffüllt, werden auch sie — wie viele andere — versiegen. **Rechts:** Europäer bohren neue Brunnen im Tschad, einem anderen von der Dürre betroffenen Land. Neue Brunnen aber sind keine Patentlösung, denn die Menschen der Sahelzone müssen im Gleichgewicht mit ihrer kargen Umwelt leben, wenn nicht neue Katastrophen auftreten sollen.

Entwicklungsvorhaben wurde das Gebiet sowohl vor als auch nach der Unabhängigkeit von Frankreich im Jahre 1962 heruntergewirtschaftet. Der Bau tiefer Brunnen ließ die alten Brunnen austrocknen. Durch Schutzimpfungen vermehrten sich die Herden so stark, daß der Boden nicht mehr genug Futter hergab. Die Überbeanspruchung rottete die Grasnarbe aus. In allen Sahelstaaten zerstörte die versuchte Industrialisierung und die Einführung der Geldwirtschaft ein traditionelles System, das bisher gut funktioniert hatte. Die nachdrücklich betriebene Produktivitätssteigerung führte zur Verödung des Landes — zu dem bekannten „Staubloch-Effekt". Eine Dürrezeit war das

Verhinderte Hungersnot
Bihar 1967

Das launische Wetter, das die leidgeprüften Menschen im Nordosten Indiens erdulden müssen, war in der Mitte der sechziger Jahre besonders unberechenbar. 1964 brachte ein ausgiebiger Monsun eine Rekordernte, 1965 dagegen herrschte Dürre, und die Getreidevorräte wurden aufgebraucht. Die Regenzeit von 1966 begann in ganz Indien unter einem Unstern; Zyklone verwüsteten die Felder in Assam, während überall sonst der Monsun verspätet einsetzte oder so gut wie ausblieb. In Bombay wurde das Börsengeschäft unterbrochen, solange die Makler um Regen beteten. Viele Dörfler griffen auf alte, unvergessene Riten zurück, schickten junge Mädchen nachts zum Pflügen nackt oder in Männerkleidung auf die Felder, um damit den Regen anzulocken und das Land wieder fruchtbar zu machen.

hörten aber nach ein paar Tagen wieder auf. Die ausgedehnten Reispflanzungen, die gerade zu wachsen begannen, verdorrten in Hitze und Trockenheit. Es fiel kein Regen mehr.

Im Oktober stand fest, daß die Ernte, die sonst um diese Zeit eingebracht wurde, fast völlig vernichtet war. Zudem war der Boden so hart geworden, daß die Bauern ihn mit ihren Holzpflügen nicht aufreißen konnten, und selbst wo dies gelang, nahmen die ausgedörrten Erdschollen das Saatgut nicht auf. Nur in wenigen begünstigteren Gegenden konnte überhaupt für die kleinere Frühjahrsernte gesät werden. Die Mehrzahl der 47 Millionen Menschen in Bihar würde also fast ein Jahr lang ohne Nahrungsmittel sein, von Importen abgesehen.

Bihar bot bald ein Schreckensbild von dürrem Land, ausgetrockneten Kanälen und ausgemergelten Bauern. In den wenigen Gebieten, in denen die Ernte noch gerettet werden konnte, arbeiteten die Bauern Tag und Nacht, um die letzten Grundwasserreserven heraufzupumpen. Die Regierung von Bihar wurde scharf kritisiert, weil sie sich nicht mit den relativ geringfügigen Bewässerungsprojekten befaßt hatte, wodurch die nahende Katastrophe hätte gemildert werden können. Weniger als 7 Prozent der An-

Rechts: Verhungernde Rinder in Bihar während der Dürreperiode von 1966/67, als im zweiten Jahr kein Regen fiel. Die Zahl der Rinder in Bihar ist groß, aber es gibt nicht genügend Weideland. Daher bedeutet jede Verringerung der Regenmenge, daß für die Tiere nicht ausreichend Gras wächst. Jede Dürre wird zur Katastrophe.

Bihar ist einer der größten Bundesstaaten Indiens. In den fruchtbaren nördlichen Ebenen werden Reis, Mais, Gerste, Weizen, Zuckerrohr (Bihar ist das Ursprungsland des Zuckerrohrs), Jute und Tabak angebaut. Aber wie ihre Nachbarn in Bengalen sind die Einwohner von Bihar immer extrem dem unberechenbaren Wetter ausgesetzt gewesen. Im Sommer 1966 kamen die Monsunregen,

baufläche konnten bewässert werden, obwohl erhebliche Teile des Staates selbst in größten Dürreperioden über beträchtliche Grundwasserreserven verfügten.

Weizen aus den Vereinigten Staaten rettete die Bevölkerung von Bihar. Über 600 Schiffsladungen, jeweils drei täglich, trafen in Indien ein und brachten insgesamt 9 Millionen Tonnen — ein Fünftel der Jahresernte der USA —

für Bihar und die anderen Dürregebiete. In Bihar setzte niemand großes Vertrauen in die Fähigkeit der Regierung, den Weizen gerecht zu verteilen. Viele Beamte waren unfähig, manche korrupt. Zum Glück brachte eine Wahl im Februar 1967 die Niederlage der regierenden Partei, und die neue Regierung ging das Problem kompetent und energisch an. Unterstützt von einer internationalen Gruppe von Helfern, darunter mehrere hundert Mitglieder des US-Friedenskorps, wurden neue Brunnen gebaut, alte verbessert und Pumpen installiert.

Die neue Regierung eröttnete „Läden mit angemessenen Preisen" überall im Land, in jedem vierten Dorf einen, wo die Menschen ihre Rationen zu festgesetzten Preisen kaufen konnten. Um ihnen das dafür erforderliche Geld zu verschaffen, setzte man verschiedene Arbeitsprogramme in

gersnot in Grenzen. Es gab zwar wenig zu essen, und eine Zeitlang war das Wasser knapp, aber niemand verhungerte. Cholera und Pocken, die früher im Gefolge jeder Hungersnot auftraten, blieben aus, und die zuständigen Stellen erwiesen sich als durchaus fähig, das Getreide aus dem Ausland zu verteilen. Es gab unvermeidlich einige Fälle von Korruption und Ungerechtigkeit, doch als der Sommermonsun von 1967 die Notlage in Bihar beendete, ließ sich rückblickend sagen, daß die Bilanz im uralten Kampf der Menschheit gegen den Hunger eine der wenigen positiven Ausnahmen darstellt.

Rechts: Einwohner von Bihar an ihrem jahrhundertealten Bewässerungssystem. Es hat nie genügend Wasservorräte gegeben, um die nicht seltenen Dürrezeiten zu überstehen.

Rechts: Eins der vielen Hilfsprojekte nach der Katastrophe von 1967 war die Anlage von Wasserreservoirs.

Gang, darunter den Bau von Bewässerungsanlagen und Steineklopfen. Im März wurde die kleiner als üblich ausgefallene Frühjahrsernte eingebracht. Doch dann traf Bihar ein neuer Schicksalsschlag. Völlig unerwartete Regenfälle vernichteten die Ernte und richteten schwere Schäden auf den Mangobaumplantagen an.

Die umfangreiche Einfuhr von Getriede hielt die Hun-

Kampf gegen die Dürre

Hauptverursacher von Hungersnöten war noch vor einem halben Jahrhundert die Natur, heute ist es der Mensch. Die Natur bringt zwar nach wie vor verheerende Dürrezeiten, wenn der Monsun ausbleibt oder wenn sich die durchschnittliche Niederschlagsmenge über bestimmten Gebieten plötzlich verringert, der Mensch aber kann die schädlichen Auswirkungen einer Dürrezeit noch erheblich verschlimmern.

Die Menschheit hatte schon immer die fatale Neigung, die Umwelt zum Schlechteren zu verändern. Als das Römische Reich das Mittelmeergebiet beherrschte, war Nordafrika die Kornkammer Europas. Kamele waren unbekannt. Arabische Schriftsteller jener Zeit behaupteten, man könne den Norden Afrikas von einer Seite zur anderen durchwandern, ohne je den Schatten der Bäume verlassen zu müssen. Aber die Ziegen eben jener Araber zerstörten den Baumwuchs, und der Boden wurde vermutlich durch Raubbau erschöpft. Heute weht Wüstensand zwischen den zerborstenen Säulen einst blühender römischer Städte.

Die Gefahr, der die Menschheit jetzt gegenübersteht, ist ganz anderer Natur. Die Bevölkerungszahl der Erde beträgt heute 4 Milliarden und soll bis zum Ende des Jahrhunderts auf 6 bis 7 Milliarden ansteigen. Es wurde schon darauf hingewiesen, daß wir in einer Welt des Hungers leben, in der 2 Milliarden Menschen täglich nicht satt werden, weitere anderthalb Milliarden gerade eben das Notwendigste haben, und nur die letzte halbe Milliarde in der glücklichen Lage ist, sich wegen Überernährung Gedanken machen zu müssen. Wenn man dieser Entwicklung nicht steuert, werden sich die Lebensbedingungen im Jahre 2000 unvorstellbar verschlechtert haben und selbst die Bevorzugten in Mitleidenschaft ziehen.

Die Erdbevölkerung nahm bis zum Beginn des 19. Jahrhunderts nur sehr langsam zu. Die Gründe dafür sind einfach zu benennen. Die Säuglingssterblichkeit war hoch — nur zwei von zehn hatten eine normale Lebenserwartung —, und beim damaligen Stand der Medizin erreichten sehr viel weniger Menschen ein Alter von 60 Jahren, die meisten starben wesentlich jünger.

Medizinischer Fortschritt und eine verbesserte Hygiene brachten die Wende. In Europa und Nordamerika sank die Säuglingssterblichkeit, und im 20. Jahrhundert wurden viele früher tödliche Krankheiten wie Scharlach, Diphtherie, Pocken unter Kontrolle gebracht. Während der industriellen Revolution im 19. Jahrhundert vervierfachte sich die Bevölkerung Englands. Wäre die Entwicklung weitergegangen, hätte es zu einer kritischen Überbevölkerung kommen können, aber diese Gefahr wurde in den anderen Industrienationen durch den weitverbreiteten Wunsch nach kleinen Familien verhütet. Während 15- bis 20köpfige Familien noch Mitte des 19. Jahrhunderts keineswegs außergewöhnlich waren, würde eine solche Großfamilie heutzutage als asozial gelten. In fast ganz Europa und Nordamerika gibt es heute keinen Bevölkerungszuwachs mehr oder nur einen sehr allmählichen.

Selbstverständlich machten Ärzte und Missionare die neuen lebensrettenden medizinischen Entdeckungen weltweit bekannt. Doch diese positive Entwicklung hat auch

Oben: Ein Beispiel für Bodenerosion durch Abforsten für landwirtschaftliche Zwecke. Ohne das Schutzdach der Bäume schwemmt der Regen allmählich Schicht um Schicht des Mutterbodens weg, schneidet tiefe Rinnen in die Berghänge und legt den nackten Felsen frei. Am Ende verlassen die Bauern das Gebiet.

eine Kehrseite. In Asien, Afrika und Lateinamerika wurden die jeweils spezifischen Krankheiten unter Kontrolle gebracht, die Säuglingssterblichkeit sank rapide — und die Bevölkerungszahl explodierte. Die meisten Menschen hatten keinen Grund für eine bewußte Familienplanung. Das Streben nach Sachwerten spielte bei westlichen Ehepaaren eine große Rolle, Geburtenkontrolle zu praktizieren. In materiell weniger begünstigten Ländern entfällt jedoch dieses Motiv.

Daß Ärzte entrüstet reagieren, wenn man sie für die drohende Übervölkerung verantwortlich machen will, ist begreiflich. Für sie ist die Erhaltung von Leben oberste Pflicht. Nur den Geburtenkontrolle praktizierenden Ländern lebensrettende Medikamente zukommen zu lassen, ist ethisch mehr als anfechtbar, stand aber als eine der Alternativen auch zur Diskussion. Die meisten befürworten jedoch die Lösung: Mehr Nahrung und mehr Geburtenkontrolle.

In vielen Teilen der Welt, zum Beispiel im Nahen Osten, hat man versucht, die Wüste wieder urbar zu machen. Schließlich war nicht nur Nordafrika, sondern großteils auch der Vordere Orient — Israel, Jordanien und der Irak — früher fruchtbares, bewaldetes Land. In Israel hat man die moderne Technologie eingesetzt, um Wasser vor dem Verdunsten zu bewahren. So werden heute in der fast trockenen Negevwüste Paprika und Tomaten unter schützenden Kunststoffplanen angebaut. Ähnliche Kultivierungsprojekte finden auch anderswo statt, erfordern aber Zeit und Geld.

In Indien wird die künstliche Bewässerung erweitert, was jedoch sorgfältige Planung verlangt, um die natürliche Wasserverteilung nicht zu beeinträchtigen. Wahllose Brunnenbohrungen können die Grundwasserreserven erschöpfen und Brunnen versiegen lassen, von denen andere Gemeinden abhängig sind. Wie in der Sahelzone können zu

Oben: Tomatenernte in einem Kibbuz im Negev. Durch Anlage von Wasserleitungen und Besiedlung kann bedingt fruchtbarer Boden wie in der Halbwüste Negev zum wichtigen Wirtschaftsfaktor werden. Ein weiteres Gebiet, in dem dies geschehen ist, ist die libysche Kufra Wüste (unten), wo jetzt Gras wächst und Feldfrüchte angebaut werden.

viele Brunnen zur Überbeanspruchung und Vernichtung lebensnotwendigen Weide- und Waldlandes führen. Der steigende Preis für Brennmaterial — zum Beispiel Kerosin — hat in armen Gebieten bewirkt, daß zuviel Holz und Buschwerk geschlagen werden. In Wagadugu, der Hauptstadt von Obervolta, ist im Umkreis von 60 Kilometern alles abgeholzt worden, so daß zahlreiche Menschen ein Viertel ihres Einkommens aufwenden müssen, um anderswo Brennholz zu kaufen. Die Verwendung von getrocknetem Dung als billiges Brennmaterial entzieht ihn seiner eigentlichen Bestimmung als natürliches Düngemittel. Kuhmist wird in Indien von jeher zur Feuerung benützt,

geschwemmt. Und zu allem Überfluß wird der Damm in wenigen Jahrzehnten so verschlammt sein, daß er seinen ursprünglichen Zweck nicht mehr zu erfüllen vermag.

Ein weiterer Versuch, den weltweiten Hunger zu bekämpfen, ist die Entwicklung ertragreicher Getreidepflanzen. Im mexikanischen Internationalen Institut zur Verbesserung von Mais und Weizen wurden unter Leitung von Nobelpreisträger Dr. Norman E. Borlaug Zwergformen von Weizen entwickelt, die drei- bis viermal mehr Körner tragen als die früher dort gezüchteten Sorten. Dahinter steht das Prinzip, daß Pflanzen mit kürzeren, härteren Halmen größere Mengen Dünger aufnehmen und

Rechts:
Zwergwuchszüchtungen, hier rechts im Bild, widerstehen Regen und Wind viel besser als langhalmige Sorten (links im Bild), die geknickt oder gebrochen sind, weil die Halme zu dünn waren — ein Nachteil, der jährlich bei der Getreideernte hohe Verluste bringt.

eine Verschwendung, die jeden chinesischen Bauern zutiefst entsetzen würde, denn dort haben Dürre und Hochwasser in der Vergangenheit Hungersnöte verursacht, deren Folgen nur durch Sparsamkeit, Fleiß und Erfindungsgabe gelindert werden konnten. Das von Flüssen gespeiste Bewässerungssystem liefert zwar die Voraussetzungen, aber die Fruchtbarkeit der Felder wird hauptsächlich durch Düngung mit aufbereiteten menschlichen Exkrementen gewährleistet.

Ein trauriges Beispiel für ein kühnes Unternehmen, dessen mögliche Nachteile nicht bedacht wurden, ist der Assuan-Hochdamm in Ägypten. Er wurde geplant, um die Bewässerung zu erweitern, indem man das Hochwasser des Nils staute, um es dann während der trockenen Jahreszeit allmählich abzulassen. Aber der Damm, der ohne Abflußgräben errichtet wurde, behielt den so überaus wichtigen Schlamm und organische Stoffe zurück, die das Niltal zum fruchtbarsten Ackerland der Welt gemacht hatten. Auch das Plankton setzte sich ab, die Hauptnahrung für Sardinen und Schalentiere im östlichen Mittelmeer. Am Nil gibt es nun zwar mehr Wasser, aber weniger Fruchtbarkeit, was durch Kunstdünger wettgemacht werden muß — und dafür wird viel Strom aus dem am Damm errichteten Kraftwerk verbraucht. Im Nasser-See oberhalb des Damms hat sich weniger Wasser als erwartet gestaut, weil es teilweise verdunstet oder durch die porösen Sandsteinufer des Stausees versickert. Durch die ausgedehnten Bewässerungskanäle hat sich die von Saugwürmern übertragene Krankheit Bilharziose verbreitet. Früher wurden die meisten Saugwürmer vom alljährlichen Hochwasser ins Meer

somit größere Ähren entwickeln können, ohne kopflastig zu werden und abzuknicken. Diese „Grüne Revolution" steigerte die Weizenproduktion in Mexiko von 1960 bis 1970 nahezu um das Doppelte. Zum erstenmal brauchte Mexiko kein Getreide mehr einzuführen. Seitdem die Zwergsorten in Indien angebaut werden, hat sich auch dort die Weizenproduktion fast verdoppelt. Die Türkei, der Libanon und Marokko haben sich ebenfalls zum Anbau entschlossen. Auch ertragreichere Reissorten werden gezüchtet. Japan ist mittlerweile Selbstversorger und wird bald zu den Reis exportierenden Ländern gehören. Die Philippinen exportieren bereits eine Million Tonnen im Jahr.

Aber auch die „Grüne Revolution" ist kein reiner Segen. Die neuen Kornsorten brauchen große Mengen von Stickstoffdünger, der kostspielig und nicht in allen Ländern ausreichend verfügbar ist. Laut Borlaug sind chemische Pestizide, ja sogar DDT erforderlich, das erwiesenermaßen höchst schädliche Spätfolgen für die Tierwelt hat. Aber wenn die „Grüne Revolution" auch nur ein bedingter Erfolg geworden ist, hat sie doch eines der von Borlaug gesteckten Ziele erreicht: der Welt eine Atempause von vielleicht zwanzig Jahren zu verschaffen, in der die Gefahren der Übervölkerung bekämpft werden können.

Die meisten Regierungen erkennen heute diese Gefahren und fördern die Familienplanung. Die katholische Kirche sanktioniert nur natürliche Verhütungsmaßnahmen, aber viele ihrer Mitglieder scheinen sich nicht an diese Vorschrift zu halten. Im katholischen Lateinamerika fördern einige, jedoch nicht alle Regierungen die Geburtenbeschränkung. In den mittelamerikanischen Staaten verdoppelt sich die Bevölkerung alle 21 Jahre. Will man ländliche Gemeinden in Entwicklungsländern von der dringenden Notwendigkeit einer Familienplanung überzeugen, so gerät man in Konflikt mit jahrhundertealten Traditionen, die genau das Gegenteil befürworten. Dennoch wird in Indien, Thailand, China, der Türkei und vielen anderen Entwicklungsländern Aufklärung durch Plakate betrieben, die ein strahlendes Elternpaar mit drei gesunden, zufriedenen Kindern zeigen und daneben als Gegenstück ein verhärmtes Elternpaar mit einer viel zu großen, bedrückt und verhungert aussehenden Kinderschar.

Falls nicht ein großer Atomkrieg oder eine weltweite Umweltvergiftung durch Chemikalien die Erdbevölkerung drastisch reduzieren, muß eine wirksame Geburtenkontrolle einsetzen. Sie ist das schmerzlose und zugleich sicherste Mittel, Seuchen und das millionenfache Elend am Rande des Hungertodes dahinvegetierender Menschen zu vermeiden.

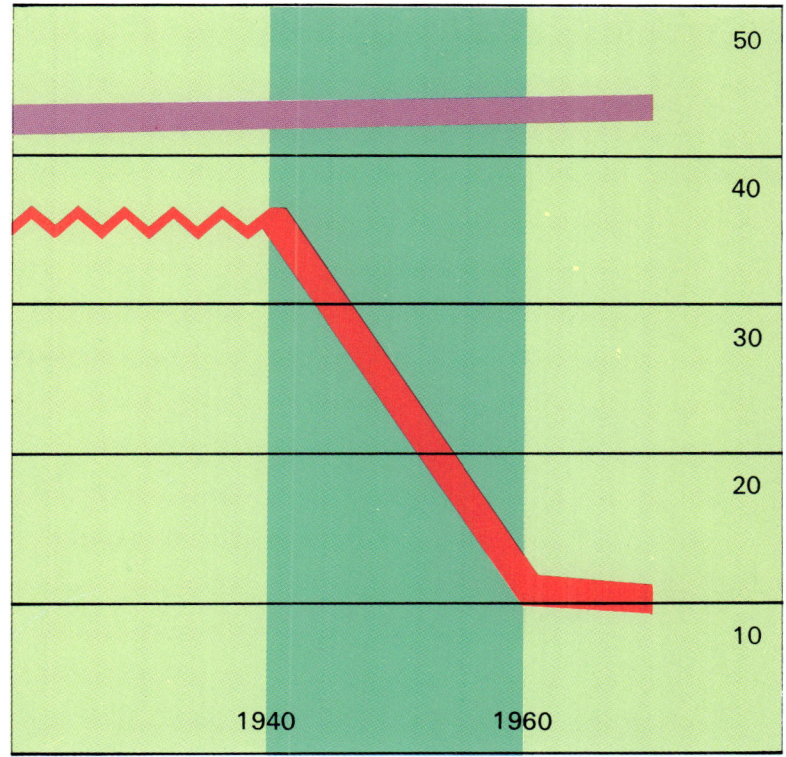

Oben: Ein Pestspital im 15. Jahrhundert. Seuchen und Krankheiten hemmten das Bevölkerungswachstum, ehe es die moderne Medizin gab.

Oben: Die Kurve der Geburten- (oben) und der Sterberaten (unten) von acht Ländern zeigt, daß die Zahl der Geburten zwischen 1940 und 1960 nur wenig stieg, während die der Sterbefälle rapide sank. Diese „Todeskontrolle", nicht der leichte Geburtenanstieg, hat die Bevölkerungsexplosion verursacht.

Rechts: Indien ist eins der Länder, in denen ein großer Propagandafeldzug die Menschen für Geburtenkontrolle gewinnen soll. Dieses Plakat weist auf die materiellen Vorteile einer kleineren Familie hin.

6
Das Feuer als Feind

Das Heulen von Flammen, die sengende Hitze und das ohnmächtige Entsetzen vor einem brennenden Wald begleiteten wahrscheinlich die erste Bekanntschaft des Menschen mit einem Element, das in Minuten vom anheimelnden Wärmespender zur todbringenden Urgewalt werden kann. Im Laufe der Zeit lernte der Mensch, das Feuer zu zähmen, damit es seine Höhlen wärmte und des Nachts wilde Tiere fernhielt. Später gebrauchte er es zum Kochen, zum Schmieden seiner Waffen und zum Brennen von Tongefäßen.

Doch der vielfältige Nutzen des Feuers hat nach wie vor eine gefährliche Kehrseite. Als der Mensch zuerst Siedlungen gründete, dann Dörfer und schließlich große Städte, zerstörten immer wieder Brände sein mühevolles Aufbauwerk. Die meisten Städte der Welt haben zumindest eine große Feuersbrunst erlebt, viele auch eine Reihe von kleineren Bränden.

Heutzutage sind Kriege und Erdbeben die nächstliegenden Ursachen großer Brände, aber auch die durch Unfall in einzelnen Gebäuden ausgebrochenen können immer noch eine erschreckend hohe Zahl an Opfern fordern. Waldbrände, die älteste Form des Großbrandes, sind in vielen Teilen der Welt eine jährlich wiederkehrende Gefahr.

Linke Seite: Ein Buschfeuer in Australien. Wald- und Buschbrände sind eine stete Gefahr in Ländern mit ausgedehnten Waldgebieten und dünner Besiedlung wie Australien, Nordamerika, Kanada und der Sowjetunion. Alljährlich werden durch Brände Millionen Hektar Wald vernichtet.

99

Feuerfallen

Am 1. Februar 1974 brach im elften Stock des 25-Stock-werke-Joelma-Hochhauses in São Paulo in Brasilien Feuer aus und hielt Hunderte von Büroangestellten in den oberen Etagen gefangen. Im Plan des Gebäudes waren so gut wie keine Notausgänge vorgesehen. Feuergefährliche Kunststoffe und Farben waren für die Fußböden und Fenster verwendet worden; schließlich kam noch hinzu, daß São Paulo bei einer Einwohnerzahl von 6 Millionen nur 13 Feuerwachen hatte, deren Ausrüstung nicht im mindesten ausreichte, mit einem derartigen Großbrand fertig zu werden. Die Leitern waren viel zu kurz, und als die

Flammen durch die oberen Stockwerke rasten, stürzten sich verzweifelte Menschen aus den Fenstern. Zwei Stunden lang kamen Hubschrauber nicht an das Gebäude heran, retteten dann aber noch etwa hundert Menschen, denen es gelungen war, das Dach zu erreichen. Nach dem Brand wurden 227 verstümmelte Leichen geborgen. Andere waren in dem Inferno verglüht, in dem die Hitze 700 Grad Celsius erreichte.

Mitten in einem Wald bei St. Laurent du Pont im Südosten Frankreichs, dreißig Kilometer von Grenoble entfernt, stand ein schuppenartiges Gebäude, der Klub Cinq-Sept. Die Innenwände und Säulen waren mit Plastikdekors verkleidet, um eine grottenartige Wirkung zu erzielen. Das Plastikmaterial war überaus leicht entzündlich und hätte nie zu Bauzwecken verwendet werden dürfen. Am 1. November 1970 war der Klub brechend voll mit jungen Leuten. Kurz vor 2 Uhr morgens ließ ein Junge ein Streichholz auf ein Kissen fallen. Nachdem es ihm und seinen Freunden nicht gelungen war, den Brand zu ersticken, riefen sie „Feuer", und diejenigen, die den Ruf hörten, gelangten heil aus dem Lokal. Plötzlich schoß eine riesige Flamme über die Tanzfläche, und binnen Sekunden war der Klubraum ein Inferno aus Feuer und Rauch. Die Plastikbögen schmolzen über den Tänzern, von denen viele, noch umschlungen, auf der Stelle starben. Der Hauptausgang führte durch ein Drehkreuz, das sich verklemmte, die beiden anderen Ausgänge waren abgeschlossen; die beiden Notausgänge waren unbeleuchtet, und einer wurde durch gestapelte Stühle verstellt. Zahllose Sicherheitsvorschriften waren beim Bau und der Abnahme des Klubs Cinq-Sept mißachtet worden — Schlamperei und Unfähigkeit, die 146 jungen Menschen das Leben kostete.

Vielleicht ist der bloße Gedanke, in einem brennenden Gebäude eingeschlossen zu sein, besonders entsetzenerregend. Aber wieviel schrecklicher ist es, aus dem Haus zu entkommen und entdecken zu müssen, daß jedes Gebäude,

Oben links: Menschen fliehen am 1. Februar 1974 über Leitern aus dem brennenden Joelma-Gebäude in São Paulo in Brasilien. **Links:** Dieses ausgebrannte Büro zeigt das Ausmaß der Brandschäden im Joelma-Gebäude.

jede Straße in Flammen stehen. In dieser Lage sind die Menschen in einer brennenden Stadt. Erstickende Rauchwolken erschweren den Flüchtenden das Atmen und die Orientierung. Von allen Seiten regnet es glühende Asche. Hinzu kommt der Schock, Haus und Habe der sicheren Vernichtung überlassen zu müssen, die qualvolle Suche nach verlorengegangenen Kindern oder anderen Angehörigen, die vielleicht in den Trümmern eingeschlossen oder verletzt liegen und um Hilfe rufen. Der Verlust an Menschenleben hängt erstaunlicherweise davon ab, wie das Feuer ausbricht und wie es sich ausbreitet.

Brände, die von Haus zu Haus übergehen und schließlich große Gebiete, manchmal ganze Städte vernichten, werden allgemein Feuersbrünste genannt. Sie breiten sich schnell aus, aber die meisten Menschen können entkommen. Zum Beispiel starben 1666 beim Großen Brand von London nur 8 Menschen. Im 2. Weltkrieg entstanden in vielen Großstädten, über denen Brandbomben abgeworfen wurden, riesige Flächenbrände, die sich aus einer enormen Zahl einzelner Brandherde entwickelten. Sogenannte *Feuerstürme* kamen auf, und die Bevölkerung saß in der Falle. Bei den Angriffen auf Hamburg im Juli 1943 kamen mehr als 100000 Menschen ums Leben.

Nicht alle Brände werden durch menschliche Fahrlässigkeit oder Aggression verursacht. Naturkräfte wie Erdbeben können Feuersbrünste auslösen, zum Beispiel 1906 in San Francisco. Damals breiteten sich einige Brände in der Stadt aus, weil es kein Wasser zum Löschen gab. Beim Erdbeben und Brand von Tokio im Jahre 1923 lag es nicht am Wassermangel, sondern an Zehntausenden von Holzkohleöfen, die zur Mittagszeit angezündet worden waren, umstürzten und zahllose Einzelbrände verursachten. Feuerstürme rasten durch die Stadt, von denen einer in einen Park fegte, in dem 40000 Menschen Zuflucht gesucht hatten, und die meisten von ihnen verbrannten.

Feuer ist immer als Kriegswaffe benutzt worden. In der Antike wurden Städte erobert, in Brand gesetzt und dem Erdboden gleichgemacht, damit sie nie wieder an derselben Stelle aufgebaut werden könnten. So erging es Troja, dessen Standort drei Jahrtausende hindurch verschollen blieb. Städte sind auch bei Verfolgungen und aus Rache in Brand gesteckt worden. Grauenvolle Szenen gab es beim Massaker an griechischen und armenischen Christen in Smyrna, dem heutigen Izmir, als 1922 türkische Soldaten die Stadt anzündeten und zu drei Fünfteln zerstörten. Die Verluste an Menschenleben konnten nicht einmal geschätzt werden.

Städte wurden in Brand gesteckt, damit sie dem Feind keinen Schutz bieten sollten, Moskau im Jahre 1812 ist dafür das bekannteste Beispiel, aber im Dreißigjährigen Krieg wurde Magdeburg von seinen lutherischen Verteidigern an dem Tag angezündet, an dem es von den Katholiken genommen wurde. Bei starkem Wind wurde die größtenteils aus Holz gebaute Stadt in wenigen Minuten ein Raub der Flammen. Lutherische und Katholiken, zusammen etwa 25000, kamen bei dem Brand um, und 14 Tage lang wurden dann die verkohlten Leichen zum Fluß gekarrt.

Moderne Techniken in der Bauweise und in der Brandbekämpfung bringen es mit sich, daß es außer durch Erdbeben oder Kriege nur noch selten zu großen Feuersbrünsten kommt. Leider aber gefährden auch heute noch schwere Konstruktionsfehler einzelne Gebäude, so daß Brandkatastrophen meist eine hohe Zahl an Opfern fordern, weil die Menschen nicht aus den brennenden Häusern entkommen können.

Brände sind heute anders als in der Antike, aber das Grauen des Feuertodes ist gleichgeblieben.

Oben: Ein Brandmeister prüft das leichtentzündliche Plastikmaterial der Wandverkleidungen im Club Cinq-Sept. **Links:** Der Innenraum des Clubs Cinq-Sept in St. Laurent du Pont nach dem Brand vom 1. November 1970.

Der Brand von Rom
64 n. Chr.

Im Jahre 64 n. Chr. zerstörte das größte Feuer der Antike ihre größte Stadt — Rom. Die zeitgenössischen römischen Historiker sind sich zwar darüber einig, daß der Brand auf Befehl von Nero gelegt wurde, dem eitlen, eigenwilligen und gelangweilten Kaiser, nicht jedoch über seine Motive. Einige sagen, die vielen alten, häßlichen Gebäude von Rom hätten sein Auge beleidigt; außerdem habe er seinen Palast vergrößern wollen, der bereits zwei der sieben Hügel Roms einnahm. Vielleicht verlangte ihn auch nur nach einer neuen Sensation — keine gespielten Katastrophen im Theater und bei den Gladiatorenkämpfen, sondern echte.

Kurz vor dem Brand zitierte einer seiner Favoriten, wahrscheinlich sein Ratgeber und böser Geist, Ofonius Tigellinus, aus einem griechischen Stück: „Wenn ich tot

angefacht, raste es durch den ganzen Circus, wo es keine Steinhäuser, Tempel oder andere Hindernisse aufhielten. Vom Circus sprang es auf die umliegenden Viertel über, deren schmale, gewundene Straßen seine Ausdehnung beschleunigten.

Der Historiker Tacitus als Augenzeuge gibt eine anschauliche Schilderung: „Verstörte, kreischende Frauen, hilflose Alte und Kinder, Menschen, auf die eigene Sicherheit bedacht, andere, die uneigennützig den Kranken helfen und auf sie warten, Flüchtlinge und Schaulustige — all dies steigerte die Verwirrung. Wenn die Menschen sich umdrehten, loderten drohende Flammen vor ihnen auf oder überholten sie. Wenn sie in ein anderes Viertel entkamen, folgten ihnen die Flammen — selbst als abgelegen geltende Stadtteile wurden vom Feuer erfaßt. Schließlich drängten sie sich ziellos auf den Landstraßen oder lagerten in den Feldern. Manche, die alles verloren hatten, sogar ihre Mahlzeit auf dem Herd, hätten entkommen können, zogen es aber vor zu sterben. Desgleichen andere, denen es nicht gelungen war, ihre Familie zu retten. Niemand wagte das Feuer zu bekämpfen. Wilde Banden verhinderten jeden

bin, mag Feuer die Erde verschlingen", worauf Nero entgegnete, der Anfang des Satzes müsse lauten: „Solange ich noch lebe". Der Ausgang ihres Disputs ist unbekannt, aber am 17. Juli reiste der Kaiser in die Küstenstadt Actium, und zwei Tage später war Rom ein Flammenmeer. Das Feuer brach in einer Ladenstraße beim Circus Maximus am Fuß des Palatinischen Hügels aus. Vom Wind

Versuch. Sogar Fackeln wurden offen von Männern in die Häuser geworfen, wobei sie brüllten, sie handelten auf Befehl."

Das Feuer wütete sechs Tage und sieben Nächte. Unter den zahllosen zerstörten Bauten waren Wohnhäuser, Altäre und Tempel, die noch aus den Anfängen Roms stammten. Der älteste war der Jupitertempel, von Romulus errichtet, der vor 800 Jahren die Stadt gegründet hatte. Nero kehrte rechtzeitig nach Rom zurück, um seinen Palast auf dem Palatin in Flammen zu sehen. Er betrachtete die brennende Stadt von einem Turm in seinem Garten, hingerissen von der „Schönheit der Flammen"; danach kostümierte er sich als Tragöde, sang die Verse vom *Fall Trojas* mit heiserer Stimme und begleitete sich selbst auf der Lyra.

Der Brand konnte erst eingedämmt werden, als man Bauwerke niederriß, um Schneisen zu schlagen. Drei der vierzehn Distrikte der Stadt waren völlig zerstört, weitere sieben bestanden nur noch aus wenigen verkohlten Ruinen. Nero verbot allen, in den Trümmern nach ihrer Habe zu suchen, weil er mit Tacitus' Worten „selber soviel wie möglich plündern wollte". Er baute seinen Palast in gigantischen Ausmaßen neu auf. So war sein Standbild in der Eingangshalle fast vierzig Meter hoch und eine Säulenarkade rund zwei Kilometer lang. In den Gärten gab es Seen und ganze Wälder. „Wie gut", erklärte er beim Einzug, „jetzt kann ich endlich wie ein menschliches Wesen zu leben beginnen."

Wenigstens hat er Rom vernünftig wieder aufgebaut. Ein bestimmter Teil jedes Hauses mußte aus feuerfestem Stein bestehen. Es gab Vorschriften über die Höhe der Gebäude und über Vorbauten, damit die Feuerwehren bei künftigen Bränden leichteren Zugang hatten.

Um das Gerücht zu unterdrücken, er wäre der Brandstifter gewesen, suchte er nach Sündenböcken und wählte dazu die in Rom lebenden Christen. Sie wurden verhaftet und durch Folter zur Preisgabe vieler weiterer Namen gezwungen, darunter vermutlich auch der des Apostels Petrus. Einige wurden gekreuzigt, andere kamen im Circus zu Tode, wo man sie in Raubtierfelle kleidete und von Hunden zerfleischen ließ. Das grausame Schauspiel ging nachts in Neros Garten weiter, wo man Christen zu lebenden Fackeln machte. Tacitus, kein Freund der Christen, erwähnt, daß diese Opfer von Neros Grausamkeit bemitleidet wurden, weil niemand an ihre Schuld glaubte. Ihr entsetzliches Schicksal während dieser ersten Christenverfolgung und das Bild des Kaisers, der vor dem brennenden Rom Lyra spielt, haben die Erinnerung an den Brand durch die Jahrhunderte wachgehalten.

Das große Feuer
London 1666

die Form eines großen Bogens an. Er dehnte sich von den Slums zu den vornehmeren Vierteln aus, und nun begann eine verzweifelte Suche nach Booten und Karren, um die Möbel in Sicherheit zu bringen. Die Bootsbesitzer, deren eigene Häuser schon abgebrannt waren, konnten Unsummen verlangen. Durch das Brüllen und Knistern der Flammen hörte man die Kirchenglocken in umgekehrter Folge

Links: Menschen, die sich 1666 beim großen Brand von London in Boote retten. **Rechts:** Ausschnitt einer Panoramakarte des überfüllten, winkligen London. Die alte St.-Pauls-Kirche ist rechts von der Mitte zu sehen.

Unten: Ein holländisches Gemälde des Feuers von London. Links London Bridge, rechts der Tower.

Als der müde, erschöpfte Bürgermeister von London, Sir Thomas Bludworth, am 6. September 1666 seine Stadt besichtigte, lagen fünf Sechstel in Schutt und Asche. Rund 85 Kirchen und mehr als 13000 Häuser waren bei diesem bekanntesten aller Brände bis auf die Grundmauern niedergebrannt.

Das Feuer begann am Sonntagmorgen des 2. September 1666 in einer Bäckerei in Pudding Lane, einer häßlichen kleinen Gasse, die zwischen London Bridge und dem Tower zum Fluß hinabführte. Der Brandgeruch weckte den Gehilfen des Bäckers um zwei Uhr früh. Er alarmierte den Meister, der mit seiner Familie durch die Dachluke auf das Dach des Nachbarhauses kletterte. Die Magd wagte sich nicht mit und wurde so zum ersten Opfer des Brandes.

Zu jener Zeit war London mit seinen engen, verstopften Straßen, den Fachwerkhäusern, den dicht aneinandergedrängten ärmeren Quartieren mit ihren geteerten Verschalungen, deren vorspringende obere Stockwerke beinahe die gegenüberliegenden Häuser berührten, eine einzige Feuerfalle. Sehr schnell griff der Brand auf das Star Inn auf der anderen Seite der Gasse über. Auf dem Hof des Gasthauses waren Stroh und Viehfutter gelagert, und bald standen alle Häuser ringsum in Flammen. Um 3 Uhr morgens wurde der Bürgermeister geweckt und kam zum Brandort. Sir Thomas war wenig beeindruckt und ging wieder zu Bett. Aber die Pudding Lane wurde von der Thames Street gekreuzt, in deren Lagerhäusern Hanf, Pech, Öl und Spirituosen gespeichert waren. Als dieses feuergefährliche Gelände lichterloh brannte, wurde das Feuer heftiger. Um acht Uhr waren die Häuser am Nordende der Brücke ausgebrannt und eingestürzt und hatten dabei die Pumpen zerstört, die den größten Teil der Stadt mit Wasser versorgten. Die erste Kirche fing Feuer, und von ihrem hohen Dach regnete brennende Asche auf die umliegenden Häuser.

Der Brand, der sich rasend schnell am Flußufer entlang ausbreitete, aber langsamer ins Zentrum vordrang, nahm läuten, die althergebrachte Feuerwarnung, die nur wenige Londoner noch beachtet haben dürften.

Am folgenden Montag erreichte das Feuer die Wohngebiete der reichen Kaufleute, aber der Dienstag sollte noch Schlimmeres bringen. „Als ich es sah, mußte ich weinen", schrieb der Chronist Samuel Pepys. „St. Paul stand in Flammen, und seine gewaltigen Bleidächer schmolzen wie

Oben: Viele flüchteten vor den Flammen zur Themse und retteten sich in Booten. Die Bootsbesitzer ließen sich ihre Dienste teuer bezahlen.

Schnee in der Sonne und ergossen sich über den Kirchhof." An diesem Tag vernichtete das Feuer 34 Kirchen und fast alle reichverzierten mittelalterlichen Zunfthäuser. Der König, Charles II., nahm an der Brandbekämpfung teil und wurde „rauchgeschwärzt, von Asche bedeckt, mit Spaten und Eimer hantierend" gesichtet. Sein „spitzenbesetzter Rock war durchnäßt und schmutzig". Schließlich wurde Schießpulver von den Docks geholt, und man sprengte Haus für Haus ganze Straßenzüge. Man stellte ein Fäßchen Schießpulver in ein Haus, zündete es mit einer langen Lunte, und nachdem die Explosion das Haus zerstört hatte, kamen Matrosen mit Seilen und Ketten und zogen die Trümmer in Seitenstraßen. Auf diese Weise wurde dem Feuer endlich am Donnerstag Einhalt geboten. Wie durch ein Wunder starben nur acht Menschen direkt durch den Brand, aber mehr als 100000 waren obdachlos, und Tausende standen vor dem Nichts. Viele einstmals wohlhabende Kaufleute saßen bis an ihr Lebensende im Schuldturm.

Der Plan des Architekten Sir Christopher Wren für den Wiederaufbau hätte London zur schönsten Stadt der Welt gemacht, doch die Bürger lehnten sein großartiges Konzept ab, und die Häuser wurden an der alten Stelle wieder errichtet. Immerhin gab es Vorschriften für das Baumaterial (Ziegel und Steine) und die Höhe der Gebäude. Aber die Gelegenheit, eine weiträumige und reizvolle Stadt zu schaffen, wurde vertan.

Flammender Widerstand
Moskau 1812

Oben: Moskau in Flammen nach dem Einmarsch der französischen Armee im Jahre 1812. Fast die ganze Stadt wurde zerstört.

Moskau im 19. Jahrhundert war wie die meisten Städte des russischen Reiches fast ganz aus Holz gebaut, was dazu führte, daß es ständig zu Bränden kam, meistens zu kleinen, gelegentlich aber auch zu Großbränden. Aber bei Moskaus berühmtestem Brand, dem von 1812, wurde die große Stadt, die Napoleons Beute werden sollte, absichtlich in Flammen gesteckt, und Napoleon fand sich von Ruinen umgeben. Es war eine der größten Enttäuschungen seines Lebens.

Die *Grande Armée* des französischen Kaisers marschierte am 24. Juni in Rußland ein. Die russische Armee trat den Rückzug an, und am 18. August nahm Napoleon Smolensk ein. Am 7. September kam es endlich bei Borodino zur Schlacht, in der 50000 Soldaten fielen. Die Schlacht blieb unentschieden, aber die Russen wichen wiederum zurück, und am 12. September hatte die *Grande Armée* die Hügelkette im Süden Moskaus erreicht und sah die grünen, blauen und goldenen Kuppeln der 2000 Kirchen der Stadt in der Ferne schimmern. Napoleon eilte herbei, um die Aussicht zu bewundern. Er sah hinab auf die Stadt, die seine Triumphe krönen sollte. Beobachter bemerkten, daß er lächelte.

Stunden verstrichen, und die erwartete Abordnung der Moskowiter tauchte nicht vor den Stadttoren auf. Eine Gruppe französischer Offiziere gelangte über die Mauern und meldete, die Stadt sei verlassen. Napoleon konnte es kaum glauben. „Moskau verlassen!" rief er. „Das kann doch nicht sein! Wir müssen in die Stadt und uns davon überzeugen."

Sie drangen in die Stadt ein und fanden die Straßen und Häuser leer, von den Moskowitern war nichts zu sehen und

zu hören. Napoleon betrat die Stadt am Abend und machte in einem Vorort Quartier. In jener Nacht begannen die Brände. Anfangs nahm man an, die französischen Soldaten hätten sie beim Plündern gelegt, weil die Paläste der reichen Kaufleute in der besseren Gegend der Stadt zuerst in Flammen aufgingen. Aber am nächsten Morgen zeigte man Napoleon „Häuser mit Eisendächern, fest verschlossen und ohne jedes Anzeichen eines gewaltsamen Eindringens, aus denen dennoch bereits schwarzer Rauch aufstieg". Napoleon betrat die alte Festung des Kreml sehr beunruhigt und gedankenvoll, aber bei Tageslicht ließ sich das Feuer immerhin leichter bekämpfen. Die Ordnung wurde wiederhergestellt, und die Franzosen legten sich leichteren Herzens schlafen. Um Mitternacht stand die Stadt abermals in Flammen. Paläste brannten lichterloh; der Funkenregen wurde vom Wind zu den Dächern des Kreml getragen. Diesmal gab es keinen Zweifel mehr, wer dafür verantwortlich war. Vor dem Auszug aus der Stadt hatten die Russen Häftlinge freigelassen und ihnen riesige Mengen brennbares Material und Lunten gegeben. Die Vorbereitungen fanden unter größter Geheimhaltung statt. Offenbar trauten die russischen Behörden den Bürgern nicht, daß sie die eigene Stadt in Brand setzen würden. Andererseits hätte es ihnen diese Geheimhaltung ermöglicht, den Franzosen die Schuld zuzuschieben, falls der Brand sein Ziel, Napoleon aus der Stadt zu vertreiben, nicht erreichen sollte.

Napoleon befahl, jeden Brandstifter sofort zu erschießen, konnte es allerdings kaum glauben, daß die Russen eine so große Stadt freiwillig zerstören wollten. Er eilte immer wieder an die Fenster des Kremls, deren Glasscheiben zu heiß waren, um sie zu berühren, und beobachtete das Fortschreiten der Brände. Das Feuer gewann stetig an Boden, sowohl die Brücken als auch die angrenzenden Häuser brannten, so daß er gleichsam als Gefangener innerhalb der Kremlmauern saß. Schließlich ertönte der Ruf: „Der Kreml brennt!" Ein Turm stand in Flammen, und französische Grenadiere erstachen den Brandstifter mit den Bajonetten. Nun war auch Napoleon überzeugt, daß die Russen die Stadt zerstören wollten, und bereitete sich zum Aufbruch vor.

Flammen, Staub und dichter Rauch machten es beinahe unmöglich, einen Weg durch die Stadt zu finden. Der Kaiser wählte eine enge Straße, „verwinkelt und überall brennend ... von allen Seiten bedroht durch einstürzende Dächer und Balken, durch schmelzendes Eisen, das von den Kuppeln tropfte, mitten durch Ruinen und Schuttberge. Sie gingen auf brennender Erde unter einem Flammenhimmel und zwischen Feuerwänden".

Napoleon gelang es, aus dem Inferno zu entkommen. Am nächsten Tag brannten die Feuer immer noch. Den auf den Feldern am Stadtrand kampierenden Franzosen erschien Moskau wie ein Meer aus Flammen. Es blieb ein Flammenmeer, bis am 18. September die ersten Regenfälle kamen. Die Franzosen kehrten in die wassergetränkte Ruinenstadt zurück, die zu neun Zehnteln zerstört war. Nach einem Monat fiel der erste Schnee, und Napoleon führte seine Armee aus Rußland. Der große Rückzug mit all seinen Schrecken begann. Der Brand von Moskau hatte Napoleons scheinbar leichten Sieg in eine katastrophale Niederlage verwandelt.

Oben: Napoleon verläßt die brennende Stadt; sein Siegespreis wurde buchstäblich zu Asche.

Rechts: Die Moskowiter setzten ihre eigene Stadt mit 2000 Kirchen, zahllosen Palästen und Herrenhäusern in Brand, um Napoleons Sieg zunichte zu machen.

Kirche in Flammen
Santiago de Chile 1863

„Noch nie hat es etwas so Entsetzliches gegeben wie die Katastrophe von Santiago." Mit diesem Satz begann der Leitartikel der Londoner *Times,* als die Nachricht aus Chile nach achtwöchiger Reise auf einem Postdampfer endlich Europa erreichte, daß bei einem Brand am 8. Dezember 1863 annähernd 2500 Frauen und Kinder in der Jesuitenkirche La Compania umgekommen waren. Nach mehr als einem Jahrhundert ist dies immer noch die größte Zahl an Todesopfern, die ein Brand in einem einzigen Gebäude gefordert hat.

Am 8. Dezember ist Mariä Empfängnis. Schon einen Monat vorher hatten die Jesuiten ein glanzvolles Fest in hrer großen Kirche aus dem 17. Jahrhundert gefeiert. Der

Innenraum war mit Girlanden aus Musselin, Pappe und Papier geschmückt und wurde von 20000 bunten Lampen erleuchtet, die in Girlanden, Nischen und auf Simsen hingen, wo immer man für sie Platz fand. Die Lampen wurden mit Camphen gespeist, einem aus Terpentin destillierten Öl, und es dauerte so lange, sie alle anzuzünden, daß die Kirchendiener schon am frühen Nachmittag damit beginnen mußten. Allnächtlich war die Kirche von Gläubigen, meistens Frauen, überfüllt, die auf mitgebrachten kleinen Teppichen knieten oder saßen. Es gab keine Bänke, und die Gemeinde, etwa 3000, war dicht gedrängt. Männer kamen weniger zahlreich zu den Festgottesdiensten, und sie standen im Hintergrund, durch ein Eisengitter von den Frauen getrennt.

Am Abend der Katastrophe, dem Höhepunkt des einen Monat dauernden Festes, waren mehr Lampen als je zuvor angezündet worden. Ein gewisser Pater Ugarto hatte dies angeordnet, als er hörte, der zu Besuch weilende Apostolische Nuntius habe gesagt, die Illumination in Santiago könne sich nicht mit der messen, die er in Rom gesehen habe. Pater Ugarto entgegnete: „Ich werde ihm eine Illumination vorführen, wie sie die Welt noch nicht gesehen hat!" Er hat fraglos sein Wort gehalten.

Die Kirche war überfüllt, die Lampen waren beinahe alle angezündet und leuchteten im Mittelschiff, hoch oben an der Holzdecke und in der hohen Kuppel. Auf dem Hochaltar stand eine Statue der Muttergottes auf der Mondsichel, dem Gemälde Murillos im Louvre nachempfunden. Um sieben Uhr abends wurden die letzten Lampen in diesem aus Holz und Leinwand bestehenden Halbmond entzündet — und setzten das eine Ende in Brand. Die Flamme erreichte sofort die Papiergirlanden auf dem Altar und züngelte von dort die riesigen Musselinbehänge hinauf bis zum Dach. Ein Entsetzensschrei wurde laut, und die panische Flucht begann. Die Männer hinter dem Gitter entkamen mühelos durch eine Seitentür. Pater Ugarto und die anderen Priester eilten zur Sakristeitür, die sie hinter sich *schlossen,* anscheinend, um nicht gestört zu werden, während sie das Kirchensilber in Sicherheit brachten. Für die Frauen im Kirchenschiff gab es nur einen Ausgang durch das Hauptportal, das auf die Plazuela de la Compania führte.

Ein paar hundert entkamen, aber in der Panik stolperten einige Frauen und fielen hin, andere stürzten über sie, und bald war das Portal durch eine lebendige Mauer übereinanderliegender, schreiender Frauen blockiert. Während die

Links: Die Ruine der Kirche La Compania in Santiago de Chile nach dem grauenvollen Brand vom 8. Dezember 1863.
Rechts: Ein nach einem Augenzeugenbericht rekonstruiertes Bild der in Flammen stehenden Kirche. Man sieht den Gaucho, der versucht, Menschen mit seinem Lasso aus dem Inferno zu ziehen. Im Vordergrund Frauen mit brennenden Kleidern.

Flammen unter dem Dach entlang rasten, explodierten die Lampengirlanden und ein Regen brennenden Öls ergoß sich über die Frauen in der Kirche, setzte ihre Feiertagsgewänder, ihre Fächer, ihre Mantillas, ihr Haar in Brand. Helfer von draußen konnten wegen der blockierten Tür nicht hineingelangen. Ein vorbeireitender Gaucho warf sein Lasso in die Kirche, und „tausend Hände versuchten, es zu ergreifen. Manche konnten sich festhalten und wurden von dem Mann mit Hilfe seines Pferdes herausgezogen; aber als er den zweiten Versuch machte, riß das Lasso".

Was dann folgte, wurde von einer Santiagoer Zeitung als „der grauenhafteste Anblick, den jemals ein Menschenauge ertrug", beschrieben.

„Mütter und Schwestern ... diesen entsetzlichen Tod sterben zu sehen ... nur einen Meter von der sicheren Rettung entfernt ... nur einen Meter von Männern entfernt, die ihr Leben für sie gegeben hätten! Man konnte wahnsinnig darüber werden — das Schreien und händeringende Flehen um Hilfe, als die erbarmungslosen Flammen kamen — und dann der furchtbare Todeskampf — manche beteten, manche rauften sich die Haare und schlugen sich mit den Fäusten ins Gesicht."

Binnen fünfzehn Minuten war alles vorbei. „Frauen, die von den Flammen umschlossen waren, durchliefen eine Verwandlung gleich einer optischen Täuschung; erst blendend hell, dann immer mehr zusammengeschrumpft, danach zu schwarzen verzerrten Statuen erstarrt."

Am nächsten Tag wurden 200 Wagen mit menschlichen Überresten aus der Kirchenruine beladen. Zwei Drittel der Toten waren Dienstboten, die übrigen zählten zur „Blüte der Gesellschaft". Die meisten Opfer waren zwischen 15 und 20 Jahren. Man machte die Priester für die Katastrophe verantwortlich, und die allgemeine Empörung richtete sich gegen sie. Diejenigen, die zu der verkohlten Ruine zurückkehrten, um für die Toten die Messe zu lesen, wurden von den Wachtposten mit Gewehrkolben verjagt. Die Kirche wurde nie wieder aufgebaut.

Feuersbrunst in Chicago
1871

In einem Zeitraum von 39 Jahren wurde Chicago von einer Ortschaft mit ein paar hundert Einwohnern zu einem wichtigen Zentrum des Getreidehandels, der Börse und des Eisenbahn- und Landmaschinenbaus. 1871 reihte sich im Geschäftsviertel Häuserblock an Häuserblock mit Büros und marmorverkleideten Ladenfronten, und die Stadt hatte 334000 Einwohner aufzuweisen. Aber in nur 27 Stunden vernichtete ein Brand das Herz dieser blühenden, dichtbesiedelten Stadt, zerstörte alle großen Hotels, alle Banken und Theater, das Opernhaus, das Rathaus sowie 18000 weitere Gebäude, darunter — in der sechsten Stunde des Brandes — das Wasserwerk.

Das Feuer begann um halb zehn am Abend des 8. Oktober 1871 in Patrick O'Learys Stall. Manche sagten, Mrs. O'Leary hätte eine ihrer Kühe gemolken, und die Kuh hätte die brennende Kerosinlampe in einen Haufen Sägespäne gestoßen. Mrs. O'Leary behauptete, um die Zeit im Bett gewesen zu sein. Obwohl die Ursache des Feuers bis heute nicht geklärt ist, stand O'Learys Stall in Flammen und setzte zwei weitere in Brand. Sie brannten rasch nieder, und bevor die Feuerwehr eintraf, hatte sich das Feuer quer durch den Block gefressen, auf die gegenüberliegende Straßenseite übergegriffen und, von einem kräftigen Südwestwind angetrieben, den nächsten Häuserblock erreicht. Der O'Leary-Stall stand im Südwesten Chicagos, der durch den Fluß von den teureren Stadtvierteln getrennt war. Dreieinhalb Kilometer nordöstlich lag das burgartige Wasserwerk. Doch niemand rechnete damit, daß das Feuer bis zum Fluß gelangen, geschweige denn ihn überqueren würde.

Diese trügerischen Hoffnungen sollten bald zunichte ge-

Oben: Mrs. O'Leary mit ihrer Kuh, die angeblich eine brennende Kerosinlampe umstieß, wobei der Stall in Brand geriet und das Feuer auslöste, dem 1871 fast ganz Chicago zum Opfer fiel.

macht werden. Im Geschäftsviertel waren die neueren und höheren Gebäude aus Marmor, Stein und Ziegeln, sonst aber war die Stadt zum großen Teil aus Holz gebaut: hölzerne Wände, hölzerne Dächer, hölzerne Gehwege. Seit sechs Wochen war kein Regen gefallen. Und als reichte dies nicht noch aus, eine Katastrophe auszulösen, gab es auf dem Weg der Flammen zahllose Ställe, Holzlager, Alkoholbrennereien, Getreidespeicher und Kohlenhalden. Das vom Wind angefachte Feuer drang rasch bis zum Fluß vor, und zwanzig Minuten vor Mitternacht wurde ein riesiges, brennendes Brett ans andere Ufer geweht und landete auf dem Dach eines dreistöckigen, knochentrockenen Wohnhauses. Das Dach loderte auf, und binnen Sekunden raste das Feuer durch die angrenzenden Holzhäuser und unratbedeckten Gassen. Die Flammen breiteten sich im Schritttempo aus. Die Hitze war dermaßen intensiv, daß sechsstöckige Häuser Feuer fingen und in fünf Minuten vernichtet waren. Marmor brannte wie Holz. Die First National Bank galt als feuersicher; ihre Mauern brannten auch nicht, aber die von draußen kommende Hitze war so groß, daß sich die Eisenträger nach oben ausdehnten, „die Eisendecken durchstießen, die Außenmauern sprengten und das Gebäude zur Ruine machten".

Zwei Journalisten der *Chicago Daily Tribune* verfaßten einen Augenzeugenbericht über den Brand. „Flammen drangen in die Rückfronten der Häuser und wurden gleichzeitig an der Vorderfront sichtbar. Einen Augenblick färbten sich die Fenster rot, dann quollen wabernde Lohen heraus, vereinigten sich zu mächtig emporschießenden Flammensäulen, segelten majestätisch durch die Luft und stürzten sich dann auf weit entfernte Häuser, die sofort

lichterloh brannten . . . Die Luft war erfüllt von glühender Asche, was wie ein illuminierter Schneesturm wirkte. Zwischen den Funken wirbelten größere brennende Holzteile, die Fenster durchschlugen, auf Dächern und Markisen liegenblieben und neue Feuer entfachten. An den Häusersimsen entfalteten die züngelnden Flammen ein phantastisches Farbenspiel — blau, rot und grün. Rotglühende Mauern stürzten zischend in den Fluß, riesige dampfende weiße Fontänen schossen empor und verbreiteten sengende Hitze."

Die Hauptbrände fegten in nordöstlicher Richtung durch die Stadt, bis sie den See erreichten. Fächerbrände breiteten sich ebenfalls nach Nordosten aus. Menschen, die ihre wertvollste Habe in Koffern in andere Häuser oder auf offene Plätze schleppten, mußten bald um ihr Leben rennen und alles Gerettete zurücklassen, wenn die Flammen wiederum auf ein neues Stadtviertel übergriffen, das man für sicher gehalten hatte. Im Funkenregen fingen die Kleider der Flüchtenden ständig Feuer — es waren insgesamt 76000 —, die durch Straßen und erstickenden Rauch hasteten, vor sich auf allen Seiten überall das brennende Häusermeer, hinter sich das gräßliche Heulen des Feuers. Durchgehende Pferde galoppierten in die Menschenmenge. Das verzweifelte Jaulen angeketteter Hunde, das plötzlich abbrach, trug weiterhin zum Grauen der gespenstischen Szene bei.

Insgesamt 96000 Menschen wurden obdachlos, ein Gebiet von 9 Quadratkilometern war restlos zerstört. Nur das Haus von Mahlon D. Ogden blieb stehen, wo man alle Teppiche und Decken über Außenmauern und Dächer gehängt und dauernd übergossen hatte, anfangs mit Was-

Oben: Bürger von Chicago, die nach dem Brand in den Ruinen hausen. **Links:** Das Feuer auf dem Höhepunkt. Es hatte seit sechs Wochen nicht geregnet, und die zum großen Teil aus Holz gebaute Stadt brannte sofort lichterloh.

ser, dann mit Apfelwein aus Fässern, bis der Feuersturm vorbeigefegt war. Der entstandene Schaden wurde auf 196 Millionen Dollar geschätzt. Patrick O'Learys Haus blieb verschont.

Waldbrände

Oben: Eine neue Methode der Waldbrandbekämpfung — mit Hubschraubern. Ausgesprühte Chemikalien entziehen dem Feuer den Sauerstoff.

„Es kam in großen Flammenwänden vom Himmel", sagte ein Überlebender, „die ganze Luft brannte", ein anderer. Diese furchteinflößende Beschreibung dürfte fast auf jeden großen Waldbrand der Erde zutreffen. Tatsächlich stammten beide Augenzeugen aus der Stadt Peshtigo in Wisconsin. Sie hatten das Grauen von Amerikas größtem Waldbrand miterlebt, einem Feuerorkan, der am Nordwestufer des Michigansees entlangfegte und 1280000 Morgen Wald vernichtete. Das geschah am 8. Oktober 1871.

In den US-Staaten Wisconsin und Michigan mußte man je nach Jahreszeit immer mit Waldbränden rechnen. Normalerweise liefen sie glimpflich ab. Aber der Sommer 1871 war außergewöhnlich trocken gewesen, und kleine Brände brachen immer wieder im dünnbesiedelten Green Bay aus. Die Bewohner hatten die üblichen Vorsichtsmaßnahmen getroffen, aber die normale Situation wurde zur Katastrophe, als am Abend des 8. Oktober ein Wind in Sturmstärke aufkam. Es war ein unglückliches Zusammentreffen, daß derselbe Wind am selben Abend den großen Brand im 300 Kilometer weiter südlich gelegenen Chicago anfachte. Kurz nach neun Uhr abends hörten die Bewohner von Peshtigo erstmals das näherkommende gräßliche Heulen. Der Himmel glühte rot auf im Widerschein der Flammen. Überlebende betonten, daß sich das Feuer nicht allmählich weiterfraß, einen Baum nach dem anderen erfaßte, sondern als Flammensturm hoch über den Wipfeln dahinraste;

turmhohe Flammen fielen von oben auf die Erde und bedeckten alles. Menschen, die die glühende Luft einatmeten, starben auf der Stelle. Einige Leichen wiesen kaum Verbrennungen auf, von den meisten Opfern aber blieben nur ein paar verkohlte Knochen übrig.

Von der Landspitze der Bucht von Green Bay fegte ein über 20 Kilometer breiter Feuergürtel unaufhaltsam 60 Kilometer nach Norden. Farmen, Sägemühlen und kleine Fabriken lagen in Schutt und Asche, und 1152 Menschen kamen in den Flammen um. In einer Ortschaft hatten die Einwohner versucht, sich zu retten, indem sie in einen Brunnenschacht kletterten. Nach der Katastrophe wurden 32 Leichen geborgen. Sie waren ertrunken oder zermalmt worden.

Nur bestimmte Gegenden der Welt sind solchen Gefahren ausgesetzt — und der Verlust an Menschenleben war selten so hoch wie 1871 in Wisconsin. Es gibt kaum Brände in den tropischen Regenwäldern, und nur unter ganz extremen Bedingungen richten sie schwere Schäden in den Laubwäldern der gemäßigten Zonen an. Nadelwälder jedoch sind nach einer langen Trockenperiode immer gefährdet; die harzhaltigen Nadeln, ob abgestorben oder grün, geben ein ausgezeichnetes Brennmaterial ab. Die großen Brände von Maine und New Brunswick im Jahre 1852 vernichteten viele Tausend Hektar Wald. Die Blätter immergrüner Laubbäume (Lorbeer, Steineiche, Eukalyptus) sind mit einem natürlichen, leicht brennbaren Wachs

überzogen und fangen ebenfalls leicht Feuer. In Australien, wo man offenes Waldland als Busch bezeichnet, wächst weitverbreitet Eukalyptus, was die Ausbreitung von Buschfeuern in der heißen, trockenen Jahreszeit vom Dezember bis Februar begünstigt.

Heutzutage gibt es nichts dem Grauen des berüchtigten Schwarzen Donnerstag vom 6. Februar 1851 Vergleichbares, als die Temperatur in Melbourne um elf Uhr vormittags auf 48 Grad im Schatten anstieg. Ganz West Victoria war eine einzige riesige Heufläche, von Wochen sengenden Sonnenscheins ausgedörrt und trocken wie Zunder. Am Nachmittag schien der ganze Staat in Flammen zu stehen. Die Flammen rasten schneller als ein galoppierendes Pferd über das Grasland, und als sie den Busch erreichten, fegten sie über die Baumwipfel dahin, während im dichten Unterholz der Brand wie ein Feuermeer tobte. Sogar heute noch, bei dichterer Besiedlung, einem verbesserten Warnsystem und wirksamerer Feuerwehrausrüstung, werden fast alljährlich große Flächen Weideland und Wald zerstört. Die riesigen Flächenbrände kommen allerdings nur etwa einmal in jeder Generation vor. Im Sommer 1951/52 wurde Neusüdwales von schrecklichen Bränden heimgesucht, und es verbrannten mehr als 6 Millionen Morgen Busch. Die bei diesen Buschfeuern entstehende Hitze ist so groß, daß sich Stahlträger und Maschinen wie dünner Draht verbiegen.

In Europa sind die großen Kiefernwälder in Südfrankreich, besonders die von Landes, am meisten gefährdet. In dieser Region zwischen der Garonne und dem Golf von Biskaya brechen jedes Jahr Brände aus, wovon die Armen profitieren, weil sie verkohlte Baumstämme und Äste als Feuerung für den Winter sammeln. Gelegentlich geraten diese Waldbrände außer Kontrolle, wie zum Beispiel im August 1949. Seit dem Oktober des Vorjahres hatte es kaum geregnet und seit Juni so gut wie gar nicht mehr. Die Brände begannen in der Nähe des Dorfes Saucats, 22 km südlich von Bordeaux, breiteten sich nach Norden und Westen aus und schlossen Dörfer und Weiler ein. Die Region lebt von den Kiefernwäldern, die Terpentin und Grubenholz liefern. 1300 Quadratkilometer wurden zerstört, ehe der Brand gelöscht werden konnte. Der Bürgermeister von Saucats kam bei der Brandbekämpfung ums Leben und mit ihm 83 weitere Männer, die meisten am 20. August, als der Wind plötzlich stärker wurde, einen Schwelbrand neu entfachte und dann drehte. Dadurch wurden 60 Zivilisten und Soldaten, die zur Feuerbekämpfung eingesetzt waren, eingeschlossen. Die Regierung ordnete einen Staatstrauertag an. In ganz Frankreich wehten die Fahnen auf halbmast. Ein Kommentator sagte: „Eine friedliche Gegend ist plötzlich durch eine Brandkatastrophe zur verkohlten trostlosen Wüste geworden."

Oben: Ein Helfer bei der Buschbrandbekämpfung in Australien. Buschfeuer sind äußerst schwer zu meistern, weil sie sich rasend schnell ausbreiten. **Links:** Ein Waldbrand in den Hügeln bei San Bernardino in Kalifornien.

Brandbekämpfung und Feuerschutz

Am Weihnachtstag 1971 explodierte in einem Frühstücksraum im zweiten Stock des Daiyunkuk Hotels in Seoul in Südkorea ein Gasofen. Das Feuer, das sich in dem erst vor zwei Jahren eröffneten 222-Zimmer-Hotel mit Windeseile ausbreitete, forderte mindestens 165 Menschenleben, wahrscheinlich mehr. Manche der verkohlten Knochen konnten nur noch anhand von Ringen und Armbanduhren identifiziert werden. Matratzen wurden unten ausgelegt, um den Aufprall zu dämpfen, als 38 Menschen sich aus den oberen Stockwerken stürzten, aber es war vergeblich, alle starben. Untersuchungen ergaben später, daß die ursprünglichen Pläne für das Hotel offiziell genehmigt worden waren, jedoch durch nachträgliche Abänderungen gegen die Sicherheitsvorschriften verstießen.

Etagen des siebenstöckigen Gebäudes beherbergten ein Hotel und einen Nachtklub. Ein Bett in einem der Hotelzimmer fing durch eine Zigarette Feuer, und die Flammen rasten durch die beiden Etagen. Unter den 88 Toten waren 64 junge Leute, die in dem Nachtklub wie in einer Falle saßen, weil die Türen abgeschlossen worden waren — vermutlich um Zechprellerei zu verhindern.

Brände in Hochhäusern sind heutzutage für alle Feuerwehren das größte Problem. In Europa reichen die Feuerwehrleitern 50 m, in den USA etwa 30 m hoch. Das höchste Gebäude der Welt, das Sears Building in Chicago, mißt jedoch 483 Meter, und Häuser mit mehr als 20 Stockwerken gibt es in allen größeren Städten der Welt. Man hat Hubschrauber zur Rettung von in Hochhäusern eingeschlossenen Menschen eingesetzt, aber das kann oft erst geschehen, wenn das Feuer bereits den Höhepunkt überschritten hat. Als das Joelma-Gebäude in São Paulo in Brand geriet, konnten die Hubschrauber wegen des Rauches und der Flammen erst zwei Stunden nach Brandausbruch an das Gebäude heran. Die Hitze schälte die Farbe von den Türen der Hubschrauber. In diesem Inferno retteten einige wagemutige Feuerwehrmänner Menschen, die auf Fenstersimsen kauerten, indem sie sich von benach

Links: 474 Menschen kamen 1942 wegen sträflicher Mißachtung der Sicherheitsvorschriften im Cocoanut Grove Club in Boston um. Viele Gäste wurden bei der panischen Flucht durch den winzigen Vorraum und die verklemmte Drehtür am Eingang niedergetrampelt.

Wie schwierig es ist, ausreichende Feuerschutzmaßnahmen durchzusetzen, zeigt die erschreckende Tatsache, daß drei Jahre danach in Seoul zwei weitere schwere Hotelbrände ausbrachen. Beim Feuer im neunstöckigen Namsan Hotel, das bis auf die Grundmauern niederbrannte, kamen 19 Menschen ums Leben. Schuld an ihrem Tod waren zu wenig Feuerlöscher im Hotel sowie die Rauch- und Gasentwicklung durch brennende Teppiche und Tapeten. Im nächsten Monat forderte der Brand im *Daowang Corner Building* das Vierfache an Opfern. Die beiden oberen

barten Gebäuden an Seilen zu ihnen hinüberschwangen. Sergeant José Rufina rettete auf diese Weise 18 Menschen, obwohl er beinahe zu Tode kam, als er von einem Mann getroffen wurde, der aus dem 16. Stock stürzte.

Feuerschutz in hohen Gebäuden verlangt ausreichende Vorkehrungen für die *Verhinderung* von Bränden und rechtzeitige *Erkennung*. Moderne Bauvorschriften fordern Nottreppen, die durch schwere, selbstschließende Metalltüren von den einzelnen Stockwerken abgetrennt sind. Feuerhemmende Farben wurden entwickelt, die eine Aus

Rechts: Feuerwehrmänner in London bei einem Einsatz 1971. Jedes Jahr gibt es im Zentrum von London gut hunderttausendmal Feueralarm. Die Bestimmungen schreiben für jeden Einsatz mindestens drei Löschwagen vor. Zu den schwierigsten Problemen in Großstädten gehört die wachsende Zahl von Hochhäusern, die wegen ihrer besonderen Gegebenheiten neue Methoden der Brandbekämpfung erfordern.

Unten: Diese japanische Erfindung dient zur Rettung von Menschen in brennenden Wolkenkratzern. Sie besteht aus einer langen Rutsche aus Nylon und Leinen mit Halteseilen und eingenähten Sprungfedern. Die Menschen darin können durch Ausbreiten der Arme die Fallgeschwindigkeit regulieren.

breitung der Flammen verzögern, und auch Gewebe lassen sich chemisch dahingehend behandeln. Es gibt heute verschiedene Arten von automatischen Geräten zur Ermittlung von Brandherden. Der hitzeempfindliche Detektor hat einen durchbrochenen Stromkreis, der sich schließt, sobald ein bestimmter Wärmegrad erreicht wird, und dann Alarm auslöst. Rauchdetektoren reagieren auf atmosphärische Veränderung durch Rauchpartikel in der Luft. Das einfachste fotoelektrische Gerät löst Alarm aus, wenn durch die Rauchdichte die Lichtdurchlässigkeit herabgesetzt wird.

Die Methoden zur Früherkennung von Bränden sind zwar von größter Wichtigkeit, die bestmögliche Sicherheitsgarantie aber bieten entsprechende Bauweise und die Einhaltung von Sicherheitsvorschriften. Brennende Zigaretten sind berüchtigte Brandstifter. Bei den Untersuchungen nach der Zerstörung des belgischen und des britischen Pavillons auf der Brüsseler Weltausstellung von 1910 stellte sich heraus, daß nicht nur die Feuerwehrleute geraucht hatten, sondern auch die Männer, die eben dies verhindern sollten.

Als der Mensch der Frühzeit das Feuer beherrschen lernte, bedeutete das den ersten Schritt zur Zivilisation und später zu den technischen Errungenschaften der modernen Welt. Aber auch heute noch müssen wir ständig auf der Hut sein, daß aus dem „guten Freund" kein „böser Feind" wird. In diesem Kampf werden manche zu Verrätern an der eigenen Sache. Es ist bedenklich, in einem britischen Bericht aus dem Sommer 1977 zu lesen, daß zwei Fünftel aller Brände, die Schäden in Höhe von 20000 Pfund oder darüber verursacht haben, auf Brandstiftung zurückzuführen sind.

ENIS ME PINXIT · ANNO DNI · ᴍ · CCCC · XXXX

7
Pest und Seuchen

Die Lebenserwartung der Menschen ist heute hoch. Relativ wenige sterben jung, und das meistens nur durch Unfälle. Aber bevor sich die moderne Medizin entwickelte, war das Risiko für alle weitaus größer. Jederzeit konnte eine Krankheit ausbrechen, die Stadt und Land heimsuchte und ganze Familien vorzeitig dahinraffte.

Seit Tausenden von Jahren haben Krankheiten unvorhersehbare Folgen für die Erdbevölkerung gehabt und Millionen verwaist, weitere Millionen verelendet hinterlassen. Oft schufen die fast ununterbrochenen Kriege, die sich durch alle Länder der Erde zogen, die Voraussetzungen für die Krankheiten, die in ihrem Gefolge auftraten. Wenn die Pest Kaufleute, Soldaten oder Herrscher befiel, bestimmte dies mit über Aufstieg und Fall von Völkern und Reichen.

Die Medizin hat die Welt weitgehend von diesen Plagen befreit. Aber tödliche Massenerkrankungen grassieren weiterhin in einigen ärmeren Ländern. Die meisten Krankheitserreger sind nur unter Kontrolle gebracht und nicht bezwungen. Die alten Feinde der Menschheit verdienen ständige Beobachtung, denn einige bleiben latent ebenso lebensbedrohend wie ein Weltkrieg.

Linke Seite: Ein Siechenhaus in der italienischen Renaissancezeit. Im Westen wurde es allgemein Aufgabe der Mönchsorden, die Kranken zu pflegen. Doch obwohl es Kräuterheilmittel gab, waren alle Formen medizinischer Hilfe, ob weltlich oder geistlich, gegen mörderische Seuchen wie die Pest, die von Zeit zu Zeit die Menschheit heimsuchte, absolut machtlos.

Die Ursachen von Seuchen

Den Menschen der Antike erschienen Epidemien als tödliches Zuschlagen eines unsichtbaren Feindes. Der Gedanke, daß ansteckende Krankheiten eine natürliche Ursache haben könnten, stammt von dem griechischen Philosophen Empedokles, der um 400 v. Chr. lebte. Aber dennoch führten die Menschen jahrhundertelang Epidemien auf abnorme Witterung zurück, die ihrer Meinung nach die Luft verpestete. Auch Dämpfe und Gase, die sich bei Erdbeben und Vulkanausbrüchen entwickelten, galten als mögliche Ursachen und schließlich noch Sonne, Mond und Sterne. Im Jahre 1580 gaben die Italiener dem Einfluß von Himmelskörpern die Schuld an einer Krankheit, die sie deshalb „Influenza" tauften. Viele Ärzte waren der Auffassung, daß bestimmte Krankheiten sich gleich dem Gestank von Leichen, Sümpfen und Jauchegruben entwickelten und ausbreiteten. Die Vorstellung, eine Krankheit könne von einem Menschen auf den anderen und von Tieren auf

Menschen übertragen werden, war zwar alt, wurde aber nur von wenigen geteilt. Abgesehen von einigen Kräutertinkturen, die in Klöstern gebraut wurden, gab es im Mittelalter kaum brauchbare Arzneien zur Bekämpfung oder Heilung von epidemischen und sonstigen Krankheiten.

Richtig begriff man Entstehung und Ausbreitung von Krankheiten erst mit der Entdeckung der Mikroben. Im Jahre 1658, als man noch an der Entwicklung des Mikroskops arbeitete, verfocht der deutsche Gelehrte Athanasius Kirchner die kühne Idee, daß unsichtbare Kleinlebewesen die Pest verursachten. Doch erst in den sechziger Jahren des vorigen Jahrhunderts konnte Louis Pasteur die Theorie von Krankheitserregern durch Experimente wissenschaftlich erhärten. Zur gleichen Zeit vertrat der britische Chirurg Joseph Lister die Theorie, daß Epidemien durch einen feinen, durch die Luft getragenen Staub — ähnlich Blütenpollen — verbreitet werden könnten.

Bald lernten die Menschen, daß epidemische Krankheiten durch Mikroorganismen verursacht werden, die in den Körper gelangen und sich dort vermehren. Aber wieder vergingen Jahrzehnte, ehe Forscher die vier Gruppen von Organismen entdeckt hatten, die für die meisten epidemischen Krankheiten verantwortlich sind: Protozoen (mikroskopisch kleine Organismen, die Erreger zum Beispiel von

Oben: Die Entdeckung von 1796, daß ein Kuhvirus Pocken verhüten könne, wurde zunächst lächerlich gemacht. Die Karikatur zeigt Geimpfte mit kuhähnlichen Entstellungen.

Links: Die mittelalterliche Vorstellung von Krankheitsursachen zeigt diese Buchillustration aus dem 12. Jahrhundert: Der Hauch böser Dämonen bringt Krankheiten über die Menschen.

Malaria, Schlafkrankheit und Amöbenruhr; Bakterien (Mikroorganismen des Pflanzenreichs und Erreger von Pest, Cholera und vielen anderen Krankheiten); die noch kleineren Rickettsien (Typhuserreger) und die nur im Elektronenmikroskop sichtbaren Viren, die Grippe, Pokken und Gelbfieber verursachen.

Wir wissen heute, daß verschiedene Erreger sich unterschiedlich verbreiten. Das Grippevirus zum Beispiel wechselt durch Husten und Niesen seines Wirts über Nase, Mund und Lungen in den Körper seines neuen Wirts. Cholera und Typhusbakterien gelangen durch verseuchte Nahrungsmittel oder Wasser in den menschlichen Körper. Die Erreger von Gelbfieber, Malaria und Beulenpest werden durch Insekten übertragen.

Gewisse Gegenden der Erde sind für Krankheiten wie Cholera oder Typhus ständig aufnahmebereit, die auch fallweise von Zeit zu Zeit auftreten; die Krankheit ist dort *endemisch*. Wenn sich durch Krieg oder Hungersnot die Lebensbedingungen drastisch verschlechtern, wird die Widerstandskraft der Bevölkerung geschwächt, die Erreger können sich ausbreiten und eine *Epidemie* auslösen. Nur selten breitet sich eine Epidemie weltweit aus und wird zur *Pandemie*.

Millionen Menschen können durch solche explosionsartige Vermehrung von Krankheitserregern sterben, aber in

tödlicher Krankheiten erzeugt. Durch Massenimpfungen wurden die früher so überaus gefährlichen Pocken Ende der siebziger Jahre unseres Jahrhunderts fast ganz ausgerottet.

Gesundheitsbehörden verhindern die Ausbreitung von Krankheiten, indem sie Einwanderer, bei denen der Verdacht besteht, sie könnten mit einer gefährlichen anstek-

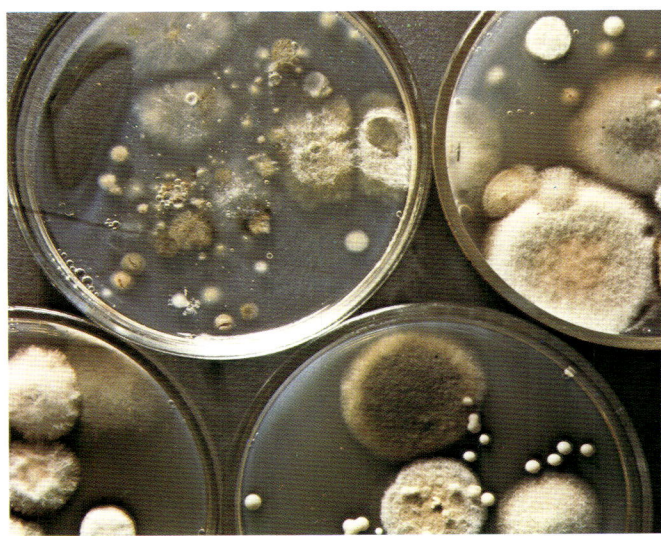

Oben: Schimmelpilze an Erdproben dienen der Antibiotika-Forschung.
Links: Die Vergrößerung eines Rattenflohs. Mehrere Floharten sind Träger von Pestbazillen (unten: der Lungenpestbazillus), die sich im Magen des Flohs vermehren und beim nächsten Biß ins Blut seines Opfers gelangen.

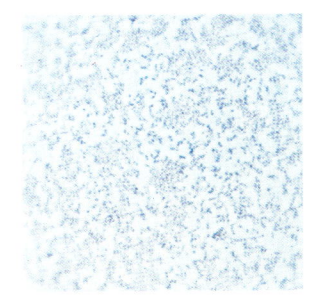

bestimmten Organen der Überlebenden — wie Milz, Leber, Schilddrüse und anderen — entwickeln sich die sogenannten Antikörper; diese Abwehrstoffe gelangen in den Blutkreislauf und bekämpfen die Krankheit. In vielen Fällen schützen Antikörper ihren Träger vor einem neuerlichen Eindringen der Erreger, die die Bildung der Antikörper hervorgerufen haben. Diese Menschen sind immun gegen die betreffende Krankheit geworden. Heute wird durch Impfung mit abgetöteten oder abgeschwächten Bakterien die Bildung von Antikörpern angeregt, ohne daß ein Risiko besteht, sich die lebensgefährliche Krankheit zuzuziehen. Damit wird eine aktive Immunität gegen eine Reihe einst

kenden Krankheit infiziert sein, in Isolation oder *Quarantäne* halten; denn zwischen der Infektion und der Entwicklung der krankheitstypischen Symptome liegen gewöhnlich mehrere Tage. Antibiotika können zwar heute unbestritten mit bakteriellen Infektionen fertig werden, aber die beste Abwehr gegen die meisten Epidemien bleibt die Vorbeugung; aus diesem Grund hat die Weltgesundheitsorganisation ein weltweites Frühwarnsystem eingerichtet. Es ist aufschlußreich, sich einige der trostlosen Berichte aus der Vergangenheit vorzunehmen, um sich zu erinnern, was bei Epidemien und Pandemien geschah, als es noch keine Heilmittel und keine Vorbeugungsmaßnahmen gab.

Unsichtbare Gegner
Athen 430 v. Chr.

Der Stadtstaat Athen, der den größten Teil Attikas umfaßte, befand sich im Jahre 430 v. Chr. bereits in großen Schwierigkeiten, als auch noch eine gefährliche Krankheit ausbrach. Der Peloponnesische Krieg zwischen Athen und Sparta war schon im zweiten Jahr. Ein starkes spartanisches Heer verwüstete Attika. Da er die Spartaner nicht zurückschlagen konnte, brachte der athenische Stratege Perikles die Bevölkerung hinter den „Langen Mauern" der Stadt in Sicherheit. Einige Flüchtlinge lagerten auf freien

bruch von Seuchen.

Was dann geschah, schildert der griechische Historiker Thukydides, der zu jener Zeit in Athen lebte. Seiner Aussage zufolge wütete die Epidemie von 430—428 v. Chr., flaute 427 ab und breitete sich danach für ein weiteres Jahr aus. „Es gibt keine Kunde von einer ähnlich großen Pestilenz, die so viele Menschenleben gefordert hätte", schrieb Thukydides.

Das erste Anzeichen der Krankheit war stechender Kopfschmerz, auf den eine Entzündung von Zunge und Rachen folgte. Atembeschwerden setzten ein, der Atem wurde übelriechend. Schnupfen und Heiserkeit folgten, und bald darauf ergriff die Krankheit, von heftigem, schmerzendem Husten begleitet, die Brust. Danach zog sie den Magen in Mitleidenschaft, was sich in Schmerzen, Würgen und Erbrechen äußerte. Der Körper verfärbte sich rot und war von „Pusteln und Geschwüren" bedeckt. Die

Plätzen, andere scharten sich um die Tempel, zwängten sich in die Türme und Nischen der Stadtmauern oder in die angrenzenden Hütten, Verschläge und Schuppen.

Athen war hoffnungslos überfüllt. Die Verhältnisse in der Stadt, deren Häuser vielfach nichts als Lehmhütten und deren Straßen meist nur enge Gassen waren, auf denen die Menschen ihre Notdurft verrichteten, müssen unbeschreiblich gewesen sein. Stinkende Abfall- und Misthaufen lagen überall am Stadtrand herum. Der andauernde Zustrom von Flüchtlingen machte alles nur noch schlimmer und schuf eine weitere Voraussetzung für den Aus-

Kranken hatten so hohes Fieber, daß sie selbst dünnstes Leinen nicht ertragen konnten, sondern nackt dalagen, sich in kaltes Wasser stürzen wollten und unter qualvollem Durst litten. Viele starben nach einer Woche, andere später, von schwerer Diarrhöe entkräftet.

Wer überlebte, blieb gegen erneute Attacken immun und hielt sich für unsterblich. Manche aber verloren das Augenlicht, das Gedächtnis, Finger, Zehen oder Genitalien.

Die Krankheit breitete sich mit erschreckender Schnelligkeit aus. Viele, die Kranke pflegten, starben wie die Fliegen, so daß zahlreiche Opfer der Seuche allein zurückblieben und manche „kaum mehr lebendig durch die Straßen torkelten, zu den Brunnen krochen und um Wasser flehten". Besonders erschütternd war der Verlust jedes Lebenswillens. Wer sich ansteckte, hielt den Tod für unausweichlich.

Am schwersten traf es die geflüchteten Bauern. In ihren Notunterkünften litten viele Kranke auch noch unter der brütenden Sommerhitze. Die Zahl der Toten unter den Flüchtlingen stieg ins Unermeßliche. Thukydides schreibt: „Sie starben im Chaos. Die Leichen lagen übereinander, so wie der Tod sie ereilt hatte." Die Tempel wurden zu Massengräbern für jene, die dort Zuflucht gesucht hatten. Seltsamerweise mieden aasfressende Vögel und Hunde die Leichenberge oder „verendeten, wenn sie sie berührten".

Einige Familien verbrannten ihre Toten nach alter Tradition. Doch es fehlte an Brennmaterial, und häufig drangen Fremde ein, warfen die Leichen ihrer Angehörigen

Schwester des Perikles und seine Söhne starben und er als gebrochener Mann ohne leibliche Erben zurückblieb, der selber bald von der Seuche dahingerafft wurde.

Eine weitere mögliche Ursache für die Epidemie vermutete man darin, daß die Götter mißachtet oder erzürnt worden waren und nun dafür Rache nahmen. Apollo war unter anderem der Heil- und Sühnegott. Beim zweiten Ausbruch der Seuche gruben die Bürger auf der einst Apollo geweihten Insel Delos sämtliche Leichen aus und verschifften sie. Durch diese Reinigung der Insel hofften sie, seinen Zorn abzuwenden.

Endlich ebbte die Seuche ab. Historiker sind sich immer noch nicht über die Ursache einig. Man dachte an Beulen- und Lungenpest, Pocken und Typhus; Scharlach käme der Beschreibung von Thukydides zwar am nächsten, aber weder diese noch eine der anderen Krankheiten entspricht in ihrer heutigen Form den geschilderten Symptomen.

Links: Spartanische Schiffe greifen den Piräus, den Hafen von Athen, an. Dort brach die geheimnisvolle „Pest von Athen" aus. Die Athener glaubten anfangs, die Spartaner hätten die Trinkbrunnen vergiftet.

Rechts: Als die Seuche ihren Höhepunkt erreichte, starben die Einwohner im überfüllten, belagerten Athen zu Tausenden. Am schwersten betroffen waren die Flüchtlinge und die Armen, doch letztlich litt die gesamte Bevölkerung gleichermaßen.

in die Flammen oder zündeten die Scheiterhaufen an, ehe die rechtmäßigen Besitzer zur Stelle waren.

Die Athener suchten vergebens nach einer Ursache oder einem Heilmittel. Anfangs gaben sie dem Feind die Schuld. Die Spartaner, so glaubten sie, hätten die Brunnen des Piräus vergiftet, denn dort, im Hafen von Athen, war die Seuche ausgebrochen. Dem griechischen Biographen Plutarch zufolge wendeten sich die verzweifelten Athener dann gegen ihren Führer Perikles und klagten ihn an, er habe durch die Überfüllung der Stadt die Epidemie verschuldet.

Anscheinend legte sich dieser Zorn jedoch, als die

Was es auch war, die Seuche schwächte Athens Widerstandskraft beträchtlich. Vermutlich starb ein Drittel der Bevölkerung. Gesetzlosigkeit breitete sich aus. Die Streitkräfte verloren so viele Männer, daß sie die Eroberer nicht mehr zurückdrängen konnten. Insofern hat die Epidemie den Krieg verlängert, der schließlich zum Niedergang Athens führte und damit ein Kapitel der Weltgeschichte beendete.

Der Schwarze Tod

Keine weltweite Seuche hat mehr Menschenleben gefordert als der Schwarze Tod, die Pest, die in der Mitte des 14. Jahrhunderts ausbrach. Christliche Grabsteine beim See Issyk-Kul (heute in der Kirgisischen Republik der Sowjetunion) beweisen, daß die Pest schon 1338 in Zentral-Asien wütete. Innerhalb von 13 Jahren hatte sie alle Länder der Alten Welt erreicht, mit denen Handelsbeziehungen bestanden. Vielerorts starben von zehn Infizierten neun. Schätzungsweise wurden 75 Millionen Menschen durch die Pest dahingerafft.

Die erste Kunde von dieser fast globalen Katastrophe erreichte die europäischen Häfen 1346. Gerüchte über ein Massensterben in Asien gingen um. Es hieß, Indien sei entvölkert und Südwestasien von Leichen übersät. Schließlich gelangte die Pest bis zur Krim am östlichen Rand Europas. Vom Schwarzmeergebiet griff sie auf Westeuropa über. Einem zeitgenössischen italienischen Chronisten zufolge überfiel die Pest ein Tatarenheer, das den genuesi-schen Handelsplatz Kaffa (heute Feodosija) im Südwesten der Krim belagerte. Mit riesigen Katapulten schleuderten die Tataren Pestleichen über die Stadtmauern und infizierten die Einwohner von Kaffa. An der Pest erkrankte Flüchtlinge stürzten dann an Bord ihrer Galeeren. Mit ihrer buchstäblich während des Ruderns sterbenden Besatzung erreichten die Schiffe — und die Pest — das Mittelmeer.

Der Schwarze Tod kam Ende 1347 nach Sizilien. Von dort trugen Schiffe die Seuche nach Korsika, Sardinien, Nordafrika und Süditalien. Mittlerweile trafen verseuchte Schiffe in den norditalienischen Häfen, darunter Genua und Venedig, ein, von wo aus sich die Pest nach Norden und Westen in einem Bogen ausbreitete, der Frankreich, die Niederlande, Deutschland und Skandinavien umspannte. Im Sommer 1348 brachte ein Schiff die Pest in Südengland an Land.

Dichter vieler Länder haben Schreckensbilder über den Verlauf der Pest gezeichnet. In Italien beschrieb Giovanni Boccaccio die „Geschwülste" (Beulen) in Leisten oder Achselhöhlen, manche so groß wie ein Apfel, andere wie Eier, wieder andere noch kleiner. „Schwarze oder bläuliche Flecken zeigten sich auch plötzlich auf dem Körper", schrieb er. In Frankreich vermerkte der päpstliche Leibarzt Guy de Chauliac, daß die Pest in zwei Formen auftrat: eine mit Fieber, Blutspucken und dem Tod binnen drei Tagen, die andere mit Beulen und dem Tod innerhalb von fünf Tagen.

Heute wissen wir, daß die echte Pest als Bubonen- oder Beulenpest, als septische oder Blutpest oder als pneumonische oder Lungenpest auftreten kann. Erreger ist stets der Bazillus *Pasteurella Pestis*.

Die Beulenpest wird auf den Menschen durch Flöhe übertragen, besonders durch Flöhe von Ratten. Sogar heute noch tritt die Beulenpest bei wildlebenden Nagetieren in Asien auf, vor allem beim eichhörnchenartigen Tarbagan, dem sibirischen Murmeltier. Bei der zweiten, der Blutpest, sterben die Befallenen an Blutvergiftung, ehe sich Beulen bilden können. Die Lungenpest überträgt sich von Mensch zu Mensch durch Einatmen ausgehusteter Bazillen. Der Schwarze Tod begann mit der Infektionskette Ratte-Floh-Mensch. Aber die Beulenpest rief die Lungenpest hervor, die sich durch Niesen und Husten sehr schnell und über große Gebiete ausbreitete.

Die Ärzte waren machtlos. Quacksalber empfahlen nutzlose Mittel wie das Trinken von Essig oder geradezu gefährliche wie Aderlässe. In Venedig versteckten sich die Ärzte in den Häusern, während Handlanger die Kranken betreuten. Die Behörden der Stadt erließen Anordnungen, um die Pest einzudämmen: Verseuchte Häuser mußten verschlossen, die Straßen von Unrat gesäubert werden; Pestkrankenhäuser wurden eingerichtet und die Toten durften nur nachts bestattet werden.

Die Chronisten berichteten schreckliche Geschichten. In Italien war Florenz besonders hart betroffen, dessen Schicksal Boccaccio in der Einleitung zu seinem *Decamerone* schilderte. Er erzählt, wie die Menschen auf der Straße tot umfielen oder unbemerkt in ihren Häusern starben, aus denen der Verwesungsgestank die Nachbarn erst nach Tagen darauf aufmerksam machte, was nebenan geschehen war.

Es gab Massenbeerdigungen, aber wenig Trauergäste. Gemietete Leichenträger trugen ganze Familien auf einer

Unten: Der Prophet Solomon Eagle aus Daniel Defoes *Tagebuch aus dem Pestjahr*, einem farbigen, wenn auch erfundenen Bericht aus dem 18. Jahrhundert über die Pest in London im Jahr 1665.

Bahre zur nächsten Kirche. Dort wies ihnen dann der Priester hastig die erstbeste freie Grabstätte zu, die er finden konnte. Als der Platz knapp wurde, hoben Männer große Gräben aus, in denen sie die Leichen aufhäuften, „Hunderte gleichzeitig, gestapelt wie Waren in einem Schiffsladeraum . . .“

Vermutlich starb mehr als die Hälfte der Einwohner von Florenz in sechs Pestmonaten. Die Seuche hauste ähnlich verheerend in Siena, wo ihretwegen die Bauarbeiten am neuen Dom eingestellt werden mußten. In Parma trauerte der Dichter Petrarca um einen Freund, dessen Söhne „und seine ganze Familie“ innerhalb von drei Tagen dahingerafft wurden.

Dieses Grauen breitete sich bald überall in Europa aus. In Marseille kamen 56000 Menschen um. Von den acht Ärzten in Perpignan überlebte nur einer. In Avignon standen 7000 Häuser leer, und der Papst weihte die Rhône,

damit die Leichen in den Fluß geworfen werden konnten. In Paris fielen einer Kirche innerhalb von neun Monaten 419 Vermächtnisse zu — vierzigmal mehr als vor dem Ausbruch der Pest. Die Pest erzwang sogar einen Waffenstillstand im Hundertjährigen Krieg zwischen Frankreich und England.

Für Flandern und die Niederlande nannte ein Schriftsteller schier unglaubliche Zahlen an Pestopfern. Reisende berichteten, daß Rinder unbeaufsichtigt durch die Straßen der Städte zögen, daß Weinkeller offenstünden und die Felder unbestellt blieben. In Tournai gehörte 1349 der Bischof zu den ersten Opfern der Seuche, und bald darauf läuteten die Totenglocken „am Morgen, am Abend und in der Nacht“.

Oben: Ein europäischer Arzt in der Pestzeit. Er trägt eine mit Gewürzen gefüllte Maske und benützt statt der Hände einen Stock, wenn er die Patienten berührt.

Links: Eine Allerweltsszene aus den Pestjahren — die vielen Toten konnten nur noch in Massengräbern beerdigt werden; hier in Aldgate in London.

Ende 1348 war die Pest tief nach Deutschland und Österreich eingedrungen. In jeder Stadt zählten die Toten nach Tausenden, und in Wien starben an einem einzigen Tag 960 Menschen. In Deutschland wurde ein Drittel des Klerus dahingerafft, und viele Klöster und Pfarrkirchen mußten geschlossen werden.

Im Jahr 1349 fegte die Pest von den größten Städten bis zum kleinsten Weiler durch ganz England. Auf einem großen Gut in Buckinghamshire fielen ihr so viele Landarbeiter zum Opfer, daß danach das gesamte Einkommen nur noch aus der Pacht für eine kleine Kate bestand. Auf einem anderen Gut starben alle Pächter an der Pest. An der Kathedrale von Winchester mußte der großzügig geplante Umbau unterbrochen und statt dessen eine behelfsmäßige Westfront errichtet werden, die heute — über sechs Jahrhunderte später — immer noch steht. In Rochester in Kent verlor der Bischof „vier Priester, fünf Kämmerer, zehn Diener, sieben junge Schreiber und sechs Pagen, so daß ihm keine Seele als Hilfe verblieb". In London kamen zumindest zwei Erzbischöfe von Canterbury hintereinander um und wahrscheinlich mehr als die Hälfte der Einwohner. Wie auch in anderen Städten verfielen die Sitten und die Kriminalität stieg an.

Berichte aus anderen Teilen Europas lauteten ähnlich. Man weiß, daß der Kaiser von Byzanz einen Sohn verlor. In Split im heutigen Jugoslawien fielen Wölfe die Überle-

selbst durch Auspeitschen. Diese Art der Buße hatte es schon vor Ausbruch der Pest gegeben; sie war besonders in Deutschland verbreitet. Hunderte dieser Flagellanten oder Geißler zogen in Zweierreihen durch das Land. Auf Marktplätzen machten sie Halt; die Männer entblößten die Oberkörper, bildeten einen Kreis und peitschten sich mit metallbeschlagenen Lederriemen, bis sie über und über von blutigen Striemen bedeckt waren. Im Jahre 1349 verbot Papst Clemens VI. die Flagellantenbewegung. Hunderte wurden ins Gefängnis geworfen, gefoltert oder hingerichtet.

Inzwischen suchte man in den europäischen Städten unter den sozialen oder rassischen Minderheiten nach Sündenböcken, denen man die Schuld an der Verbreitung der Pest zuschieben konnte. Krüppel, Leprakranke, Pilger, die Mauren im christlichen Spanien — alle wurden zumindest mit Worten verunglimpft; die Juden aber trafen die schwersten Angriffe. Gerüchte wurden ausgestreut, sie hätten die Pest verbreitet, indem sie die Brunnen der Christen vergifteten. Im Mai 1348 wurden die Juden in der Provence massakriert. In Basel sperrte man die jüdischen Bürger in Holzhäuser, die man dann ansteckte, so daß sie darin lebendig verbrannten. Im November wurden in allen deutschen Städten die Juden umgebracht. In Speyer stopfte man ihre Leichen in Weinfässer und rollte sie in den Rhein. Tausende von Juden kamen in Straßburg um, ehe

Links: Die allgemeine Angst vor Seuchen wie der Pest brachte es mit sich, daß fanatische Gruppen entstanden, zum Beispiel die Flagellanten, die den Zorn Gottes gegen die Korruption verkündeten und Büßer aufforderten, durch Selbstgeißelung für ihre Sünden zu sühnen. Diese Miniatur von 1349 zeigt eine Gruppe von Geißlern mit kleinen Peitschen.

benden an. Nach Norwegen soll die Pest durch ein treibendes Schiff gelangt sein, dessen ganze Besatzung gestorben war. In Spanien erkrankte König Alfons von Kastilien tödlich, während die anderen europäischen Monarchen mehr Glück hatten.

Die Christen sahen in der Pest Gottes Strafe für ihre Sünden und beteten um Vergebung. In Rom erklommen barfüßige Büßer mit Stricken um den Hals und aschebestreutem Haupt die steile Marmortreppe zur Kirche Santa Maria in Aracoeli und erflehten von der Heiligen Jungfrau Erlösung.

Büßergruppen, Flagellanten genannt, züchtigten sich

die Pest überhaupt die Stadt erreichte. In Flandern kam es ebenfalls zu Massakern, und auch in Spanien gab es antijüdische Ausschreitungen.

Im Jahre 1351 flauten die Verfolgungen und die Pest ab. Europa dürfte etwa ein Drittel seiner Einwohner verloren haben. In den drei folgenden Jahrhunderten blieb die Pest, die immer wieder ausbrach, in Europa eine der häufigsten Todesursachen. Sie zerstörte das städtische Leben, inspirierte Künstler zu schaurigen Totentanz-Motiven und mahnenden Gemälden. Erst zu Beginn des 19. Jahrhunderts war Europa wirklich frei von dieser entsetzlichen Seuche.

The Fearefull Summer:
OR,
Londons Calamitie, The Countries Discourtesie, And both their Miserie.
Printed by Authoritie in Oxford, in the last great Infection of the Plague, 1625. And now reprinted with some Editions, concerning this present yeere, 1636.
With some mention of the grievous and afflicted estate of the famous Towne of New-Castle upon Tine, with some other visited Townes of this Kingdome.
By IOHN TAYLOR.

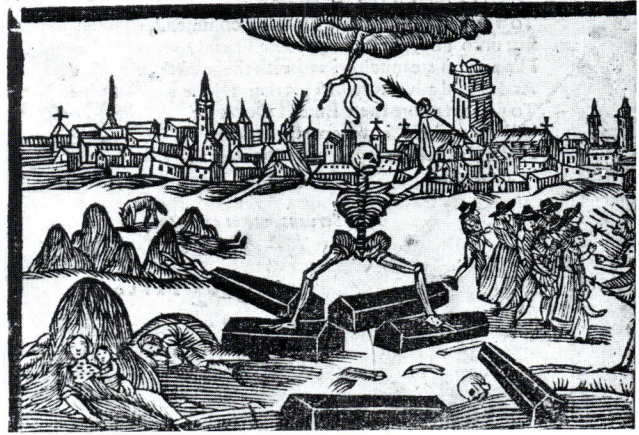

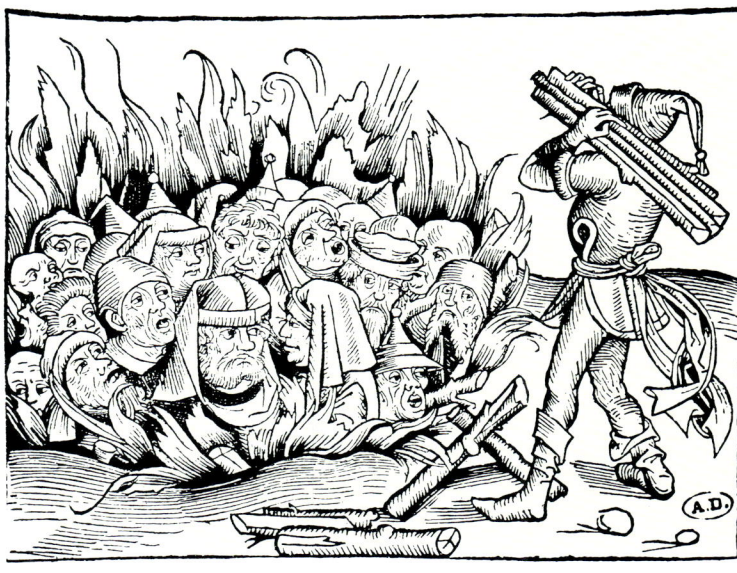

Oben: Holzschnitt aus Deutschland von 1492. Juden werden als Sündenböcke für die Pest hergenommen und verbrannt. **Links:** Titelblatt einer englischen Veröffentlichung über die Pest aus dem Jahr 1625. Der Holzschnitt zeigt den über das Land triumphierenden Tod; rechts im Bild Soldaten, die Flüchtlinge am Betreten der Stadt zu hindern suchen. **Unten:** Ein Diorama in Florenz, das an den Schwarzen Tod erinnert.

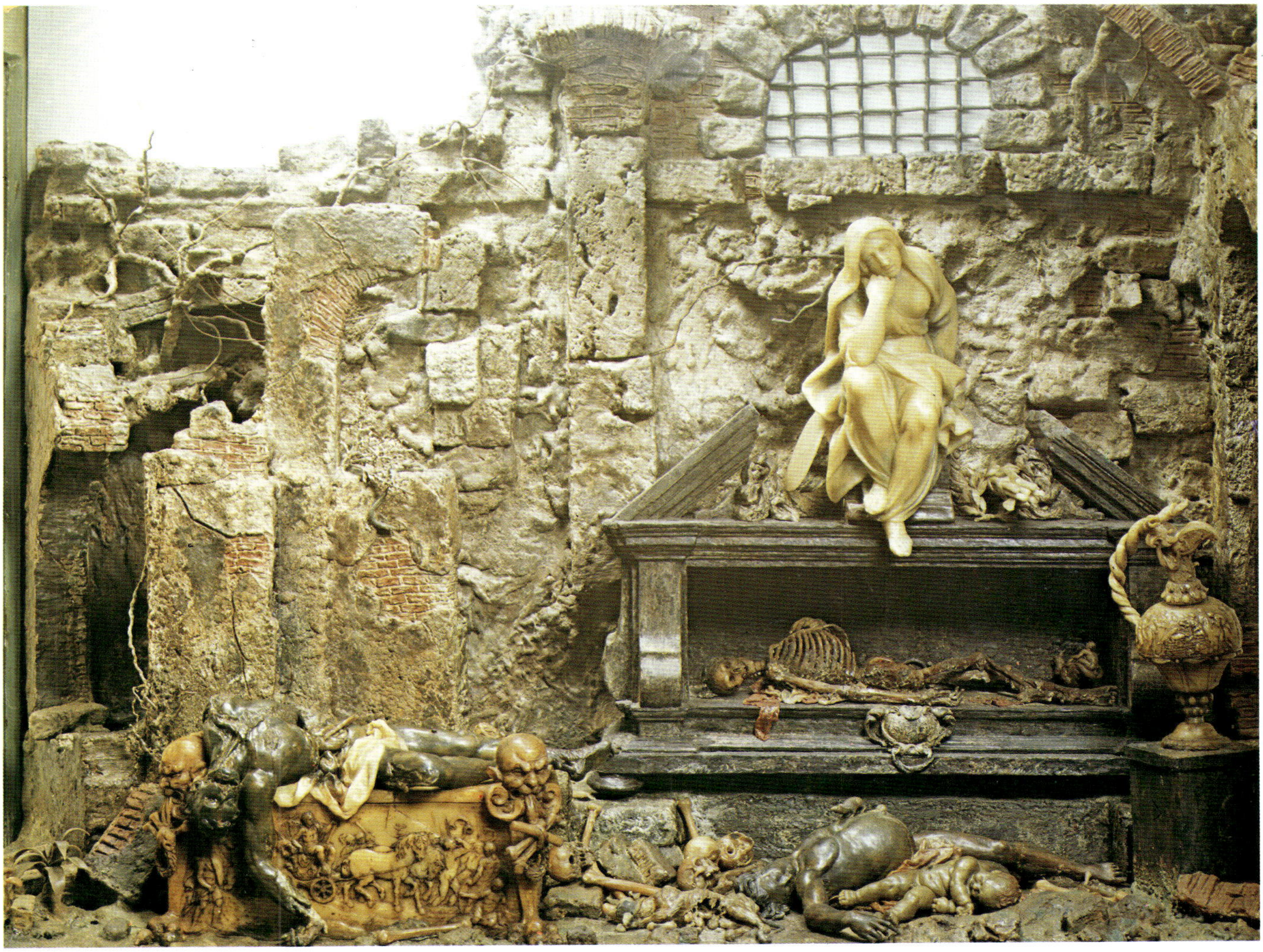

Der Gelbfieberkrieg
Santo Domingo 1794–1804

Im Jahre 1789 gehörte die französische Kolonie San Domingo auf der karibischen Insel Haiti zu den reichsten der Welt. Dreizehn Jahre danach war das Land verwüstet und seine Bevölkerung dezimiert. Aus der zerstörten Kolonie entwickelte sich die erste völlig unabhängige Negerrepublik der Erde — eine aus Krieg und Gelbfieber geborene Nation.

Mehr als 200 Jahre lang zählte Gelbfieber zu den mörderischen Epidemien in der Karibik. Es ist eine Tropenkrankheit, die unter den Waldaffen in Westafrika auftritt, merkwürdigerweise aber nicht in Ostafrika und ebensowenig in Asien. Wie und wann sie zuerst Nord- und Südamerika erreichte, ist ungewiß, obwohl alte Maya-Chroniken aus Mexiko vermuten lassen, daß Gelbfieber schon vor der Landung von Kolumbus gelegentlich aufgetreten sein könnte.

Gelbfieberfälle bei Menschen, die durch Zufallskontakte mit im Wald heimischen Moskitoarten aufgetreten sind. Im allgemeinen aber werden Gelbfieberepidemien bei Menschen durch eine „domestizierte" Stechmücke übertragen: *Aedes aegypti*. Diese Stechmücke ist in Pfützen und Teichen zu finden.

Die weibliche *Aedes* kann zwar von Nektar leben, braucht aber Blut, um fruchtbare Eier produzieren zu können. Sie scheint Menschenblut zu bevorzugen, darum ist sie auch häufig in oder bei Häusern zu sehen. Gelbfieberepidemien treten auf, sobald *Aedes*, das Gelbfiebervirus, stehendes Wasser und eine dichte, gegen die Krankheit nicht immune Bevölkerung zusammentreffen.

Im 16. Jahrhundert dürften Siedlungen von Europäern in Westindien all diese Voraussetzungen erfüllt haben. Die Spanier waren die ersten Kolonisatoren auf den Inseln. Da Spanien außerhalb des großen Gelbfiebergürtels liegt, hatten nur wenige seiner Einwohner die Krankheit gehabt und daher auch keine Immunität dagegen entwickeln können. Zudem war die Ursache der Krankheit jahrhundertelang unbekannt, und so wußte niemand, daß sich eine Epidemie verhindern ließ, wenn man Teiche und Pfützen trockenlegte.

Es dauerte nicht lange, bis nach Gründung der spani-

Links: Sklaven bei der Arbeit auf einer spanischen Zuckerrohrplantage auf der Insel Hispaniola (Haiti). Kurz nach der Kolonisation der Karibik im frühen 16. Jahrhundert wurden die spanischen Siedler Opfer von Gelbfieberepidemien. Ihre aus Afrika importierten Sklaven litten weit weniger unter der tödlichen Krankheit.

Rechte Seite: Der Sturm auf die Bastille 1789 war der Funke, der die Französische Revolution entfachte, die wiederum den Aufstand der schwarzen Sklaven in Santo Domingo, dem französischen Teil von Hispaniola, auslöste.

Der Organismus, der Gelbfieber verursacht, ist ein Virus. Bei Menschen greift es die Leber an und schädigt sie. Da die Leber nicht mehr richtig arbeitet, sammeln sich gelbe Gallenfarbstoffe in der Haut des Kranken, die sich dadurch gelb verfärbt. Daher bekam die Krankheit ihren Namen. In seiner natürlichen Form vermehrt sich das Virus in Säugetieren, zum Beispiel Affen, und wird durch Stechmücken von Tier zu Tier übertragen. Man kennt

schen Siedlungen in der Karibik die ersten Epidemien auftraten — in Puerto Rico 1508, auf Kuba 1520. Einige medizinische Forscher allerdings sagen, das echte Gelbfieber sei erst im 17. Jahrhundert nach Westindien gekommen, wo es sich auf den Inseln ausbreitete. Zeitlich traf das mit der Ankunft neuer, nicht immuner europäischer Siedler zusammen — Engländer, Holländer und Franzosen. 1635 wütete das Gelbfieber in Guadelupe. Innerhalb der nächsten 20 Jahre fielen St. Christopher, Martinique, Barbados, Jamaika und Santa Lucia der Krankheit zum Opfer.

Ein Vorfall zeigt besonders deutlich, wie schrecklich das Gelbfieber unter Neuankömmlingen aus Europa hauste. Das britische Kriegsschiff *Tiger,* das vor Barbados stationiert war, mußte während seines zweijährigen Aufenthalts dreimal die gesamte Besatzung von 200 Mann ersetzen. Kapitän Sherman löste das Problem dadurch, daß er die Matrosen von neu eingetroffenen Handelsschiffen schanghaite. Wenn das Gelbfieber auch sie dahinraffte, fing er einfach wieder neue ein.

In Westindien aber gab es eine große und stetig wachsende Gruppe, die das Gelbfieber relativ leicht überwand. Es waren Negersklaven aus Afrika, die auf den Plantagen der Europäer arbeiteten. Vielleicht haben sie anfangs das Gelbfieber eingeschleppt. Auf diese Krankheit spezialisierte Tropenärzte vermuten, daß die Eingeborenen in Westafrika bereits im Laufe der Zeit eine gewisse Immunität entwickelt hatten. Jedenfalls wurden die europäischen Siedler durch Gelbfieberepidemien dezimiert, die Sklaven dagegen kaum betroffen. Natürliche Vermehrung und weiterer Sklavenimport führten dazu, daß gegen Ende des 18. Jahrhunderts die Neger in Westindien ihren europäi-

hinauszögern können. Doch die mörderische Seuche gab den Negerrevolutionären eine biologische Waffe, die ihnen half, ihre Herren schon Anfang des 19. Jahrhunderts zu vertreiben.

Der Sturz der Monarchie in Frankreich war der Funke, der die Revolution in San Domingo zündete. Im Jahre 1791 ermordeten Negersklaven auf einer Plantage alle Europäer und brannten die Häuser nieder. Bald darauf griffen Mord, Plünderung und Brandstiftung auf die fruchtbare Nordebene von San Domingo über. Ein französischer Regierungsbeamter namens Sonthonax riß nun die Macht an sich. Frankreich schickte einen Generalgouverneur, aber Sonthonax vertrieb ihn und ermunterte die Rebellen, die Stadt zu plündern und zu zerstören. Dann erklärte er alle Sklaven für frei, was von den Führern der Französischen Revolution sofort gutgeheißen wurde. Ein Wirtschaftschaos folgte, und 1793 baten die europäischen Siedler England um Hilfe, das damals mit Frankreich im Krieg lag.

Der britische Gouverneur von Jamaika reagierte mit der Landung von 7500 Soldaten im Südwesten von San Domingo. Sie unterwarfen die Negertruppen sehr schnell und besetzten den größten Teil des Südens von San Domingo. Im Mai 1794 eroberten sie die Hauptstadt Port-au-Prince

schen Besitzern zahlenmäßig weit überlegen waren. Durch Sklavenarbeit auf den Zuckerrohr- und Kaffeeplantagen aber war die französische Kolonie San Domingo im Westen von Haiti, der zweitgrößten Insel in der Karibik, reich geworden. Dann brachen Revolution und Gelbfieber in der Kolonie aus.

Ohne das Gelbfieber hätte sich die Unabhängigkeit der dortigen Schwarzen bis zur Mitte unseres Jahrhunderts

und waren auf dem bestem Weg, die ganze Insel zu überrennen.

Doch dann stellte sich den Briten ein neuer beachtlicher Gegner, der Negerführer Toussaint L'Ouverture, der mit einer Streitmacht aus dem östlichen spanischen Teil von Haiti vorrückte. Toussaint — früher Sklave und Kutscher — eilte den regulären französischen Truppen zu Hilfe, die im Norden von San Domingo gefesselt waren. Der Vormarsch der englischen Truppen geriet bald ins Stocken, einmal durch Toussaints von den Bergen aus operierende Guerillataktik, zum anderen durch die lähmende Sommerhitze. Aber das war erst der Anfang, denn nun schlug das Gelbfieber zu.

Plötzlich begannen die englischen Soldaten an Kopfweh, Rückenschmerzen und hohem Fieber zu leiden. Sie spuckten Blut. Als das Virus die Leber angriff, verfärbten sich Haut und Augäpfel gelb. Manche hatten Darm- und Magenbluten. Diarrhöe und Harnverhaltung waren weitere schwere Symptome. Wenige, die unter diesen Komplikationen litten, überlebten. Alle Kranken waren zu Tode erschöpft.

Durch Nachschub aus Jamaika verstärkt, hielt die Expeditionsarmee Jahre aus. Aber die Verluste waren verheerend. Im Mai 1797 hatten die Briten 7530 Tote, mehr als anfangs nach San Domingo gekommen waren. Natürlich waren einige im Kampf gefallen, die meisten aber Feinden erlegen, die so winzig waren, daß sie sie nicht einmal sehen konnten.

Da die Neger weitgehend immun waren, blieben ihre Verluste gering. Im Oktober 1798 nahm Toussaint die britische Kapitulation für Frankreich an und ließ die Reste der Armee nach Jamaika zurücksegeln. 1801 hatte der Negerführer alle Rivalen auf Haiti geschlagen und regierte im Namen Frankreichs. Der Wohlstand kehrte allmählich zurück.

Dann aber beschloß Napoleon Bonaparte, die schwarze Herrschaft zu zerschlagen und die Sklaverei auf der praktisch unabhängigen Insel wieder einzuführen. Im Februar 1802 landete Napoleons Schwager Charles Leclerc an der Spitze einer 23000 Mann starken französischen Armee. Die Franzosen nahmen Toussaint L'Ouverture gefangen und trieben die Rebellen zurück in die Berge.

Die Rebellen leisteten immer noch Widerstand, als zwei Monate später, im April, die Franzosen vom Gelbfieber befallen wurden. Im Juni hatten Krankheit und Hitze ihren Feldzug in San Domingo zum Stillstand gebracht. Die folgende Katastrophe übertraf die der Briten ein paar Jahre zuvor bei weitem. Ende November war die französische Armee durch Kämpfe und Gelbfieber halbiert und ihr Kommandant tot. Im folgenden Frühjahr hielt Frankreich nur noch einige Häfen — „die reinen Lazarette, denn die Franzosen sterben täglich zu Hunderten", berichtete die Londoner Zeitschrift *The Gentlemen's Magazine*. Das gesamte Landesinnere, so hieß es weiter, befinde sich in Händen der Neger.

Trotz der 10000 Mann Verstärkung, die im Herbst 1802 eingetroffen war, machte 1803 eine englische Seeblockade die Situation der Franzosen unhaltbar. Im November 1803 hielten sie nur noch Cap Français. Krieg und Gelbfieber hatten 24000 der insgesamt 33000 französischen Soldaten dahingerafft, und weitere 7000 lagen im Sterben. General

Links: Die schwarzen Rebellen ergeben sich den von den europäischen Siedlern zu Hilfe gerufenen englischen Truppen, die es bald mit einem stärkeren Gegner zu tun bekommen: dem Gelbfieber. **Unten:** General Charles Leclerc, von Napoleon entsandt, die Sklavenrevolte niederzuschlagen.

Rochambeau ergab sich einem britischen Admiral, und britische Schiffe transportierten die traurigen Reste einer Armee ab, die man Jahre hindurch für unbesiegbar gehalten hatte.

Oben links: Toussaint L'Ouverture, der schwarze Rebellenführer, der Santo Domingo im Namen Frankreichs regierte, bis Napoleon beschloß, die Sklaverei wiedereinzuführen und die Herrschaft der Neger zu zerschlagen. **Oben:** Ein Teil der 23 000 Mann starken französischen Armee, die beinahe der Rebellenherrschaft in Santo Domingo ein Ende gemacht hätte. **Unten:** Die von den Rebellen in Brand gesetzte Stadt Cap Français. Erschöpft, vom Gelbfieber dezimiert, verließen die französischen Truppen Santo Domingo, das 1804 zu Haiti wurde.

Die Cholera grassiert

Oben: Den Wienern während einer Choleraepidemie im 19. Jahrhundert empfohlen: Kräuter in den Rocktaschen, allerlei Medikamente im Korb, dicke Überschuhe als Schutz gegen die Seuche. Ein Beweis für die Ratlosigkeit der Ärzte.

Schwere Regenfälle gingen 1817 über große Teile Indiens nieder. Die Felder im dichtbesiedelten Gangestal standen unter Wasser. Im Mai gab es die ersten Fälle einer neuen Choleraepidemie. Die Krankheit, die die Eingeweide angreift, Diarrhöe, Erbrechen, bedrohlichen Flüssigkeitsentzug und schließlich den Tod hervorruft, war in Indien nicht unbekannt. Schon 400 v. Chr. hatten Hindu-Ärzte sie beschrieben. Bis 1800 hatten Ausbrüche der Cholera Tausende britischer Soldaten dahingerafft, die die Niederlassungen der *British East India Company* schützten. Auch in Niederländisch-Indien trat die Krankheit gelegentlich auf. Aber bis 1817 blieb sie generell auf Indien beschränkt.

In jenem Jahr griff die Seuche über die Grenzen Indiens hinaus auf die Nachbarländer über. Bei diesem langsamen Vordringen fand sie bald andere Kanäle, durch die sie die Welt überziehen konnte. Die Cholera gelangte zunächst mit den Handelsschiffen von Indien nach Arabien. Von Arabien sickerte sie in Persien und der Türkei ein und danach in Südrußland. Gleichzeitig breitete sich eine Cholerawelle nach Osten aus und erfaßte Malakka und Japan. Die Seuche drang langsam vor. Erst 1831 erreichte sie Moskau und Berlin, aber knapp ein Jahr später hatte sie bereits auf Frankreich, die britischen Inseln und Nordamerika übergegriffen.

Die ersten britischen Opfer gab es im Umkreis des Nordseehafens Sunderland. Am 5. August 1831 litt ein „Maler von Tongeschirr" an etwas, das so beschrieben

wurde: „Erbrechen und Ausscheidung einer wässrigen, weißen Flüssigkeit, wie Hafermehl und Wasser. Seine Hände und Füße waren kalt, seine Haut mit klebrigem Schweiß bedeckt, sein Gesicht blau angelaufen und verzerrt. Die Augen waren eingesunken, die Lippen blau, der Durst quälend, der Atem kalt, die Stimme schwach und heiser und der Puls kaum spürbar." Der Mann bekam Fieber, erholte sich dann jedoch. Drei Tage später zeigten sich bei einem Knecht in der Nachbarschaft die gleichen Symptome, allerdings mit tödlichem Ausgang.

Weitere Todesfälle folgten, aber die englischen Ärzte, die Magen- und Darminfektionen kannten, erklärten, es handele sich um schwere Fälle von etwas, das sie vage „Sommer-Durchfall" nannten. Der erste amtlich bestätigte Todesfall durch asiatische Cholera in England betraf einen 60jährigen Bootsmann aus Sunderland namens Sproat. Nach zwei Wochen Diarrhöe bekam er schweren Brechdurchfall. Dann erholte er sich, aß „gebackenen Käse zum Abendbrot" und am nächsten Tag „ein Lammkotelett zu Mittag". Stunden später brach Sproat mit Muskelkrämpfen und „Reiswasser"-Durchfall zusammen. Er starb nach drei Tagen.

Zwischen dem 23. Oktober und dem 31. Dezember 1831 starben in Sunderland 202 Menschen an der Epidemie. Anfang Januar trat die Cholera in anderen Teilen Nordostenglands auf, im Februar griff sie auf das Hafengebiet von London über, und im Sommer wurde die gesamte Hauptstadt schwer betroffen. 1832 gab es in London insgesamt 11000 Fälle, die annähernd zur Hälfte tödlich verliefen. Das war etwa ein Viertel der Opfer, die die Cholera in jenem Jahr in ganz England und Wales gefordert hatte.

England kam bei dieser ersten Epidemie noch verhältnismäßig glimpflich davon, wenn man es mit anderen Ländern vergleicht. Im Jahre 1848/49 brach in Europa und Nordamerika eine sehr viel schwerere zweite Epidemie aus, die zehn Jahre anhielt. In Rußland kamen im Krimkrieg etwa 18000 britische, französische und piemontesische Soldaten durch die Cholera um. Frankreich verzeichnete 140000, England über 50000 Seuchenopfer.

Diese Choleraepidemie, die um ein Haar die Krankheit auf der ganzen Welt zur periodisch auftretenden Seuche gemacht hätte, erwies sich zugleich als ein Wendepunkt. Denn die Menschen entdeckten, wie die Cholera sich ausbreitet und wie man der Ausbreitung zuvorkommen kann. Diese bedeutsame Entdeckung ist John Snow, einem britischen Arzt, zu verdanken. Snow bezweifelte die populären Theorien, daß sich die Seuche durch schlechte Luft oder die Berührung der Kranken übertrage. Beobachtungen überzeugten ihn, daß sich Menschen die Cholera zuzogen, wenn sie Wasser tranken oder Speisen aßen, die mit Ausscheidungen bereits Erkrankter infiziert waren.

Snows Chance, diese Theorie zu überprüfen, kam 1849. In nur zehn Tagen starben 500 Menschen bei einem lokalen Ausbruch der Cholera in London, auch im Stadtteil Soho, wo Snow praktizierte. Auf einer Karte markierte er die Häuser mit Todesfällen. Er markierte ebenfalls die Brunnen, von denen die Anwohner ihr Wasser holten. Die meisten Todesfälle ereigneten sich im Umkreis einer Handpumpe in der Broad Street. Snow ließ den Schwengel der Pumpe entfernen — und es gab keine Toten mehr.

Obwohl weitere 34 Jahre verstrichen, bis der deutsche Bakteriologe Robert Koch den stäbchenförmigen Chole-

Oben: Florence Nightingale, die englische Begründerin der modernen Krankenpflege, betreute die Soldaten im Krimkrieg 1853/56 und erleichterte das Leiden der Choleraopfer.

rabazillus entdeckte, konnte Snow zeigen, daß man einfach das Trinkwasser frei von Abwässern halten mußte, um die Verbreitung von Cholera und anderen durch Wasser übertragbaren Krankheiten wirksam zu stoppen. Es brauchte Jahre und andere weltweite Epidemien, bis alle Städte das saubere Leitungswasser hatten, das die westliche Welt vor neuen Ausbrüchen bewahrte.

Der indische Subkontinent — das Ursprungsgebiet der Cholera — bleibt weniger begünstigt. Noch in den siebziger Jahren starben jährlich 200000 Menschen an dieser Krankheit, der durch entsprechende hygienische Maßnahmen vorgebeugt werden kann.

Oben: Der britische Arzt John Snow entdeckte, wie die Cholera übertragen wird. Vorher hatten die Menschen der Krankheit gegenüber Fatalismus gezeigt. Das Thema „Triumph des Todes" (links) tauchte immer wieder in der Kunst auf, ehe der Medizin ein Durchbruch in der Seuchenbekämpfung gelang. **Rechts:** In Granada versuchte man in den dreißiger Jahren des 19. Jh. die Straßen während der Choleraepidemie durch Feuer zu desinfizieren.

Weltweite Grippe
1918–1920

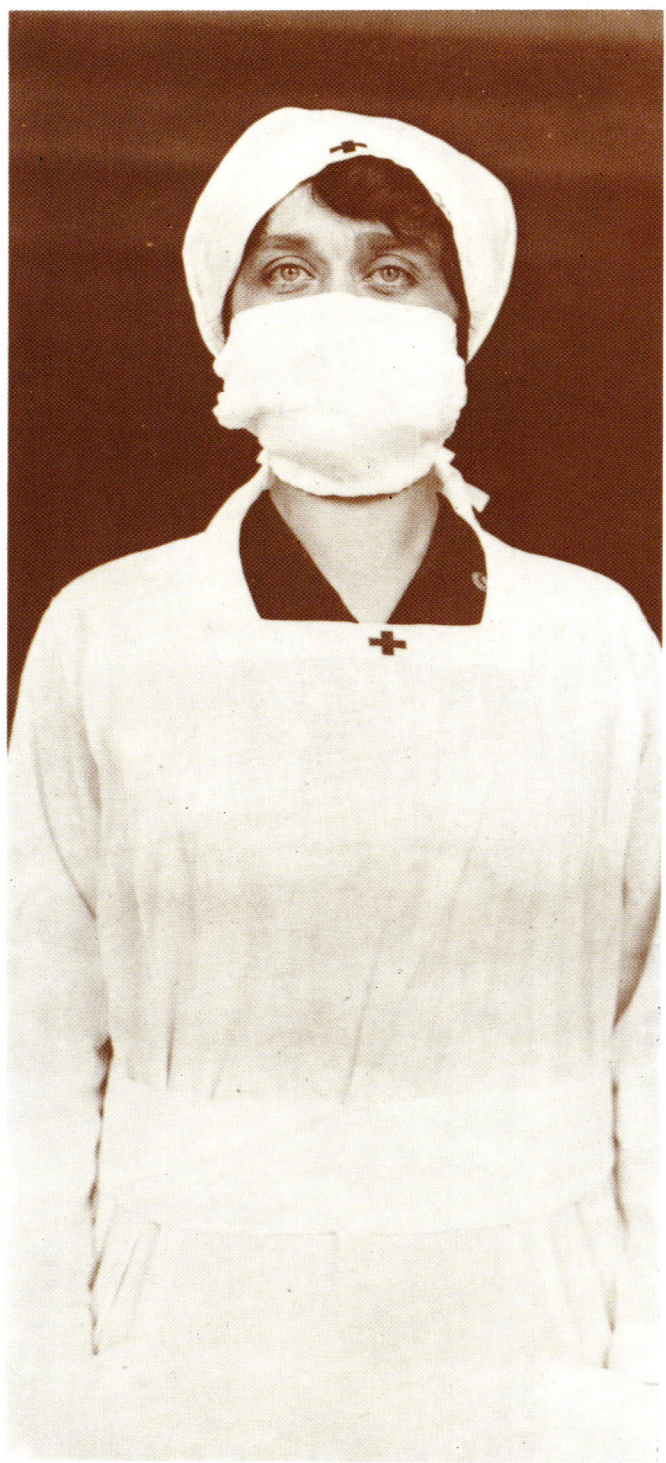

Am 1. Oktober 1918 saß William Hill im Maschinenhaus und umfaßte den Hebel der Maschine, die einen Stahlförderkorb aus einem Schacht einer der großen Goldminen im Witwatersrand in Südafrika heraufholen sollte. Die 40 Afrikaner, die dichtgedrängt im Förderkorb standen, hatten gerade ihre Schicht beendet. Plötzlich war Hill in Schweiß gebadet. Seine Muskeln waren völlig kraftlos geworden. Es flimmerte ihm vor den Augen. Hill versuchte die Hebel zu umklammern, die den Förderkorb anhalten sollten. Aber wie in einem Alptraum schienen seine Arme und Hände gelähmt. Der Korb sauste hinauf durch den oberen Schachtteil, flog in die Luft, prallte gegen das Kopfgestell und stürzte dreißig Meter tief verkehrt herum auf die Zimmerung. In dem zertrümmerten Förderkorb lagen 24 tote Bergleute. Bei der folgenden Untersuchung wurde Hill freigesprochen. Als wahre Ursache der Tragödie wertete man übereinstimmend die spanische Grippe — eine Infektion, die den Menschen fast so schnell wie eine Kugel niederstrecken kann.

Im Lauf eines Jahres — von 1918 bis 1919 — raste diese neue Art der Grippe rund um den Erdball. Die *Pandemie* erfaßte über die Hälfte der Weltbevölkerung und forderte mehr Opfer als die Kanonen des 1. Weltkrieges, der endete, als die Krankheit ihren Höhepunkt erreichte. Ein Arzt und Historiker nannte sie die „größte Seuche, die die Menschheit je erlebt hat".

Aber bei den ersten, meist leichten Epidemien, die fast gleichzeitig in China, Nordamerika und Spanien auftraten, ahnte noch niemand, wie viele Opfer die Krankheit dahinraffen sollte. Ihr genauer Ursprung ist nie ermittelt worden. Seit Februar 1918 wurden Tausende von Spaniern bettlägrig, litten unter hohem Fieber und Gliederschmerzen. Drei Tage später waren die meisten wieder gesund. Als Epidemie erschien sie vergleichsweise harmlos im Gegensatz zu

Oben: Eine Rote-Kreuz-Schwester mit Maske während der Grippepandemie von 1918/19, die nach Schätzungen 21,5 Millionen Opfer überall auf der Welt forderte.

Oben: Jungen in New York 1917. Sie tragen Kampferbeutel um den Hals, was sie gegen Ansteckung durch das Grippevirus schützen soll. Wenn es keine wirksamen Medikamente gibt, bleiben solche Hausmittel oft die einzige Hoffnung.

Links: Britische Soldaten bei der Einschiffung nach Frankreich im Ersten Weltkrieg. Die Grippe wütete unter den Soldaten, die fast durchweg in der gefährdetsten Altersgruppe waren, besonders schwer.

der „russischen" Grippe von 1889/90. Im Frühsommer hatte diese leichte Grippe sich fast über die ganze Welt verbreitet.

Dann, Anfang September, setzte eine zweite und diesmal sehr viel gefährlichere Welle ein. Erreger war ein neuer Stamm von Grippeviren, der möglicherweise aus Afrika oder Rußland kam. Wie beim vorherigen, leichten Ausbruch breitete sich dieses tödliche Virus viel schneller über die ganze Welt aus als sämtliche Pandemien der Vergangenheit.

Züge und Dampfschiffe, Produkte industriellen Fortschritts, dienten ironischerweise als Überträger bei der Verbreitung der Katastrophe. Die Züge brauchten nur ein paar Stunden, die Krankheit von den nordbritischen Transatlantikhäfen Liverpool und Glasgow nach London im Süden Englands zu bringen. Wenige Tage genügten einem Transportzug voll infizierter Soldaten, das Virus quer durch ganz Kanada zu verbreiten. Reisen über den Ozean dauerten zwar etwas länger. Die *S. S. Niagara* brauchte drei Wochen, die Grippe von Westkanada bis nach Neuseeland zu bringen; ihre Ankunft am 12. Oktober verurteilte an die 6700 Neuseeländer zum Tode.

Die zweite Grippewelle ebbte Ende 1918 ab. Aber schon Anfang 1919 folgte die dritte und letzte; wenn auch weniger schwer als die zweite, raffte sie dennoch Abertausende dahin.

Da die Grippe sich so ungeheuer schnell ausbreitete, konnte man ihren Ausgangspunkt nicht feststellen. Verschiedenen Ländern wurde die Schuld gegeben. In Westeuropa stempelte man vor allem Spanien zum Sündenbock. Die Russen beschuldigten Nomaden aus Turkestan in Zentralasien. Die Deutschen glaubten, die Grippeviren würden durch Chinesen, die in der britischen Armee in Frankreich dienten, übertragen. Ein amerikanischer Offizier behauptete, deutsche Unterseeboote hätten die Grippe als Geheimwaffe nach Nordamerika gebracht.

Alle Länder aber waren sich einig über die schrecklichen Auswirkungen der Pandemie, die im Spätherbst 1918 die ganze Welt erfaßte. In vielen Fällen brach sie ganz plötzlich und heftig aus. In Einschiffungslagern in Nordamerika brachen die Soldaten massenweise zusammen. In Rio de Janeiro wartete ein Mann an der Straßenbahnhaltestelle, erkundigte sich beiläufig nach der Endstation und fiel tot um. Ein vom Dienst kommender Straßenbahnschaffner in Kapstadt meldete sechs Todesfälle unter den Fahrgästen auf einer Strecke von knapp fünf Kilometern.

Zu den Komplikationen der Epidemie gehörte eine Lungenentzündung; die jeden fünften Kranken befiel und ganz plötzlich auftrat. Lippen, Gesicht und manchmal der

die Ärzte stellten rasch fest, daß die Blaufärbung von Lippen und Gesicht gewöhnlich den innerhalb von zwei Tagen eintretenden Tod anzeigte.

Bei einer normalen Grippeepidemie sind die alten Menschen besonders gefährdet, aber die spanische Grippe schien gerade Kräftige und Junge am heftigsten zu befallen. Die Hälfte der Todesopfer gehörte zu den 20- bis 40jährigen. Soldaten zählten zu den Hauptbetroffenen. Schon bei der ersten Grippewelle im Frühling begannen italienische Soldaten zu ersticken, weil ihre Lungen von Schleim, Blut und Schaum verstopft waren. Bis zum 8. Oktober hatte die Grippe 16000 US-Soldaten, die in den Argonnen im Schützengraben lagen, kampfunfähig gemacht. Und in den USA starb ein Fünftel der Soldaten vor der Einschiffung an Lungenentzündung. Ein Arzt behauptete, es sei gefährlicher geworden, im friedlichen Amerika Soldat zu sein, als zuvor in Frankreich in der Feuerlinie zu liegen. In Südengland starben von 3000 deutschen Kriegsgefangenen 1000 in einem Lager.

Überall auf der Welt litten Wirtschaft und soziales Leben stärker unter der Grippe als unter dem 1. Weltkrieg. In der

ganze Körper verfärbten sich blaurot, Symptom für einen schweren Infekt der Lunge, so daß der gesamte Organismus nicht mehr mit dem nötigen Sauerstoff versorgt werden konnte. Ein New Yorker Arzt beschrieb die neu in sein Krankenhaus eingelieferten Patienten drastisch: „Sie sind blau wie Heidelbeeren und spucken Blut." Viele Kranke atmeten aus Luftmangel doppelt so oft wie normal, und ihr Puls war beschleunigt wie bei einem gesunden Säugling. Dunkelrote Pusteln auf Rücken, Brust und Gliedern waren weitere Symptome. Viele der blauverfärbten Patienten fühlten sich nicht besonders schlecht, aber

zweiten Oktoberwoche wurden in Montreal alle Schulen, Kinos, Tanzsäle und Theater geschlossen, um die Anstekkungsgefahr einzudämmen. In anderen Ländern trafen viele Städte ähnliche Vorkehrungen. Daß in der Landwirtschaft so viele Hilfskräfte erkrankten und starben, wirkte sich überall nachteilig auf die Ernte aus. In Nordindien blieb auf zahllosen Feldern das Korn stehen. In Polen verfaulten die Kartoffeln in der Erde. In den Tropen fehlte es an Landarbeitern, um Kaffee, Gummi und andere hochwertige Produkte zu ernten.
Industrie und Handel stagnierten. In Brasilien und

Neuseeland mußten Banken aus Personalmangel vorübergehend schließen. Große Kupferbergwerke im belgischen Kongo und in Peru stellten die Förderung ein. Handel und Verkehr stockten. Zwischen Deutschland und Schweden und zwischen Portugal und Spanien fuhren keine Züge mehr, und manche Häfen blieben leer. Sogar die Regierungen wurden betroffen. In Neuseeland wurde das Parlament vorübergehend geschlossen, weil zu viele Abgeordnete erkrankt waren.

Es gab viele erfolglose Versuche, sich vor der Infektion zu schützen. Polizisten trugen beim Streifendienst Gesichtsmasken. In Dublin sprühten Sprengwagen Desinfektionsmittel in die Kanalisation. In Neuseeland räucherte eine Lehrerin die Schule mit Glutasche und Formalin aus; in Bilbao mußten die Menschen auf Anordnung der Behörden heiße Schwefeldämpfe einatmen.

Überall blühte der Aberglaube. Japaner versuchten die Dämonen der Krankheit zu überlisten, indem sie Zettel an die Türen hefteten, es sei keiner zu Hause. Händler, die Woduzauber verkauften. machten in New Orleans blendende Geschäfte.

Manche Versuche, die Grippe zu vertreiben, waren gefährlich. Überall auf der Welt verschlossen verängstigte Menschen Türen und Fenster und verstopften sämtliche Ritzen, um die Erreger nicht einzulassen. Allein in Jamaika erstickten daraufhin zahlreiche Menschen aus Sauerstoffmangel.

Man hörte überall von tragischen Einzelschicksalen. Ob reich oder arm, berühmt oder unbedeutend, niemand war gegen die schreckliche Krankheit gefeit. Aber der einzelne Todesfall verlor bei diesem riesigen Massensterben an Bedeutung. In Australien zählte eine Frau in nur drei Stunden 26 Trauerzüge, die an ihrem Haus vorbeikamen. In Bombay starben im Oktober 1918 täglich 700 Menschen. Im Dezember verlor Barcelona täglich 1200 Einwohner. Nach dem Ende der dritten Grippewelle wurde die Zahl der Todesopfer auf insgesamt 21,5 Millionen geschätzt. Wahrscheinlich starben drei Viertel davon in Asien, der nächstbetroffene Kontinent war Europa, gefolgt von Nordamerika und Afrika.

Zum Glück gab es 1920 kaum noch neue Erkrankungen, und die tödliche Form der Grippe ebbte ab. Es dauerte viele

 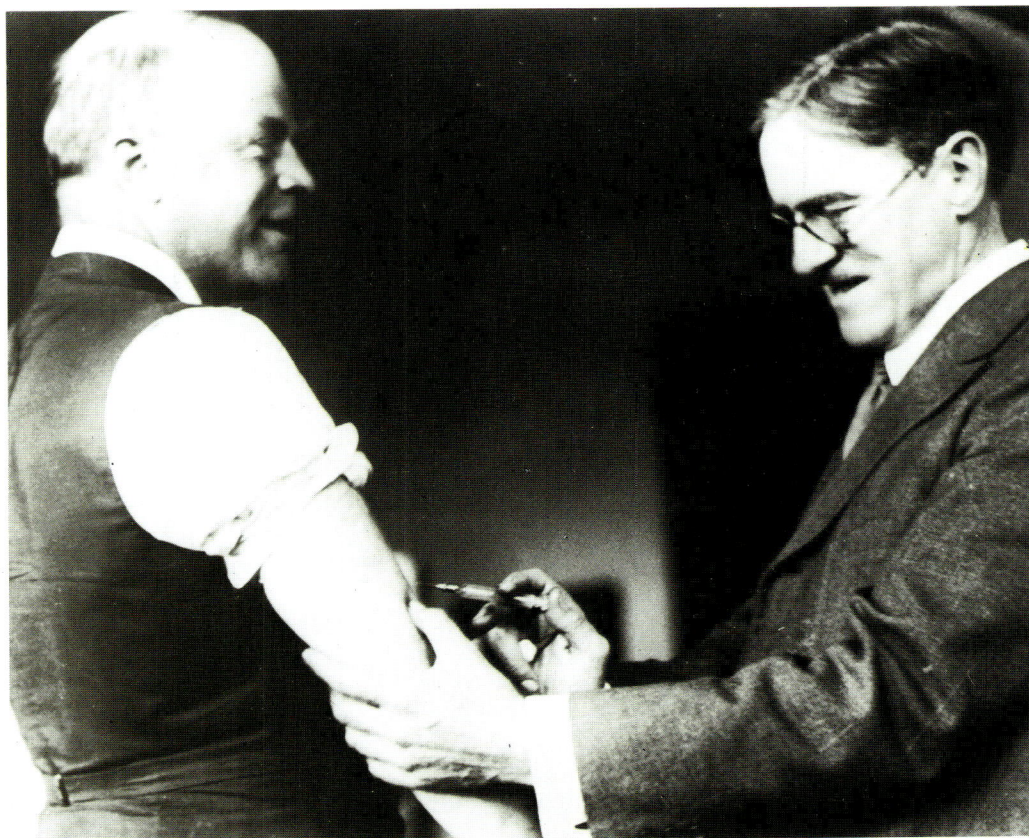

Oben links: Schwestern melden sich in den USA zum „Frauenhilfskorps". Die Wandtafeln zeigen statistische Darstellungen der Sterblichkeitsrate. **Oben Mitte:** Ein Straßenkehrer mit Schutzmaske gegen die Grippe. **Oben rechts:** Bürgermeister Peters von Boston bei der Grippeimpfung 1918. Leider waren die Schutzimpfungen nicht sehr wirkungsvoll.

Jahre, bis die Wissenschaftler Grippeviren isolieren und einen Impfstoff entwickeln konnten, um so die Bevölkerung gegen eine Infektion zu schützen.

Seuchenbekämpfung und Vorsorge

Oben: Alle medizinischen Errungenschaften werden aufgeboten, um weltweite Seuchen zu bekämpfen. Dehydrationsflüssigkeit zur Medikation bei Choleraepidemien wird in Genf hergestellt. Eine Firma produziert täglich 15 Tonnen.

Die meisten Menschen in der westlichen Welt kennen keine weitverbreiteten Seuchen. Die moderne Medizin und die hochentwickelte Hygiene haben jedes Bewußtsein für die Gefahren weltweiter mörderischer Krankheiten abgestumpft. Anderswo sind diese alten Feinde fast alle noch am Werk. In der zweiten Hälfte unseres Jahrhunderts hat es Fälle von Pest an der Grenze zwischen Saudi-Arabien und dem Jemen, in Brasilien und in Vietnam gegeben. Meningitisepidemien — bei denen Hirnhaut und Rückenmark von Bakterien angegriffen werden — sind alle sechs bis acht Jahre in Afrika südlich der Sahara ausgebrochen und haben Tausende von Opfern gefordert. Epidemischer Typhus, durch Läuse und Flöhe übertragen, der Fieber, Koma und Tod verursacht, ist im östlichen Zentralafrika aufgetreten. In Westafrika hat es Ausbrüche von Gelbfieber gegeben. Der indische Subkontinent verliert alljährlich 200 000 Menschen durch die Cholera, und bis in die Mitte dieses Jahrhunderts starb jedes Jahr eine Million Men-

schen an Malaria, wohingegen die einst hochgespannten Hoffnungen, die Malaria auszurotten — sie tritt in Nord- und Mittelamerika, in allen Mittelmeerländern sowie in Zentral- und Ostasien auf — zunichte geworden sind.

Fern davon, ausgerottet zu sein, dringen diese Krankheiten immer wieder in Weltgegenden vor, in denen sie nicht endemisch sind. In den siebziger Jahren wurden in Großbritannien jährlich 500 eingeschleppte Fälle von Malaria registriert. Die Schnelligkeit des modernen Reisens trägt zur Verbreitung von Infektionen bei und verleiht der Gefahr des Ausbruchs von Epidemien eine neue Dimension. Jemand, der sich mit Pest infiziert hat, könnte von Südostasien nach Europa fliegen, ohne zu ahnen, daß sich in seinem Körper die Krankheitserreger vermehren. Da Hunderte von Millionen Menschen jährlich von Erdteil zu Erdteil fliegen, ist die Gefahr durch sich rasch ausbreitende, tödliche Virusinfektionen größer denn je.

Natürlich sorgen Gesundheitsvorschriften dafür, daß die meisten Fernreisenden gegen die verbreitetsten epidemischen Krankheiten geimpft werden. Aber manchmal tauchen unbekannte und höchst gefährliche Viren ganz plötzlich auf, besonders in den Tropen. Dazu gehörte das Machupo-Virus, das Fieber und schwere innere Blutungen verursacht und in Bolivien bereits Hunderte von Opfern gefordert hat. 1969 und 1970 brach in Nigeria in Jos und Lassa eine geheimnisvolle Krankheit aus, die sowohl bei Afrikanern als auch bei Weißen tödlich verlief. Amerikani-

sche Forscher mußten die Untersuchungen des sogenannten Lassa-Virus einstellen, weil es sich als zu virulent erwies. Die Vorstellung, daß sein Wirt ein überall in Westafrika heimisches Nagetier ist, wirkt dabei besonders beängstigend.

Im Jahre 1967 erfaßte eine unbekannte Krankheit etwa 30 Laborangestellte in Marburg und Frankfurt mit Fieber, Diarrhöe und Blutungen. Sieben starben. Das mörderische Virus wurde in grünen Meerkatzen gefunden, die zu medizinischen Forschungszwecken aus Uganda importiert worden waren. Das Marburger Virus, das auf Antibiotika nicht reagierte, konnte unter sterilen Laborbedingungen rasch isoliert werden. In Zaire und im Sudan aber kostete ein Ausbruch desselben Fiebers 300 Afrikanern 1976 das Leben.

„Neue" Krankheiten tauchen jedoch nicht nur in den Tropen auf. Im Juli 1976 kam es bei einem Treffen von Kriegsveteranen in Philadelphia zum Ausbruch einer merkwürdigen Krankheit. Anfangs fühlten sich einige der Teilnehmer insgesamt nicht wohl und hatten Muskelschmerzen. Danach setzte bald hohes Fieber mit Schüttelfrost, Husten, Brustschmerzen und Atemnot ein. Von den 183 erkrankten Teilnehmern starben zwanzig. Die Ursache der Krankheit gab den Ärzten Rätsel auf. Dann zeigten Tests, daß es sich um eine neue Form der Lungenentzündung handelte. Später erwies sich, daß die „Legionärskrankheit" sporadisch zumindest seit 1965 aufgetreten war.

Links: Verbesserte Impfstoffe haben viele einst tödliche Krankheiten unter Kontrolle gebracht.
Oben rechts: Ein Demonstrationszug am Weltgesundheitstag 1975, an dem Indien die Massenimpfung gegen die Pocken einführte.
Rechts unten: Zum Kampf Äthiopiens zur Ausrottung der Pocken gehörten Massenimpfungen in ländlichen Distrikten.

Zum Glück gibt es ein Antibiotikum zur Bekämpfung dieser ersten neuen Bakterienkrankheit, die seit vielen Jahren entdeckt wurde, und zum Glück scheint sie auch bisher nur vereinzelt aufzutreten.

Einige bekannte Viren entwickeln manchmal neue Stämme, die viel gefährlicher und ansteckender sind als die vorherigen. Unter diesen Erregern verändert sich keiner schneller und sprunghafter als das Grippevirus. Etwa alle zehn Jahre tritt eine neue Form auf, die sich rasch über die Welt ausbreitet.

Nach der todbringenden Pandemie von 1918 haben die Ärzte sich lange auf das Wiederauftauchen dieses gefährlichen oder auf die Entstehung eines ähnlichen Stamms konzentriert. Anfang 1976 schien sich ein Ausbruch anzukündigen. Die ersten Anzeichen waren 12 Grippefälle — davon einer tödlich — unter Rekruten in einem Ausbildungslager in New Jersey. Testuntersuchungen ergaben,

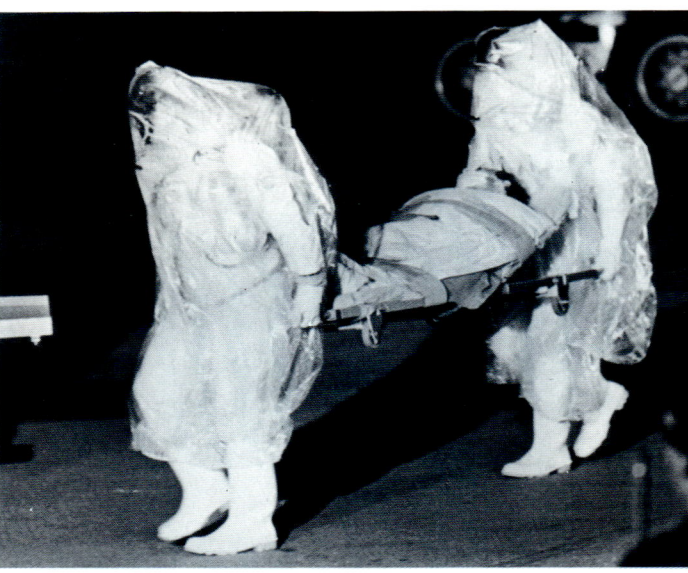

Oben: Größte Vorsichtsmaßnahmen beim Hantieren mit einer Phiole des todbringenden Lassafieber-Virus ergreift man im mikrobiologischen Forschungszentrum in Wiltshire, England.

Oben: Zwei Techniker in Schutzanzügen tragen ein Lassafieber-Opfer in Hamburg zu einer Isolierstation.
Links: Die bisher größte Aktion der Weltgesundheitsbehörde gegen Malaria. Arbeiter in Afghanistan vernichten Moskitolarven durch Besprühen. **Unten:** Ungarisches Laboratorium, in dem 100 000 Eier zur Kultur von Anti-Grippe-Impfstoff verwendet werden.

daß 500 Soldaten mit einem bisher unbekannten Stamm Grippeviren infiziert waren. Die Antikörper, die die Soldaten entwickelten, glichen denen der Überlebenden der Epidemie von 1918. Die Gesundheitsbehörden alarmierten daraufhin die 95 Grippezentren der Weltgesundheitsbehörde rund um die Erde. In Amerika begann eine Massenimpfung. Und die Epidemie, die gut ernährte und ärztlich bestens versorgte Menschen erfaßte, ebbte, ohne dramatische Folgen, ab. Es sollte sich lohnen, darüber nachzudenken, was hätte geschehen können — oder vielleicht in der Zukunft geschehen kann —, wenn sich die Krankheit unter den Millionen Menschen auf der Erde ausbreitet, die hungern und keinerlei ärztliche Versorgung haben.

Es wird auch künftig nicht an Ursachen für ähnliche Epidemien und Pandemien mangeln. Eine davon sind Krankheitserreger, die gegen die Medikamente, die sie heute noch zerstören, resistent werden. Eine andere Gefahr ist die Gleichgültigkeit. Impfungen haben die Diphtherie und die Kinderlähmung so erfolgreich bekämpft, daß Eltern immer häufiger vergessen, daß dies früher gefürchtete, todbringende oder verkrüppelnde Krankheiten waren. Es geschieht zunehmend öfter, daß Eltern die Impfungen auslassen, die nötig sind, ihre Kinder immun zu machen.

Außerdem können Kriege, Erdbeben, Hungersnöte und Überschwemmungen jederzeit wieder Typhus, Cholera, Pest oder andere Seuchen mit sich bringen. Nur durch stete Wachsamkeit in den entwickelten Industrienationen und ein geschärftes Bewußtsein für die Probleme der weniger begünstigten unterentwickelten Länder kann die Welt auf die Dauer vor diesen Gefahren bewahrt werden.

Oben: Die Geschwindigkeit, mit der der Mensch heute durch die Welt reist, bedeutet auch, daß tödliche Krankheiten ebenso schnell verbreitet werden können. **Unten:** Diese Freiluft-Bedürfnisanstalten in Dakka, Bangladesch, sind ein weiteres Beispiel für die hygienischen Bedingungen, unter denen sich Krankheiten wie die Cholera ausbreiten.

8
Tragische Unfälle

Der Mensch ist erfinderisch. Auf keinem anderen Gebiet hat sein Erfindergeist so umwälzende Veränderungen mit sich gebracht wie auf dem seiner Transportmittel. Noch vor 150 Jahren wurde das Tempo seiner Fortbewegung zu Lande durch die Schnelligkeit der Pferde bestimmt und zu Wasser durch die Stärke des Windes, der die Segel seiner Schiffe blähte. Seit damals haben enorme technische Fortschritte ihn mit immer größerer Geschwindigkeit, Sicherheit und Bequemlichkeit über Land, übers Meer, unter Wasser, durch die Luft und schließlich sogar in den Weltraum getragen.

Doch mitunter kann es zu einem folgenschweren Mißverhältnis zwischen dem Ehrgeiz des Menschen und seinem technischen Können kommen. Das führt dann zu dramatischen Unfällen und letztlich zu einem Lernprozeß. Freilich wird nach jedem solchen Unglücksfall auch unweigerlich die Befürchtung laut, der Mensch sei nun an die Grenzen seiner Möglichkeiten gestoßen.

Links: Suche nach Überlebenden in einem Flugzeugwrack. Laut Statistik sind zwar Flugzeuge ebenso sicher wie alle anderen Transportmittel, wenn nicht sicherer; aber ein einziger Absturz mit vielen Toten kann ein ganzes Land in einen Schockzustand versetzen, der sich auf den gesamten internationalen Reiseverkehr auswirkt.

141

Zugunglück auf der Tay-Brücke
Schottland 1879

In dem Postzug, der um 18.20 Uhr von Burntisland nach Dundee fuhr, reisten keine Passagiere Erster Klasse, die Wagen der Zweiten und Dritten dagegen waren gut, wenn auch nicht voll besetzt, denn der 28. Dezember war ein Sonntag, und 1879 hatten die meisten Schotten Vorbehalte gegen Reisen am Samstag. Außerdem tobten heftige Weststürme, so daß sich nur die Entschlossensten aus dem Hause wagten. Die Eisenträger der neuen, imposanten Brücke über den Tay vibrierten und ächzten im Sturm.

Kurz nach neunzehn Uhr fuhr der Zug in den Bahnhof von Wormit ein, das am Südende der drei Kilometer langen Brücke liegt. In ihm befanden sich vier Mann Personal und etwa 80 Passagiere — Männer, Frauen und Kinder. Um 19.13 Uhr gab der Bahnwärter von Wormit, Thomas Barclay, das Freifahrtsignal für die eingleisige Brücke. Der Sturm hatte zugenommen, als Barclay und ein weiterer Eisenbahner, John Watt, der sich skeptisch über die Sicherheit der Brücke geäußert hatte, den Zug beobachteten, der langsam, im Fünf-Kilometer-Tempo, auf die Brücke dampfte. Barclay und Watt sahen ihm nach, bis die roten Schlußlichter zwischen den hohen Trägern der Mittelbogen verschwanden. In diesem Augenblick raste „eine fürchterliche Böe mit einem Krachen, das wie anhaltendes Donnergrollen klang, den Fluß entlang". Die Zuglichter tauchten in der Kurve, die nach Dundee führte, nicht wieder auf, und als Barclay nach Dundee zu telegrafieren versuchte, war die Leitung tot.

Links: Die drei Kilometer lange Brücke am Tay vor dem Einsturz 1879.

Rechts: Dampfbarkassen und ein Taucher suchen nach dem Einsturz der Tay-Brücke nach Überlebenden oder Leichen. Drei der zwölf gußeisernen Sockel, die nachgaben, sind auf dem Bild zu sehen.

Unten: Einer der beiden Züge der *North British Railway*, die auf der Strecke zwischen Dundee und Burntisland verkehrten und dabei über die Tay-Brücke fuhren.

„Mit dem Zug stimmt was nicht", sagte Watt und lief zum Ufer hinunter. Er hatte recht. Alle 13 Träger der Mittelbogen und 12 gußeiserne Pfeiler waren in den Tay gestürzt und hatten den Zug und die 80 Passagiere mitgerissen.

Am Bahnhof Tay-Brücke am Nordende der Brücke hatte der gewaltige Windstoß einen Teil des Bahnhofsdachs abgedeckt. Während der Bahnhofsvorsteher sich darum kümmerte, kamen ein paar Leute hereingestürzt und berichteten aufgeregt, sie hätten auf der Brücke einen roten Feuerschein gesehen. Der Zug war schon vier Minuten verspätet, und der Vorsteher rannte zum Signalturm, wo ihm der Bahnwärter besorgt mitteilte, daß die Leitung über die Brücke nach Wormit tot sei. Ein Werkmeister und ein Dienstmann machten sich auf den Weg zur Brücke, kämpften sich durch den tobenden Sturm bis auf zwei Meter an die Unglücksstelle heran und sahen nichts als gähnende Leere.

Bei dem Zugunglück auf der Brücke über den Tay gab es keine Überlebenden. Während der Nacht wurden zwei Postsäcke ans Ufer gespült, und am nächsten Morgen trieben einige Leichen, kleine Gepäckstücke und Waggontrümmer an. Marinetaucher arbeiteten sich durch das Gewirr verbogener Metallteile nach unten und entdeckten den Zug zwischen Trägern und Pfeilern. Die Brücke war vor knapp 18 Monaten eröffnet worden.

Die *North British Railway Company,* die seit Jahren den Firth of Tay hatte überbrücken wollen, betraute Thomas Bouch, einen Bauingenieur, mit der Ausführung. Bouch sagte über das Brückenprojekt: „Es handelt sich um ein ganz gewöhnliches Bauvorhaben." Er entwarf eine Konstruktion aus 85 schmiedeeisernen Gitterträgern und in der Flußmitte 13 Hochträger, elf davon mit einer Stützweite von 74 Metern. Dieser Teil ruhte auf gußeisernen Sockeln, die mit Ziegeln verkleidet und mit Beton ausgefüllt waren. Die Brücke wurde im Juni 1878 eröffnet, ein Jahr danach fuhr Königin Victoria über sie und verlieh Thomas Bouch die Adelswürde.

Doch das Gericht, das den Unfall untersuchte, stellte fest, daß Bouch die berüchtigten Winde des Taytals außer acht gelassen und seine Aufsichtspflicht gegenüber der Baufirma Hopkins, Gilkes & Co. vernachlässigt hatte. Bei seiner Vernehmung antwortete der Meister der Eisengießerei der Firma ausweichend: „Ich möchte nicht gerade sagen, daß es das beste Material war, aber . . . man kann auch nicht von sehr schlechtem Eisen sprechen." Tatsächlich wurde festgestellt, daß die Qualität des Eisens unter aller Kritik war und der Einsturz der Brücke wahrscheinlich in einem der Pfeiler begonnen hatte, der durch die ungleiche Ausdehnung des Gußeisens und den naß in die Sockel eingefüllten Beton statisch beeinträchtigt war.

Die Katastrophe machte Sir Thomas Bouch zum gebrochenen Mann. Er starb innerhalb von sechs Monaten. Der Unglückszug wurde aus dem Flußbett gehoben, repariert und wieder in Dienst gestellt, durfte jedoch angeblich nie mehr den Tay überqueren.

Die „unsinkbare" Titanic
Atlantik 1912

Nur ein Schiff wurde voller Stolz als „unsinkbar" bezeichnet und sank doch bereits auf seiner Jungfernfahrt. Morgens um 2.20 Uhr am 15. April 1912 ging die *SS Titanic* im Nordwestatlantik unter und mit ihr 1513 von 2224 Menschen an Bord. Es war eine Katastrophe ohnegleichen, und zwar sowohl wegen der erschreckenden Anzahl an Toten als auch wegen des vernichtenden Urteils, das anscheinend damit über menschliches Können und Streben gesprochen wurde. Das britische Schiff war der neueste und luxuriöseste Dampfer der Welt, an die 300 Meter lang, elf Decks hoch, ein Wunderwerk der Technik und Wissenschaft. Dennoch genügte die nur zehn Sekunden dauernde Kollision mit einem treibenden Eisberg, um all dies zunichte zu machen.

Als die *Titanic* der White Star Line am 10. April von Southampton ablegte, um nach New York zu fahren, standen auf der Passagierliste die Namen von Millionären und prominenten Mitgliedern der britischen und amerikanischen Gesellschaft, die alle eine sorglos heitere Woche auf dem neuesten Wunder der Meere verbringen wollten. Auf den unteren Decks, von den Passagieren der Ersten Klasse ignoriert, überquerten bei weitaus weniger angenehmen Bedingungen Hunderte von Auswanderern den Atlantik, um in der Neuen Welt ein neues Leben zu beginnen.

Die ersten Tage verstrichen ereignislos, aber am vierten Tag empfing der Funker alarmierende Funksprüche von Schiffen, die der *Titanic* voraus waren. Eisberge trieben ungewöhnlich weit im Süden. Im Verlauf dieses Sonntags, des 14. April, fing er zwischen den zahllosen privaten Kabeln der Erste-Klasse-Passagiere weitere Funksprüche auf. Der erste blieb mehrere Stunden lang unbeachtet, zwei spätere gelangten nie bis zur Kommandobrücke. Am frühen Abend fiel die Lufttemperatur rapide, aber trotz dieses Hinweises auf Eis in der Nähe änderte die *Titanic* weder ihren Kurs noch verlangsamte sie auch nur geringfügig die Fahrt.

Als es dunkel wurde, stellte Captain Edward Smith Wachtposten auf, die nach Eis Ausschau halten sollten. Um 23.40 Uhr entdeckte der Posten im Krähennest voraus einen Eisberg. Der Offizier auf der Kommandobrücke befahl, hart nach Steuerbord zu drehen. Zu spät — das Eis schnitt ein 100 Meter langes Leck in die Schiffswandung. Hätte die *Titanic* ihren Kurs beibehalten und den Eisberg frontal gerammt, wäre die Kollision möglicherweise ohne nennenswerten Schaden abgelaufen.

Die meisten Passagiere bemerkten nur ein leichtes Vibrieren, das sie kaum beachteten. Für die Schiffsingenieure aber, die den Schaden besorgt untersuchten, stand fest, daß das Schiff nicht zu retten war. Ihr Urteil: Die *Titanic* könnte sich über Wasser halten, wenn vier ihrer 16 wasserdichten Abteilungen geflutet würden., aber der Eisberg hatte die Wände von fünfen aufgeschlitzt. Einige Dritter-Klasse-Passagiere waren bereits aufgewacht, weil der Boden ihrer Kabine überschwemmt war. Der Funker morste das neue SOS-Signal — zum erstenmal wurde es von einem Schiff in Seenot gesendet —, und 5 Minuten nach Mitternacht erging der Befehl, die Rettungsboote zu wassern.

Links: Das neueste Schiff der White Star Line, die *SS Titanic*, verläßt Belfast in Nordirland.

Rechts: Künstlerische Vorstellung vom Zusammenstoß der „unsinkbaren" *Titanic* mit dem Eisberg. Hätte sie, wie in der Phantasie des Malers, den Eisberg frontal gerammt, wäre sie vielleicht nicht gesunken. Weil sie abdrehte, schlitzte das Eis unter der Wasseroberfläche die Wände von fünf wasserdichten Abteilungen auf. Damit war das Schicksal des Schiffes besiegelt.

Unten: Captain Edward Smith, der Kommandant der *Titanic* auf ihrer ersten und letzten Reise.

144

Den Passagieren war nicht bekannt, daß die Rettungsboote nur für 1178 Menschen Platz hatten, für die Hälfte aller an Bord befindlichen — und selbst dies war nach den damaligen rechtlichen Bestimmungen reichlich bemessen. Anfangs herrschte keine Panik. Die Passagiere glaubten einfach nicht, daß das Schiff gefährdet sein könnte — es war doch „unsinkbar". Erst als die *Titanic* bedrohlich Schlagseite bekam, verloren sie ihren Gleichmut. Frauen und Kinder zuerst, hieß es, und Ehemänner und Väter nahmen Abschied von ihren weinenden Familien. Es gab aber auch beschämende Beispiele von Egoismus. Ein Rettungsboot, das vierzig Personen faßte, wurde mit nur 12 Insassen zu Wasser gelassen — Sir Cosmo und Lady Duff Gordon, ihre Sekretärin, zwei Amerikaner, sechs Heizer und einer der Wachtposten. Erster-Klasse-Passagiere wurden bevorzugt behandelt. Nur vier Frauen aus der

Oben: Eine Illustration aus einer brititschen Zeitung zeigt Captain Smith, als ihn einer seiner Matrosen aus dem Wasser retten will. Smith lehnte ab und empfahl den Männern, sich selber in Sicherheit zu bringen. Man sah ihn nie wieder.

Ersten Klasse starben, drei von ihnen, weil sie unbedingt bei ihren Männern bleiben wollten. Von den 272 Frauen aus der Zweiten und Dritten Klasse dagegen überlebten nur 96 — und eine Zeitlang wurden sogar die Türen zu den Decks der Dritten Klasse abgeschlossen, damit die Passagiere nicht nach oben stürmen konnten.

Die Schiffskapelle spielte auf dem sich immer schräger neigenden Deck Ragtimemelodien. Als das Schiff noch mehr Schlagseite bekam, ging der Millionär Benjamin Guggenheim mit seinem Kammerdiener in die Kabine und kehrte im Frack auf Deck zurück. Howard Case, ein Londoner Ölmagnat, wurde zuletzt auf dem obersten Deck an der Reeling gesehen, als er sich eine Zigarette anzündete. Um 2.20 Uhr früh stand die *Titanic* fast senkrecht im Wasser und versank dann kopfüber auf den drei Kilometer tiefen Grund des Atlantik. Die Auswanderer, die sich auf den dunklen Kajütstreppen verlaufen hatten, wurden mit dem Schiff begraben. Wer auf den Decks war, wurde ins eisige Wasser geschwemmt, wo die Hilferufe von den Insassen der Rettungsboote kaum beachtet wurden. Die deprimierende Bilanz sieht so aus: Von rund 1500 Menschen im Wasser wurden ganze 13 von den 18 keineswegs überladenen Rettungsbooten aufgenommen.

Englands letztes Luftschiff
Frankreich 1931

Schweiß strömte über das Gesicht des Mannes am Höhenruder. „Mehr kann ich nicht tun, es obenzuhalten", keuchte er. Das britische Luftschiff R 101 machte einen Probeflug über dem Royal-Air-Force-Flugplatz Hendon, einige Kilometer nordwestlich von London, und irgend etwas stimmte nicht mit der Aerodynamik. Entweder kippte es vornüber oder es versuchte, steil nach oben aufzusteigen, und die schwitzende Mannschaft konnte das nur mit Mühe korrigieren. Ein Offizier des britischen Luftschiffs R 100,

der als Gast an dem Flug teilnahm, erklärte später, er habe es zum allerersten Mal in einem Luftschiff mit der Angst zu tun bekommen.

Diese Instabilität konnte nie ganz behoben werden, aber sie war nur einer von vielen Fehlern, die der R 101 zu schaffen machten, bis sie bei ihrem ersten Auftragsflug im Oktober 1931 brennend abstürzte. Die Rivalität der beiden Luftschiffe war der Grund für dieses Debakel. Das Ganze reichte bis ins Jahr 1923 zurück, als die damalige Regierung den Bauauftrag für zwei Luftschiffe erteilte. Einer ging an die private Firma Vickers; der zweite über das Luftfahrtministerium an das staatseigene Werk Cardington in Hertfordshire.

Die beiden Konstrukteurgruppen arbeiteten voneinander unabhängig, und in den fünf Jahren, die sie für den Bau ihrer Luftschiffe brauchten, fand keinerlei Beratung über gemeinsame Probleme statt. Daraus ergab sich viel doppel-

Links: Das britische Luftschiff R 101 kreist über die St.-Pauls-Kathedrale in London.

Oben: Lunch an Bord der R 101. Einige der Personen auf dem Bild fanden den Tod, als das Luftschiff über Frankreich ausbrannte.

Rechts: Eine Luftaufnahme vom Wrack der R 101, die in der Nähe von Beauvais abstürzte und in Brand geriet, wobei 48 Passagiere umkamen.

ter Arbeitsaufwand und eine enorme Geldverschwendung, vor allem beim Team des Luftfahrtministeriums. Als Füllgas diente bei beiden Wasserstoff, der zwar am leichtesten ist, jedoch in der Verbindung mit Sauerstoff nur einen Funken braucht, um zu explodieren. Ein gefährliches Risiko, wenn man an die fast unvermeidbaren kleinen Unfälle denkt, denen ein so großer Flugkörper ausgesetzt ist. Die für die R 101 gewählte Stromlinienform war bestechend und die handwerkliche Feinarbeit wohl besser als bei der R 100. Dafür waren Vortrieb und Steuerung kompliziert und viel weniger funktionell. Die R 101 wurde mit Dieselmotoren statt mit den leichteren Benzinmotoren ausgerüstet; die Seitenruder neigten dazu, bei kleinem Anstellwinkel zu blockieren, vor allem aber waren die Gasventile so empfindlich, daß sie sich bei einem Neigungswinkel von mehr als drei Grad automatisch öffneten. Da die R101 in der Luft erheblich stärkeren Schwankungen ausgesetzt war, verlor sie ständig Gas und wurde schwerer, statt durch die Verbrennung von Treibstoff leichter zu werden.

Nachdem die R100 im Jahr 1930 mit Erfolg gestartet und sicher nach Kanada und zurück geflogen war, drängte das Luftfahrtministerium die eigene Mannschaft, den Bau ihres Luftschiffs zu beenden. Die Konstrukteure hatten sich mit den ständigen Einmischungen der Regierungsvertreter herumplagen müssen, was die Arbeitsmoral beeinträchtigte. Nach dem mißglückten Probeflug in Hendon wurde das Luftschiff auseinandergeschnitten und eine neue Abteilung mit zusätzlichen Gaszellen eingebaut.

Der Luftfahrtminister, ein ehemaliger Armeegeneral, hatte bei seiner Ernennung zum Baron den Titel Lord Thomson of Cardington angenommen, um damit sein persönliches Engagement für die R101 hervorzuheben. Er

Luftschiff überquerte den Ärmelkanal, aber über Nordfrankreich wurde der Wind stärker, und die Instabilität nahm zu. Um 1.30 Uhr nachts flog die R101 so niedrig über das Dorf Saint-Valery-sur-Somme hinweg, daß die schlafenden Einwohner aufschreckten, weil sie meinten, sie würde die Dächer abdecken. Langsam — zu langsam — ging es weiter durch die pechschwarze Nacht. Kurz vor Beauvais traf das Luftschiff auf den Boden auf, gewann jedoch wieder an Höhe; offenbar brach an Bord keine Panik aus.

Kurz darauf sackte die R101 wieder auf die Erde ab, diesmal in einem Wald. Wahrscheinlich entzündete ein durch Kurzschluß entstandener Funke das ausströmende Gas. Eine riesige Flamme erleuchtete die Umgebung taghell, und das Donnern der Detonation erfüllte das Tal, als 155650 Kubikmeter Wasserstoff explodierten. Von den Männern an Bord des Luftschiffs verbrannten 48 sofort;

hatte den Ehrgeiz, Vizekönig von Indien zu werden; aus diesem persönlichen Grund sowie aus anderen politischen Erwägungen verlangte er, die R101 müsse ihn im Oktober 1931 nach Indien und wieder zurück bringen. Das Luftschiff war jedoch keineswegs fertig. Die Tests waren nicht beendet, und es war noch nie mit Höchstgeschwindigkeit oder bei schlechtem Wetter geflogen. Als Lord Thomson und seine Begleitung aus dem Luftfahrtministerium in Cardington an Bord gingen, lag noch nicht einmal eine Bestätigung der Flugfähigkeit vor. Die Besatzung war erschöpft, heftiger Wind und Regen wurden vorhergesagt.

Immer noch zu schwer — der Speisesaal war mit dicken Teppichen ausgelegt, und Palmkübel standen in der Lounge und im Rauchsalon —, mußten 4 Tonnen Wasserballast abgelassen werden, ehe die R101 zur ersten Zwischenstation starten konnte, nach Ismailia am Suezkanal. Das

darunter die Konstrukteure und diejenigen, die den vorzeitigen Flug angeordnet hatten. Zwei Männer erlagen später ihren Verletzungen. Die sechs Überlebenden, die alle hinten in der Gondel gewesen waren, verdankten ihr Leben dem Notballasttank, dessen Inhalt sich beim letzten verzweifelten Versuch, wieder aufzusteigen, über sie ergossen hatte. Das gab ihnen gerade genug Zeit, sich in Sicherheit zu bringen.

Mit dem Absturz der R101 verlor England das Interesse an Luftschiffen. Der Wunsch, ein für allemal damit Schluß zu machen, ging so weit, daß die R100, die einwandfrei funktioniert hatte, in Einzelteile zerlegt, einer Dampfwalze überantwortet und dann als Schrott verkauft wurde.

Das Ende der „Hindenburg"
Lakehurst 1937

Die riesige silberne Zigarre der LZ 129 *Hindenburg* flog zum drittenmal in drei Stunden den Luftschiffhafen von Lakehurst in New Jersey an. Am Horizont zuckten immer noch Blitze, aber die Regenwolken waren nach Westen abgezogen. Nach den zwei Verzögerungen hielt der Kommandant des Luftschiffs, Kapitän Max Pruss, die Landung jetzt für gesichert, und erteilte die entsprechenden Anweisungen.

Die *Hindenburg* kam in einer Höhe von 200 Meter über den Flugplatz. Unten auf dem Feld erwarteten das Bodenpersonal, Reporter, Kameramänner und Angehörige, die zum Empfang der Fluggäste gekommen waren, das langsame Herabsinken des „großen schwebenden Palastes". Um 18.21 Uhr am 6. Mai 1937 fielen zwei Landetaue vom Bug des Luftschiffs aus etwa 70 Meter Höhe auf den Boden und wurden von den wartenden Leuten ergriffen. Am Heck des Schiffs, in der unteren, senkrechten Flosse bereiteten vier Besatzungsmitglieder das Ablassen der Ankertaue vor. Um 18.25 Uhr hörten sie ein Geräusch, das wie ein

Gewehrschuß klang, und blickten hoch. Wo die Laufplanke durch die Gaszelle 4 führte, blitzte es grell auf, und binnen Sekunden war das Wasserstoffgas, die Ursache so vieler Luftschiffkatastrophen, ein einziges Flammenmeer.

Nach einem Augenblick ungläubigen Entsetzens schrie die wartende Menge auf und stob auseinander. In der Steuergondel hatte Kapitän Pruss nur ein leichtes Beben verspürt und wußte nicht, was geschehen war, bis er durch das Fenster auf dem Boden den roten Feuerschein sah. Die Flammen fraßen sich von dem lodernden Heck nach vorn weiter, ließen eine Gaszelle nach der anderen explodieren, so daß dem bereits weißglühenden Inferno immer mehr Wasserstoffgas zugeführt wurde. Noch in 22 Kilometer Entfernung hörte man die Detonationen, als das Luftschiff unter einem riesigen Rauch- und Feuerpilz zu Boden sackte. Innerhalb von 32 Sekunden gab es die *Hindenburg* und 35 Fahrgäste und Besatzungsmitglieder nicht mehr. Damit war auch das Zeitalter der Luftschiffriesen zu Ende.

Was löste den Brand der *Hindenburg* aus? Die Untersuchungskommission, die in Lakehurst die Unglücksursache ermitteln sollte, zog verschiedene Möglichkeiten in Betracht: Funken eines der Motoren, Defekt im Elektrizitätssystem, verstopftes Gasventil. Dr. Hugo Eckener, der nach dem Grafen Zeppelin die bedeutendste Rolle in der Entwicklung der Luftschiffe spielte, nahm an, daß innen die Drahtverankerung gerissen sei und eine Gaszelle durchbohrt habe, während sich dabei gleichzeitig statische Elektrizität entwickelte, die das ausströmende Wasserstoffgas entzündete. Die Kommission wollte die Möglichkeit eines Sabotageakts prüfen, aber die vernehmungsfähigen Besat-

zungsmitglieder hielten sich in diesem Punkt merkwürdig zurück. Erst nach dem 2. Weltkrieg stellte sich heraus, daß Hermann Göring, Oberbefehlshaber der Luftwaffe, Offizieren und Besatzung der *Hindenburg* befohlen hatte, „nicht nach einer Erklärung zu suchen". Der Verlust des Luftschiffs war an sich schon schwer hinzunehmen. Wenn sich nun noch herausgestellt hätte, daß es einem feindlichen Saboteur gelungen war, die strengen Sicherheitsvorkehrungen zu durchbrechen, wäre es innerhalb der Bevölkerung womöglich zu unberechenbaren Reaktionen gekommen. Also gab es weder Aussagen noch Verdächtigungen. Ein Offizier der *Hindenburg* zitierte später die Anweisungen: „Äußern Sie keine Meinungen. Beantworten Sie Fragen. Mehr nicht."

Bis zu dieser letzten Reise der *Hindenburg* hatte es in der deutschen kommerziellen Luftschiffahrt nie einen tödlichen Unfall unter den Passagieren gegeben. Die *Graf Zeppelin,* das erfolgreichste aller Luftschiffe, begann 1928 mit der Beförderung von Fahrgästen, machte in neun Jahren 590 Flüge mit mehr als 16000 Passagieren und legte eine Strecke von insgesamt 1695272 Kilometern zurück. Mit dem Bau der noch größeren *Hindenburg* wurde 1931 begonnen. Eigens für die Strecke über den Nord- und Südatlantik bestimmt, konnte sie 70 Passagiere sowie 13 Tonnen Fracht und Post befördern. Kabinen, Promenadendecks und Aufenthaltsräume waren elegant, aber schlicht eingerichtet. Im Gesellschaftsraum gab es sogar einen Flügel aus Leichtmetall.

Der wunde Punkt der *Hindenburg* waren die 200000 Kubikmeter leicht brennbaren Wasserstoffs, mit denen die 16 riesigen Gaszellen gefüllt waren. Dr. Eckeners ursprünglicher Entwurf sah eine Füllung mit nicht brennbarem Helium vor. Aber damals besaßen die USA das Monopol für Heliumherstellung und lehnten es nach Hitlers Machtergreifung 1933 ab, eine Exportgenehmigung für das strategisch wichtige Gas zu erteilen. Die amerikanischen Städte konnten nur von Luftschiffen bombardiert werden. Daher wurden nun die Gaszellen verändert und strengste Brandschutzmaßnahmen eingeführt. Die Besatzung trug Schuhe mit Hanfsohlen und antistatische Asbestschutzanzüge ohne Knöpfe oder Metallteile. Den Passagieren nahm man vor dem Flug alle Streichhölzer und Feuerzeuge ab. Das Rauchzimmer war besonders isoliert und druckfest gemacht, damit kein Wasserstoff eindringen konnte, und hatte eine Doppeltür. Ein Steward zündete Zigarren und Zigaretten mit einem Spezialfeuerzeug an und sorgte dafür, daß niemand mit brennender Zigarette den Rauchsalon verließ.

Die *Hindenburg* begann im Mai 1936 mit Passagierflügen und flog mehrere Male ohne Zwischenfälle nach Lakehurst und Rio de Janeiro. Im März 1937 trat sie die erste Reise der Saison nach Südamerika an, für beide Strecken voll ausgebucht. Am 3. Mai verließ sie Frankfurt am Main zum ersten der 18 für das Jahr vorgesehenen Nordamerika-Flüge.

Diesmal aber war sie nur zu einem Viertel besetzt. Um den Schein zu wahren, bot man bestimmten prominenten Persönlichkeiten Freikarten an, auf die jedoch einige dankend verzichteten. Offenbar hatte es sich unter den Flugreisenden herumgesprochen, was die Nazi-Behörden

Links: Das 240-Tonnen-Luftschiff *Hindenburg*, der Stolz Nazi-Deutschlands, auf dem Flughafen Frankfurt vor seinem letzten Flug.

Rechts: Der luxuriöse Aufenthaltsraum der *Hindenburg*.

Unten: Kapitän Pruss (links), der unglückliche Kommandant der *Hindenburg*, in der Kommandogondel.

geheimhalten wollten: Es waren mehrere Drohungen eingegangen, die *Hindenburg* würde in die Luft gesprengt, wenn sie in Amerika landete.

Daher durchsuchte auch die Sicherheitspolizei am Tag vor dem Abflug das Luftschiff. Das hatte die Besatzung ebenfalls nach besten Kräften getan, obwohl jeder wußte, wie leicht sich etwas in den Falten der Hülle im riesigen Innenraum verstecken ließ. Am intensivsten suchten die drei Monteure, die als einzige den zentralen Laufsteg betreten durften, der vom Bug bis zum Heck mitten durch das Luftschiff führte. Dieser Laufsteg war eine Neuerung, und einer der Monteure, der stille, verschlossene Erich Spehl, hatte beim Schneiden und Vernähen der Tunnels durch die 16 Gaszellen mitgearbeitet, um den Bau des Laufstegs überhaupt zu ermöglichen. Die beiden anderen Monteure taten damals Dienst auf der *Graf Zeppelin* und kannten daher den Steg bei weitem nicht so genau wie Spehl.

Nichts Verdächtiges wurde gefunden. Am nächsten Tag kamen 36 Passagiere an Bord, und der größte aller Zeppeli-

ne startete. Zweieinhalb Tage später überflog er bei Boston die Küste Nordamerikas, drehte nach Süden in Richtung New Jersey und war um 15 Uhr über Lakehurst, konnte aber mit der Landung erst um 18 Uhr 10 beginnen. Verfechter der Sabotagetheorie führen an, daß es vielleicht nicht beabsichtigt war, die *Hindenburg* in der Luft explodieren zu lassen, sondern erst nach der Landung, wenn alle Passagiere und Besatzungsmitglieder von Bord waren. Es könnte also sein, daß die durch den Sturm verursachte Verspätung den ursprünglichen Zeitplan umgeworfen habe, argumentieren sie.

Als Kapitän Pruss erkannte, daß sein Luftschiff verloren war, wurde ihm klar, daß es für die Passagiere nur eine Hoffnung auf Rettung gab, wenn er die *Hindenburg* so schnell wie möglich auf den Boden brachte. Noch ehe sie den Boden berührte, sprangen einige Passagiere durch Fenster, Türen und Luken. Wie durch ein Wunder gab es einige Überlebende. Nachdem der Zeppelin auf der Erde war, wurden weitere gerettet. Ein oder zwei Passagiere kamen ohne ein versengtes Haar davon. Kapitän Pruss lief mehrmals in das brennende Wrack, um zu helfen, bis er mit Gewalt daran gehindert wurde. Ein vierzehnjähriger Kabinensteward, Werner Franz, sah einen Berg lodernder Trümmer auf sich zustürzen, dann aber ergoß sich das Wasser aus einem platzenden Tank über ihn und rettete ihm das Leben. Die vier Männer aus dem Heck blieben völlig unversehrt.

Die Besatzung im Innenschiff hatte weniger Glück. Ganz vorne klammerte sich der Elektriker Joseph Leibrecht verzweifelt oben an die Haltegriffe. Das Luftschiff sank mit dem Heck zuerst auf den Boden, und als Leibrecht an den Handgriffen pendelte, bot sich ihm ein gräßlicher Anblick: „Die anderen elf Mann im Bug des Schiffs fielen einer nach

Links: Augenblick der Explosion an Bord der *Hindenburg*.
Oben: Binnen Sekunden stand das Luftschiff in Flammen.
Unten: In 30 Sekunden brannte das Luftschiff aus.
Die Katastrophe, die 35 Menschenleben forderte, setzte der deutschen Luftschiffahrt ein Ende.

dem anderen in das Flammenmeer hinunter, das einmal das Innere der *Hindenburg* gewesen war."

Einer dieser elf Männer war der große blonde Monteur Erich Spehl, ein schwieriger, zurückhaltender Mensch, der gern fotografierte. Er hatte Zugang zu allen Innenräumen des Zeppelins und hätte jederzeit einen Sprengsatz in einer Gaszelle verstecken können. Seine letzte Wache endete anderthalb Stunden vor der Explosion, und es ist bezeichnend, daß er bei Ausbruch des Feuers so weit vom Brandherd entfernt war, wie es nur ging. Ehe die *Hindenburg* in Frankfurt ablegte, war er mit einer älteren Frau gesehen worden, die verdächtigt wurde, mit den Kommunisten zu sympathisieren. Sie rief während des Flugs dreimal bei der Fluggesellschaft an, um sich nach der Position der *Hindenburg* zu erkundigen.

Noch ein weiterer Punkt, den die Kommission übersah, könnte Spehl mit der Katastrophe in Verbindung bringen. Ein Metallgegenstand wurde aus den Trümmern geborgen und als Überrest einer kleinen Trockenbatterie identifiziert — an sich nicht stark, aber mit einer Blitzlichtbirne verbunden, konnte sie einen blendenden Blitz und kurzfristig eine Temperatur von 3000—4000 Grad Celsius auslösen, also das Vielfache der für die Entzündung von Wasserstoffgas Erforderliche. Die Männer im Heck, die das Feuer ausbrechen sahen. sagten aus, es hätte mit jener Art von Blitz begonnen, der von einer Blitzlichtbirne erzeugt worden sein könnte.

Eine Batterie, eine Birne, eine Taschenuhr — mehr brauchte es nicht, das Luftschiff zu zerstören. Spehl starb im Inferno, und so wird sich nie mit Gewißheit klären lassen, ob er die Katastrophe selber ausgelöst hatte.

Die U-Boot-Falle
Bucht von Liverpool 1939

te eine halbe Stunde, bis der Bug untertauchte. Nach einer weiteren halben Stunden sank das Boot dann aber sehr schnell und verschwand aus dem Gesichtsfeld der *Grebecock*.

Folgendes war geschehen: Um festzustellen, warum das U-Boot nicht tauchte, untersuchte der Torpedo-Offizier, Lieutenant Frederick Woods, die sechs Torpedorohre im Schiffsbug, ob sie mit Luft oder Wasser gefüllt wären. Die ersten vier, die er prüfte, waren mit Luft gefüllt. Das fünfte Rohr schien ebenfalls mit Luft gefüllt zu sein, aber ein Kontrollfenster war mit Farbe verschmiert und weitere Tests wurden durch einen mechanischen Defekt unmöglich gemacht. Tatsächlich war das Rohr voll Wasser, und zu allem Überfluß hatte jemand den vorderen Verschluß offengelassen. Wenn man nun noch den anderen öffnete, quoll Meerwasser herein.

Links: Das unselige britische U-Boot *HMS Thetis* beim Stapellauf.

Rechts: Ein Rettungsschiff neben dem hochstehenden Heck der *Thetis*, die bei der Probefahrt in der Bucht von Liverpool unterging. Kurz nach dieser Aufnahme drang noch mehr Wasser in das U-Boot ein. Durch das zusätzliche Gewicht und die schwere Strömung riß das Kabel, und das Unterseeboot mit 99 Menschen an Bord sank auf den Meeresgrund.

„Ihr seht . . . wie leicht . . . es ist", keuchte Lieutenant Harold Chapman. Aus dem festsitzenden britischen Unterseeboot *Thetis* hatte er zwei Männer heil an die Oberfläche gelangen sehen. Nach 17 Stunden, in denen der Bug im weichen Schlamm 55 m tief in der starken Strömung der Bucht von Liverpool steckte, hatte man genug Wasser und Brennstoff herausgepumpt, um das Heck soweit anzuheben, daß es über die Wasseroberfläche ragte. Das U-Boot war von Schiffen ausgemacht worden, und die beiden Männer, die gerade durch die Achterdeck-Druckkammer entkommen waren, wurden in diesem Augenblick aufgefischt. Aber nach so langer Zeit unter Wasser wurde die Kohlendioxydverdichtung lebensgefährlich. Noch zwei Männer konnten sich retten. Sie waren die letzten — 99 blieben an Bord und starben.

Am 1. Juni 1939 hatte die *HMS Thetis* Birkenhead zur letzten Testfahrt verlassen. Die Besatzung bestand aus 53 Mann, aber bei dieser Gelegenheit waren noch 50 Passagiere an Bord, Beobachter der Admiralität, Vertreter der verschiedenen am Bau beteiligten Firmen und zwei Angestellte des Liverpooler Feinkostgeschäfts, das das Festessen lieferte.

Die *Thetis* wurde vom Schlepper *Grebecock* zu ihrer Tauchstation 38 Meilen vor Liverpool begleitet. Sie sollte um 14 Uhr langsam tauchen, aber es stellte sich heraus, daß sie viel zu wenig Ballast an Bord hatte und trotz der 50 zusätzlichen Personen immer noch zu leicht war. Es dauer-

Woods und seine Helfer retteten sich schleunigst in die nächste wasserdichte Kammer. Aber da das Boot nun rasch kippte, gelang es ihnen nicht, das schwere Schott zuzuziehen und zu schließen. Sie zogen sich zur nächsten wasserdichten Tür zurück, die sie diesmal schließen konnten. Doch mit zwei gefluteten Abteilungen verlor das Unterseeboot die Schwimmfähigkeit und sank binnen kurzem auf den Grund.

Dreimal versuchte man vergebens, durch die vordere Ausstiegsluke in die gefluteten Kammern zu gelangen, um den Rohrdeckel zu schließen. Die *Royal Navy* hatte U-Boot-Leute für die Arbeit unter Druck in einem Tank ausgebildet, der nur fünf Meter tief im Wasser lag. Den Druckunterschied zwischen fünf und 50 Metern hatte man nie berücksichtigt.

In der starken Oberflächenströmung trieb die *Grebecock* vier Meilen vom Tauchort der *Thetis* ab, die erst am folgenden Morgen um 7.50 Uhr wieder geortet wurde. Der Schlepper besaß keine starke Funkanlage, und als seine

Funksprüche aufgefangen wurden, verzögerte sich die Weiterleitung an Land. Die Admiralität brauchte lange, bis sie Taucher und geeignete Bergungsschiffe zum Unfallort schickte, und als sie endlich eintrafen, konnten die Taucher nur in dem 30 Minuten langen Intervall zwischen den Gezeiten arbeiten.

Durch die doppelte Anzahl Menschen an Bord der *Thetis* war die Atemluft nach 20 Stunden aufgebraucht. Woods und ein anderer Offizier kletterten durch die Ausstiegsluke am Heck nach draußen, um nach einem genauen Plan Luft in das U-Boot zu pumpen und das Kohlendioxyd abzulassen. Der nächste Ausstiegsversuch gelang, zwei weitere schlugen fehl, weil ein Sicherheitsverschluß an der Luke nicht ganz zurückgeklappt war, so daß sie sich von innen nicht öffnen ließ. Dieses Versehen wurde von den immer benommener werdenden Männern jedoch nicht

umgetauft. Sie war drei Jahre lang im Einsatz, bis sie dann im März 1943 vor Sizilien von einer italienischen Korvette versenkt wurde. Zum zweiten- und letztenmal ging sie mit voller Besatzung unter — allerdings kam diesmal für die Männer an Bord der Tod schneller.

Oben: Einer der Taucher bei Rettungsarbeiten.

Unten: Die gehobene und an Land geschleppte *Thetis* nach fünf Monaten auf dem Grund der Bucht von Liverpool.

entdeckt. Die Ausrüstung für die Anbringung der doppelten Luftschläuche traf nicht ein, und um drei Uhr nachmittags, 24 Stunden nach ihrem Untertauchen, riß das Kabel, das die *Thetis* mit dem Bergungsschiff *Vigilant* verband, und das Unterseeboot war verschwunden. Sein Gewicht war plötzlich stark angestiegen, als die letzten beiden Männer in der Ausstiegsluke versehentlich die Tür zum Maschinenraum öffneten. Wasser strömte ein und breitete sich sehr schnell im Boot aus. Alle diejenigen, die nicht schon an Sauerstoffmangel gestorben waren, ertranken nun.

Der Admiralitäts-Bericht konzentrierte sich auf das Versagen einzelner, überging jedoch die eigenen Versäumnisse, für sachkundige Inspektion, ausreichende Ausbildung und rasche Hilfsaktionen zu sorgen. Vermutlich hielt man es für unklug, die Admiralität nach dem Ausbruch des 2. Weltkriegs zu kritisieren.

Die *Thetis* wurde schließlich gehoben und im Oktober 1939 an Land gebracht, repariert und in *Thunderbolt*

153

U-Bahn-Katastrophe
London 1975

„Er schien unbewegt geradeaus zu starren. Die Augen waren weit aufgerissen." So beschrieb ein Augenzeuge, der auf dem Bahnsteig Moorgate der Londoner Untergrundbahn stand, den Zugführer des sechs Wagen langen Zugs, der mit schätzungsweise 65 km/h an ihm vorbeiraste. Es war der 28. Februar 1975. Moorgate, nahe dem Zentrum der Londoner City, ist die Endstation einer kurzen Nebenlinie, aber der Zugführer verlangsamte die Fahrt nicht. Manchen Zeugen und Überlebenden schien es sogar, als

Meter hoch statt der sonst üblichen drei. Dieser Unterschied von annähernd zwei Metern rettete vielen Menschen aus dem dritten und sogar einigen aus dem zweiten Wagen das Leben. John Ryder, ein Überlebender aus dem zweiten Wagen, erinnert sich: „Als der Zug stand, herrschte erst eine Weile Stille, dann begannen Menschen zu stöhnen, aber wir konnten nichts für sie tun. Eine Frau lag über mir, und ich hielt ihren Kopf in der Hand . . . Auf beiden Seiten war das Dach bis zum Wagenboden heruntergepreßt worden." Ein Feuerwehrmann berichtete, daß einige Menschen durch den Boden des Wagens gedrückt worden waren. Er fügte hinzu: „Wer von ihnen noch lebte, ließ sich leicht feststellen: die schrien, wenn man sie berührte."

Rettungsmannschaften arbeiteten den ganzen Tag in qualvoller Enge, in Hitze, Staub und stickiger Luft, um die Verletzten aus den ineinandergeschobenen ersten beiden Wagen zu befreien. Die Temperatur stieg bis auf 50 Grad an; die Rettungsmannschaften brauchten Salztabletten,

Links: Der Londoner Untergrundbahnhof Moorgate nach dem Zugunglück am 28. Februar 1975.

Rechts oben: Das Innere eines der verunglückten Wagen.

Rechts unten: Einer der verletzten Fahrgäste wird zwischen dem Zug und der Tunnelwand aus dem Wrack abtransportiert.

beschleunige er das Tempo noch, während er durch den Bahnhof und in den kurzen blinden Tunnel am Ende des Bahnsteigs raste. Der erste Wagen durchbrach die Prellböcke, pflügte sich durch einen Sandwall und prallte gegen die Abschlußmauer aus Steinen und Ziegeln, hinter der die feste Erde begann. Der zweite Wagen schob sich in den ersten und drückte ihn um mehr als die Hälfte seiner ursprünglichen Länge zusammen. Der dritte Wagen rutschte auf das Dach des zweiten und bohrte sich mit dem Vorderteil in die Tunneldecke. Die drei hinteren Wagen kamen neben dem Bahnsteig zum Stehen. Dies geschah um 8.46 Uhr, dem Höhepunkt der Londoner Stoßzeit.

Die Londoner Untergrundbahn galt als so sicher, daß schon seit Jahren keine Unfallberichte mehr veröffentlicht worden waren. Der Moorgate-Unfall von 1975, bei dem 43 Menschen den Tod fanden, war der weitaus schwerste seit Eröffnung der Untergrundbahn im Jahre 1863. Durch eine Sonderkonstruktion war der Tunnel hier fast fünf

um bei Kräften zu bleiben. Sie arbeiteten 20 Minuten und mußten dann 40 Minuten Pause einlegen. Die Helfer und Ärzte mußten durch ein 90 mal 60 Zentimeter großes Loch kriechen, das an der Stelle gebohrt worden war, wo sich der zweite Wagen in den ersten geschoben hatte. Ein Arzt, der zu einer kurzen Atempause an der frischen Luft herausgekrochen kam, fand kaum Worte für das Grauen im Tunnel. „Es ist so schauerlich, daß ich es nicht beschreiben kann. Es hat entsetzliche Verletzungen und Verstümmelungen gegeben." Ein hoher Polizeibeamter sagte: „Wir arbeiten wie in einer Sardinendose, alles ist ein einziger Klumpen zusammengepreßtes Metall."

Erst nach 13 Stunden wurden die letzten beiden Überlebenden gerettet, und es dauerte noch vier Tage, bis die Leiche des Zugführers Leslie Newson geborgen werden konnte. Zunächst mußten die Hilfsmannschaften sich einen Weg durch die Trümmer bahnen und mit Flaschenzügen die schweren Räder des dritten Wagens heraushe-

ben, der über den beiden anderen lag. Der Führerstand war bei dem Aufprall auf 15 Zentimeter zusammengequetscht worden, und es ließ sich nicht mehr feststellen, wo die Hände des Zugführers zu diesem Zeitpunkt gelegen hatten. Untergrundzüge sind mit zwei getrennten Notbremssystemen ausgerüstet sowie einer Sicherheitsvorrichtung, die den Zug anhalten soll, wenn der Führer zusammenbricht oder stirbt. Alle Systeme waren voll funktionsfähig, als es zu dem Aufprall kam, und man fand keinen Hinweis darauf, daß der Zugführer den Hebel der Sicherheitsvorrichtung losgelassen hatte.

Die Beschreibung von Newsons starrem Blick gab Anlaß zu Vermutungen, daß er in Ohnmacht gefallen sein oder sogar auf diese makabre Weise Selbstmord verübt haben könnte. Fotos von ihm zeigten jedoch, daß er immer etwas starr blickte. Er war 56 Jahre alt und galt als besonnener, gewissenhafter Mann, der seinen Beruf liebte. Die Strecke von und bis Moorgate hat nur sechs Stationen, was sie für den Zugführer eintönig macht. Es könnte sein, daß an diesem einen Morgen der Zugführer Newson — obwohl er die Strecke viele Jahre lang unfallfrei gefahren war — irgendwelche Zwangsvorstellungen bekam. Die öffentliche Untersuchung brachte keine eindeutige Klärung der Unfallursache — nur, daß kein Versuch gemacht worden war, die Bremsen zu ziehen.

155

Das schwerste Flugzeugunglück der Welt
Teneriffa 1977

mußten von den drei Fluglotsen abgewickelt werden. Um 13.45 Uhr landete eine KLM 747 aus Amsterdam und 90 Minuten später eine Pan American 747 aus Los Angeles neben ihr auf dem überfüllten Rollfeld. Der KLM-Jumbo hatte 235 Passagiere und 14 Mann Besatzung, der Pan American-Jumbo 364 Passagiere und 16 Mann Besatzung.

Los Rodeos ist unter Piloten als schwieriger Flugplatz

Seit 1969 das Zeitalter der Jumbo-Jets begann, haben alle Fluggesellschaften vor dem Tag gebangt, an dem eins dieser riesigen Flugzeuge mit allen Passagieren an Bord abstürzen würde. Dieser Tag kam am 27. März 1977, aber der Unfall traf nicht einen, sondern zwei Jumbo-Jets. Sie kollidierten und explodierten auf der Landebahn des Flughafens Los Rodeos auf Teneriffa, der größten der spanischen Kanarischen Inseln vor der Westküste Afrikas. Mehr als 570 Menschen kamen bei der Explosion und dem folgenden furchtbaren Brand ums Leben. Es war die schwerste Luftfahrtkatastrophe der Welt.

An Sonntagen herrschte in Los Rodeos immer Hochbetrieb. Am Sonntag, dem 27. März, war der Luftverkehr besonders dicht. Am Morgen war in einem Geschäft in Las Palmas auf der Insel Gran Canaria eine Bombe explodiert, und alle Flugzeuge, die sonst dort gelandet wären, wurden nach Teneriffa umgeleitet. Der normale Sonntagsverkehr verdoppelte sich, und an die 400 Landungen und Starts

bekannt. Schmal, dem Wind ausgesetzt, mit nur einer großen Rollbahn, liegt er 600 Meter hoch in den Bergen. Im Lauf des Nachmittags legte sich Nebel über das Flughafengelände, und um fünf Uhr setzte Nieselregen ein. Die horizontale Sichtweite betrug 100 Meter, die vertikale war gleich Null, das heißt genau am Rand der Gefahrenzone. Nach einer Wartezeit von 3 Stunden und 15 Minuten erhielt der KLM-Jumbo Anweisung, sich zum Start vorzubereiten. Vom Flughafengebäude rollte er über eine kurze Verbindungsbahn zur einzigen Startbahn. Er bog nach links in die Bahn ein, rollte bis zu ihrem Ende, drehte dann um 180 Grad, um auf derselben Bahn zu starten, auf der er gekommen war. Die PanAm-Maschine sollte ihm folgen und dasselbe Manöver mit einem wichtigen Unterschied ausführen: während sie zum Ende der Startbahn rollte, sollte sie links auf eine diagonal verlaufende Bahn abbiegen, die sie zur Startposition führen würde — aber hinter der KLM-Maschine, die bis dahin gestartet wäre.

Der PanAm-Kopilot Robert Bragg erinnerte sich deutlich an das, was geschah, als sein Flugzeug sich der Diagonale näherte, die es von der Hauptstartbahn fortbringen sollte. „Wir sahen vor uns Lichter im Nebel. Anfangs dachten wir, es wäre die KLM, die am Ende der Bahn stünde. Dann merkten wir, daß sie auf uns zukamen." In den drei Sekunden, die ihr blieben, drehte die Besatzung

der PanAm die Nase ihres Flugzeuges nach links von der Startbahn ab. Der Pilot, Captain Victor Grubbs, rief den Kontrollturm: „Wir sind noch auf der Startbahn!" Aber der KLM-Jumbo hob schon das Bugrad und konnte weder anhalten noch ausweichen, noch hoch genug steigen, um den PanAm-Jumbo zu überfliegen, den er nun in der Rumpfmitte traf und oben aufriß. Dann schlug der KLM-Jumbo auf den Boden auf, holperte noch etwa 200 Meter weiter und explodierte. Niemand an Bord überlebte.

Die PanAm-Maschine fing nicht sofort Feuer. 54 Menschen gelang es noch, durch die klaffenden Löcher im Rumpf nach draußen zu springen, ehe die Treibstofftanks explodierten und die übrigen 326 Menschen in Flammen einhüllten. Asger Smith, ein dänischer Reisevermittler, sah einige der Überlebenden herauskommen. Bis auf die Schuhe war ihre gesamte Kleidung verbrannt. „Sie gingen einzeln und ganz mechanisch", sagte er, „ohne irgendwelche Reaktionen, wie Marionetten."

Wie konnte der Zusammenstoß geschehen? Captain Grubbs und der KLM-Pilot, Captain Veldhuizen van Zanted, waren ältere, erfahrene Männer. Eine Vermutung ging dahin, daß die PanAm zur falschen Diagonalpiste wollte und zu lange auf der Rollbahn blieb. Die Flugbedingungen an diesem nebligen Hochbetriebssonntag wurden dadurch noch schwieriger und gefährlicher, daß zwei der

Oben: Spanische Soldaten durchsuchen die Trümmer nach dem Zusammenstoß der beiden Jumbo-Jets auf Teneriffa im März 1977.

Links: Der Ort des Zusammenstoßes auf dem Flughafen Los Rodeos.

drei Frequenzen des Flughafens seit sechs Monaten ausgefallen waren, so daß alle Maschinen dieselbe Frequenz benutzen mußten. Man vermutet, daß es dadurch zu einem folgenschweren Mißverständnis seitens der KLM-Besatzung kam. Die letzten Sätze im Sprechfunkverkehr zwischen den Flugzeugen und dem Kontrollturm sind von den Flugschreibern aufgezeichnet und nach der Explosion geborgen worden. Nach einem Bericht in der *Sunday Times* lauteten sie wie folgt:

KLM: Wir sind jetzt startbereit.
Turm: Okay, halten Sie sich bereit zum Start. Ich melde mich wieder.
PanAm: *Clipper 1736.*
Turm: *Papa Alpha 1736,* melden Sie, wenn die Startbahn frei ist.
PanAm: Wir melden, wenn die Startbahn frei ist.
Turm: Okay. Danke.

Glaubte die KLM-Besatzung, sie hätte die Starterlaubnis, als sie die Worte „Startbahn frei" hörte, ohne zu erkennen, daß diese Mitteilung die PanAm-Maschine betraf? Auf den Flugschreibern ist nichts weiter aufgezeichnet, und Sekunden später waren 575 Menschen tot.

Weltraum-Katastrophen

„Feuer — ich rieche Feuer!" rief eine entsetzte Stimme plötzlich über die Gegensprechanlage. Es war der 27. Januar 1967. In Cape Kennedy lief die Generalprobe für Apollo 4, eine bemannte Erdumkreisung, die später im Jahr stattfinden sollte. Es war 18 Uhr. Die Astronauten Gus Grisson, Edward H. White und Roger B. Chaffee saßen seit Mittag angegurtet auf ihren Sitzen und arbeiteten sich durch den Countdown, als wäre dies der echte Start. In der großen Saturnrakete war kein Treibstoff, daher standen auch keine Feuerwehrleute oder Ärzte in Bereitschaft, als

„Wir brennen! Holt uns hier raus!" Danach tödliches Schweigen.

Untersuchungen der Tragödie, der schrecklichsten in der Geschichte der amerikanischen Raumfahrt, ließen darauf schließen, daß ein defekter Draht neben Grissons Liegesitz den Brand verursacht hatte. In Sekunden verwandelte die reine Sauerstoffatmosphäre die winzige, enge Kommandokapsel in einen Feuerofen. Die drei Astronauten hatten keine Chance. Sie starben durch das Einatmen von Rauch innerhalb von 15 bis 20 Sekunden nach Ausbruch des Feuers — die ersten Todesopfer des Weltraum-Zeitalters.

Auch das sowjetische Raumfahrtprogramm wurde im gleichen Jahr von einer Katastrophe betroffen. Am 24. April befand sich der Kosmonaut Wladimir Komarow in einer Sojus 1 auf Erdumlaufbahn, als die sowjetische Bodenkontrolle Anweisung gab, die Mission vorzeitig abzubrechen. Beim Wiedereintritt in die Erdatmosphäre verfingen sich die Leinen seines einzigen Fallschirms, der sich darum nicht richtig öffnete. Komarow stürzte mit

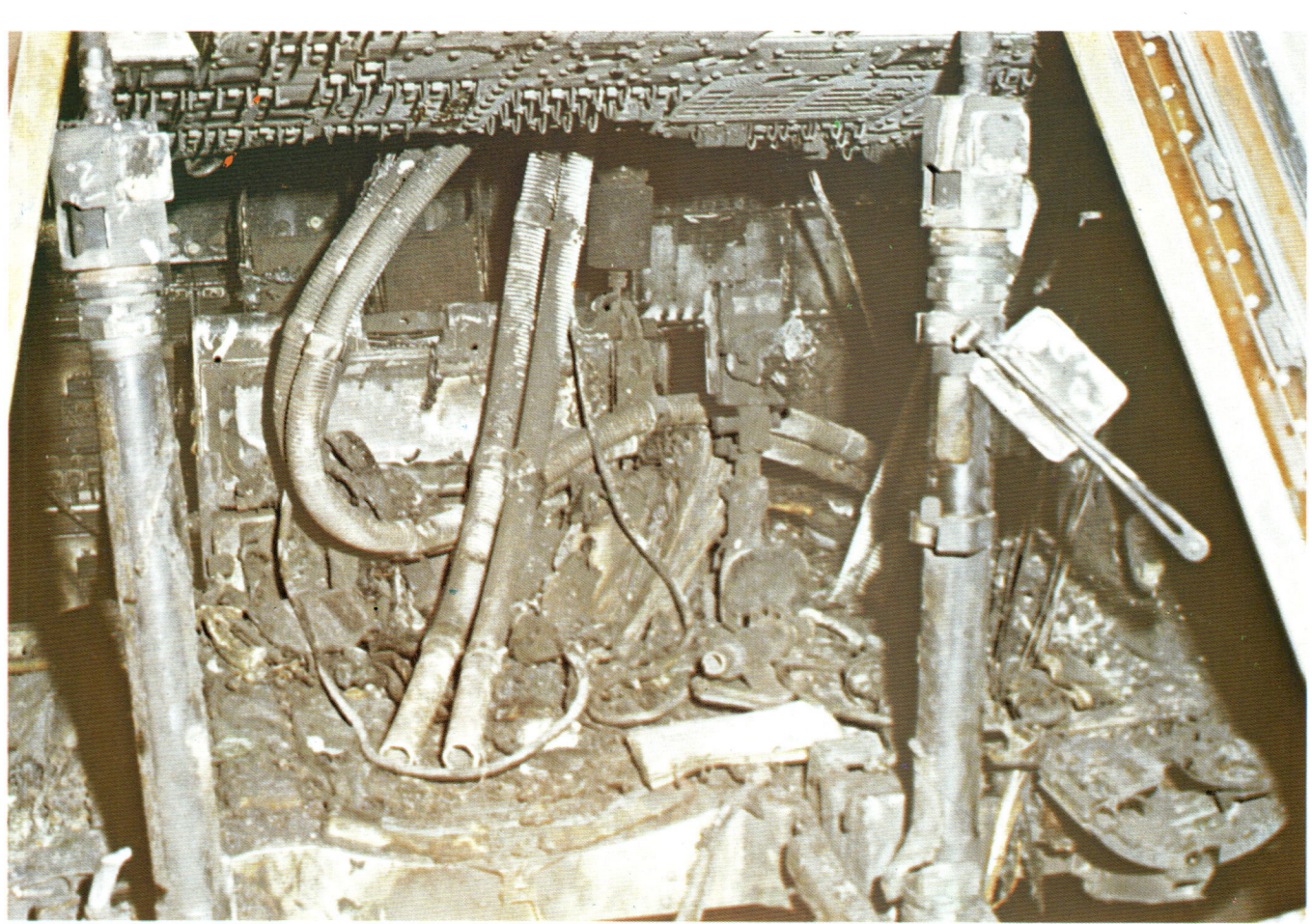

der entsetzte Aufschrei über die Sprechanlage kam. Die Instrumente im Kontrollzentrum begannen zu flackern, als die Astronauten gewaltsam den festverschlossenen Ausstieg der Kommandokapsel zu öffnen versuchten. „Feuer im Cockpit", schrie White. Die Instrumente zeigten an, daß die Temperatur in der Kabine stark anstieg. Dann kamen unverständliche Rufe, während die eingeschlossenen Astronauten an der Ausstiegsluke zerrten und hämmerten. Darauf ein letzter, verzweifelter Aufschrei von Chaffee:

seiner Raumkapsel in den Tod. Er war der erste Raumfahrer, der bei einem Flug starb, leider aber nicht der letzte.

Wohl das erschütterndste Raumfahrtunglück ereignete sich im Juni 1971. Die sowjetischen Kosmonauten Georgi Dobrowolski, Viktor Patsajew und Wladimir Wolkow vollendeten ein aufregendes Ankopplungsmanöver zwischen ihrer Sojus 11 und Saljut, dem 24-Tonnen-Raumlabor, das sich bereits in der Erdumlaufbahn befand. 24 Tage lang führten sie zahlreiche Experimente durch und berich-

Sojus 11. Das Bodenpersonal öffnete sofort die Ausstiegsluke. Alle drei Kosmonauten lagen leblos in ihren Sitzen.

Was war geschehen? Eine unmittelbar danach eingesetzte sowjetische Untersuchungskommission gab an, daß der
plötzliche Druckabfall, der durch eine schadhafte Dich-
tung an einer Luke in der Kapsel entstanden war, den Tod
der Kosmonauten herbeigeführt habe. Später hieß es, ein
schadhaftes Ventil habe den verhängnisvollen Druckabfall
ausgelöst.

Jedenfalls waren Dobrowolski, Patsajew und Wolkow
innerhalb von Sekunden im Augenblick ihrer triumphalen
Rückkehr zur Erde gestorben. Diese Katastrophe bedeutete einen lähmenden Schlag für das sowjetische Raumfahrtprogramm, das zwei Jahre lang ruhte.

Riesige Brücken, die einstürzen, nicht versenkbare
Schiffe, die auf der Jungfernfahrt untergehen, Luftschiffe,
deren Konstruktionsfehler eine Ära beenden — sie alle
stellen sich dem technischen Fortschritt als Hindernis in
den Weg. Aber mit der einen Ausnahme des Luftschiffs

Oben: Ein Künstler malte
den Wiedereintritt einer
Raumkapsel in
die Erdatmosphäre.
Links: Das Innere der
Apollo 4 nach dem Brand,
bei dem die Astronauten
Gus, Grisson, Edward
White und Roger Chaffee
ums Leben kamen.
Rechts: Die Mannschaft von
Sojus 11, die durch plötzlichen Druckabfall den Tod
fand.
Unten: Oberst Wladimir
Komarow, dessen Brems-
fallschirm versagte, so daß
er mit seiner Raumkapsel
abstürzte.

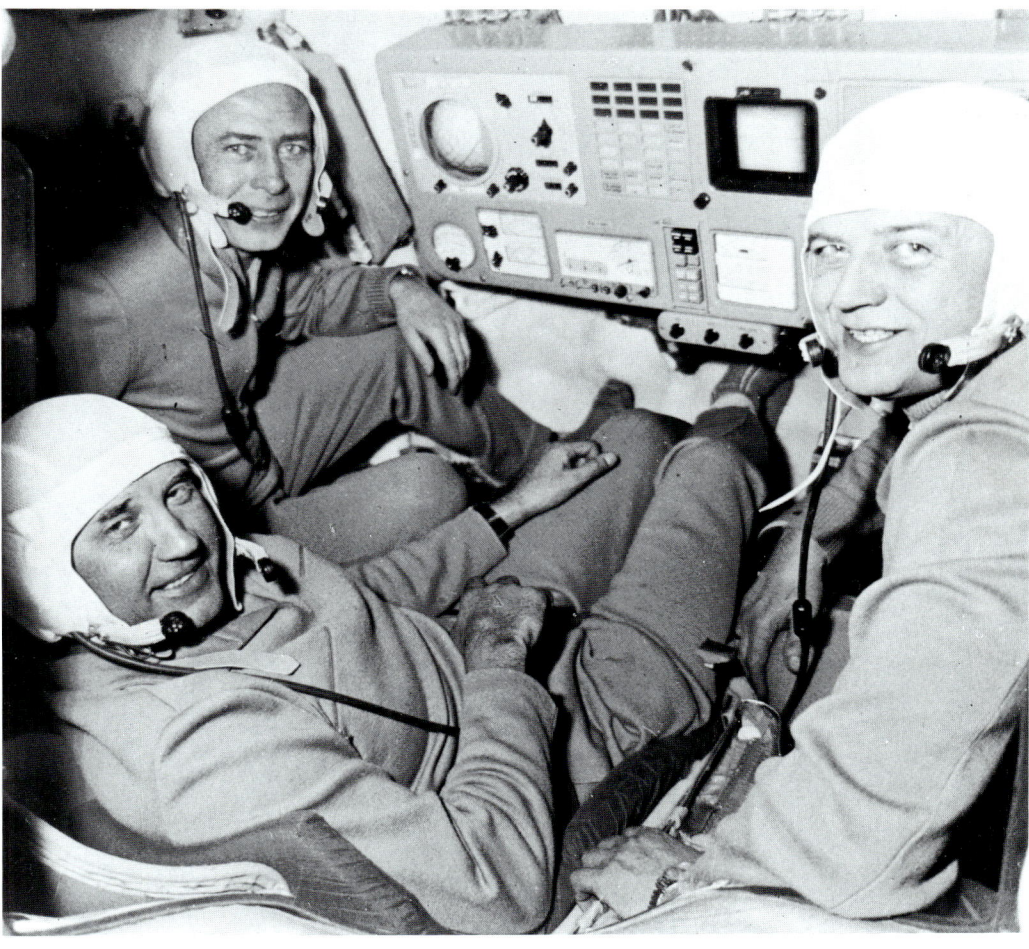

teten regelmäßig darüber im Fernsehen. Am 29. Juni war
ihre Mission erfolgreich abgeschlossen. Sojus 11 koppelte
sich von der Raumstation ab, alle Systeme arbeiteten
einwandfrei. Am frühen Morgen des 30. Juni erfolgte der
Wiedereintritt in die Erdatmosphäre. Wie üblich brach der
Funkkontakt mit der Besatzung ab, während sämtliche
Systeme reibungslos funktionierten. Die weiche Landung
der Raumkapsel erfolgte genau im Zielgebiet. Ein Hubschrauber mit der Bergungsmannschaft landete neben der

haben sie den Menschen nie von neuen Versuchen abgehal-
ten. Wenn einmal der Wille da ist, wenn sich einmal der
Erfindergeist des Menschen auf ein Ziel gerichtet hat,
bleibt es meist nur eine Frage der Zeit, bis das Ziel erreicht
wird. Nur 2 Jahre nach der Katastrophe der Apollo 4
betraten die US-Astronauten Armstrong und Aldrin als
erste Menschen den Mond. Es war ein Triumph der
menschlichen Technik.

9
Wirtschaftliche Zusammenbrüche

Die meisten Menschen träumen von plötzlichem Reichtum, sei es durch Glück, durch einen Geniestreich oder göttliche Fügung. Sie träumen davon, mit einem Schlag aus der Abhängigkeit und sehr oft auch von der Mühsal des täglichen Broterwerbs befreit zu werden. Lotterien und zahllose Varianten des Glücksspiels haben seit je diesem Verlangen Rechnung getragen und den allen Spekulationen anhaftenden Hauch von Gefahr hinzugefügt.

Manchmal sind ganze Gruppen von Menschen vom Spekulationsfieber angesteckt worden. Jeder will kaufen, verkaufen und schnell Gewinn einheimsen. Die Preise werden aufgebläht, bis die Seifenblase plötzlich platzt. Wer rechtzeitig seinen Profit eingestrichen hat, ist dabei reich geworden. Wer abgewartet hat, ist ruiniert: die klassische Situation von Boom und Kurssturz. Gelegentlich verrechnen sich ganze Nationen, und ihre Wirtschaft bricht zusammen. Regierungen suchen diesen vernichtenden Rückschlägen zuvorzukommen, aber Krisen sind vielgestaltig und manchmal schwer vorhersehbar.

Linke Seite: Ein Arbeitsloser mit Frau und Kind auf einem Plakat von 1920. Die Wirtschaft eines Landes scheint selten einen gleichmäßigen Verlauf zu haben. Schon seit der industriellen Revolution kann der Arbeitsmarkt als Karte mit steilen Gipfeln und tiefen Einbrüchen gezeichnet werden. Hohe Geburtszahlen, überhöhte Lohnforderungen oder Mißwirtschaft der Regierungen tragen zu dem Auf und Ab bei. Die Auswirkungen der Tiefs bringen immer Entbehrungen und Armut — manchmal bittere Not — für Millionen Menschen.

Gewinn und Verlust

Ein Loch in der fernen Wüste Westaustraliens machte im September 1969 Schlagzeilen in der Weltpresse, als eine Bergwerksgesellschaft namens Poseidon eine stark nickelhaltige Erzprobe förderte. Der Mangel an Nickel auf dem Weltmarkt war so groß, daß dieser wichtige Bestandteil des rostfreien Stahls 7000 Pfund pro Tonne brachte, während der offizielle Preis 985 Pfund betrug. Die wilde Jagd nach Poseidon-Aktien an der australischen Börse ließ den Preis

Fall dauerte länger. Im März standen die Aktien noch bei 66 Pfund, der Preis halbierte sich bis zum Mai und stand am Ende des folgenden Jahres bei 6 Pfund. Die Gesellschaft ging in Konkurs und wurde von Shell Oil gekauft, aber die Schwierigkeiten bei der Förderung — und der Sturz der Nickelpreise — führten im Februar 1978 zur Stillegung des Bergwerks. Die Aktien sind nicht völlig wertlos geworden, das Nickel ist noch da und kann geschürft werden, aber „nicht in absehbarer Zukunft". Wer die beim Boom gekauften Aktien behalten hat, wird sein Geld nie wiedersehen.

Der Aufstieg und Fall von Poseidon ist ein klassisches Beispiel für eine fehlgeschlagene Spekulation, aber es gibt noch viele andere Möglichkeiten, Geld zu verlieren. Neben den offen zutage liegenden Gründen für Vermögensverluste einzelner oder ganzer Gemeinwesen wie Krieg, Hunger und Seuchen gibt es andere, weniger offensichtliche. Geld-

Links: Dieses winzige Bauwerk in der Wüste Westaustraliens ist alles, was von der Poseidon-Bergwerksgesellschaft existiert, deren Entdeckung von Nickellagern 1969 zu dem unglaublichen Boom ihrer Aktien führte.

Rechts: Die Nickel-Hütte in Kambalda, Westaustralien, zeigt, daß hinter dem Erzbergbau mehr steckt als hysterische Aktienspekulation.

von 0,25 Pfund in einer Woche auf 10 Pfund ansteigen. Wirtschaftsjournalisten mahnten zur Vorsicht, die Spekulanten aber hörten nicht auf sie und trieben in geradezu hysterischem Eifer die wenigen noch gehandelten Aktien bis zum Ende des Jahres auf 95 Pfund. Die Wunderaktie erreichte am 11. Februar 1970 mit 123 Pfund ihren Höchststand. Damals kursierten die üblichen Geschichten vom Botenjungen oder der Putzfrau, die im September zum bescheidenen Preis von 25 Pfund 100 Aktien gekauft hatten, die in fünf Monaten auf 12300 Pfund kletterten. Der

knappheit führt zur Handelsflaute, aber paradoxerweise zuviel Geld ebenso. Der unglaubliche Reichtum, der dem Spanien des 16. Jahrhunderts aus Amerika zufloß, brachte eine Inflation mit sich, die spanische Waren aus dem internationalen Markt warf. König Philipp II. war 1575 bankrott, und noch einmal 1596. Die Schätze Amerikas ruinierten Spanien.

Verschuldete Könige haben versucht, ihr Vermögen durch Geldentwertung zurückzugewinnen, aber diese Unterfangen endeten immer wieder katastrophal. Philipp der

Schöne von Frankreich war hierin ein ebenso notorischer Sünder wie Heinrich VIII. von England. Während die Preise stiegen, verringerte sich der Handel, kleine Kaufleute wurden ruiniert, und Bettler überschwemmten das Land.

„Traut keinem Fürsten", war eine weise Lebensregel. Die mächtigen florentinischen Bankherren, die Geld an Bauern wie an Päpste verliehen, pumpten auch fremden Königen. Die beiden führenden Bankhäuser der Bardi und der Peruzzi hatten das Mißgeschick, Edward III. von England beträchtliche Summen zu leihen. 1343 wurde er in aller Stille zahlungsunfähig und schuldete ihnen 1 400 000 Goldgulden — eine riesige Summe, das Fünffache des Jahreseinkommens der englischen Krone. Die anschließenden Konkurse lösten in den Finanzzentren Europas eine Panikwelle aus.

Waren bankrotte Könige ein Risiko, das ein Bankier von einst eingehen mußte, so ruinierte eine andere Tat König

von Politik, Handel und Wirtschaftswachstum. Heute kann man dasselbe an den Schwankungen des Ölpreises beobachten.

Die heutige Börse entwickelte sich vor 400 Jahren aus Schiffspartnerschaften, bei denen sich mehrere kleine Kaufleute in die Kosten eines Schiffs und seiner Fracht teilten und später die Gewinne anteilig auszahlten. Mit der Zeit wurden Anteile an diesen „Risiko-Gesellschaften" bei gewissen Wechselbüros gegen Bargeld verkauft, vornehmlich in Amsterdam und London. Der Hang zum Glücksspiel führte dazu, daß mit Handelsgütern wie Korn, Gewürzen und Waltran, bei denen das Angebot unsicher, die Nachfrage aber konstant war, spekuliert wurde. Bald wurde mit Anteilen aller möglichen Gesellschaften spekuliert. Viele Eigenheiten der modernen Börse gab es schon damals; vor allem das Risiko plötzlichen Reichtums oder plötzlichen Ruins, und es ist nicht erstaunlich, daß das

Edwards jedoch die Wirtschaft einer ganzen Region. Die Tuchmacherstädte in Flandern, Brügge, Gent und Ypern kauften ihre Wolle in England. Edward sperrte die Ausfuhr. Innerhalb von 50 Jahren wurde Ypern zu einer armen Stadt, deren Manufakturen nur noch 15 Prozent ihres früheren Umsatzes hatten. Es traf sich glücklich, daß gerade zu dieser Zeit ein Tuchmacher aus Arras die Kunst des Teppichwebens entwickelte, wodurch Hunderte verarmter Weber wieder Arbeit fanden. Solch ständiges Auf und Ab war eine unvermeidliche Folge der Verquickung

„Tulpenfieber", die erste große Hausse und Baisse im Stil der Poseidon-Aktien, in Holland ausbrach.

Tulpenfieber!
Holland um 1630

1636 wurde in den Niederlanden eine einzige Tulpenzwiebel zum unglaublichen Preis von 4600 Gulden plus einer neuen Kutsche und einem Paar Apfelschimmel verkauft. Zum Vergleich: ein Schaf kostete damals 10 Gulden. Das war das Tulpenfieber, ein Spekulationstaumel, der jeden Holländer vom Fürsten bis zum Straßenfeger in eine wilde Jagd nach dem Reichtum stürzte.

Die Tulpen waren für Westeuropa noch neu. Die Pflanze stammt aus der Türkei, und der Name soll von der Form der Blüte herrühren, von dem türkischen Wort für „Turban". Die Tulpen tauchten in den Niederlanden zuerst um 1590 auf und wurden sofort zu einem begehrten Objekt, weil sie eine in der Flora einzigartige Eigenschaften haben. Eine aus Samen gezogene Pflanze produziert Jahr für Jahr

eine immer gleich gefärbte Blüte, und alle von ihr entwickelten Zwiebeln, Ableger, tun dasselbe, bis nach unbestimmbarer Zeit einige Pflanzen abweichen und gestreifte Blüten bilden. Diese abgewichenen Pflanzen entwickeln weiter gestreifte Blüten, und ihre Ableger tun dies auch. Die Botaniker kennen den Grund dieses Phänomens nicht, aber die holländischen Gärtner erkannten rasch die sich

Oben: Ein holländisches Blumenbild aus dem 17. Jahrhundert. Die Holländer züchten und lieben Blumen seit je.

bietenden Möglichkeiten.

Die gestreiften Sorten mit den zarten Federstreifen waren das, was die Tulpenliebhaber wollten. „Semper Augustus", für die Kutsche und Gespann gezahlt worden waren, wurde die begehrteste von allen. Sie war im Grund weiß, scharlachrot gefiedert und auf der Unterseite blau getönt. 1624 existierten von ihr nur 12 Zwiebeln, von denen

164

jede 1200 Gulden kostete. Im nächsten Jahr wurden für zwei dieser Zwiebeln 3000 Gulden geboten, aber der Besitzer weigerte sich zu verkaufen. Nun ging den Menschen auf, daß Tulpen eine ausgezeichnete Geldanlage waren. Der Ableger war die Verzinsung, während das Kapital intakt blieb. Tulpen konnte man im kleinsten Garten pflanzen. Jeder konnte Zwiebeln stecken oder Samen

Links: „Floras Narrenkappe", ein satirischer Stich von 1637 über das Tulpenfieber.

Unten: Vier berühmte holländische Tulpen (links nach rechts): Admiral Liefkins, weiß mit Karmesinstreifen; Viceroy d'Orange, weiß-violett gestreift; Brabanson, weiß mit Karmesinstreifen; Antwerpen, weiß mit violetten Streifen.
Unten rechts: Illustration zu „Die schwarze Tulpe" von Alexandre Dumas. Ein Thema dieses Romans, der von politischen Intrigen handelt, ist die Leidenschaft holländischer Gärtner, neue Tulpen zu züchten, und die Aussetzung eines 100 000-Gulden-Preises für eine „echte schwarze Tulpe".

von Juni an verkauft worden, sobald sie ausgepflanzt werden konnten, bis zum September, in dem sie wieder gepflanzt wurden. Nun aber wurden sie das Jahr hindurch gehandelt, Lieferzeit war im Sommer. Nicht nur Kaufleute, sondern Adlige, Matrosen, Bauern, Torfstecher, Kaminkehrer, Mägde und Waschfrauen stürzten sich in den Handel. Handwerker verkauften ihr Werkzeug, Geschäftsleute nahmen Geld auf ihre Häuser auf. Einige der Ärmsten des Landes gewannen in ein paar Monaten Häuser, Kutschen und Pferde und kleideten sich aufs feinste.

Tulpenzwiebeln, die früher stückweise oder im Dutzend verkauft wurden, verkaufte man nun nach ihrem Gewicht, das auf Goldwaagen gemessen wurde, als wären sie Edelsteine. Manche waren kostbarer als Edelsteine. Für eine Viceroy-Zwiebel wurde folgendes zum Tausch aufgebracht: 2 Wagenladungen Weizen, 4 Wagenladungen Heu, 4 Mastochsen, 8 Mastschweine, 12 schlachtreife Schafe, 2 Oxhoft Wein, 4 Fässer Bier, 2 Fässer Butter, 1000 Pfund Käse, ein komplettes Bett, 1 Anzug und ein Silberbecher — das Ganze war 2500 Gulden wert.

Der Zusammenbruch kam im Februar 1637, als plötzlich jedermann verkaufen und niemand kaufen wollte. Verschuldete Käufer konnten bei sinkenden Preisen ihren Verpflichtungen nicht mehr nachkommen. Die Gerichte wurden überlaufen von Menschen, die gegeneinander Schulden einklagten, und konnten zu keiner Entscheidung kommen. Letztlich willigten die meisten Gläubiger ein, sich

aussäen, und wenn er Glück hatte, konnte er zum strahlenden Besitzer einer ausgefallenen schönen und wertvollen Tulpe werden.

Die Tulpen-Spekulation erreichte 1634 einen wahnwitzigen Höhepunkt. Man gründete Klubs und hielt in Gastwirtschaften Tulpen-Auktionen ab. Bald war das Vorzeigen der Zwiebeln gar nicht mehr nötig. Anfangs waren sie

mit 5 oder 10 Prozent abzufinden, statt auf riesige Gewinne zu warten, die sie nun doch nie mehr machen würden. Das Tulpenfieber machte wenige steinreich, andere bettelarm. Diese erste landesweite Warenspekulation endete in einer Katastrophe.

Die John-Law-Affäre
Paris 1716–1720

John Law of Lauriston, ein in Schottland geborener Spieler, Duellant und entsprungener Mörder, war ausgerechnet der Retter der Staatsfinanzen Frankreichs, nachdem das Land nach dem Tode Ludwigs XIV. praktisch bankrott war. In Laws Finanzsystem, zu dem der großzügige Gebrauch von Papiergeld gehörte, schien das Geheimnis ewigen Reichtums verborgen zu sein. Jedermann gewann ein Vermögen. Der Adel zahlte die Schulden von Generationen leichtsinniger Vorfahren zurück.

Law wurde in Edinburgh geboren, ging aber als junger Mann nach London, wo ihm seine mathematische Bega-

Oben: John Law, der schottische Finanzier und Spekulant. Er gründete die erste Bank Frankreichs und kontrollierte schließlich das französische Finanzwesen. Sein Imperium brach zusammen, weil er zuviel Papiergeld herausgab.

bung beim Glücksspiel Erfolg brachte. Als er einen Rivalen im Duell tötete, wurde er zum Tod verurteilt, begnadigt und wieder eingekerkert. Schließlich betäubte er seinen Wärter und floh aus dem Londoner Tower. In den nächsten 20 Jahren wanderte er unstet durch Europa, lebte mit seiner Frau von seinen Gewinnen am Spieltisch und studierte die Kniffe des Bankgeschäfts. Er war der erfolgreichste Spieler seiner Zeit und trug oft 100000 oder mehr Gold-Livres mit sich herum, eine Unbequemlichkeit, die ihn die Spielmarke erfinden ließ. Während alldessen arbeitete er

an den Einzelheiten seines Plans, nationale Währungen zu stabilisieren. 1715 war er in Paris, und die Zeit war reif.

Die Kriege Ludwigs XIV. hatten die französische Staatskasse leergeblutet und eine Nationalschuld von 3,5 Milliarden Gold-Livres hinterlassen. Allein die Zinsen dafür bedeuteten eine unerträgliche Belastung. Mehrere Provinzen weigerten sich, Steuern zu zahlen. Große Geldsummen waren aus Frankreich abgeflossen, und überall im Land fehlte es an Bargeld. Law erklärte seine Wirtschaftstheorien dem Herzog von Orléans, der Regent für den Knaben Ludwig XV. war. „Geld ist für den Staat das", sagte er, „was das Blut für den menschlichen Körper ist. Ohne das eine können wir nicht leben, ohne das andere können wir nicht handeln. Der Kreislauf ist für beide gleich wichtig."

Law überzeugte den Regenten, daß die Art des Geldes, das der Mensch verwendet, unwichtig ist, und da Papier leichter sei als Gold, müsse die Leichtigkeit, mit der es von Hand zu Hand gehen könne, den Handel ankurbeln. Der Fehler in seinen sonst gesunden und modernen Theorien lag darin, daß er die Menge seines Papiergelds nicht in Relation zu den Goldreserven seiner Bank brachte. Er wollte nicht daran glauben, daß es zu einem Sturm auf die Banken kommen könnte, und in den ersten berauschenden Jahren des Erfolgs schien seine Zuversicht gerechtfertigt. Seine Banknoten mußten auf Verlangen in Münzen umgetauscht werden, und zwar zum Kurs ihres Ausgabetages. Die geniale Idee Laws machte seine Banknoten sehr viel beliebter als die ständig an Wert verlierenden Münzen; sie lösten sie bald völlig ab. Die Einlagen strömten in Laws Bank, und wie er es vorausgesagt hatte, florierte der Handel.

Binnen kurzem war die Bank zur *Banque Royale* geworden, Law hatte die gewinnabwerfenden Monopole für Tabak und Schiffsbau erworben sowie das Recht, Steuern einzuziehen. Als nächstes richtete er eine Gesellschaft zur Entwicklung des Mississippitals ein, das kürzlich von dem Entdecker La Salle für Frankreich beansprucht worden war. Der „Mississippi-Gesellschaft" folgte 1719 das von Law erworbene Monopol für den Handel mit Indien, China und Afrika.

Die beispiellosen Ausmaße seiner Unternehmungen blendeten die Öffentlichkeit, die sich drängte, Anteile an seinen Gesellschaften zu erwerben. Der Regent und andere Adelige besaßen so viele Aktien, daß verhältnismäßig wenige frei verkäuflich waren. Das ließ die Preise in die Höhe schnellen, und die Straße, an der die Börse lag, wimmelte ständig von hektischen Spekulanten. Riesige Vermögen wurden gemacht. Ein Diener, den sein Herr ausschickte, 250 Aktien zum Stückpreis von 8000 Livres zu verkaufen, entdeckte bei Ankunft an der Börse, daß sie auf 10000 Livres gestiegen waren. Er steckte die Differenz von 500000 ein, spekulierte damit und zog sich aufs Land zurück. Die Miete für Büros in der Nachbarschaft war so aberwitzig hoch, daß ein Buckliger seinen Buckel zu hohen Preisen an Spekulanten vermietete, die eine Schreibunterlage brauchten. Es kam vor, daß Spekulanten, die vor Laws Büro warteten, im Gedränge erdrückt, aber zwischen ihre Nebenmänner eingeklemmt und mitgetragen wurden, bis sie auf die Theke fielen.

Im Januar 1720 standen die 500-Livres-Aktien auf 18000! Jetzt begannen die vorsichtigeren Investoren mit dem Verkauf. Zu ihnen gehörte der Prince de Conti, ein Verwandter des Regenten und Feind Laws. Er verkaufte

Oben: „Die Habgier versucht, Fortuna einzuholen oder zu überholen". Holländischer Stich, der sich über die Jagd nach Aktien lustig macht, als 1720 die Aktien der von John Law gegründeten Mississippi-Gesellschaft durch wilde Spekulation kletterten. Die Gesellschaft ging in Konkurs, als die erwarteten Gewinne ausblieben.

Links: Madame Law, die ihrem Mann durch alle Höhen und Tiefen seines Lebens die Treue bewahrte.

seinen großen Aktienbesitz und bestand darauf, daß die Banknoten, die er dafür erhielt, in Gold umgetauscht würden. Man brauchte drei Pferdewagen für den Abtransport. Das Vertrauen geriet nun ins Wanken. Die Preise stürzten. Die Menschen drängten sich zum Verkauf, wie sie sich einst zum Kauf gedrängt hatten. In panischer Hast wollten alle Laws Aktien abstoßen und die Banknoten in Gold umwechseln — und dazu waren in Frankreich nicht genug Goldmünzen im Umlauf. Der Handel kam zum Stillstand. Law versuchte alles, sein zusammenbrechendes Finanzimperium zu stützen, wurde aber mit in den allgemeinen Ruin gerissen.

Der Südseeschwindel
London 1719/20

Eine Gesellschaft zur Herstellung quadratischer Kanonenkugeln gegen die Türken ... Eine Gesellschaft zum Import großer Eselhengste aus Spanien, um die Zucht britischer Maulesel zu verbessern ... Eine Gesellschaft zur Butterproduktion aus Bucheckern ... Diese hirnverbrannten Projekte waren nur drei der zahllosen Angebote, die in jenem schwülen, von der wilden Jagd nach Geld erfüllten Sommer 1720 den Londonern vor Augen — und vor der Geldbörse — gaukelten. Kutschen verstopften die Straßen rund um Change Alley, in der die Börsenmakler ihre Geschäfte machten. Alle wollten Aktien kaufen, nur Aktien, egal welche. Die Preise kletterten dauernd, und wer anfangs gekauft hatte, war reich geworden.

Der Spitzenreiter und Auslöser dieses irrsinnigen Booms war die Südsee-Company, die schon acht Jahre zuvor für den Südamerika-Handel gegründet und 1719 von einem gewissen John Blount — Sohn eines Schusters — wieder

Oben: Der „Dividenden-Saal" im South Sea House 1810. Schon lange zuvor war die ursprüngliche Südsee-Company durch wilde Aktienspekulationen zugrunde gegangen.

angekurbelt worden war, der nun in London als reicher Kaufmann lebte. Als Blount von dem sensationellen Anstieg der Aktien der von der Regierung unterstützten Mississippi-Gesellschaft in Paris hörte, beschloß er, in London einen noch viel größeren Coup zu landen. Die Südsee-Company wollte nichts Geringeres, als von der britischen Regierung die gesamte Staatsschuld zu übernehmen, die als Folge des endlosen Krieges mit Frankreich auf 51 Millionen Pfund angestiegen war.

Der Erfolg des kühnen Plans hing davon ab, die Gläubiger der Regierung dazu zu bringen, daß sie ihre Staats-

Rentenpapiere gegen Südsee-Aktien eintauschten. Zuerst bestach Blount die deutschen Mätressen des Königs und bestimmte Minister, um seine Vorschläge vom Parlament genehmigt zu bekommen. Der Schatzkanzler, Lord Aislabie, erhielt 27000 Pfund.

Blount und einige ausgewählte Freunde verbreiteten nun vorsichtig Gerüchte über riesige Gold- und Silberfunde in Südamerika. Die Südsee-Aktien, die zu 100 Pfund ausgegeben worden waren, standen am 1. Januar 1720 auf 128, im Februar auf 184 und im März auf 280 Pfund. Am 14. April eröffneten die Südsee-Direktoren eine öffentliche Subskription für eine Ausgabe von 2 Millionen Aktien, von denen 20 Prozent des Wertes bei der Option gezahlt werden mußten. Ein hoher Prozentsatz der staatlichen Rentenpapiere wurde dagegen eingetauscht, und die allgemeine Nachfrage war so groß, daß zwei Wochen später eine neue Ausgabe zu 300 Pfund pro Aktie angeboten wurde. Die Käufer rissen sich um die Aktien. Bald stand Südsee über 500 Pfund.

Der Historiker Lord Erleigh schrieb: „Es wäre falsch, alle diejenigen, die sich auf die märchenhaften Projekte jener Zeit einließen, als einfache Idioten zu bezeichnen; viele waren nur vergleichsweise verrückt: hofften sie doch, den kompletten Idioten mit angenehmem Profit die wertlosen Papiere anzudrehen, die sie selber gekauft hatten. Ihre Hoffnungen gingen zumeist prompt in Erfüllung; wenn jeder zu kaufen versuchte, bekam der die Oberhand, der etwas zu verkaufen hatte."

Am 24. Juni stieg der Wert einer Aktie auf 1050 Pfund; das war der Höchststand. Der Wert von Lord Aislabies Bestechungssumme hatte nun 270000 Pfund erreicht, allerdings hatte er seitdem heimlich mehr Aktien erhalten. Am Ende machte er den abenteuerlichen Gewinn von 794.481 Pfund. Auch andere hatten beträchtliche Profite eingesteckt. Der Prince of Wales, der spätere König Georg II., verdiente beispielsweise 40000 Pfund. Ein Pförtner von Lord Castlemaine brachte es immerhin auf 4000 Pfund.

Im Juli hielt Blount die Zeit für reif, seinen Aktienbesitz abzustoßen — heimlich, um die Preise hochzuhalten. Gleichzeitig ging die Gesellschaft gegen drei ihrer Konkurrenten vor, die offensichtlich falsche Forderungen geltend gemacht hatten. Man ließ alle drei hochgehen, und ihre Aktionäre verloren mehrere Millionen Pfund. Und sogleich — zum Staunen ihrer Direktoren — platzte der Südseeschwindel.

Er platzte, weil die Leute, die bei den anderen Gesellschaften Geld verloren hatte, gezwungen wurden, ihre Südsee-Aktien zu verkaufen. Als die Preise fielen, versuchten diejenigen, die zu überhöhten Preisen gekauft hatten, in aller Eile auszusteigen. Eine Panik war die Folge, und der Markt wurde mit Aktien überschwemmt, die niemand haben wollte. Vermögen schmolzen dahin. Der Porträtmaler Sir Godfrey Kneller verlor sein gesamtes, ein Leben lang erarbeitetes Vermögen. Banken schlossen, Goldschmiede gingen in Konkurs. Bankrotteure schnitten sich die Kehle durch, und so viele verloren den Verstand, daß sie nicht mehr in privaten Heimen untergebracht werden konnten. Die Direktoren (und Aislabie) wurden in den Tower geworfen, und später nahm man ihnen ihr Vermögen ab. Nur gegen die beiden Mätressen des Königs konnte nichts unternommen werden, eine Tatsache, die großes öffentliches Ärgernis erregte. „Wir sind von Dirnen ruiniert worden", zeterte ein Journalist; „und was noch viel schlimmer ist, von alten, häßlichen Trulls" (König Georg I. schätzte dicke Damen in mittleren Jahren).

Der Ruin war allgemein. Die Regierung rettete die Reste der Südsee-Company, aber die wiederausgegebenen Rentenpapiere hatten nur noch die Hälfte ihres früheren

Wertes. Es brauchte allen Mut und das politische Können des neuen Premierministers Robert Walpole, die Kreditwürdigkeit des Landes wiederherzustellen, und viele Jahre sollten verstreichen, ehe die Bürger der Börse wieder Vertrauen schenkten.

Oben: Eine Szene in Change Alley, der Londoner Börse um 1700. Das Spekulationsfieber erfaßte so viele, daß Scharlatane mit dem Verkauf von Aktien gar nicht existierender Gesellschaften Vermögen verdienten.

Unten: Der englische Maler William Hogarth stellt den Südseeschwindel satirisch dar. Das Denkmal (rechts) erinnert an den Zusammenbruch der Gesellschaft im Jahre 1720. In der Mitte drängeln sich Spekulanten zu einer „Fahrt ins Blaue".

169

Galoppierende Inflation
Deutschland 1923

Im Jahre 1914 konnten die Deutschen für 1 Mark ein Dutzend Eier kaufen. Im Sommer 1923 kostete *ein* Ei 5000 Mark. Im November 1923 war der Preis für ein Ei auf 80 Milliarden Mark geklettert. Um mit diesen astronomischen Preisen Schritt zu halten, spuckten die Druckpressen der Reichsbank Berge von Papiergeld aus. Über 30 Papierfabriken produzierten ausschließlich Papier für Banknoten, und 132 private Druckereien mußten der Reichsbank helfen, die Wagenladungen von Geld herzustellen, die innerhalb von Tagen, manchmal binnen Stunden, wertlos werden sollten.

Vor dem Krieg war die höchste Banknote der Tausendmarkschein gewesen, der Gegenwert von 250 Dollar. Die Mark begann ihren Abstieg 1922, und die ersten Zehntausendmark-Scheine wurden ausgegeben, die bald nur noch für kleinste Einkäufe ausreichten. Ein einziges Streichholz sollte am Ende 900 Millionen kosten. Die Reichsbank fügte den Ziffern auf den Banknoten immer mehr Nullen hinzu. Nach dem Geldschein über 200000 Mark kam der über 500000 und dann 1 Million Mark, dann folgten Scheine über 1 Milliarde, 10 Milliarden und 1000 Milliarden. Oft wurde einfach ein höherer Wert auf niedrigere Noten gestempelt, die schon während des Drucks wertlos geworden waren. Endlich gab es Scheine über 1 Billion Mark, der höchste lautet auf 100 Billionen oder 100 000 000 000 000 Mark, gerade genug, um 1200 Eier zu kaufen.

Eine Inflation dieses Ausmaßes hatte es nie zuvor gegeben, und die Schnelligkeit, mit der die Mark fiel, erfüllte die Menschen mit beklemmender Unsicherheit. Ein Mann, der mit 5 000 Mark in ein Café ging, eine Tasse Kaffee trank und nach einer Stunde zahlen wollte, mußte feststellen, daß der Preis inzwischen auf 8000 Mark geklettert war. Die Preise dauerhafter Güter stiegen täglich, oft mehrmals am Tag. Schaufenster-Waren bekamen eine Fixzahl, die für den bestimmten Gegenstand gleichblieb, zum Beispiel 18 oder 20 oder eine beliebige andere Zahl. Im Mittelpunkt des Schaufensters stand das Schild mit dem Multiplikator, mit dem die Fixzahl multipliziert werden mußte, um auf den Tagespreis zu kommen. Der Multiplikator konnte am Morgen 25 Millionen betragen, aber wenn man zu lange gezögert hatte, Geld von der Bank zu holen, konnte es geschehen, daß er am Nachmittag auf 50 Millionen gestiegen war.

Wie war es zu diesen irrsinnigen Zuständen gekommen? Die Kriegskosten und die Probleme, die mit der Normalisierung der Verhältnisse nach dem Krieg zusammenhingen, hatten die deutsche Wirtschaft schwer belastet. Die Reparationszahlungen waren eine drückende Last, und jede Hoffnung, sie aufzubringen, wurde zunichte, als die Franzosen und Belgier das Ruhrgebiet im Januar 1923 besetzten. Die Arbeitslosenzahl war niedrig, aber Devisen wurden sehr bald sehr teuer. Die Preise, die seit Kriegsende stetig gestiegen waren, gingen nun steil in die Höhe. Die Regierung erhöhte den Notenumlauf, und schon bald gab es zuviel Geld und zu wenig Ware. Die Preise zogen stärker an, der Wechselkurs der Mark sank immer tiefer; dennoch wurden mehr Noten ausgegeben — die verhängnisvolle Inflationsspirale war in voller Aktion.

Die bitteren Auswirkungen der Inflation waren ungleich verteilt, und das hinterließ böses Blut. Der Währungszu-

Oben: Eine deutsche Banknote von 1923 über zwei Billionen Mark.

Oben links: Deutsche Briefmarken aus der Inflationszeit. Die Marke in der Mitte ist mit einer noch höheren Zahl überdruckt worden.

Unten: Bankkunden stehen 1923 mit Tragkörben und Säcken Schlange, um Geld abzuheben, das binnen kurzem wertlos ist.

Rechts: Eine Schlange steht 1923 nach Butter an. Waren wurden auf dem Höhepunkt der Inflation knapp, weil der Geldwert so schnell sank, daß die meisten Geschäfte mit Verlust arbeiteten.

Unten: Deutsche Wohlfahrtsorganisationen gaben kostenlos Essen aus.

Unten rechts: Eine Gruppe Obdachloser wartet vor einem Asyl auf Einlaß. Alte und arme Menschen wurden besonders hart von der Inflation getroffen.

sammenbruch ruinierte Rentner und Mittelstand, deren Einkünfte in Mark gezahlt wurden (Bargeld oder Rentenpapiere). Die Lebensversicherungssumme eines wohlhabenden Mannes wurde durch die Inflation so entwertet, daß sie nur noch für einen Laib Brot ausreichte. Drei Monatsrenten für die Witwe eines Polizeibeamten mit vier Kindern reichten aus, drei Schachteln Streichhölzer zu kaufen. Diese Menschen oder etwa Lehrer und Ärzte in Dienstleistungsberufen waren besonders schwer betroffen. Um Lebensmittel zu bekommen, mußten sie auf den Tauschhandel ausweichen: ein Paar Socken gegen eine Tüte Kartoffeln. Menschen gaben ihre Möbel, ihre Kleidung und ihren Schmuck her. Wer nichts mehr hatte, mußte hungern.

Fabrikanten allerdings verdienten an der Inflation, ebenso die Bauern, deren Erzeugnisse dringend gebraucht wurden. Sie verkauften zu hohen Preisen und kauften billig Sachwerte von den Verarmten.

Menschen, die an Devisen kamen, waren am besten dran. Münchener Hotelportiers, die als Trinkgeld ausländische Währungen bekamen, konnten sich eine Loge in der Oper leisten. Eine Köchin des renommierten Verlagshauses Ullstein erhielt einen Dollar als Geschenk. Er war zu der Zeit so ungezählte Millionen wert, daß ein Treuhänder eingesetzt wurde, der ihren Dollar verwaltete. Die ökono-

mische Situation war so absurd, daß derlei Geschichten sich häuften.

Papiergeld wurde sinn- und zwecklos, es gab nur noch Sachwerte. Die Geschichte von den zwei Frauen, die einen Wäschekorb voll Geld trugen, ging um. Sie setzten ihn einen Augenblick ab; als sie sich wieder umdrehten, war zwar das Geld noch da, aber der Korb weg.

Die Anarchie drohte auszubrechen: am 9. November 1923 machte Hitler seinen Putschversuch in München und scheiterte. Eine Woche danach führte die Regierung die Rentenmark ein, eine neue Währung, die auf der landwirtschaftlichen und industriellen Kraft des Landes aufbaute. Die Menschen griffen nach ihr wie Ertrinkende nach einem Rettungsring. Das Wunder der Rentenmark erfüllte sich, weil die Deutschen seine Erfüllung verzweifelt nötig hatten. 1924 war die Mark wieder stabil — aber der verarmte Mittelstand hatte den in die demokratische Regierung von Weimar gesetzten Glauben verloren. Es bedurfte nur noch einer weiteren Wirtschaftskrise, und sie würden alle Hoffnung auf einen „starken Mann" setzen — zum Beispiel auf Hitler.

Der große Börsenkrach
1929–1931

„Die Aktien haben offenbar eine konstant hohes Niveau erreicht." Diese zuversichtliche Feststellung traf am 15. Oktober 1929 Professor Irving Fisher, ein bedeutender Wirtschaftswissenschaftler der Universität Yale. Genau zwei Wochen später, am Dienstag, dem 29. Oktober, war die New Yorker Börse mit einem Donnerschlag zusammengebrochen, der an den Börsen der ganzen Welt Rückwirkungen zeigte.

Käufer dem Makler nur einen kleinen Teil des Preises der Aktien zahlte und der Rest durch Bankkredite finanziert wurde, die der Makler an den Käufer weiterverlieh. Als Deckung für dieses Darlehen übergab der Käufer dem Makler andere Sicherheiten unter dem stillschweigenden Übereinkommen, daß der Makler ihn benachrichtigte, falls die Sicherheiten an Wert verlieren sollten, damit er den Bargeldbetrag erhöhte. Solange die Preise stiegen, kamen diese Aufforderungen natürlich nie. Die Käufer mußten den geliehenen Betrag verzinsen, aber der Anstieg des Wertes ihrer Aktien reichte zur Deckung gut aus. Aktien wurden gegen Hinterlegung gekauft und später mit Gewinn verkauft, einerlei, um welche es sich handelte. General Motors, Radio, United States Steel, Woolworth — sie stiegen alle. Es ist eine traurige Tatsache: Solange bei Spekulationskäufen der Wert steigt, kümmern die Leute sich nicht um die Gründe dafür. Der gekaufte Gegenstand

In den Monaten vor dem Zusammenbruch hatten einige warnende Stimmen gemahnt, der nie dagewesene Boom unter den Präsidenten Coolidge und Hoover könne nicht ewig anhalten, aber dies waren nur wenige Pessimisten, die ungehört blieben. Seit dem Frühjahr 1927 waren die Aktienkurse immer höher gestiegen. Warum sollte das plötzlich aufhören?

Tatsächlich reichten die guten Jahre sogar noch weiter zurück. Schon seit 1923 war ein Leben in Wohlstand und Überfluß für eine wachsende Zahl von Amerikanern Wirklichkeit geworden. Weizenfarmer nahmen zwar am allgemeinen Aufschwung nicht teil, aber für Fabrikarbeiter und Geschäftsleute — besonders die Geschäftsleute — blühte der Weizen. Die Produktion war hoch, Geld jederzeit erhältlich, und die Börsenkurse stiegen.

Die Verfügbarkeit von Geld war einer der Gründe für den Boom. Denn Aktien konnten bei steigendem Markt gegen Hinterlegung gekauft werden, das heißt, daß der

kann absolut wertlos sein; es zählt allein, daß man ihn mit Gewinn weiterverkaufen kann — manchmal mit sehr hohem Gewinn.

Im Laufe des Jahres 1927 stieg der in der *New York Times* angegebene Mittelwert von 25 Industrieaktien von 181 auf 245. Nach zwölf Monaten war er noch einmal um 86 Punkte auf 331 gestiegen. Makler hatten einst ehrfurchtsvoll von der Möglichkeit gesprochen, Fünf Millionen Aktien an einem einzigen Tag zu handeln. Im November waren Tage mit einem 5-Millionen-Umsatz keine Seltenheit mehr. Im Dezember verschlechterte sich der Markt beängstigend. Radio-Aktien, die seit dem Frühjahr von 150 auf 400 geklettert waren, sanken plötzlich auf 296. Aber dann beruhigte sich der Markt, und ein neuer Anstieg setzte ein.

Ein weiteres „Abschütteln" kam im März 1929. Der Fall reduzierte den Wert der mit Darlehen finanzierten Depots erheblich, und Tausende von Käufern machten die neue, unerfreuliche Erfahrung, Telegramme ihrer Börsenmakler zu bekommen, in denen mehr Sicherheiten angefordert wurden. Die Makler verkauften die Aktien derer, die das nötige Bargeld nicht aufbringen konnten. Ein „Abschütteln" bedeutet rein technisch, daß sich der Markt auf einem niedrigeren Niveau einspielt, auf privater Ebene aber kann dies für den einzelnen zur Katastrophe werden.

Der Mann, dem der Ruhm zuteil wurde, den Sturz gestoppt zu haben, war Charles E. Mitchell, Vorsitzender der mächtigen *National City Bank,* der verkündete, seine Bank sei bereit, 20 Millionen Dollar zu verleihen, um „eine gefährliche Krise des Geldmarkts zu vermeiden". Mitchell, der selber sehr hoch spekulierte, hatte stichhaltige Gründe, die Fortdauer des Booms zu wünschen, und seine Erklärung rüttelte den Markt auf. (Fünf Jahre später wurde Mitchell wegen Steuerhinterziehung verhaftet und verurteilt.)

die allgemeine Stimmung:

„Der Chauffeur des reichen Mannes fuhr mit zurückgelegten Ohren, um die Nachricht aufzuschnappen, daß Bethlehem Steel in Bewegung kommen würde; er hatte gegen eine Hinterlegung von 20 Prozent 50 Aktien gekauft. Der Fensterputzer im Büro des Börsenmaklers machte eine Pause, um den Ticker zu beobachten, denn er wollte seine mühsam erarbeiteten Ersparnisse in einige Simmons-Aktien umwandeln. Edwin Lefèvre [ein gut unterrichteter Journalist] erzählte vom Diener eines Maklers, der fast eine Viertelmillion an der Börse gemacht hatte, und von einer Krankenschwester, die 30000 Dollar verdiente, weil sie von dankbaren Patienten die entsprechenden Tips bekommen hatte."

Am 3. September 1929 erreichte der Spekulationsmarkt seinen Gipfelpunkt. Der Index der *New York Times* stand auf 469; US Steel stand auf 262; Anaconda Copper auf 131,

Oben: Karikatur eines Spekulanten aus dem „New Yorker". 1927: „Herr Doktor, tun Sie mir einen Gefallen. Achten Sie auf Consolidated Can Common, und wenn sie runtergehen, sagen Sie meinem Makler, er soll verkaufen und viertausend Vorzugsaktien von P. & Q. Rails zum üblichen Kredit kaufen. Danke."

Links: Besorgte Menschenmassen vor der New Yorker Börse beim Wall Street-Krach.

Rechts: Effektenhändler berechneten in den Wochen vor dem Zusammenbruch bis spät in die Nacht Gewinne und Verluste.

Im verrückten Sommer von 1929 ging jedes Gefühl für Vorsicht verloren, als der Markt auf Höhen anzog, von denen niemand je geträumt hatte: Zwischen Ende Mai und Ende August um weitere 100 Punkte. Die Kursbewegungen wurden oft von zusammenarbeitenden Mitgliedern der Börse manipuliert: Eine Gruppe findet sich zusammen, um eine bestimmte Aktie zu kaufen und ihren Preis zu steigern. Der Anstieg wird von Kauflustigen überall im Land auf den Streifen der Fernschreiber beobachtet. In der Vermutung, daß sich etwas Großes vorbereitet, kaufen sie in aller Eile und lassen den Preis damit abermals steigen. Die Manipulatoren passen diesen Augenblick ab, um mit Gewinn zu verkaufen. Eine der Künste der Börsenspekulation in diesem Sommer war es, jemanden zu kennen, der einen Tip hatte, wann günstig in eine solche Entwicklung einzusteigen sei. Der amerikanische Schriftsteller Frederick L. Allen, der den Zusammenbruch miterlebte und darüber in seinem Buch „Erst Gestern" schrieb, schilderte

Radio auf 505. Was zu dem folgenden Vertrauensverlust führte, weiß niemand genau. Der Markt fiel nicht sofort. In den folgenden 7 Wochen stiegen und fielen die Aktien, ohne merkbar ihren Stand zu verändern. Professor Fisher traf seine historische Feststellung über das beständig hohe Niveau und fügte hinzu: „Ich erwarte, daß der Aktienmarkt in einigen Monaten noch höher stehen wird als heute." Am Montag, dem 21. Oktober, begann man zu verkaufen. Es wurden über 6 Millionen Anteile verkauft, und es kam zu einigen alarmierenden Kursstürzen. Am Dienstag gab es weniger Verkäufe, am Mittwoch wieder mehr. 24. Oktober, der „schwarze Donnerstag": Sofort nach Eröffnung der Börse wurden große Aktienpakete verkauft, die Kurse sanken rapide. Aber es handelte sich nicht um Panikverkäufe, sondern um Zwangsverkäufe von Hunderttausenden von Aktien glückloser Investoren, deren Kredite erschöpft waren. Während die Zwangsverkäufe anhielten, setzten auch Panikverkäufe ein. Die Kurse sanken tiefer und schneller. Der Ticker kam bald nicht mehr mit. Die Pyramide der hohen Kurse, unterhöhlt von Darlehenskäufen, brach unter ihrem eigenen Gewicht zusammen. Um elf Uhr vormittags wimmelte es in der Halle der Börse von Händlern, die Aktien loswerden wollten. Man hörte das unheimliche Brüllen der Menge, die sich draußen drängte. Es war der Todesschrei des Spekulationsmarkts.

So unglaublich es klingt, der Markt fing sich noch einmal. Richard Whitney, Vizepräsident der Börse (der

Oben: Der frühere Leiter der New Yorker Börse, Richard Whitney, sagt als Zeuge über den Zusammenbruch seiner Börsenmaklerfirma aus. Er wurde in zwei Fällen der Urkundenfälschung und des Betrugs für schuldig befunden

später wegen Veruntreuung verurteilt wurde), meldete sich als Sprecher des Bankenkonsortiums und kaufte große Mengen Aktien von 20 ausgewählten Gesellschaften. Am Freitag und Samstag blieb die Tendenz abwartend, aber am Wochenende war Zeit zum Nachdenken. Die Kursstürze der vergangenen Woche hatten die meisten kleinen Investoren erledigt; nun sollten die Reichen an die Reihe kommen.

Der Montag war schlimm genug; der *Times*-Index fiel um 49 Punkte. Aber der Dienstag, der 29. Oktober, war der entsetzlichste Tag in der Geschichte der amerikanischen Börse. Es war der Tag, an dem der Aktienmarkt den

Niagara hinunterging. Von Börsenbeginn an tobte der Verkaufssturm. Riesige Aktienmengen wurden zu jedem Preis auf den Markt geworfen. Männer, die sich eine Woche zuvor noch Millionäre genannt hatten, waren ruiniert. Große Vermögen, kleine Sparbeträge — alles verloren. Es ging nur noch ums Verkaufen zu jedem Preis. Die Aktien der *White Sewing Machine Company* (Nähmaschinen) waren von 48 auf 11 gefallen; bei diesem Stand hatte jemand die gute Idee — er soll ein wacher Laufbursche der Börse gewesen sein — einen Dollar pro Aktie zu bieten. Da niemand mitbot, bekam er ein Aktienpaket zu 1 Dollar das Stück.

Am Ende des Tages waren 16 Millionen Aktien verkauft worden, dreimal soviel wie an einem normalen Spitzentag; damit war der Aktienmarkt tot, Milliardendollargewinne — manche in Bargeld, manche nur auf Papier — hatten sich in Nichts aufgelöst. In jeder Stadt der Vereinigten Staaten verschuldeten sich plötzlich ganze Familien. Die Zahl der Selbstmorde erzählt eine traurige Geschichte. Wenige wählten den, wie es so schön heißt, populären Ausweg — den Sprung aus dem Fenster eines Hochhauses. Die meisten erschossen sich, wie der Bankier J. J. Riordan, der sich am 8. November mit einer Pistole aus der Schublade des Kassierers seiner Bank eine Kugel durch den Kopf jagte.

Sogar nach dem 29. Oktober fielen die Aktien noch weiter. Der Markt erreichte seinen Tiefststand am 13. November. Bei einem Stand von 224 war der *Times*-Index innerhalb von knapp zwei Monaten um mehr als die Hälfte gesunken. US-Steel war auf 150 gefallen, Anaconda Copper auf 70; General Motors hatte sich von 73 auf 36 halbiert. Aber diese Werte sollten, an zukünftigen Werten gemessen, noch hoch sein. Dem Kurssturz folgte der völlige Zusammenbruch, und aus dem Zusammenbruch wurde die Wirtschaftskrise, die sich von einem hoffnungslosen Jahr zum nächsten schleppte. Geldanleger, die zu den Preisen

Oben: Arbeitslose während der Depression vor dem städtischen Wohnheim in New York.
Links: Ein Mann, der alles Geld beim Börsenkrach verloren hat, versucht, sein Auto zu verkaufen.
Unten: Im Winter 1934/35 veranlaßte New Yorks Bürgermeister La Guardia eine Armenspeisung.

des 13. November kauften, weil sie glaubten, der Endstand sei erreicht, sahen den Wert ihrer Aktien 1930 und 1931 unerbittlich dahinschwinden, bis im Juli 1932 United Steel auf 22, General Motors auf 8 und Anaconda Copper von 131 auf 4 gefallen war. Schlimmer konnte es nicht mehr kommen.

Die Weltwirtschaftskrise
Die dreißiger Jahre

„Ich stand morgens um fünf Uhr auf und ging zum Hafen. Bei der Zuckerraffinerie von Spreckles standen tausend Männer vor dem Tor. Dabei wußten alle verdammt gut, daß es nur für drei oder vier Arbeit gab. Dann kam der Boß mit zwei Polizisten heraus. ‚Ich brauche vier Männer.‘ Und tausend kämpften wie ein Rudel Schlittenhunde, um durchs Tor zu kommen, aber es schafften dann doch nur vier von uns.“

Das war 1931. Ed Paulsen, später bei der Verwaltung von UNICEF, hatte gerade die Schule hinter sich, und es gab keine Arbeit. Was er schilderte, fand in San Francisco statt, aber dieselbe Szene spielte sich in Tausenden von Städten überall in den Staaten ab. Und nicht nur in den USA. Der Börsenkrach vom Oktober 1929 zeigte nun die klaffenden Löcher in der Wirtschaft vieler Nationen der Erde. Die australische Wirtschaft hing weitgehend ab vom Export eines Produktes: Wolle. Die Depression senkte die Nachfrage nach Wolle auf dem Weltmarkt rigoros und löste eine Kettenreaktion in allen Berufen und Industrien aus, die vom Wollmarkt abhängig waren. Die Arbeitslosenzahl in Australien erreichte 25 Prozent und stürzte das ganze Land in große Not.

Wirtschaftswissenschaftler sind sich über die Tragweite der verschiedenen Faktoren nicht einig, die den Zusammenbruch und danach die Wirtschaftskrise auslösten, aber alle stimmen darin überein, daß alle Anzeichen eines Wirtschaftsverfalls schon vor dem Börsensturz von 1929 sichtbar waren. Die Einkommen waren äußerst ungleich verteilt, und das maßgebliche Investitionskapital lag in Händen einer relativ kleinen Gruppe. Als diese Gruppe es sich nicht länger leisten konnte zu investieren, fehlte es der Industrie an Kapital zum Ausbau, das sie brauchte, um sich wieder zu erholen. Große amerikanische Auslandsinvestitionen wirkten sich ebenfalls negativ aus. Anfang 1929 wurde dieses Kapital in die Vereinigten Staaten zurückgerufen, um den steigenden Aktienmarkt anzuheizen. Es floß nie wieder nach Europa zurück, und der Zusammenbruch wirkte sich dort katastrophal aus, besonders in Deutschland, das sofort in eine schwere Wirtschaftskrise stürzte — und das noch keine fünf Jahre nach dem Trauma der Inflationszeit. Das Ergebnis war weitreichende Enttäuschung über die Regierungsform der Demokratie, die solche Krisen zuzulassen schien.

Nie zuvor hatte eine Krise so lange gedauert. In den Vereinigten Staaten hielt die Depression die dreißiger Jahre über bis zum Ausbruch des 2. Weltkrieges an. Überall in den Industrieländern entließen die Fabriken 50 bis 80 Prozent ihrer Arbeiter oder schlossen ganz. Im Juli 1932 lag die Stahlproduktion der USA bei 12 Prozent ihrer Kapazität. Aus Männern wurden Arbeitslose ohne Aussicht, in absehbarer Zeit wieder Arbeit zu finden. Ohne Arbeit und Geld standen sie um Brot und Suppe Schlange und lungerten müßig herum in abgerissenem Zeug, das einstmals gut gewesen war — die Gesichter leer und ausdruckslos.

In England war die Schwerindustrie am stärksten betroffen. Der Kohlebergbau, Eisen und Stahl, Schiffbau und Textilindustrie waren in Wales, Schottland und Nordengland konzentriert. Um das übrige Land auf das Leid in diesen „Industriefriedhöfen“ aufmerksam zu machen, wurden Hungermärsche organisiert. Geld für die Schuhe der Marschierer wurde gesammelt, und im September 1932 zogen große Gruppen Arbeitsloser nach London. Der Name der Werftstadt Jarrow wurde zum Inbegriff für Armut und Elend. Dort waren die Menschen unterernährt, doppelt so viele Einwohner wie im übrigen Land starben an Tuberkulose, und auch die Kindersterblichkeit betrug das Doppelte des Landesdurchschnitts.

Ende 1932 gab es in Großbritannien fast 3 Millionen

Arbeitslose, in Deutschland 6 Millionen; der Höchststand in den USA erreichte 15 Millionen. Es geschah nichts, diese erschreckende Zahl zu senken, bis Franklin D. Roosevelt 1933 Präsident der Vereinigten Staaten wurde. In der Woche seiner Amtsübernahme griff er zur nie dagewesenen Maßnahme, alle Banken im Land für eine Woche zu schließen. Während dieser langen Bankferien wurde die Finanzlage jeder einzelnen überprüft, und nur diejenigen, die als gesund befunden wurden, durften wieder öffnen. Danach wurde die *Bundes-Depositen-Versicherung* eingerichtet, die für alle Bankeinlagen bis zur Höhe von 10000 Dollar garantierte. Das nahm den kleinen Anlegern die Angst vor dem totalen Ruin.

Roosevelt und seine Berater erließen ein kühnes Gesetzgebungsprogramm zur Sanierung des Landes. Zehntausende von Männern wurden angeworben, um bei der Wieder-

aufforstung oder an Bauprojekten zu arbeiten, die von den riesigen Staudämmen des Tennesseetals bis zum Kinderzoo im Central Park von New York reichten. Aber trotz aller Erfolge von Roosevelts „New Deal", gab es 1939 immer noch 10 Millionen Arbeitslose. Es war eine schwere, entsetzliche Dekade gewesen, die niemand vergaß, der sie durchlebt und durchlitten hatte.

Oben: Der Jarrow-Kreuzzug, einer der vielen Märsche arbeitsloser britischer Bergleute und Fabrikarbeiter nach London, um die Regierung auf ihre Notlage hinzuweisen.

Links: Zwei Teilnehmer eines Tanz-Marathons während der Weltwirtschaftskrise, eins der vielen bizarren „Vergnügen", bei denen die Menschen Armut und Unsicherheit zu vergessen suchten.

Rechts: Der Fort-Loudoun-Damm gehörte zum Regierungsprogramm der USA, mit dem die Wirtschaftskrise überwunden werden sollte. Große Bauvorhaben wie dieses sollten Tausenden von Arbeitslosen Beschäftigung und Verdienst geben.

Die Kluft zwischen Reich und Arm

Industrialisierung und Technisierung. Nur Rußland, China und Japan haben den Anschluß an diese begünstigten Nationen gefunden. Eine freie Marktwirtschaft — durch sie gewannen die ersten Industrieländer im 19. Jahrhundert ihren Vorsprung —, würde heute die unterentwickelten Nationen daran hindern, jemals konkurrenzfähig zu werden. Um sie auf wirtschaftlichem Gebiet zu fördern, damit

„Erschießt uns gleich, wir verhungern sowieso!" schrie der ägyptische Mob am 18. Januar 1977, als die Polizei von Kairo den Befehl bekam, über die Köpfe der Demonstranten hinweg Warnschüsse abzugeben. Die 30000 Aufrührer waren den ganzen Tag durch die Stadt gezogen; sie reagierten voller Wut auf die Ankündigung der Regierung, einen großen Teil lebenswichtiger Güter empfindlich zu verteuern. Reis zum Beispiel sollte 16 Prozent mehr kosten, Benzin 31 Prozent. Etwa 90 Prozent der 8 Millionen Einwohner von Kairo leben am Rande des Existenzminimums. Die Aufstände von 1977 waren die schwersten seit der Revolution, die 25 Jahre zuvor König Faruk vom Thron gestürzt hatte. Zwei Tage lang lagen die beizenden blauen Tränengasschwaden über der Stadt. In anderen Städten Ägyptens wurden Autos zertrümmert — die sich nur Reiche leisten können — und Polizeireviere in Brand gesteckt. Angesichts der drohenden Anarchie machte die Regierung von Präsident Sadat die Preiserhöhungen wieder rückgängig, und die hungrigen Massen lösten sich auf.

Die Preiserhöhungen waren eine verzweifelte letzte Ausflucht einer Regierung, deren nationale Wirtschaft dem Zusammenbruch entgegensteuerte. Wegen des langen Konflikts mit Israel mußte ein Viertel des Nationaleinkommens für die Kriegswirtschaft aufgebracht werden. Die Auslandsverschuldung betrug schätzungsweise 1,5 Milliarden Dollar, und jedes Jahr kamen US-Lebensmittellieferungen im Werte von 250 Millionen Dollar hinzu. Ägypten hat gerade genug Erdöl für den eigenen Bedarf und kann nicht exportieren. Der Tourismus und der Suezkanal waren praktisch die einzigen Devisenquellen. Sadats Vorgänger, Präsident Gamal Abd el Nasser, hatte versucht, sein Land durch Sozialismus und Verstaatlichung zu sanieren. Nasser scheiterte. Sadat änderte diese Strategie und öffnete Ägypten westlicher Industrialisierung und Investition, die Hauptimporte waren aber Luxusgüter. Anfang 1977 war die Inflationsrate auf kritische 50 Prozent gestiegen, und der Internationale Währungsfonds, mit dem über eine neue Anleihe verhandelt wurde, hatte die Preiserhöhungen zu einer der Bedingungen des Darlehens gemacht.

Sadats mißliche Lage wirft ein Licht auf die Probleme, vor denen viele der ärmeren Nationen der Welt stehen und erklärt übrigens auch sein mutiges Angebot an Israel, das er Ende des gleichen Jahres machte, den Kriegszustand zwischen beiden Ländern zu beenden. Überall auf der Welt sind die Preise seit 1934 gestiegen, aber bei den reichen Nationen wuchs mit den Lebenshaltungskosten auch der Lebensstandard. In den armen Ländern ist dies nicht der Fall, und die Kluft zwischen ihnen und den wohlhabenderen wird von Jahr zu Jahr breiter. Eins der Probleme, das die Wirtschaftswissenschaftler zu lösen haben, besteht darin, wie der Wohlstand gerechter über die ganze Erde zu verteilen ist. Europa und von Europäern bevölkerte Länder wie die USA, Kanada, Australien und Neuseeland haben einen Vorsprung von anderthalb Jahrhunderten

sie Waren produzieren, die mit Gewinn an die Industrienationen verkauft werden können, sind seit dem 2. Weltkrieg vielerlei internationale Gremien entstanden, die finanzielle und technische Hilfe leisten.

Eines davon ist die *Internationale Bank für Wiederaufbau und Entwicklung,* die allgemein als Weltbank bekannt ist. Acht Monate nach den Kairoer Revolten vom Januar

1977 wurde ein ehrgeiziges Programm bekannt, das die Bank aufgestellt hatte, um die ägyptische Wirtschaft von innen heraus zu fördern. Inzwischen läßt die weltweite Verteuerung der Lebensmittel die frühere Summe eines 250-Millionen-Dollar-Darlehens für Lebensmittel sehr klein erscheinen. Mit dem Ziel, die teuren Nahrungsmittelimporte zu verringern, haben Experten aus einer Reihe von Industrieländern Pläne ausgearbeitet, wie im Süden Ägyptens Kanal- und Bewässerungsanlagen erstellt werden können, um dort Tee, Kaffee, Weizen und Zuckerrohr anzubauen. Wenn die landwirtschaftliche Entwicklung Erfolg hat, können Industrieansiedlungen folgen — bei all diesen Plänen wird die Weltbank eine entscheidende Rolle spielen.

Natürlich sind dies keine Allheilmittel, aber auf dem komplexen und schwierigen Feld internationaler Hilfe müssen die Wirtschaftsexperten nach der bestmöglichen Lösung suchen. Eine hohe Prozentzahl, vielleicht sogar 99 Prozent aller Kriege, haben ihren Ursprung in Handelsdifferenzen. Solche Streitigkeiten sind wahrscheinlich unvermeidbar. Um aber in der Zukunft wirtschaftliche Katastrophen zu vermeiden, muß das kurzfristige Interesse einiger Nationen dem Langzeitinteresse der ganzen Welt untergeordnet werden.

Drei totalitäre Regime, die durch wirtschaftliches und soziales Chaos zur Macht kamen.

Links: Eine Mai-Parade auf dem Roten Platz in Moskau. Der Kommunismus in der Sowjetunion und in China (unten links: Mao Tse-tung inmitten einer begeisterten Menge) brachte für die Bauern gewiß Vorteile, aber der Preis dafür war, daß die Macht in der Hand einer einzigen politischen Partei blieb.

Unten: Hitler mit Nazi-Parteiführern bei einer Massenveranstaltung. Von der Demokratie enttäuscht, ließ sich das deutsche Volk hypnotisieren und glaubte, ihm nur folgen zu müssen, um ans Ziel aller Wünsche zu kommen.

10
Das Grauen des Krieges

Manche Kriege waren kurz; andere schleppten sich über Jahrzehnte. Der „Hundertjährige Krieg" zwischen Frankreich und England dauerte tatsächlich 15 Jahre länger als ein Jahrhundert. Selten — oder nie — gibt es Kriege ohne Tote und Verwundete. In früheren Kriegen starben relativ wenige, aber im Ersten Weltkrieg kamen 9,7 Millionen Menschen ums Leben. Die Zahl der Opfer des Zweiten Weltkriegs schätzt man auf 55 Millionen.

Unabhängig von ihrem Umfang bringen die meisten Kriege nicht nur den Soldaten Tod und Elend, sondern auch der betreffenden Bevölkerung. Viele der anderthalb Millionen Russen, die bei der Belagerung von Leningrad getötet wurden, die vom September 1941 bis zum Januar 1944 dauerte, gehörten zur Zivilbevölkerung. 1871 starben viele Tausende Pariser in einem kurzen, aber blutigen Bürgerkrieg.

Der bekannte preußische Militärtheoretiker Karl von Clausewitz definiert den Krieg nüchtern als Fortsetzung der Politik mit anderen Mitteln. Dieses Kapitel zeigt auf, wie problematisch diese Definition ist.

Linke Seite: Dieses Gemälde des britischen Malers Sir William Orpen schildert Verzweiflung und Grauen des Krieges und auch die Situation des Menschen: Ein englischer Soldat im Ersten Weltkrieg kommt seinem französischen Kameraden zu Hilfe.

Die Saat des Krieges

„Und Abel ward ein Schäfer, Kain aber ward ein Ackersmann . . . und es begab sich, da sie auf dem Felde waren, erhob sich Kain wider seinen Bruder Abel, und schlug ihn tot."

Diese Geschichte aus der Genesis verweist auf die unmittelbare Ursache vieler Kriege in der frühen Menschheitsgeschichte — ausgefochten zwischen nomadischen Hirten und Viehtreibern in der Steppe und den seßhaften Bauern in den fruchtbaren Ebenen und angrenzenden Tälern. Die Juden selber, die vierzig Jahre als Nomaden herumgezogen waren, fanden und eroberten das Ackerbaugebiet von Kanaan. Indogermanen, unter ihnen Hunnen, Araber und Mongolen, überrannten auf ihren jeweiligen Wanderungen Europa, Nordafrika, den Mittleren Osten, Indien und China.

Kriege entstanden vermutlich, weil die Menschen, nachdem sie vor etwa 10000 Jahren den Ackerbau entwickelt hatten, stark an Zahl zunahmen. Als die Bevölkerung wuchs und Bauerndörfer sich ausdehnten, begannen ein-

kriegerische Assyrien die Nachbarländer und errichtete eines der ersten Großreiche — einen Vorläufer der Weltreiche, die später von persischen, griechischen, römischen und anderen Armeen erobert wurden.

Die Menschen fanden immer neue Vorwände, einander zu bekämpfen. Krieg wurde zur unreflektierten Lösung für Probleme wie Übervölkerung, Auswanderung und religiöse oder politische Differenzen.

Als die Gemeinwesen an Größe zunahmen, erweiterte sich auch der Umfang der Kriege. Erst kämpften Hunderte, dann Tausende, schließlich Millionen auf den Schlachtfeldern. Unterdessen entwickelte der menschliche Erfindergeist Reichweite und Zerstörungskraft der Waffen, bis sie nicht nur die kämpfenden Männer, sondern auch die Bewohner der Städte weit hinter der Front vernichten konnten.

Was hat den Menschen zu einem so erbarmungslosen Mörder seiner Artgenossen gemacht? Biologen, Psychologen, Anthropologen und andere haben vielerlei Erklärungen dafür gefunden. Viele Soziologen sehen den Krieg als einen Teil des genetischen Erbes der Menschen an. Manche sagen, daß sein Todestrieb ebenso stark entwickelt sei wie sein Lebenswille. Andere sagen, der Krieg entstamme der Abenteuerlust des Menschen — ein psychologisches Phänomen, das den Menschen die Situation der Lebensgefahr suchen lasse. Eine dritte Meinung sieht im Krieg eine vorübergehende Phase der Evolution des Menschen. Krieg wird auch als umweltbedingte Erscheinung gesehen — eine

Links: In der Zeit der großen Stadtstaaten hatte der Mensch seine Aggressionen bereits zur organisierten Kriegführung umfunktioniert. Mit Hilfe dieser beweglichen Truppen erreichte Assyrien zwischen 800 und 600 v. Chr. seine größte Ausdehnung.
Unten: Römische Soldaten im Kampf gegen Barbaren. Die römische Kriegführung beruhte auf Mobilität.

zelne Siedlungen miteinander und mit Nomadenstämmen um das gleiche fruchtbare Stück Land zu kämpfen. So wurde der Krieg geboren.

Glaubwürdige Beweise für diese Theorie fand man bei Ausgrabungen eines Steinzeitdorfes bei Köln-Lindenthal. Die ersten Bewohner hatten weder Waffen noch Verteidigungsanlagen. Spätere Siedler aber hatten ihren Toten Waffen ins Grab gelegt und Verteidigungsgräben und Palisaden errichtet. Dolche aus Feuerstein und steinerne Streitäxte waren überall im Europa der späten Steinzeit gebräuchlich.

Währenddessen kämpften im Mesopotamien der Bronzezeit die vom Handel und Gewerbe lebenden Städte und rivalisierenden Stadtstaaten um Land oder Vorherrschaft. Im Gebiet des heutigen Irak kämpften vor 5000 Jahren sumerische Soldaten in getriebenen Rüstungen mit geschmiedeten Waffen. Diese Kämpfe ermöglichten es erfolgreichen Heerführern, Stadtstaaten zu den ersten Nationen der Erde zu vereinen. Schließlich überwältigte das

Folge „falschgelaufener sozialer Erfahrung".

Eine interessante Erklärung für das Phänomen Krieg hat der englische Zoologe Desmond Morris in seinem Buch „Der nackte Affe" dargelegt. Morris sagt, daß der tierische Ursprung des Menschen das Geheimnis seiner aggressiven Zwänge birgt.

Die Affen, als nächste Verwandte des Menschen, lösen normalerweise einen Konflikt unblutig mit Drohung und Gegendrohung und kämpfen nur, wenn ihr Revier übervölkert ist. Sobald der unterliegende Affe bestimmte Zeichen der Unterwerfung gibt, stellt der Sieger seine Angriffe ein.

Der Mensch, so glaubt Desmond Morris, handelt ganz ähnlich. Kriege entstehen in erster Linie durch Gruppenverteidigung von Territorium und — weil seine Spezies jetzt so eng zusammengedrängt lebt — aus den Versuchen, dieses Territorium zu vergrößern, und zwar auf Kosten anderer menschlicher Gruppen. Wie die Affen kämpfte auch der Mensch ursprünglich, um die Unterwerfung des Feindes zu erzwingen und nicht, um ihn zu töten. Aber Unterwerfungsgesten, die zwei wütend miteinander kämpfende Gegner zum Einhalt zwingen würden, haben im Zeitalter weitreichender Waffen ihre Wirkung verloren.

Hieraus folgert Morris, daß selbst ein übermenschlicher, weltweiter Abrüstungsversuch das Ausbrechen weiterer Kriege nicht verhindern könne. Denn unter dem bestehenden Druck werde der Mensch immer weiter neue Waffen produzieren. Morris hält eine massive Entvölkerung der Erde durch Geburtenkontrolle für die einzige Möglichkeit, die Übervölkerung als Ursache des Krieges auszuschalten.

Oben links: Der Krieg des Mittelalters bestand weitgehend aus Belagerungstaktiken: Befestigte Burgen oder Städte wurden angegriffen beziehungsweise verteidigt.

Oben: Grabenkampf im Ersten Weltkrieg.

Unten: Start einer interkontinentalen Atlasrakete. Die modernen Waffen können den Krieg in jeden Winkel der Erde tragen.

Dschingis-Khan
„Die Geißel Gottes"

Dschingis-Khan,
1167—1227.

Sieg dehnte den Westrand seines Reichs bis Chorezm aus, einem islamischen Königreich südlich des Aralsees, zu dem Gebiete des heutigen Afghanistan, des Iran und der UdSSR gehörten. Der Mord an einem mongolischen Gesandten in der chorezmischen Grenzstadt Otrar lieferte den Vorwand für eine dreijährige Invasion der Mongolen, wobei die größeren Städte von Chorezm planmäßig vernichtet wurden.

Dschingis-Khan sammelte ein Heer von 200000 Mann und schickte seine Söhne Tschagatai und Ügedei zur Belagerung Otrars. Sie rächten den Tod ihres Gesandten, indem sie dem Landesfürsten — einer Legende zufolge — geschmolzenes Silber in Augen und Ohren gossen. Gleichzeitig belagerte Dschingis-Khan Buchara, die größte und reichste Stadt der ganzen Region, die sich im Februar 1220 ergab.

Als Dschingis-Khan Bucharas Hauptmoschee betrat, rief er sich zur „Geißel Gottes" aus. Seine islamischen Zuhörer glaubten dies sehr rasch: verwüsteten die Mongolen doch Buchara, folterten die reichen Bürger, damit sie ihre verborgenen Schätze herausgäben, und steckten die Häuser der Stadt in Brand. Ein islamischer Historiker schrieb: „Es war ein entsetzlicher Tag. Man hörte nur das Weinen der Männer, Frauen und Kinder, die voneinander getrennt wurden; Frauen wurden von den Barbaren vor den Augen ihrer Angehörigen vergewaltigt. Manche Männer, die die Schmach ihrer Familie nicht ansehen konnten, stürzten sich auf die Krieger und starben im Kampf."

Später zwangen die Mongolen Tausende der Bürger Bucharas, in geordneten Reihen vor ihnen herzumarschieren, um die Armee größer erscheinen zu lassen als sie war. Die Garnison von Samarkand war den Mongolen zahlenmäßig überlegen, dennoch eroberten sie die prächtige Stadt, mordeten hemmungslos und verschleppten 30000 Handwerker in die Mongolei.

Die schrecklichsten Grausamkeiten gab es im Februar 1221 in Merw als Vergeltung für den Tod von 1000

Im Jahre 1167 gebar die Frau eines mongolischen Stammesfürsten einen Sohn namens Temudschin. Nach der Legende soll der Säugling einen knöchelförmigen Blutklumpen in der rechten Hand gehalten haben — ein Omen für das Blutvergießen, das er eines Tages verursachen sollte. Bis zum Jahre 1206 hatte Temudschin im östlichen Teil Zentralasiens ein Reich aus mongolischen und nichtmongolischen Stämmen zusammengeschweißt. Mit dem Titel *Dschingis-Khan* (höchster Herrscher) führte dieser wilde und schlaue Krieger barbarische Horden berittener Bogenschützen zu Überfällen in die angrenzenden, dichter besiedelten Gebiete. Kühl berechnend setzte er den Terror als Waffe ein, um ein Imperium aufzubauen, das von Armenien bis Korea reichte.

Nordchina war das erste Kulturland, das von seinen Horden verwüstet wurde. Der Kaiser versuchte, sich mit Geschenken freizukaufen, zu denen 500 junge Männer und 500 Sklavenmädchen gehörten. Aber Dschingis-Khan ermordete alle Gefangenen, und im Jahre 1215 eroberten seine wilden Reiter die chinesische Hauptstadt Peking und plünderten sie.

Dschingis-Khan beendete danach seinen Sturm auf China, um Feinde in Zentralasien niederzuschlagen. Erst schlug er die Kara-Kitai im Süden des Balkaschsees. Dieser

Männern der Leibgarde des Khans. Nach erfolgloser Belagerung lud Dschingis-Khans Sohn Tolui den Stadtkommandanten zu einem Mahl ein und ließ seine Begleiter erwürgen. Die Mongolen beraubten Merw seiner militärischen Führung und nahmen durch diese Finte die Stadt ein. Sie zwangen die männlichen Bewohner, sich mit auf dem Rücken verschränkten Armen auf die Erde zu legen,

Sübütei, mongolischer Heerführer.

Unten: Mongolische Krieger zeigen ihre Geschicklichkeit.

und verstümmelten und erwürgten alle, auch Frauen und Kinder. Ein Bericht spricht von 700000 Toten. Nur 80 Handwerker sollen verschont geblieben sein.

Im April kam es in Nischapur zum schlimmsten Blutbad. Die Mongolen machten die Bürger nieder, schnitten ihnen die Köpfe ab und häuften sie nach Geschlecht und Alter gesondert zu Pyramiden auf.

Für Dschingis-Khan lag der Erfolg weniger im Errichten eines Weltreichs als im Plündern und Zerstören. Er soll einmal gesagt haben, das wahre Glück für ihn sei, „die Feinde zu zermalmen, sie vor sich im Staub liegen zu sehen — ihnen Pferde und Besitz abzunehmen und das Wehgeschrei ihrer Frauen zu hören". So erfüllte es ihn mit Genugtuung, Chorezm zu verwüsten und nur zerstörte Städte zurückzulassen. Danach ließ der Mongolenfürst von 1222 bis 1226 vom Kriegshandwerk ab. 1227 erkrankte der alternde Khan und starb in China bei der Belagerung von Ningsia, der Hauptstadt der Tanguten.

Seine Armee und das Vermächtnis seiner Grausamkeit aber lebten weiter. Nachfolger vergrößerten das mongolische Reich ebenso brutal wie Dschingis-Khan es zusammengeschmiedet hatte. 1240 machten sie die russische Stadt Kiew dem Erdboden gleich und vernichteten 1241 eine polnisch-deutsche Armee in Schlesien. Nach der Schlacht bei Liegnitz sollen die Sieger neun Säcke mit den abgeschnittenen Ohren der Toten gefüllt haben. 1258 zerstörte Hülägü, ein Enkel des Dschingis-Khan, die für die Bauern im Irak lebenswichtigen Deiche, brandschatzte die größeren Gebäude von Bagdad und ließ den letzten arabischen Kalifen in einen Teppich rollen und von Pferden zerstampfen.

Es bleibt überraschend, daß das riesige mongolische Reich nach dem Ende der Eroberungszüge in nie gekanntem Frieden lebte. Mit der Zeit übernahmen die barbarischen Herrscher sogar die Kulturen, die zu zerstören sie sich so sehr bemüht hatten.

Der Dreißigjährige Krieg
Mitteleuropa 1618–1648

Von 1618 bis 1648 verwüstete ein Krieg Mitteleuropa. Er begann im böhmischen Teil des Heiligen Römischen Reiches, als sich die Protestanten gegen ihren katholischen Oberherrn auflehnten, und wurde im Lauf der Zeit zu einem Machtkampf um die Vorherrschaft in Europa. Bevor er endete, waren das protestantische Dänemark, Holland, England, Schweden und das katholische Spanien und Frankreich in ihn verstrickt. Das Hauptschlachtfeld war Deutschland, das damals in 300 Fürstentümer und Freie Städte aufgesplittert war, die teils auf seiten der katholischen, teils der protestantischen Rivalen standen.

Der Krieg durchlief vier größere Zeitabschnitte; jeder hatte besondere gräßliche Begleiterscheinungen. In der ersten, böhmischen Periode von 1618 bis 1620 wurden die Böhmen von der kleinen Söldnerarmee des deutschen Grafen Ernst von Mansfeld beschützt, die durch die ungarischen Truppen des Prinzen Gabor Bethlen verstärkt wurden. Undiszipliniert und brutal, mordeten die Gaborschen Soldaten Gefangene, brandschatzten Bauernhöfe und bekämpften auf der Suche nach Proviant sogar ihre Verbündeten. Aber auch die überlegenen Streitkräfte des Herzogs Maximilian von Bayern, die unter dem Kommando des flämischen Grafen Tilly standen, machten schwere Zeiten durch, als eine Typhusepidemie die Truppen der Katholischen Liga erfaßte.

Am 8. November 1620 kam es in der Nähe von Prag zur entscheidenden Schlacht am Weißen Berg. Die katholischen Truppen siegten, und das abtrünnige Böhmen kam unter eine Schreckensherrschaft, als die neuen Herren das Land knechteten. Die Kaiserlichen trieben 27 führende Rebellen zusammen und richteten sie hin (12 Köpfe und eine Hand wurden in Prag auf einer Brücke aufgespießt).

Links: Einnahme des protestantischen Prag durch die katholische Armee des Herzogs Maximilian von Bayern.

Oben: Graf Ernst von Mansfeld, dessen Söldnertruppen in den Dienst der Protestanten gegen den Kaiser traten.

Rechts: Die barbarische Hinrichtung führender Rebellen nach der Eroberung von Prag.

Historiker sagen, daß der Krieg zahllose deutsche Städte dem Boden gleichmachte, Dörfer vernichtete, die Bevölkerung zu drei Vierteln ausrottete und Schäden anrichtete, die erst nach 200 Jahren wieder behoben waren. Andere Historiker halten diese Behauptung für stark übertrieben, aber alle sind sich einig, daß bestimmte Gebiete schwer gelitten haben.

Die Zivilbevölkerung litt am schwersten unter dem Krieg, was auf das Konto der Söldnerheere ging, in denen sich viel rohes Gesindel sammelte. Wie Heuschreckenschwärme fielen die Truppen über Stadt und Land her, raubten und plünderten und ließen in ihrem Gefolge Typhus, Pest und Ruhr zurück.

Viele Adlige gingen ihrer Güter verlustig; allen wurden drückende Steuern auferlegt. Kaiserliche Söldner zogen durch Prag, rissen Türen und Fenster von Häusern ein, plünderten und erpreßten die Bürger um Geld. Sie raubten das Land dermaßen aus, daß viele Bauern Haus und Hof verloren und fortzogen. Diese Verwüstung zusammen mit der religiösen Verfolgung führte zu Massenauswanderungen aus Böhmen.

Inzwischen hatten Tillys siegreiche Soldaten soviel zusammengeplündert, daß sie sich Männer anheuerten, die ihre Kriegsbeute tragen mußten. Sein Heer wurde zusätzlich durch einen Troß von Bettlern, Händlern, Prostituierten, Quacksalbern und von den Feldern entführten

Kindern und Frauen, die gegen Lösegeld freigekauft werden sollten, belastet und aufgebläht. Auf dem Marsch vergrößerte sich die hungrige Armee wöchentlich um mehrere Neugeborene.

Auch Mansfelds geschlagenes, aber nicht aufgelöstes Heer schwoll durch den mitgeschleppten Troß an. 1621 trugen seine Truppen den Krieg nach Deutschland und brachten Typhus, Pest und Verwüstung mit. Im Winter beobachteten die Flüchtlinge, die sich hinter die Mauern Straßburgs gerettet hatten, in der Nacht bis zu 16 große Brände, die Mansfelds Marodeure gelegt hatten, um in den Dörfern Vorräte zu vernichten, die sie nicht mitschleppen konnten. In einem Zwanzig-Kilometer-Umkreis der Nachbarstadt Hagenau zündeten sie jedes einzelne Haus an, sie rissen in den katholischen Kirchen alle Christusstatuen herunter und hängten sie in Bäume. „Gott schütze uns, wenn Mansfeld kommt!" wurde in jener Zeit zu einem geflügelten Wort. Schon 1623 hatten Mansfelds protestantische Truppen gemeinsam mit Verbänden der Katholischen Liga eine Typhusepidemie im Westen Deutschlands eingeschleppt.

entsetzliche Folgen hatte. Typisch dafür ist ein Bericht, der beschreibt, wie 1620 polnische Soldaten unter einer Hochzeitsgesellschaft in Wien hausten. Sie „stachen den Bräutigam und die Hochzeitsgäste nieder, vergewaltigten die Frauen, raubten Geschirr und Silber, rissen den Frauen die Kleider herunter und entführten die Braut . . ." Der deutsche Dichter Hans Jakob Grimmelshausen schrieb einen Roman über die eigenen Erlebnisse in den Kriegswirren, den *Simplicissimus*. Er beschreibt Grausamkeiten, die Grimmelshausen selbst mit angesehen haben könnte — zum Beispiel das Zusammenbinden von Gefangenen in einer Reihe, um festzustellen, wie viele mit einem Kanonenschuß getötet werden könnten; oder daß man die Opfer zwang, Jauche zu trinken, Gefangene über dem Feuer röstete oder einen Pistolenlauf als Daumenschraube verwendete.

Aber der Krieg brachte Schlimmeres als Brutalität gegen einzelne, nämlich Hunger und Krankheit. 1627 zerstörten dänische und kaiserliche Truppen die Ernte an den Ufern der Havel. 1628 mußten die Bauern in Tirol gemahlene Bohnenschoten zu Brot verbacken. 1630 ernährten sich die

Im Jahre 1625 begann eine neue Periode, der Dänisch-Niedersächsische Krieg, der bis 1629 dauerte. Er hieß so, weil der König von Dänemark sich einmischte, dessen protestantische Armee in Sachsen gegen die Kaiserlichen kämpfte. Allerdings bekam zu Beginn der dänischen Periode der gefürchtete österreichische General Herzog Albrecht von Wallenstein das Oberkommando über die kaiserlichen Armeen und führte einen Siegeszug an, der die Dänen aus Sachsen vertrieb und den bewaffneten Widerstand der Protestanten brach.

1630 hatten West- und Ostdeutschland sowie die benachbarten Gebiete 10 Jahre Krieg hinter sich, in denen der Zusammenstoß von Truppen mit der Zivilbevölkerung

Menschen in Nassau von Wurzeln und Eicheln. Im fruchtbaren Bayern säumten Leichen Verhungerter die Straßenränder.

Von den Soldaten verbreitet, grassierten Typhus, Pest und Ruhr überall. Zwischen 1625 und 1630 wüteten Epidemien in ganz Deutschland. 28000 Menschen starben 1626 allein in Württemberg an verschiedenen Seuchen. Zwei Jahre später waren es 9000 in der Stadt Augsburg.

1630 gab es immer noch keinen Frieden, denn nun trat der Krieg in die schwedische Phase sein, in der König Gustav Adolf eine schwedische Armee nach Deutschland führte und gegen die Katholiken kämpfte, bis er 1632 in der Schlacht von Lützen fiel.

Die Schweden kamen zu spät, Magdeburg von der Belagerung durch Tilly zu entsetzen. Im Mai 1631 wurde die protestantische Stadt von den Verteidigern selbst in Brand gesteckt. Die Zahl der Toten — auf beiden Seiten — wird auf 25000 geschätzt. Zwei Wochen lang brachten Fuhrwerke verkohlte Leichen zum Fluß. Papst Urban VIII. jubelte über die rauchenden Trümmer der „sündhaften" Stadt und betrachtete sie als „ewige Monumente der Gnade Gottes".

1635, nach fast sechsmonatiger Belagerung, mußten die Schweden Augsburg übergeben. Hunger und Seuchen hatten die Bevölkerung der Stadt von 70000 auf nur noch

gerten ausgehungerten kaiserlichen Truppen vom Fleisch ihrer gefallenen Kameraden.

Die ungezählten Flüchtlingstrecks litten harte Not. Tausende in Deutschland wurden obdachlos, weil brutale Heerführer systematisch Dörfer niederbrannten. Nach der Niederlage der Schweden 1634 in Nördlingen starben die Flüchtlinge in einem Frankfurter Lager und in überfüllten Hospitälern an Seuchen und Hunger wie Fliegen. Die Schweizer Städte wiesen Schutzsuchende ab. Mitten im Winter übernachteten 30000 Menschen in Straßburg auf den Straßen, bis viele durch Kälte, Hunger oder Krankheit umkamen. Der Rest der Flüchtlinge wurde vom Rat der

Oben: Friedrich V., Kurfürst von der Pfalz, dessen Wahl zum König von Böhmen den Dreißigjährigen Krieg auslöste.

Rechts: Die Krönung Friedrichs V. zum König von Böhmen. Wegen seiner kurzen Regierungszeit wurde er als „Winterkönig" bekannt.

16000 dezimiert. Menschen hatten überlebt, indem sie Ratten aßen und Häute kauten; eine Frau soll gar die Leiche eines in ihrem Haus gestorbenen Soldaten verzehrt haben.

Derweil wurde die Niederlage der Schweden in Nördlingen als kaiserlich-habsburgischer Sieg betrachtet, der das katholische Frankreich als Bundesgenossen der Protestanten auf den Plan rief, um Frankreichs Rivalen Habsburg zu bekämpfen. Der Krieg trat nun in seine letzte, schwedisch-französische Periode. Bald aber entschieden Krankheit und Hunger mehr als militärische Strategie darüber, wie und wohin die Armeen marschierten. Im Winter 1635 gingen viele Geschichten um, daß die Verhungernden Menschenfleisch aßen. So sollen verhungernde Elsässer die Leichen Erhängter vom Galgen geschnitten und verzehrt haben. Im Rheinland wurde das Fleisch soeben Verstorbener und Beerdigter gehandelt. Die Reisegesellschaft des englischen Botschafters sah mit Entsetzen, daß von Köln bis Frankfurt „alle Städte, Dörfer und Burgen zerstört, geplündert und niedergebrannt waren". Im Dorf Bacharach am Rhein sollen Menschen „mit Gras im Mund" verhungert sein. In Breisach ernährten sich 1638 die bela-

Stadt ausgewiesen.

1648 kam endlich der Friede. Der Westfälische Friede sprach Frankreich und Schweden Gebiete zu und gab Deutschland eine neue religiöse Toleranz. Aber das Erbe, das Deutschland antrat, war eine auf die Hälfte reduzierte Bevölkerung, Massenauswanderungen, ein zu zwei Dritteln zerstörtes Land ohne Handel, Gewerbe und Kultur. Wahrscheinlich ist dieses Bild zu schwarz gemalt. Die Entvölkerung war häufig nur auf die vielen Flüchtlinge zurückzuführen, die später wieder zurückkehrten. Große Teile Deutschlands durchlebten lange Perioden des Friedens, in denen das Leben einen normalen Lauf nahm. Einige Städte entwickelten sich sogar. Mitten in den Kriegswirren wurde das schwergetroffene Leipzig zu einer großen Handelsstadt, dessen Messen Kaufleute aus ganz Europa anzogen. Aber solche Leistungen waren allenfalls seltene Wahrzeichen für die Widerstandskraft der Menschen in Zeiten größter Unsicherheit.

Oben: Ein zeitgenössischer Druck (1620) von der Einnahme der Burg Gytschin in Böhmen durch katholische Truppen.

Rechts: Die Belagerung der Stadt Magdeburg durch die Armee von Kaiser Ferdinand II.

Unten: Die Unterzeichnung des Westfälischen Friedens im Jahr 1648, der den Dreißigjährigen Krieg beendete. Deutschland brauchte fast 200 Jahre, um sich von den Verwüstungen des Krieges zu erholen.

Der amerikanische Bürgerkrieg 1861–1865

naturgegeben zwei südliche Frontlinien. Dennoch verstrichen vier Jahre, bis der Norden die Kapitulation erzwingen konnte.

Weil die überlegene Industriemacht des Nordens am Ende triumphierte, haben Historiker diesen Krieg den ersten modernen oder totalen Krieg genannt. Was die Waffen und die Taktik anbelangt, war er in vieler Hinsicht eine Generalprobe für den 1. Weltkrieg. Neues und schreckliches Kriegsgerät zur Massenvernichtung aus großer Entfernung ließen Kavallerieattacken und den Nahkampf mit dem Bajonett mit einem Schlag veralten. Die mit Repetiergewehren ausgerüstete Infanterie konnte das Feuer aus knapp 400 Metern Entfernung eröffnen — die achtfache Reichweite der alten Feuersteinmusketen. Gezogene Geschütze als Hinterlader, Mörser, Maschinengewehre, Granaten, Raketen, Schützengräben, Drahtverhaue, Minen, Sprengfallen und gepanzerte Schlachtschiffe — all dies und noch mehr waren Vorläufer der Kriege des nächsten Jahrhunderts.

Von 1861—1865 zerfleischten sich die Vereinigten Staaten in einem Kampf, der mehr Menschenleben kostete, als jeder andere Konflikt des Landes vorher oder nachher gefordert hatte. Im amerikanischen Bürgerkrieg standen 1,5 Millionen Unionstruppen (oder Bundes- oder Nordstaatentruppen) 900000 Konföderierten (oder Südstaaten-

Oben: Das größte während des Sezessionskrieges eingesetzte Geschütz.
Links: Nach der Schlacht von Spotsylvania Court House, 1862 in Virginia, die unentschieden endete. Über 19 000 Soldaten beider Seiten fielen.
Rechts oben: Die Schlacht von Fredericksburg im Dezember 1862 endete mit einer schweren Niederlage der Unionstruppen.
Rechts unten: Der Sieg in der Seeschlacht von Memphis (Juni 1862) brachte einen großen Teil des Mississippi unter die Kontrolle der Union.

truppen) gegenüber. Die 2400 aufgezeichneten Scharmützel und Schlachten kosteten die Union 364511, die Konföderierten 258000 Gefallene und Verwundete.

Der Krieg begann, als 11 der 15 Sklavenhalterstaaten den Versuch machten, sich von der Union zu trennen. Da die Nord- und Weststaaten dem Süden um mehr als zwei zu eins an Menschen und Eisenbahnmeilen überlegen und industriell viel reicher waren, schien ihnen der Sieg sicher zu sein. Sie planten, die Konföderierten durch eine Seeblockade und einen Zangenangriff im Osten und Westen der Appalachen zu schlagen; ihre Nord-Süd-Achse schuf

Anfangs schnitten viele der Soldaten auf dem Schlachtfeld weit schlechter ab als die Waffen, die sie trugen. Ganze Regimenter marschierten nach nicht mehr als 14 Tagen Ausbildung in den Kampf. Bei der Schlacht von Shiloh im April 1862 gestand ein konföderierter General, daß er nie zuvor einen Schuß gehört habe. Später sagte Ulysses S. Grant, General der siegreichen Union, ein Schlachtfeld sei so von Toten übersät gewesen, daß man es nach allen Seiten hätte überqueren können, indem man nur auf Leichen trat, ohne einmal den Fuß auf die Erde zu setzen. Das war der Preis, den die Konföderierten zu zahlen hatten, wenn sie die „Hintertür" zum Mississippi verteidigen wollten.

Die Truppen wurden bald kampferprobt, zum Beispiel in Antietam, fünf Monate nach Shiloh. Der Unions-General George B. McClellan schickte seine 70000 Mann in kleinen Einheiten gegen die 40000 Konföderierten von General Robert E. Lee und büßte dabei 12500 Mann ein. Nach diesem fragwürdigen Erfolg der Union erklärte Lincoln, daß er, wenn er McClellans Wunsch nach Verstärkung erfüllte, nur „Fliegen auf die andere Seite des Zimmers scheuchen würde", und gab statt dessen dem General den Laufpaß.

McClellans Fehler verblaßten aber neben General Ambrose E. Burnsides starrköpfigem Unionsangriff bergauf gegen eine auf den Hügeln über Fredericksburg verschanzte Südstaatenarmee. Als die Unionstruppen in Paradeformation dem Hügel entgegenmarschierten, fielen sie scharenweise im Hagel von Artilleriegeschossen und Gewehrfeuer. Von den 5000, die angriffen, wurden in fünfzehn Minuten 2000 Mann niedergemäht. Dann folgte ein Bajonettangriff von weiteren 4000 Mann; 1700 fielen, ehe der Rest zurückwich. Moderne Waffen, die aus günstig gewählten Stellungen feuerten, hatten den Nordstaaten über doppelt so hohe Verluste zugefügt wie diese ihren Gegnern.

Viele Schlachten des Sezessionskriegs endeten mit hohen Verlusten an Menschenleben, ohne jeden meßbaren Erfolg. Aber die Schlacht von Gettysburg brachte dann den Wendepunkt. Im Juli 1863 zwang Robert E. Lees konföderierte Armee die Unionstruppen des Generals George G. Meade, sich auf dem Cemetery Ridge (Friedhofskuppe), einem drei Kilometer langen Hügelzug im Süden der verschlafenen Landstadt Gettysburg in Pennsylvanien, zu verschanzen. Nach zwei Tagen unentschiedener Kämpfe entschloß sich Lee, in der Mitte der Unionstruppen zuzuschlagen.

Über 100 Geschütze beschossen das Zielgebiet. Dann kamen die von General George E. Pickett angeführten 14000 Konföderierten aus den Wäldern und griffen in

geordneten Kolonnen über eine Meile offenen, welligen Geländes an, der immer noch beeindruckend starken Artillerie der Union ungedeckt ausgesetzt.

Aus 700 Metern Entfernung schoß die Artillerie der Union mit Streufeuer und Kartätschen und schlug Breschen in die anrückenden Kolonnen. In 200 Metern Entfernung standen die Infanteristen der Union auf und feuerten Gewehrsalven auf die Angreifer ab. Die stark gelichteten Reihen rückten dennoch vor und nahmen die Hügelkuppe — hielten sie aber nur 20 Minuten lang und wichen schließlich vor einer Mauer aus Bajonetten und Gewehrkolben zurück.

Pickett verlor zwei Brigadegeneräle, acht Obersten und drei Oberstleutnants. Er schrieb: „Nur einer meiner Stabsoffiziere blieb unverletzt." Von den 14000, die zum Angriff angetreten waren, kehrten nur 5000 zurück. Bei Gettysburg

verloren die Konföderierten 22000 Verwundete und Gefallene — die Union etwa 4000 Mann weniger. Lees Hoffnung, den Krieg nach Norden auszuweiten, war gescheitert; am nächsten Tag schon fiel Vicksburg in die Hände der Nordstaatentruppen.

Die Nordstaaten zählten im Sezessionskrieg etwa 110000 Gefallene und an Verwundungen Gestorbene, aber die Todesfälle durch Krankheiten ließen die Zahl auf 360000 ansteigen. Die meisten Opfer forderte der Typhus, gefolgt von Krankheiten wie Ruhr und Diarrhöe, Pocken, Masern und Malaria. Die Zahlen bei den Südstaaten sind ähnlich:

Union diente. Zwei Brüder kämpften als Generalmajore gegeneinander. Während Abraham Lincoln den Norden anführte, fielen drei Brüder seiner Frau im Kampf für den Süden. Als eine Kugel den forschen Unionsgeneral James McPherson getroffen hatte, hörte seine Braut, wie ein Mitglied ihrer Südstaatenfamilie seinen Tod als „eine fabelhaft gute Nachricht" bezeichnete.

Im Laufe des Krieges verhalfen Regierungsaufträge den Nordstaatenfabrikanten und Geschäftsleuten zu raschem Reichtum. Bestechung und Korruption blühten; das Ergebnis war Sand in Zuckerfässern, Roggen in Kaffeesäk-

Oben: In einem Kriegsgefangenenlager der Union. Die Zustände in den Lagern des Nordens wie des Südens waren grauenvoll.

Links: Ein Unionssoldat in stolzer Pose. Kurz danach fiel er.

Von 258000 Kriegstoten starben nur 94000 Konföderierte auf den Schlachtfeldern. In den Kriegsgefangenenlagern forderten Krankheiten eine grauenhaft hohe Zahl von Opfern. Fast ein Viertel aller gefangenen Südstaatensoldaten starben in den Lagern des Nordens. Im Süden war die Sterblichkeit der gefangenen Unionssoldaten womöglich noch größer. Von den Insassen des Andersonville-Gefängnisses in Georgia starben im Jahresdurchschnitt drei von vier. Der Konföderiertengeneral John H. Winder baute aus Rachsucht diese von Palisaden umgebene Lager ohne Schattenbäume oder Schutzhütten, um „mehr Yankees zu vernichten als an der Front getötet werden können". Hauptfeldwebel Robert H. Kellog, der zwei Monate nach der Errichtung in dieses Lager geschickt wurde, schrieb: „Als wir dort ankamen, bot sich uns ein Bild, das uns das Blut vor Entsetzen gefrieren und unseren Mut sinken ließ. Die Wesen vor uns — einst tätige, aufrechte und tapfere Männer — waren nur noch wandelnde Skelette." Krankheiten, Unterernährung und sadistische Erschießungen durch die Wärter töteten etwa 13000 der 49000 Lagerinsassen von Andersonville.

Vielen Familien des Nordens und Südens brachte der Krieg besonderes Leid, weil Mitglieder auf beiden Seiten im Kampf standen. Der Marine-Oberbefehlshaber der Konföderierten verlor einen Sohn, der bei der Marine der

ken und Uniformen, die sich bei Regen auflösten. Trotz alledem wurde viel geleistet, und die Wirtschaft des Nordens blühte auf.

Anders im Süden. Durch die Seeblockade des Nordens herrschte in den Tabak- und Baumwollstaaten Mangel an Industriewaren und importierten Genußmitteln. Eine Tagebuchnotiz vom Februar 1864: „Ich habe seit mehr als einem Jahr keinen Kaffee oder Tee mehr getrunken." Metalle wurden so knapp, daß die Fabrikanten Kirchenglocken zu Kanonen und Fensterhaken zu Gewehrmunition einschmolzen. Aus Ringen und Schmuck prägte man Münzen. Die Tageszeitungen wurden auf Tapete oder braunem Packpapier gedruckt. Melasse diente zum Süßen, gerösteter Mais als Kaffee.

Durch den schlechten Zustand der Eisenbahnanlagen kam es zu vielen tödlichen Unfällen; es gab zu wenig Güterwagen, um alle Südstaaten mit Nahrungsmitteln zu versorgen. Am Ende des Krieges waren manche Gebiete des Südens völlig ruiniert. Soldaten desertierten, weil sie nicht verpflegt und besoldet wurden. Das Papiergeld der Konföderierten verlor ständig an Wert. Ein Faß Mehl kostete 1000 Dollar, ein Bündel Brennholz im Winter 5 Dollar.

Am schwersten aber litt der Osten, als 1864 General William Tecumseh Sherman seinen berühmten Marsch von Atlanta durch Georgia zum Meer begann. Auf einem Weg von etwa 460 Kilometern verwüstete seine 60000 Mann starke Armee die Felder, Häuser, Städte und Bahnhofsanlagen in einer Breite von mehr als 90 Kilometern. Er suchte nicht den Kampf mit einer feindlichen Armee; Shermans Auftrag war es, ein ganzes Wirtschaftsgefüge mitsamt seinem Selbstverständnis zu zerbrechen.

Der Krieg endete im April 1865. Er hatte die Union wiederhergestellt, die Sklaverei aufgehoben und die auf Sklavenarbeit aufbauende Landwirtschaft des Südens zerstört. Die Erinnerung an die eigene grausame Rolle bei

Oben: General Pickett führte 14 000 konföderierte Soldaten vor Gettysburg. Im ganzen starben 22 000 Konföderierte in dieser Schlacht, dem Wendepunkt des Krieges zugunsten des Nordens.

diesem Sieg ließ Sherman vor einer Abschlußklasse von Offizieren der Kriegsakademie sagen: „Ich bin müde und habe den Krieg satt. Sein Ruhm ist nicht als leerer Schein. Nur wer nie einen Schuß abgegeben oder das Schreien und Stöhnen von Verwundeten gehört hat, verlangt laut nach Blutvergießen, nach Rache und Zerstörung. Krieg ist die Hölle."

Unten: Zerstörte Fabriken im Hafen von Richmond 1865. Die Bürger brannten lieber die eigene Stadt vor der Flucht nieder, als sie in die Hände der Union fallen zu lassen.

Das belagerte Paris
1871

Die kriegsmüden, ausgehungerten Bürger von Paris waren stumm vor Zorn und Demütigung, als am 28. Januar 1871 die Kanonen rund um Paris das Feuer einstellten und die Forts den Deutschen übergeben wurden. Das war der letzte Schlag in diesem unglückseligsten Krieg der französischen Geschichte. Die Wut und Demütigung der stolzen Pariser schwelten drei Monate lang und loderten dann in einem kurzen, äußerst blutigen Bürgerkrieg gegen die Regierung auf, von der sie sich verraten fühlten.

Nur ein Jahr zuvor, im Sommer 1870, war die weltoffene Metropole die glanzvollste Stadt der Erde gewesen. Mitte September hatten die deutschen Streitkräfte unter dem Preußen Otto von Bismarck die französische Armee bei Sedan vernichtet, den Kaiser gefangengenommen und Paris eingeschlossen. Fast neunzehn Wochen lang hatten die Pariser dem wachsenden Hunger standgehalten; dann wurde das Elend durch die Kälte und die rücksichtslose Bombardierung der Stadt noch größer.

Bei Beginn der Belagerung von Paris durch die Deutschen hatte die neue republikanische Regierung zuversichtlich geglaubt, unbegrenzte Zeit durchhalten zu können. Sie verfügte über 400000 Soldaten. 3000 schwere Geschütze und ein massives Verteidigungssystem mit einem hohen

äußeren Wall, einem Festungsgraben, 94 Bastionen und 15 Forts. Es gab Lebensmittel und Brennstoff für 12 Wochen. Aber für eine Bevölkerung von nahezu 2 Millionen reichten die Vorräte nicht aus.

Als die Lebensmittel knapp wurden, griffen die Menschen widerstrebend zu Ersatz. Sie aßen Talgkerzen statt Butter, und in den Restaurants (wo Reiche immer noch etwas zu essen bekamen) gab es als Rindfleisch getarntes Pferdefleisch. Mitte November tauchten in den Fleischerläden abgehäutete, mit Papierrüschen verzierte Katzen als „Rinnsteinkaninchen" auf. Ende Dezember waren die Tiere des Zoos in die Kochtöpfe gewandert. Man schätzt, daß in Paris 65000 Pferde, 5000 Katzen, 1200 Hunde und 300 Ratten gegessen wurden. Aber nur wohlhabende Bürger konnten noch gut essen, denn die Preise für Nah-

rungsmittel waren inflationär emporgeschnellt.

Offiziell erhielt jeder eine Grundration, die schnell immer kleiner wurde. Die Läden waren täglich ausverkauft und schlossen vorzeitig. Ende Dezember fielen einem Augenzeugen „halbverhungerte Frauen und Kinder" auf. Frauen verkauften sich für Brotkrusten, und Kleinkinder starben, weil es keine Milch gab. Ende Januar notierte der Schriftsteller Edmond de Goncourt: „Man sieht nichts als magere, eingefallene blasse Züge; die Gesichter sind so fahl und gelb wie Pferdefleisch."

Ein harter Winter hatte inzwischen neues Elend gebracht. Im Januar litten 1000 Soldaten an Erfrierungen, so mancher erfror beim Wachestehen. Der Kohlenmangel zwang die Regierung, Alleebäume als Brennholz zu fällen. Ohne Rücksicht auf privates Eigentum stahlen die frierenden, schlecht gekleideten Menschen alles Brennbare.

Zu Hunger und Kälte kam obendrein noch das Bombardement der Deutschen. Festungsanlagen in Außenbezirken litten zuerst, aber schon Anfang Januar fielen allnächtlich Granaten auf Paris. Allerdings töteten 12000 Geschosse in einem Zeitraum von drei Wochen nicht einmal 100 Menschen. Mehr Tote gab es bei gescheiterten militärischen Ausbruchsversuchen sowie durch Krankheit und Hunger.

Rechts: Eine deutsche Geschützstellung vor Paris. In drei Wochen wurden 12 000 Geschosse in die Stadt gefeuert.

Links: Szene aus der Schlacht bei Champigny, einer südlichen Vorstadt von Paris. Der von November bis Dezember dauernde Kampf gehörte zur deutschen Belagerung von Paris, die bis zum Januar 1871 andauerte, als die Stadt sich ergab.

Kinder litten am stärksten; jemand schrieb: „Auf Schritt und Tritt begegnet man Leichenbestattern mit Kindersärgen." Die belagerte Regierung in Paris mußte nun zwischen immer mehr Hungertoten oder der Schmach der Kapitulation der Stadt wählen. Sie wählte die Übergabe. Paris gewann Frieden und Lebensmittel gegen die Abtretung des Elsaß und Nordlothringens an Deutschland, eine riesige Kriegsschuldzahlung und eine vorübergehende Besetzung der Hauptstadt durch deutsche Truppen.

Der Waffenstillstand begann am 28. Januar, aber der Friede war unsicher. Vielen Parisern war die Siegesparade der deutschen Truppen in ihrer Stadt so verhaßt wie die überwiegend royalistische französische Nationalversammlung, die sie hereingelassen hatte. Noch stärker aber lehnten sie die erniedrigenden Übergabebedingungen ab; sie waren überzeugt, man hätte mit den Siegern bessere Bedingungen aushandeln können. Die bürgerliche Regierung unter Adolphe Thiers trieb danach sinnlos die Pariser Arbeiter und kleinen Kaufleute in den Ruin, weil sie Zinsen und Darlehen zurückforderte, die während des Kriegs gestundet worden waren, außerdem brachte sie die Nationalgardisten gegen sich auf (vorwiegend Arbeiter, die während der Belagerung einberufen worden waren), weil

Oben: Ein Fleischer verkauft auf dem Markt von St. Germain während der 19 Wochen dauernden Belagerung von Paris „Rinnstein-Kaninchen" (Katzen).

sie ihnen den Sold strich.

Thiers, der sich der kochenden Wut bewußt wurde, versuchte die Nationalgarde zu entwaffnen. Aber am 18. März hinderten Aufständische die Regierungstruppen, die Kanonen auf dem Montmartre zu demontieren. Eine bis aufs Blut gereizte Menge zerrte General Lecomte vom Pferd und nahm General Thomas gefangen. Rebellierende Soldaten erschossen beide auf der Stelle.

Die Regierung Thiers flüchtete daraufhin überstürzt

Oben: Der triumphale Einzug deutscher Truppen in Paris am 1. März 1871.

nach Versailles. In Paris organisierte das Zentralkomitee der Garde Wahlen, die zur Gründung der Kommune von Paris führten; sie war von Extremisten beherrscht, die gewaltsamen Umsturz forderten. Die Kommune richtete ihr Hauptquartier im Hôtel de Ville, dem Rathaus, ein. Unter ihren Mitgliedern, die unter anderem Ziele wie einen nationalen Bund von Kommunen oder eine Pariser Diktatur über Frankreich propagierten, gab es endlose Debatten. Sie vertat 13 wertvolle Tage nach der Flucht der Thiers-Regierung durch Streit und Unentschlossenheit. Thiers aber hatte keine Zeit verloren und eine „der besten Armeen aufgestellt, die Frankreich jemals besaß", wie er vor der Versailler Versammlung am 1. April 1871 verkündete.

Am 8. Mai, nach Scharmützeln rund um die Stadt und die Forts, drohte Thiers den Parisern, daß er nun zum Generalangriff übergehen würde. Aber die Stadt war ebenso sicher vor den Versaillern, wie sie es vor den Deutschen gewesen war. Dreizehn Tage lang zog sich das militärische Patt hin, dann entdeckten Regierungstreue am 21. Mai ein schwach besetztes Stadttor und ließen die Söldner Thiers' ein. Es folgte die schreckliche *semaine sanglante,* die Blutwoche, in der Thiers' 130000-Mann-Armee den Widerstand der Kommunarden Straße für Straße brechen mußte.

Als die Regierungstruppen den Kommunarden zusetzten, griffen diese in ihrem Widerstand zu Verzweiflungstaten. Am 23. Mai zwang das Feuer von Scharfschützen Paul-Antoine Brunel dazu, einige Häuser anzünden zu lassen, von denen aus die Deckung seiner Soldaten gefährdet war. Bald standen auch Juwelierläden und Cafés in Flammen. Am nächsten Morgen brannte die Kommando-

zentrale der Kommunarden, das Hôtel de Ville, nieder. Am 24. Mai standen bei Einbruch der Dunkelheit die Präfektur der Polizei, der Justizpalast, das Palais Royal, ein Flügel des Louvre, andere große Gebäude und ganze Straßenzüge in lodernen Flammen oder lagen in Schutt und Asche. „Es sah buchstäblich so aus, als brenne die ganze Stadt, und alle Mächte der Hölle wären losgelassen", berichtete ein Engländer. Nur die Gefahr, die verwundeten Kommunardenkameraden im benachbarten Lazarett drohte, hinderte die Brandstifter daran, die Kathedrale von Notre-Dame anzuzünden. Als das Gerücht aufkam, Frauen liefen mit Petroleumflaschen auf den Straßen herum und steckten Häuser an (es wurde nie ein Beweis dafür gefunden), erschossen die Regierungstruppen jeden, der Flaschen mit sich trug. Man wird nie wissen, wie viele unschuldige alte Frauen oder Kinder zu Tode kamen, die nur Milchflaschen zur Molkerei bringen wollten.

Das Anstecken von Häusern war die Vergeltungspolitik der „verbrannten Erde" von Männern, die wußten, daß ihre Sache verloren war. Derselbe Zerstörungstrieb brachte die Kommunarden nun dazu, sechs Gefangene zu ermorden. Am Abend des 24. Mai holten Soldaten Geiseln aus den Gefängniszellen von La Roquette: Monsignore Darboy, den Erzbischof von Paris, den 75jährigen Beichtvater der ehemaligen Kaiserin Eugénie, den Abbé Deguerry, drei Jesuiten und den Richter Bonjean. Der Erzbischof segnete die anderen fünf. Dann streckten die Schüsse des Hinrichtungspeletons der Nationalgarde alle sechs nieder. Soldaten stachen mit dem Bajonett auf die Leiche des Erzbischofs ein, um sicher zu sein, daß er tot sei.

Am folgenden Tag war nur noch der Osten von Paris in Händen der Kommunarden. Da preußische Truppen den Kommunarden die Flucht nach Osten verwehrten, durchbrachen die Regierungssoldaten am 26. Mai die letzten

hart verteidigten Barrikaden. Im 20. Arrondissement eingekreist, starben Männer, Frauen und Kinder bis zum letzten Atemzug kämpfend in ihren ärmlichen Straßen und Gassen.

Ein englischer Medizinstudent bezeugte, daß ein Frauenbataillon „wie der Teufel kämpfte, viel tapferer als die Männer. Und ich mußte empört mit ansehen, wie 52 von ihnen niedergeschossen wurden, obwohl sie von den Soldaten umringt und entwaffnet worden waren".

Dieser Vorfall ist typisch für eine neue gräßliche Welle der Gewalt, in der eine siegreiche Soldateska sich summarisch an einem wehrlosen Gegner rächte. Wickham Hoffman, ein amerikanischer Diplomat, stellte fest: „Jeder kleine Leutnant konnte nach eigenem Gutdünken Gefangene erschießen, und niemand zog ihn zur Rechenschaft." Ein Priester berichtete von der „Exekution von 25 Frauen, die den Soldaten kochendes Wasser über die Köpfe geschüttet hatten".

Auch die Gefangenentransporte nach Versailles hatten unter Brutalitäten zu leiden. Ehe sie aufbrachen, inspizierte sie der Kavalleriegeneral Marquis de Gallivet und suchte wahllos einige aus, die sofort erschossen wurden. Auch Landstreicher wurden exekutiert. Alphonse Daudet sah, wie zwei Reiter einen Mann hinter sich herschleiften, „bis er nur noch eine Masse blutigen Fleisches war". Dann gaben sie zwei Schüsse „auf das stöhnende und zuckende Stück Fleisch ab", bis er starb. Lewis Wingfield, ein amerikanischer Chirurg, berichtete von einem alten Landstreicherehepaar; die verkrüppelte Frau habe gerufen: „Erschießt mich, ich kann nicht mehr weitergehen." Erst nach dreißig Revolverschüssen waren sie und ihr Mann tot.

Am 26. Mai gab Wingfields Freund, Oberst John Stanley, eine Zusammenfassung: „Fünftausend Gefangene sind heute erschossen worden." Er glaubte, das Schlimmste sei

überstanden, aber es folgte Schrecklicheres. Tagelang hallte Paris wider von den Salven der Standgerichte. In den überfüllten Gefängnissen von Versailles erstickten die Menschen. Dort und in Paris kam es zu Massenerschießungen. Um mit den vielen Leichen aufzuräumen, wurden flache Gräber auf Straßen und Plätzen ausgehoben; es gab Schauergeschichten von lebendig Begrabenen und von Armen, die sich aus Gräbern reckten.

Bei dieser zweiten Belagerung von Paris starben weniger als 900 Regierungssoldaten, dagegen über 20000 Kommunarden, Sympathisanten und irrtümlich getötete Unbeteiligte: etwa zehnmal mehr Tote als in der Zeit des Schreckensregiments während der Französischen Revolution. Der schrecklichste europäische Bürgerkrieg des 19. Jahrhunderts war beendet, aber die Wunden, die er in der Gesellschaft zurückließ, sind noch immer nicht geheilt.

Links: Paris in der *semaine sanglante*, der Blutwoche im Mai 1871. Die Tuilerien stehen in Brand.

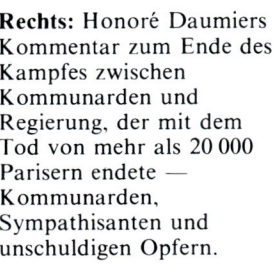

Rechts: Honoré Daumiers Kommentar zum Ende des Kampfes zwischen Kommunarden und Regierung, der mit dem Tod von mehr als 20 000 Parisern endete — Kommunarden, Sympathisanten und unschuldigen Opfern.

Zermürbungskrieg
Verdun 1916

Mehr als ein Jahr nach dem Beginn des 1. Weltkrieges kam die Westfront zum Stillstand. Alliierte französisch-britische Truppen und Deutsche bekämpften sich gegenseitig aus gegenüberliegenden Schützengräben, die ganz Europa durchzogen, von der Kanalküste durch Belgien und Ostfrankreich bis zur neutralen Schweiz. Stacheldrahtverhaue und Maschinengewehre machten aus Infanterieangriffen Massenselbstmorde. 1915 kamen viele Tausende alliierter Soldaten bei dem Versuch um, nur wenige Quadratkilometer Boden zurückzugewinnen. Erich von Falkenhayn, der

Anfang 1916 schoben die Deutschen riesige Truppenkontingente und Munition in diesen Frontabschnitt. Große Kanonen rollten rund um die Uhr auf 10 eigens dafür gebauten Schienensträngen Richtung Verdun, bis 1200 von ihnen einen nur 13 Kilometer langen Frontabschnitt bedrohten. Munition und Truppen kamen in Zugladungen, und 140000 Soldaten wurden in den umliegenden Dörfern einquartiert. Die ganze Operation lief streng geheim ab. Betontunnels lagen tief unter der Erde, um die Sturmtruppen zu verbergen, so daß auf der Oberfläche die Front nur dünn besetzt zu sein schien. Deutsche Kampfflugzeuge patrouillierten über der Front, damit die französische Luftaufklärung den militärischen Aufmarsch nicht beobachten konnte.

Das Ausheben der Gräben, das ein französischer Horchposten wahrnahm, und die Aussagen von Kriegsgefangenen überzeugten die französische Abwehr davon, daß es bald einen Großangriff auf Verdun geben werde. General Joseph Joffre, Oberbefehlshaber der französischen Armee,

Oben: Der preußische General Erich von Falkenhayn, Chef des deutschen Generalstabs von 1914—1916. Er plante die Offensive von Verdun.

Chef des Generalstabs des deutschen Feldheeres, glaubte, daß dieses Gemetzel ihm helfen könne, den Krieg zu gewinnen.

Der Ort, den er hierfür wählte, lag dicht bei der berühmten Festung Verdun. Hier, etwas mehr als 200 Kilometer östlich von Paris, hatte die französische Front eine verwundbare Ausbuchtung. Verduns historische Bedeutung und seine Lage als Tor nach Innerfrankreich machten Falkenhayn glauben, daß Frankreich jeden Mann opfern werde, um Verdun zu halten. Er wußte, daß Verdun selbst durch drei Gruppen gewaltiger Festungen auf den bewaldeten Hügeln über der Maas geschützt wurde. Seine Kalkulationen bezogen diese Festungen mit ein.

schenkte dem keinen Glauben und entließ sogar den Kommandanten von Verdun, weil er gesagt hatte, Verdun sei zu schwach verteidigt. Dabei hatte Joffre selbst die Verteidigung geschwächt. Er hatte 4000 Geschütze von den Außenforts von Verdun abziehen lassen, weil er diese durch die großen deutschen Kanonen für gefährdet hielt.

Ihrer wichtigsten Feuerkraft beraubt, verließen die meisten Verteidiger von Verdun die Festungsanlagen und sammelten sich in einer dünnen Kette von Schützengräben, in denen sie ausgekühlt, durchnäßt und vor feindlichem Granatfeuer ungeschützt waren. Außerdem standen ihren drei Divisionen sechs deutsche gegenüber. Fast zu spät erkannte Joffre die Gefahr. Neun Tage vor dem Angriff des

Feindes schickte er zwei weitere Divisionen nach vorn.

Am 21. Februar 1916 griff die deutsche V. Armee am Ostufer der Maas an. Zuvor aber setzte der schwerste Artilleriebeschuß ein, den es je gegeben hatte. Schnellfeuernde Feldgeschütze, in Abständen von 150 Metern plaziert, nahmen die französischen Gräben unter Trommelfeuer, während schwerere Granatwerfer und die riesige Kanone „Dicke Bertha" die Forts unter Beschuß nahmen. Ein großes Marinegeschütz schoß Granaten direkt auf die Stadt Verdun, ein anderes zerstörte gemeinsam mit der Feldartillerie Nachschublinien. Andere Geschütze feuerten Schrapnellgeschosse, und mehr als 500 Minenwerfer schleuderten mit Metallschrott gefüllte, hochexplosive Minen.

Die gesamte französische Front bebte und zitterte — unsichtbar hinter Rauch und Erdfontänen —, als die Deutschen sie mit 100000 Geschossen in der Stunde bombardierten. An einem Tag ging ein Trommelfeuer von 2 Millionen Geschossen über Verdun, Ornes und Brabant

Oben: Schützengrabenkrieg vor Verdun. Trotz des entsetzlichen deutschen Trommelfeuers leisteten die französischen Soldaten in den Gräben den Sturmangriffen deutscher Infanteristen erbitterten Widerstand.

Links: Der Einmarsch deutscher Truppen in Frankreich im Jahr 1914.

Unten: Der Tod eines französischen Soldaten 1916 in der Schlacht von Verdun. Durch das Bombardement der Deutschen sah das französische Schützengrabensystem wie eine Mondlandschaft aus. Schwere Winterregen verwandelten das Schlachtfeld in einen Schlammsee. Der Kampf unter diesen Bedingungen wurde für die Soldaten zur Hölle.

nieder, riß überall tiefe, gezackte Erdkrater.

Am Nachmittag verstummten die deutschen Geschütze. Dann griffen deutsche Infanteriepatrouillen an. Feuerstöße schossen aus ihren Flammenwerfern — eine scheußliche neue Waffe, die anfangs die Franzosen vor Schrecken lähmte.

Deutschland schien der Sieg bei Verdun sicher, aber die Franzosen kämpften wie Löwen. Am 23. Februar mähten französische Maschinengewehre Wellen angreifender deutscher Infanterie nieder; der Tag wurde im deutschen Heeresbericht als „Schreckenstag" festgehalten. Aber am Abend des Tages hatten zwei französische Divisionen mit insgesamt 26500 Mann mehr als 16000 Verluste erlitten.

Die französische Frontlinie wankte. Am nächsten Tag überrannten die Deutschen die zweite französische Linie. Vom Artilleriefeuer zermürbt und bis auf die Haut durchnäßt, wichen die algerischen und marokkanischen Verstärkungen zurück. Am folgenden Tag nahm eine Handvoll deutscher Soldaten das mächtige Fort Douaumont ein, ohne einen Schuß abzugeben. Viele Franzosen waren wie

Oben: Französische Kriegshelden; die Generäle Pétain und Joffre auf einem Kalender des Ersten Weltkrieges. Philippe Pétain war Kommandant von Verdun, als die Deutschen versuchten, die Stadt einzunehmen.

Rechts: Dieses Gemälde des französischen Malers George Leroux mit dem Titel *Hölle* wurde durch die Hölle des Trommelfeuers im Ersten Weltkrieg inspiriert.

gelähmt. Die Deutschen waren drauf und dran, Verdun einzunehmen. Entsetzen machte sich in der Stadt breit; die Ausfallstraßen waren von Flüchtlingen verstopft.

Philippe Pétain stoppte die Panik. Massive Verstärkung erleichterte ihm seine Aufgabe als neuer Kommandant von Verdun. Pétain nahm deutsche Truppen im Norden von Douaumont mit flankierendem Artilleriefeuer unter Beschuß. Er richtete auch den „Heiligen Weg" ein. Durch Scharen von Pionieren offengehalten, wurde die schmale Straße von Bar Le Duc zur einzigen Lebensader von Verdun. Über sie zog eine endlose Reihe von Lastwagen mit Männern, Lebensmitteln, Waffen und Munition: 6000 Lastwagen in 24 Stunden. Insgesamt brachten sie 500000 Mann und 170000 Zugtiere in das Inferno.

Ende Februar stand der Vormarsch der Deutschen. Nun mußten sie vor Verdun leiden; 500 schwere Geschütze eröffneten das Trommelfeuer. Massen verstümmelter Soldaten wankten von der Front zurück. „Wie eine Vision aus der Hölle", schrieb der deutsche Maler Franz Marc in einem Brief nach Hause. Tags darauf war er tot.

Beide Seiten waren nun unlöslich in eine monströse Zermürbungsschlacht verstrickt. Der nächste Akt der Tragödie begann am 6. März, nachdem der deutsche Oberbefehlshaber Erich von Falkenhayn den Angriff auf die Hügel über dem Westufer der Maas angeordnet hatte. Abermals gewann die deutsche Infanterie an Boden. Aber

der Hügel Mort Homme („Toter Mann") trug seinen Namen zu recht. Jedesmal, wenn die Deutschen auf seine kahlen Hänge vorrückten, kam die Antwort französischer Geschütze von der Höhe 304 und dem Pois Bourrus-Kamm rechts und links davon und ließ den deutschen Sturmangriff scheitern. Als der März zu Ende ging, hatten die Franzosen von Verdun 89000 Mann verloren und die Deutschen 81607.

Der Kampf um die westlichen Hügel dauerte den April und Mai hindurch an. Am 9. April versuchten die deutschen Soldaten, den „Toten Mann" und die Höhe 304 zu stürmen. Diesmal erreichten sie eine niedrigere Kuppe des

„Toten Manns". Artillerie von beiden Seiten nahm daraufhin den Hügel unter Beschuß, und sein Gipfel explodierte wie ein Vulkan. Ein französischer Maschinengewehrschütze auf der Höhe 304 beschrieb das Trommelfeuer als „nicht endenwollend und entsetzlich". Er spürte die Erde beben und sah Menschen durch die Luft wirbeln. Explosionen hatten seinen Graben mit Erde zugeschüttet. Er kauerte in einem Trichter, von Schlamm überzogen, der bei jedem neuen Einschlag aufspritzte; dabei erstickte er fast im beizenden Rauch. Er berichtete, wie „unsere geblendeten, verwundeten, kriechenden und schreienden Soldaten auf uns fielen, uns mit ihrem Blut durchtränkten und starben".

Auch das Wetter verschwor sich gegen die zu Tode erschöpften Soldaten. Unmittelbar nach dem deutschen Angriff setzte Regen ein und hielt 12 Tage lang an. Durchnäßte Soldaten wateten durch kniehohes Wasser. Die Gräben und Krater boten der Infanterie keinen Schutz vor der Nässe. Viele Soldaten erkrankten.

Im Mai hatte Verdun die Deutschen 120000 und die Franzosen 133000 Mann gekostet. Es wurde noch schlimmer, als die Deutschen erneut angriffen. Noch im Mai überrannten sie den „Toten Mann" und die Höhe 304.

60 Stunden Trommelfeuer hatten die französischen Verteidiger der Höhe 304 um Essen, Wasser, Schlaf und Verstärkungen gebracht. Ein Bataillon bestand nur noch aus drei Mann, und 10000 Franzosen waren bei der vergeblichen Verteidigung dieser von Granaten durchpflügten Mondlandschaft gefallen.

Inzwischen hatten Ende Mai östlich der Maas Einheiten der französischen 5. Division beim Versuch, Fort Douaumont zurückzuerobern, schwere Verluste erlitten. Am 1. Juni begann eine neue Phase der Schlacht. Fünf deutsche Divisionen schossen sich einen Weg nach Verdun frei. Sie eroberten Fort Vaux in tagelangen Kämpfen in der

Schlachtfeld wurde unheimlich still. Spät im Oktober brach die Schlacht wieder los. Diesmal nahm der gewaltige französische Angriff den Deutschen die Forts Vaux und Douaumont wieder ab; ein Tagesangriff gewann Gelände zurück, das die Deutschen in mehr als vier Monaten erobert hatten.

Bis zum Ende des Jahres hatten die Franzosen Verdun und damit Frankreichs militärische Ehre gerettet, aber zu welchem Preis! Die Franzosen hatten 377000 Mann Verluste, von denen fast die Hälfte gefallen oder vermißt war. Deutschland verlor nur 40000 Mann weniger. Halb Verdun lag in Trümmern, neun Dörfer waren von etwa 40 Millio-

Dunkelheit unterirdischer Gänge. Flammenwerfer, Maschinengewehre und Granaten setzten schließlich die Verteidiger des Forts außer Gefecht. Am 22. Juni bahnten deutsche Granaten mit dem tödlichen Phosgengas einem Angriff den Weg, der ihre Truppen bis in Maschinengewehrreichweite vor Verdun brachte.

Plötzlich aber stockte der deutsche Angriff. Der Truppenbedarf an den anderen Fronten versagte ihm die so dringend benötigte Verstärkung. Die Soldaten, die vor Verdun kämpften, waren kriegsmüde und demoralisiert. Die französischen Soldaten aber waren durch ständige Verlegung frischer geblieben. Pétain brachte schließlich zwei Drittel der französischen Armee auf die Schlachtfelder von Verdun. Zu dieser Zeit hatten die Deutschen zusätzlich der Offensive an der Somme die Stirn zu bieten. Englische Truppen hatten am 1. Juli diesen Entlastungsangriff für die Franzosen vor Verdun begonnen.

Im August hatten die Franzosen bei Verdun 315000 Mann verloren, die Deutschen 280000. Die neuen deutschen Oberbefehlshaber, Paul von Hindenburg und Erich Ludendorff, wollten dieses sinnlose Schlachten nicht mehr fortsetzen. Die deutschen Angriffe hörten auf, und das

nen Geschossen dem Boden gleichgemacht worden. Unterdessen wurden auf den Schlachtfeldern an der Somme 1100000 Engländer, Franzosen und Deutsche verwundet, getötet oder vermißt.

Die gigantischen Schlachten von 1916 stellten alle Kriegsopfer der Vergangenheit in den Schatten. Sie hinterließen aber tiefste Demoralisierung bei den Überlebenden. Denn — wie der zukünftige deutsche Reichskanzler, Prinz Max von Baden — sagte: „Wir und unsere Feinde haben unser bestes Blut in Strömen vergossen, aber weder wir noch sie sind dem Sieg nur einen Schritt näher gekommen."

Untergang einer Stadt
Dresden 1945

Am 14. Februar 1945 sahen britische Kriegsgefangene in einem Lager im östlichen Deutschland beim Erwachen eine riesige, schmutzig braungelbe Rauchwolke. Sie stand fast fünf Kilometer hoch über Dresden, das 40 Kilometer im Nordosten lag. Diese eigenartige Erscheinung hielt drei Tage an, und noch lange danach sank ein feiner Regen verkohlter Papier- und Stoffpartikel auf das Lager. Im Elbtal fiel rußiger Regen. Die Rauchwolke trieb dann südwärts auf die Tschechoslowakei zu. Wer zu ihr aufblickte, sah, was der britische Schriftsteller David Irving „die sterblichen Überreste einer Stadt" nannte, „die noch zwölf Stunden zuvor 1 Million Menschen und ihre Habe beherbergt hatte". Über Nacht hatten alliierte Bombenflugzeuge das Herz der Stadt Dresden zu einem Krematorium gemacht und mehr Menschen getötet als je zuvor bei einem Luftangriff ums Leben gekommen waren.

Oben: Eine Skizze der Ruinen am Hamburger Hafen nach einem britischen Bombenangriff von 1945

Dresden war nämlich nicht die erste Stadt Deutschlands, die im 2. Weltkrieg unter einem derart massiven Angriff durch Brandbomben zu leiden hatte. Im Juli 1943 war der dichtestbevölkerte Teil Hamburgs zu einem Scheiterhaufen geworden, nachdem er mit einem Hagel von Brandbomben aus britischen Flugzeugen überschüttet worden

war. Die vielen Brände heizten die Luft auf und rissen sie nach oben. Kalte Luft strömte nach, wie von riesigen Blasebälgen herangepumpt. Das Ergebnis war der erste von Menschen angefachte Feuersturm — ein künstlicher Tornado aus Flammen mit Temperaturen wie in einem Schmelzofen. Ein Augenzeuge berichtete von Schreckensszenen: „Kinder wurden von den Händen ihrer Eltern losgerissen und ins Feuer gewirbelt. Menschen, die schon glaubten, entkommen zu sein, stürzten, von der Gluthitze benommen, zu Boden und waren sofort tot." In Kellern gelagerte Kohle entzündete sich, und Luftschutzkeller verwandelten sich aus Zufluchtstätten in tödliche Backöfen. Als Hilfsmannschaften endlich in einen Bunker vordrangen, entdeckten, sie, daß alle 250 Insassen sich in weiche graue Asche verwandelt hatten. Die vier vom Feuersturm betroffenen Hamburger Stadtviertel verloren 36, 20, 16 bzw. 38 Prozent ihrer Bewohner. Insgesamt kamen beinahe 50000 Menschen ums Leben. In elf Tagen töteten Bomben in Hamburg fast so viele Menschen wie in ganz Großbritannien während des Krieges.

Weitere Feuerstürme folgten. Im Oktober 1943 starben in Kassel 8000 Menschen. Im August 1944 verloren in Königsberg 134000 Menschen Hab und Gut. Im September regneten mehr als 250000 Brandbomben auf Darmstadt. Etwa 12000 Menschen wurden getötet. Die Straßen waren von verkohlten Leichen übersät. Bremerhaven, Braunschweig und Heilbronn hatten ähnliche Angriffe durchgemacht.

Alliierte Luftwaffenchefs rechtfertigten diese Einsätze als Teile der „fortschreitenden Zerstörung und Zerschlagung der deutschen Wirtschaft und Industrie" — das Ziel, das ihre Staatschefs in der Konferenz von Casablanca festgelegt hatten. Zugegebenermaßen hatten die meisten Bombenziele in den Städten Häfen oder kriegswichtigen Fabriken gegolten. Bei dem grausamsten aller Angriffe verhielt es sich anders.

Dresden, das „Elbflorenz", war weltberühmt wegen seiner schönen alten Gebäude und hervorragenden Kunstsammlungen. Zwar hatten Verschiebebahnhöfe und Fabriken Anfang 1945 bereits zwei Luftangriffe auf die sächsische Metropole gezogen, aber jeder Angriff auf die alte Innenstadt schien einfach zu barbarisch, als daß er in Betracht gekommen wäre. Dresden lag zudem weit von den britischen Bomberbasen entfernt. Darum hatte die Stadt auch den Ruf, vor Luftangriffen sicher zu sein. Kinder wurden aus gefährdeteren Städten nach Dresden evakuiert. Anfang Februar 1945 kamen auf Straße und Schiene Flüchtlingstrecks von Frauen und Kindern an, die vor den nach Westen vordringenden Russen geflohen waren. Es gab zahllose Lazarette und Verbandplätze in der Stadt, die Verwundete von der Ostfront aufnahmen. Auch Tausende von Zwangsarbeitern aus Belgien und Frankreich und anderen Ländern, sowie weitere Tausende von russischen, britischen und amerikanischen Kriegsgefangenen wurden in Lagern in der Nähe der Stadt festgehalten. Am 13. Februar lebten in Dresden schätzungsweise 1,2 Millionen Menschen — etwa das Doppelte seiner normalen Einwohnerzahl.

Diesen Augenblick wählten die Briten und Amerikaner, um der Stadt einen dreifachen Schlag zu versetzen: Er sollte Angst und Schrecken verbreiten, den Zustrom von Flüchtlingen und Soldaten zum Versiegen bringen und die russischen Verbündeten beeindrucken und entlasten. Es hatte geschneit, aber der Himmel war weithin klar, als die

Oben: Die ausgebrannten Ruinen von Dresden nach den schweren Luftangriffen britischer und amerikanischer Bombergeschwader.

Rechts: Eine Porzellanfigur der königlich-sächsischen Porzellanmanufaktur Meißen. Dresden — genannt „Elb-Florenz" — war ein kulturelles Zentrum, das man vor Luftangriffen relativ sicher glaubte, weil es keine Industriestadt war.

Rechts außen: Der Dresdner Altmarkt vor dem alliierten Luftangriff. Hunderte von Menschen sprangen dort in die riesigen Löschteiche, um der entsetzlichen Hitze zu entkommen. Alle ertranken im tiefen Wasser, bevor die Hitze es verdampfen ließ.

erste Welle von 244 britischen Lancasterbombern gegen 21 Uhr ungehindert herandröhnte. Unter ihnen hatten die kriegsmüden Dresdener zur Aufbesserung ihrer Stimmung Fastnacht gefeiert. Die Oper, der Zwinger, alle Kinos und Theater waren geöffnet. Gleich darauf beleuchteten rote „Christbäume" die Straßen, aber dann dauerte es nur Minuten, bis die Bomber über diesen „Markierungen" ihre

Last abwarfen. Große Sprengbomben rissen die Dächer von den Fachwerkhäusern, von denen so manche fast tausend Jahre alt waren. Vor allem aus Holz gebaute Häuser fingen durch die Brandbomben Feuer und brannten lichterloh. Ganze Straßenzüge, ja ganze Stadtviertel standen im Nu in Flammen. Anderthalb Stunden nach dem ersten Angriff kam eine neue Welle von 529 Lancasters, die

Oben: Einige der Tausenden von Leichen in den Trümmern Dresdens nach dem Luftangriff vom Februar 1945.

Oben rechts: Kriegsmüde Dresdener bei Aufräumungsarbeiten nach dem Untergang ihrer Stadt.

die von ihren Kameraden gelegten Brände schürten. Bei den beiden Angriffen wurden außer den Sprengbomben 650000 Brandbomben abgeworfen.

Bereits vor dem zweiten Angriff tobte im Stadtzentrum der Feuersturm. Piloten sahen den Feuerschein aus 300 Kilometer Entfernung. Der Pilot der letzten Lancaster spürte die Hitze des Feuers bis ins Cockpit.

Während die zweite Welle der Bomber noch auf dem Heimflug nach England war, rüsteten sich 450 Fliegende Festungen zum dritten Angriff auf die sterbende Stadt. Etwa 14 Stunden nach dem ersten Angriff warfen die amerikanischen Bomber ihre Last über Dresden ab, und ihr Geleitschutz, die Mustang-Jäger, mähten im Tiefflug Menschen mit Maschinengewehren nieder. Die zweite und dritte Angriffswelle waren zeitlich so abgestimmt worden, daß sie die in den Ruinen arbeitenden Hilfsmannschaften treffen sollten.

Die Wirkung der drei Angriffe auf die Stadt ist kaum noch vorstellbar. In einer Nacht hatten alliierte Flugzeuge das Dreifache an Fläche dem Erdboden gleichgemacht, als in London während des ganzen Krieges zerstört wurde, und sie hatten das wohl größte Feuer in der Geschichte der Menschheit gelegt, das eine Woche lang brannte. Der Einsatz in dieser Nacht zerstörte 90000 Häuser und Wohnungen und schuf pro Einwohner eine Schuttmenge von 11 Lastwagenladungen. Dresdens unschätzbare Gemälde waren zum Glück vorher ausgelagert worden, aber mehr als 150 bedeutende Kunstwerke, die gerade durch Dresden transportiert wurden, verbrannten auf Lastwagen, die von der Feuersbrunst erfaßt wurden. Berühmte Bauwerke wie der Zwinger, die Semper-Oper, die Hof-, Kreuz- und Frauenkirche brannten aus und stürzten ein.

Häuser kann man wieder aufbauen, aber nichts konnte den Verlust an Menschenleben ersetzen, der nach Schätzungen 135000 betragen haben soll; das bedeutet, daß jeder zehnte, der sich zu dem Zeitpunkt in Dresden befand, ums Leben kam.

Die meisten starben im Feuersturm, der etwa 45 Minuten nach dem ersten Angriff einsetzte und ein riesiges Gebiet von annähernd 28 Quadratkilometern erfaßte. Als die Temperaturen über 1000 °C stiegen, schmolzen Ziegel-

steine, die erhitzte Luft schoß rasend schnell empor und löste einen Sturm von unglaublicher Heftigkeit aus, der donnernd durch die Straßen tobte. Bäume knickten wie dünne Zweige oder wurden entwurzelt. Güterwagen kippten um. Gruppen von Menschen, die auf die Straßen stürzten, um sich zu retten, wurden hochgewirbelt und von den Bränden verschluckt. Zahllose schwache, alte Menschen, die sonst hätten entkommen können, waren von den Flammen eingeschlossen und starben.

Auch für die, die unter die Erde flüchteten, gab es kein Entkommen. Mancherorts waren bis zu 90 Menschen in den Kellern der Häuser zusammengepfercht. Als beizender Rauch nach unten drang, rissen sie die Notausstiege in die

Nachbarhäuser ein, und so verbreitete sich das giftige Kohlenmonoxyd von Keller zu Keller.

Hunderte von Brandbomben fielen durch das Glasdach des Hauptbahnhofs, wo 2000 Flüchtlinge zusammengedrängt in einem unterirdischen Gepäcktunnel lagen; 100 von ihnen verbrannten, 500 starben an Gas-, Rauch- oder Kohlenmonoxydvergiftung. Viele junge Helferinnen, die im Bahnhof arbeiteten, kamen um. Die Bomben fielen, als gerade ein Zug mit Flüchtlingskindern angekommen war. Den Rettungsmannschaften blieb nur die gräßliche Aufgabe, ihre Leichen neben den Eingängen des Bahnhofs aufzustapeln.

Aus einer anderen Gegend der Stadt berichtete später eine überlebende Telefonistin, sie habe gesehen, wie ein Dutzend ihrer Kolleginnen unter einem rotglühenden einstürzenden Glasdach begraben wurde, als sie versuchten, aus einem Hof zu fliehen. Schwerverwundete und

Links: Ein Jahr nach dem Angriff. Die Dresdener gehen zwischen den Ruinen ihrer Arbeit nach.

Rechts: Der Altmarkt in Dresden heute. Große Teile der Stadt sind nach alten Plänen von der Regierung der DDR wiederaufgebaut worden.

saßen. Alle waren tot.

Die meisten Menschen starben verhältnismäßig schmerzlos an Sauerstoffmangel oder Kohlenmonoxydvergiftung. Andere wurden verbrüht, als aus platzenden Leitungsrohren kochendes Wasser in die Keller strömte. Der Leiter der später eingerichteten Vermißtenzentrale, Voigt, sprach von Opfern, die „verbrannt, eingeäschert, zerfetzt und zerquetscht" worden waren.

Zwangsarbeiter und Kriegsgefangene mußten die Leichen sammeln. Viele waren nicht mehr zu identifizieren. Ein Dresdener erinnert sich, auf der Straße Reste von etwas gesehen zu haben, was eine Mutter mit Kind gewesen sein mußte. „Sie waren zusammengeschrumpft, zu einem Stück verkohlt und tief in den Asphalt eingebettet ... Das Kind muß unter der Mutter gelegen haben, denn man sah noch die fest darum geschlungenen Arme der Mutter." Eine in einem Keller explodierende Bombe hatte 200 Menschen

zerfetzt. Sie hinterließ einen wadentiefen Sumpf aus Blut, Fleisch und Knochen.

Zuerst wurden Lastwagenladungen von Leichen in Massengräbern beerdigt. Aber diese unendlich mühselige Arbeit beanspruchte Wochen. Zuletzt mußten die verwesenden Toten auf mitten in der Stadt errichteten Scheiterhaufen verbrannt werden.

Der Zweite Weltkrieg hat ein unvorstellbares Ausmaß an Grauen und Barbarei über Europa gebracht. Die Zerstörung von Dresden zählt zu seinen schwärzesten Kapiteln.

werdende Mütter wurden in Lazaretten und Krankenhäusern eingeäschert. Tausende kamen in einem Park, dem Großen Garten, ums Leben, Hunderte starben auf dem Ausstellungsgelände, als aus einem Wehrmachtsdepot brennendes Öl ausströmte.

Um den Flammen zu entkommen, sprangen zahllose Menschen in die Löschwassertanks auf dem alten Marktplatz, aber das Wasser war etwa 2,5 Meter tief, und die steilen Wände boten keinen Halt. Die Menschen zogen sich gegenseitig unter Wasser, und alle ertranken, ehe die Gluthitze das Wasser verdampfte. Nach dem Brand fanden Bergungstrupps mehr als 200 Menschen, die am Rand eines flacheren Löschwasserteichs auf dem Seidnitzer Platz

Atomare Massenvernichtung
Hiroshima und Nagasaki
1945

Die Menschen von Hiroshima staunten über das Glück ihrer Stadt im 2. Weltkrieg. Bis Anfang August 1945 hatten amerikanische Bombenangriffe Tokio und andere große Städte Japans schwer getroffen. Aber Hiroshimas Heereshauptquartier, der Hafen, der Hauptbahnhof, die Kriegsindustrie und die leichten Holzhäuser, die sich über die

Inseln im Delta des Ota verteilten, waren so gut wie verschont geblieben. Optimisten glaubten, die Amerikaner hielten Hiroshima für zu schön, um es zu bombardieren, oder sie hätten nicht das Herz, eine Stadt zu zerstören, aus der so viele Japaner in die USA auswanderten. Pessimisten aber hegten den Verdacht, daß die Amerikaner eine neue und gräßliche Art der Zerstörung für Hiroshima vorgesehen hätten. Am 6. August kurz nach 8 Uhr morgens sollten die Pessimisten recht behalten.

Niemand achtete sonderlich auf die B-29 *Superfortress*, die an diesem heißen, gleißenden Morgen hoch über Hiroshima flog. Der japanische Rundfunk erklärte beruhigend, es handle sich um einen Luftaufklärer. Die Menschen gingen ihrer Arbeit nach. Hoch über ihren Köpfen jedoch machte derweil ein Bombenschütze an Bord der B-29 *Enola*

Gay den *Little Boy* scharf und abwurfbereit — eine Bombe, wie sie noch nie zuvor auf Feindesland gefallen war. Die 3,3 Meter lange, 4131 kg schwere Bombe fiel bis auf eine Höhe von 600 Metern, dann wurde durch Uran-Kernspaltung eine Kettenreaktion ausgelöst, die der von 20000 Tonnen TNT freigesetzten Energiemenge entsprach. Vermutlich wurden 75000 Menschen getötet oder tödlich verletzt — es gibt Schätzungen, die bis zu einer Viertelmillion reichen. Noch nie hat vorher oder seitdem eine einzige Bombe so viele Menschen getötet und eine Stadt so total ausgelöscht.

Nur Menschen, die sehr weit entfernt waren, konnten sehen, was tatsächlich geschah. Ein Geschichtsprofessor, der nur fünf Kilometer entfernt war, konnte gerade noch einen blendenden, blau-weißen Lichtschein erkennen, dann warf er sich auf die Erde. Sogleich spürte er die sengende Hitze und hörte ein donnerndes Geräusch, gefolgt von einer gewaltigen Druckwelle. Mehrere Detonationen folgten. Als er aufblickte, sah er eine gewaltige Rauchsäule in den Himmel schießen, deren oberes Ende sich zu einem riesigen Pilz ausbreitete. Obwohl der Atompilz im Sonnenschein farbig flimmerte, war er schwarz von Rauch und Asche und verstreute einen schwarzen Regen.

Oben: Die Atombombe *Little Boy*. Eine Nachbildung der am 6. August 1945 über Hiroshima abgeworfenen Bombe.

Links: Das Atomforschungszentrum in *Los Alamos*, wo die Atombombe gebaut und im Juli 1945 in der Wüste von Sierra Oscura, New Mexico, getestet wurde.

Rechts: Die Atompilzwolke; nach der Explosion von *Little Boy* über Hiroshima fotografiert.

Unter der Wolke war Hiroshima verschwunden. Eine Stadt von etwa 390000 Einwohnern hatte sich in eine zerklüftete Wüste aus Ziegeln, Steinen und Glasscherben verwandelt, in der hier und da Baumstümpfe oder Pfosten emporragten. In einem Radius von drei Kilometern von der Explosion stand nichts mehr. Innerhalb von 4,8 Kilometern waren zwei Drittel der 90000 Häuser von Hiroshima zerstört.

Diese Stadtwüste ging sofort in Flammen auf. Viele Feuer brachen aus, als Trümmer auf Holzkohlenfeuer fielen. Andere Brände entstanden durch die sengende Hitze der Explosion. Im Explosionszentrum der Bombe waren Steine und Metalle geschmolzen und die Menschen zu schwarzem Zunder verbrannt. Die vom Feuer angesogene Luft fachte weitere Brände an, die im Umkreis von drei

Kilometern um den Explosionsherd wüteten.

Abgesehen vom Heulen der Flammen, lag Totenstille über der Stadt. Tausende waren sofort von der Explosion oder durch Verbrennungen getötet worden. Andere ertranken, als sie sich auf der Flucht vor dem Feuer in die Flüsse stürzten. Tausende schleppten sich in einer vom Entsetzen gezeichneten Prozession in die Vorstädte. Vielen waren die Kleider vom versengten Leib gerissen worden, ihre Haut hing in Fetzen von Gesicht, Händen und Körper. Jeder, der in einem Radius von vier Kilometern vom Zentrum der Explosion gewesen war, hatte auch Verbrennungen durch die Hitzestrahlung davongetragen. Sogar wer sich weiter entfernt befunden hatte, wurde durch splitterndes Glas, fallende Balken oder einstürzende Mauern verletzt. Viele der verwundeten Flüchtenden brachen zusammen und

starben am Rande der Ausfallstraßen.

Einige Menschen, die dem Explosionsherd näher gewesen waren, entgingen wie durch ein Wunder der Druckwelle und den Verbrennungen, weil schützender Schutt über sie fiel. Aber selbst die, die völlig unversehrt schienen, waren oft verloren. Denn neben der Explosionswelle und der Hitze hatte die Bombe alles im Umkreis mit unsichtbaren, tödlichen Gammastrahlen verseucht, die Steine und Holz durchdringen können. Jeder, der ungeschützt den Strahlen ausgesetzt und dabei weniger als 2,2 Kilometer vom Explosionsherd entfernt gewesen war, befand sich in der Gefahr, an den Folgen der Strahlung zu sterben. Selbst die Bergungsmannschaften, die in die Stadt kamen, wurden durch Staub und Asche radioaktiv verseucht.

Manchmal dauerte es Minuten, manchmal Wochen, bis

die Menschen, die der radioaktiven Bestrahlung ausgesetzt gewesen waren, unter Erbrechen litten, den Appetit verloren und Durchfall bekamen. Sie fühlten sich elend und fiebrig. In Mund und Gaumen bildeten sich Geschwüre. Sie bekamen Mund-, Hals-, Darm- und Blasenblutungen, Blutergüsse unter der Haut bildeten rote Flecken. Das Haar fiel ihnen aus, kleinste Verletzungen begannen zu eitern. Untersuchungen ergaben, daß die Patienten viel zu wenig weiße Blutkörperchen hatten. Bei vielen Opfern lösten sich die Magenschleimhäute ab. Sie konnten keine Nahrung mehr aufnehmen, magerten ab und starben bald darauf.

Ein Mann berichtete später, wie seine Tochter fast einen Monat lang ganz gesund schien, dann jedoch kleine Blutgerinnsel auszuhusten begann und andere Symptome der Strahlenkrankheit zeigte und nach „zehn Tagen der Ago-

Oben: Eine Luftaufnahme von Hiroshima. So muß die Besatzung der Superfortress B-29 *Enola Gay* die Stadt an jenem verhängnisvollen 6. August 1945 gesehen haben.
Rechts: Hiroshima nach der Atombombenexplosion. Man schätzt, daß 75 000 Menschen durch diese eine Bombe getötet oder tödlich verwundet wurden.

nie unter Qualen" starb.

Gerüchte gingen um, daß jedermann in Hiroshima innerhalb von drei Jahren tot sein würde, daß hier kein Baum mehr wachsen könne und die Stadt 75 Jahre lang unbewohnbar sein würde. Aber bald sproß wieder Gras zwischen den Ruinen, und Tausende genasen von der Krankheit, allerdings alterten viele vorzeitig, litten àn Potenzschwäche oder waren von Narben entstellt. Mit der Zeit erwies sich dann leider, daß keiner sich in Sicherheit wiegen konnte. Bis 1948 traten unter den Überlebenden, die in einem Radius von 2,2 Kilometern der Explosion gewesen waren, 50 Prozent mehr Fälle von Leukämie auf als zuvor. Hunderte starben daran. Anfang der fünfziger Jahre sank die Zahl der Leukämieerkrankungen. Aber Krebserkrankungen an Lunge, Magen, Schilddrüse, Eierstöcken und Kehlkopf traten ungewöhnlich häufig auf.

Vermutlich sterben heute noch Menschen in Hiroshima an Krankheiten, die von jenem Augusttag des Jahres 1945 herrühren.

Das Schicksal der kurz nach der Atombombe geborenen Kinder war schrecklich. Frauen, die schwanger waren, als die Bombe fiel, hatten Fehlgeburten oder gebaren tote oder kranke Kinder oder Idioten mit verkümmerten Köpfen.

Zur Überraschung aller zwang die Bombe, die Hiroshima auslöschte, das kriegsgeschwächte Japan nicht zur Kapitulation, obwohl ihr gleich zwei noch schwerere Schläge folgten. Am 8. August erklärte die Sowjetunion Japan den Krieg, und am nächsten Tag warfen die Amerikaner eine weitere Atombombe ab, auf die große Industriestadt Nagasaki. Diesmal war es eine 5000-Kilogramm-Plutoniumbombe namens *Fat Man* (Fetter Mann). Um 11.02 Uhr traf die Explosion von *Fat Man* einen Vorort von Nagasaki und verbrannte ihn durch einen Feuerball, der der Flamme einer gigantischen Lötlampe glich. Tod und Zerstörung breiteten sich nicht über ein so großes Gebiet wie in Hiroshima aus, weil Nagasaki wie eine zweizinkige Gabel geformt ist, mit Hügelketten in der Mitte, die die Hitze und Druckwelle teilweise abfingen. Dennoch wurden bei der Explosion 300000 Grad Celsius frei, und die Druckwelle, die sich mit 14400 km/h ausbreitete, zerstörte 20000 der 55000 Gebäude von Nagasaki, tötete mindestens 40000 Einwohner — wahrscheinlich mehr — und verletzte die gleiche Anzahl.

Im Umkreis von 1000 Metern von der Explosion verkohlte jedes Lebewesen. Metalldächer und Eisenträger barsten, warfen Blasen und wurden zähflüssig wie Kaugummi. Schulen, eine katholische Kirche, Krankenhäuser, ein Gefängnis, ein Stahlwerk, Waffenfabriken und Werftanlagen existierten nicht mehr.

Als erste Rettungsmannschaften in das zerstörte Gebiet vordrangen, boten sich ihnen Szenen des Grauens. Kinder, die gerade Gymnastik gemacht hatten, lagen tot in Reihen auf einem Schulhof. Eine Reihe verkohlter Fahrgäste saß an den Fensterplätzen einer ausgeglühten Straßenbahn. Je näher die Suchmannschaften von den verschonten Außenbezirken zum Zentrum vordrangen, desto mehr wurde das Rufen der Verwundeten zum Stöhnen, das tödlichem Schweigen wich, je mehr sie sich dem Explosionsherd näherten.

Die Bombe hatte bizarre Wirkungen. Hitzestrahlen, die durch die Kleider drangen, hatten die Haut der Menschen gerötet und helle Flecken hinterlassen, wo Medaillons, Gürtel oder Knöpfe gewesen waren. Die Strahlen der Bombe hatten „Schatten" von Gegenständen auf den

bringen, als die Druckwelle ihn erfaßte, hinunterwirbelte und heil und gesund etwa zwanzig Meter tiefer auf die Erde stellte.

Aber auch Tausenden der „Überlebenden" von Nagasaki war nur eine kurze, traurige Zukunft mit Strahlenkrankheit und qualvollem Tod beschieden. Japan konnte solchen Schlägen nicht mehr standhalten. Tags darauf begannen die Friedensverhandlungen, die den blutigsten Krieg der Geschichte beenden sollten.

Oben: Hiroshima im September 1945. Aufnahme eines alliierten Kriegsberichterstatters. Das einzige noch stehende Gebäude ist die Halle der industriellen Entwicklung, die im wiedererbauten Hiroshima restauriert wurde (unten).

Erdboden „gedruckt". Ein Streifen markierte einen verbrannten Telegrafenmast, eine Reihe von Balken bezeichnete ein Brückengeländer. Ein Schatten zeigte die Stelle, an der ein Mann mit einem Megaphon in der Hand verbrannt war.

Die Überlebenssituationen waren genauso gespenstisch. Einige, die am Leben blieben, hatten sich in tiefen, unterirdischen Luftschutzbunkern aufgehalten. Ein kniender Mann, der im Garten hinter einem Mäuerchen Unkraut jätete, wurde von der Hitzewelle verschont, die seine hinter ihm stehende Frau tötete. Bewohner eines nur 300 Meter vom Explosionsherd entfernten Häuserblocks kamen einigermaßen glimpflich davon, weil ein Hügel zum Stoßdämpfer geworden war. Ein Zimmermann aber hatte Glück, das an ein Wunder grenzte. Er rannte über das Dach eines fünfstöckigen Hauses, um sich in Sicherheit zu

209

Gleichgewicht des Schreckens

Schon bald nach dem 2. Weltkrieg begannen die Nationen, sich in neue feindliche Lager zu spalten: Die UdSSR, China und ihre kommunistischen Satelliten standen den USA und den kleineren „westlichen Demokratien" gegenüber.

Es folgte der Kalte Krieg — ein Propagandafeldzug, bei dem es zu Zwischenfällen kam, die einen Dritten Weltkrieg zwischen den Supermächten fast unvermeidbar erscheinen ließen. Zum Glück fanden sich hierfür jedesmal Lösungen,

in den Guerillakrieg in Indochina. Obwohl US-Flugzeuge über Indochina das dreifache Gewicht an Bomben abluden, das alliierte Flugzeuge im 2. Weltkrieg abgeworfen hatten, konnten die USA am Ende doch nicht verhindern, daß Nord- und Süd-Vietnam wiedervereinigt wurden.

Die Schrecken von Vietnam, in denen Tausende Zivilisten umkamen, erinnern daran, daß die Kriegsgreuel nicht mit dem 2. Weltkrieg endeten. Vietnamesische Bauern, die zwischen die Fronten gerieten, erduldeten Entsetzliches von beiden Seiten. Amerikanische Soldaten ermordeten 1968 in My Lai 500 Männer, Frauen und Kinder. Andernorts sah ein Zeuge amerikanische Hubschrauberschützen „in Jagdstimmung" zum Zeitvertreib Bauern erschießen. Gefangene, die von südvietnamesischen Einheiten verhört wurden, starben „unter den Ketten von Panzerfahrzeugen, durch Enthauptung, durch Verbluten nach Abhacken beider Hände oder durch Genickschuß". Die Kommuni-

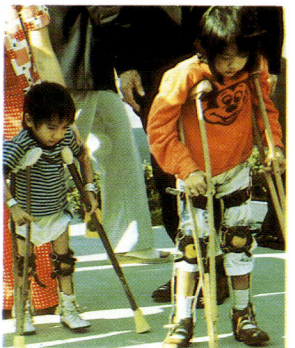

Oben: Vietnamesische Kinder mit Krücken und (links) ein verwundeter vietnamesischer Soldat. Die Zivilbevölkerung trägt die Bürde der modernen Kriegsführung, nicht nur als hastig eingezogene und kaum ausgebildete Soldaten, sondern auch dadurch, daß jung und alt wehrlos zwischen den Fronten bleibt.

Rechts: Ein Soldat geht am Opfer einer Straßenschießerei vorüber.

angesichts der drohenden Kriegsgefahr. Zum Beispiel überwand die Luftbrücke des Westens auf friedliche Weise die von den Sowjets verhängte Blockade West-Berlins, und der Druck der Vereinigten Staaten zwang die Sowjetunion zur Demontage von Raketenabschußbasen auf Kuba, die Amerika bedroht hatten.

Aber die Kommunisten und die Westmächte kämpften fast ununterbrochen irgendwo. Von 1950 bis 1953 kamen 2 Millionen Menschen im Koreakrieg um, in dem UN-Truppen verhinderten, daß das kommunistische Nord-Korea und China in Süd-Korea Fuß faßten. Von 1954 bis 1973 verstrickten sich die Vereinigten Staaten immer tiefer

sten standen ihnen in nichts nach. 1967 sollen in Dak Song Dorfbewohner lebendig verbrannt worden sein. In Hué sollen viele Opfer, darunter auch Frauen, aneinandergefesselt, gefoltert, verstümmelt und dann — zum Teil noch lebend — in Massengräber geworfen worden sein. Insgesamt starben im Vietnamkrieg etwa 3 Millionen Menschen, weitere 5,5 Millionen wurden verwundet, und 9 Millionen mußten fliehen.

Vietnamesische Bauern, die durch Napalm verbrannten, hätten wenig Trost darin gefunden, daß seit dem 2. Weltkrieg ausschließlich „konventionelle" Waffen eingesetzt wurden. Die Supermächte verfügen heute über tödliche

Waffen, die alle großen Städte ausradieren und Abermillionen von Menschen binnen Minuten töten können.

Heute kann ein einziger Bomber genug Nervengas tragen, um damit ein Gebiet von 260 Quadratkilometern zu verseuchen. Aber chemische oder biologische Vernichtungswaffen sind im allgemeinen weniger gefürchtet als die neu entwickelten Nuklearwaffen. 1951 berichteten amerikanische Wissenschaftler über die Testexplosion einer Wasserstoffbombe, deren Sprengkraft die der über Japan abgeworfenen Bomben um mehr als das Tausendfache überstieg, und deren Hitzeausstrahlung und radioaktives Fallout noch mörderischer war. Inzwischen besitzen auch China und die Sowjetunion diese Waffe. In der zweiten Hälfte der siebziger Jahre waren bereits mehrere Nationen in der Lage, Neutronenbomben herzustellen, die so entwickelt sind, daß sie durch radioaktive Strahlung töten, ohne Gebäude zu zerstören.

Die UdSSR, China und Amerika haben Raketen mit atomaren Sprengköpfen entwickelt, die mit absoluter Genauigkeit Ziele in der anderen Hemisphäre treffen können. Es gibt fast keinen Ort der Erde, der nicht in Reichweite amerikanischer oder sowjetischer Atomwaffen liegt, die unterirdisch und unter Wasser lagern oder in künstlichen Satelliten die Erde umrunden.

Wir leben im Schatten eines globalen Krieges, der jede Vorstellungskraft übersteigt. Läßt er sich verhindern? Es bleibt die Hoffnung auf die Vereinten Nationen, die 1945 als internationales Gremium zur Erhaltung von Frieden und Sicherheit gegründet wurden. Im Koreakrieg wurde

die UN aktiv. Seitdem haben UN-Truppen geholfen, explosive Situationen in Afrika und Südwestasien zu entschärfen. Leider aber ist es den Vereinten Nationen nicht gelungen, das Wettrüsten der Supermächte aufzuhalten.

Es ist ein beliebtes Argument, daß die Nationen zur Vermeidung eines künftigen globalen Krieges ein Gleichgewicht des Schreckens brauchen, weil dann beide Seiten aus Furcht vor einem Vergeltungsschlag des Gegners auf den Einsatz dieser Vernichtungswaffen verzichten müßten.

Aber der Frieden hängt am seidenen Faden. Es ist vorstellbar, daß ein militärischer Wirrkopf auf jenen Knopf drückt, der dem Inferno grünes Licht gibt. Hinzu kommt, daß durch überkommenes nationales Expansionsstreben und neue bedrohliche weltweite Krisen aufgrund abnehmender Energiequellen künftige Katastrophen vorprogrammiert sind. Die Herausgeber des Buches „Der Krieg" (einer Anthologie über die Psychologie, Soziologie und Anthropologie des Krieges) glauben, daß menschliche Irrationalität und die Existenz von Superwaffen die größte Gefahr darstellen, die es jemals in der Menschheitsgeschichte gegeben hat.

Nur wenn wir uns dieser Gefahr ganz klar bewußt sind, können wir uns vor der letzten Katastrophe retten, und nur ein Gesinnungswandel des Menschen kann die Welt vom Rande des Abgrunds zurückreißen.

Oben: Sowjetische Militärparade 1977 auf dem Roten Platz in Moskau. Diese Paraden sollen die Machthaber moralisch stärken und zugleich mögliche Aggressoren warnen. Militärisch schwächere Länder betrachten solche Demonstrationen als Bedrohung ihrer Unabhängigkeit.

11
Des Menschen Unmenschlichkeit

Von jeher hat die Verfolgung geschlagener Feinde und verachteter Minderheiten eine Rolle in der Weltgeschichte gespielt. Die Römer verfolgten die ersten Christen, und die christliche Kirche wiederum verfolgte die Ketzer. Als die Europäer jenseits der Weltmeere neue Reiche gründeten, brachten sie ihre Grausamkeit mit — was die Mayas, Azteken und Inkas in Mittel- und Südamerika und die Indianer in Nordamerika handfest zu spüren bekamen. Diese und die späteren Bestialitäten des transatlantischen Sklavenhandels bezeugen die alte Wahrheit, daß absolute Macht über seine Mitmenschen den Menschen verdirbt. Niemand hat ein Monopol auf die Grausamkeit. Wiederholt sagten sich „zivilisierte" Völker vom Moralkodex, nach dem sie lebten, los und verfolgten nationale Minderheiten und andere wehrlose Gruppen so erbarmungslos wie eine Katze die Maus. Der Unterschied besteht jedoch darin, daß eine Katze, die mit einer Maus spielt, ehe sie sie tötet, nicht weiß, daß sie ihrer Beute Schmerz zufügt. Des Menschen grausames, oft sadistisches Verhalten anderen Menschen gegenüber aber ist besonders sträflich, weil er sehr genau weiß, welche Schmerzen er seinem Opfer bereitet.

Linke Seite: Die zum Skelett abgemagerte Leiche eines der zahllosen Häftlinge im Konzentrationslager Bergen-Belsen. Der Beschluß einer sogenannten zivilisierten Regierung einer großen europäischen Nation, zwischen 1939 und 1945 über neun Millionen Menschen kaltblütig auszurotten, erregt noch nach Jahrzehnten Entsetzen.

Was macht Menschen grausam?

Jede Zeit hat ihre Monstren. Im 15. Jahrhundert ließ der türkische Sultan Mohammed II. (der „Bluttrinker"), die Turbane auf die Köpfe seiner Gefangenen nageln. Im Jahr 1930 lauerte Peter Kürten in den Straßen Düsseldorfs Frauen und Kindern auf, die er zerstückelte, weil ihn das sexuell befriedigte, sie bluten zu sehen. Ein junges britisches Paar sitzt noch heute im Gefängnis, weil es Kinder zu

Geschichten über Massaker, Folterungen und die grausame Ausbeutung von Menschen sind immer schwer zu verstehen. Wie können Menschen plötzlich zu Bestien werden? Eine Antwort ist, daß der Mensch biologisch ein Raubtier *ist* und auf eine wirkliche oder vermutete Gefahr, die seiner Gruppe droht, wie ein angegriffenes Raubtier reagiert. Wenn solche Gefahren von fremden Gruppen drohen, ist die Folge der Krieg. Wenn innerhalb der eigenen Gruppe eine Splittergruppe gefährlich zu werden droht, resultiert daraus öft die Verfolgung der politischen, rassischen, religiösen oder sonst andersgearteten Minorität. Die Versklavung der Neger und die Unterwerfung der amerikanischen Indianer gehört in eine andere Kategorie von Grausamkeit; denn hier beutete die starke weiße Minderheit rücksichtslos die schwache Majorität eines fremden Volkes aus, das von seinen Peinigern als nicht menschlich und darum menschlicher Behandlung nicht würdig erachtet wurde.

Immer wieder haben Unterdrücker geglaubt, ein gerechtes Ziel zu verfolgen. Kreuzfahrer kämpften im Mittelalter in Frankreich gegen die Albigenser. Inquisitoren weltlicher und kirchlicher Gerichte rotteten „Hexen" in Europa und Nordamerika aus. SS-Wachen vernichteten Juden in Todeslagern. Die Propaganda machte viele dieser Mörder glauben, sie befreiten ihre Gesellschaft von einem gefährlichen, zersetzenden Krebsgeschwür. Manchmal verabscheuten Untergebene ihr bestialisches Werk, fürchteten sich aber vor Bestrafung, falls sie sich weigerten. Offenbar können Menschen aus Feigheit oder Gleichgültigkeit gegen andere Menschen grausam sein, obwohl sie ihnen nicht böse gesonnen sind.

Tode folterte und ihre Schreie auf Tonband aufnahm, um sie sich später genußvoll anhören zu können.

Der Sadismus, wie derartige Perversionen heute genannt werden, hat seinen Namen vom Marquis de Sade, der im 17. Jahrhundert in obszönen Romanen beschrieb, daß sexueller Genuß am *besten* dadurch erreicht wird, daß man anderen Schmerz zufügt. De Sade sagte, es gäbe keinen Gott, nur eine Göttin, die Natur — eine schöpferische, aber zugleich auch zerstörerische Kraft. In diesem Zusammenhang sei menschliche Grausamkeit eine Manifestation einer unpersönlichen Energie und keine persönliche Schuld. Diese Denkweise erinnert stark an Hitlers Behauptung, er werde die Menschen „von der Fessel . . . schmutziger und erniedrigender Demütigung durch eine Schimäre namens Gewissen und Moral . . ." befreien.

Für die meisten Psychiater verbirgt sich hinter diesen amoralischen Verhaltensweisen lediglich eine stark abnorme Persönlichkeit, der oft eine traumatische Kindheitserfahrung zugrunde liegt, wodurch die seelische Weiterentwicklung dieses Menschen unterbunden wurde.

Zweifellos sind solche Psychopathen für viele in Zeiten der Verfolgungen begangene Grausamkeiten verantwortlich; vor allem dann, wenn solche Menschen als Polizisten, Soldaten oder Gefängniswärter Macht ausüben, oder wenn sie gar — was vorgekommen ist — hohe Regierungsämter innehaben, die es ihnen ermöglichen, Massaker oder Pogrome zu veranlassen.

Aber sind wir wirklich alle so anders als diese menschlichen Monstren? Viele von uns, die glauben, nicht fähig zu sein, anderen Schmerzen zuzufügen, sind von Geschichten fasziniert, in denen eben das geschieht. Menschen reagieren

Linke Seite: Die Führer der deutschen und holländischen Wiedertäufer werden in Münster zu Tode gefoltert. Von den Lutheranern und Katholiken verfolgt, sammelten sich die Wiedertäufer in Münster, wo sie die Stadt beherrschten und ein Jahr lang einer Armee standhielten, die sich aus Soldaten aller Nachbarländer rekrutierte. Schließlich fiel die Stadt, und über die Wiedertäufer brach ein schreckliches Strafgericht herein.

Rechts: Eine Szene aus dem 1932 gedrehten Film „Dr. Jekyll und Mr. Hyde". Dr. Jekylls böses zweites Ich, Mr. Hyde, in Aktion.

auf Balkenüberschriften über solche Untaten mit dem Ruf „wie schrecklich!", aber sie kaufen die Zeitung, um Näheres zu erfahren. Berichte über Massaker und Völkermord mögen Übelkeit erregen — sie erfreuen sich jedoch großer Beliebtheit.

Tatsache ist, daß wir alle viele Seiten haben. Jeder von uns verbindet Eigenschaften wie die Güte der Romanfigur Dr. Jekyll mit der Bestialität des Mr. Hyde, der anderen bösen Hälfte des Dr. Jekyll. Der „Mr. Hyde" in uns ist oft nichts anderes als der Egoismus, den wir in der Kindheit zugunsten der Gemeinschaft, in der wir leben, abzulegen lernten. Aber von einer bestimmten Art von Propaganda beeinflußt, können Millionen braver, gesetzestreuer Bürger sich plötzlich gegen eine rassische, religiöse oder andere Gruppe in ihrer Mitte brutal verhalten. In solchem Geist vereint, haben sich liebende Väter, sogar Frauen und Mütter in einen rasenden Mob verwandelt, der den Objekten seiner Wut Entsetzliches antut. Der „Normalmensch" hat zu oft schon bewiesen, daß in ihm ein Ungeheuer schlummert.

Oben: Eine aufgehetzte Menge steht unter den Leichen von zwei Männern, die vom amerikanischen Ku-Klux-Klan gelyncht worden sind.

Rechts: Eine elegant gekleidete und frisierte Peinigerin mit ihrem grausig zugerichteten Opfer.

215

Frühchristliche Märtyrer

Durch die Jahrhunderte sind Christen für ihren Glauben gestorben. Aber wahrscheinlich sind sie zu keiner Zeit und an keinem anderen Ort von Nichtchristen so verfolgt, gefoltert und ermordet worden wie im Römischen Reich in den ersten drei Jahrhunderten der Zeitrechnung, die wir heute die christliche nennen.

Von Anfang an hatten die Apostel Jesu — seine Jünger — Demütigungen und Foltern zu erdulden. Der heilige Jakobus der Ältere war der erste Apostel, der für seinen Glauben starb. Im Jahre 44 n. Chr. ließ König Herodes Agrippa I. den Jakobus köpfen, um sich bei den Führern der Juden beliebt zu machen. Zwanzig Jahre danach kam der Apostel Petrus in Rom um; er soll mit dem Kopf nach unten gekreuzigt worden sein, nachdem er sich für nicht würdig erklärt hatte, wie Jesus zu sterben. Nach den

Legenden sind die meisten anderen Apostel auch als Märtyrer gestorben, dieser wurde gesteinigt, jener lebendig gehäutet, andere gekreuzigt. Die Länder, in denen sie gestorben sein sollen, Ägypten, Äthiopien, Zypern, Palästina, Griechenland, Armenien, Persien, Indien und Rom, zeugen davon, daß die Christen ihre Botschaft sehr früh schon in der zivilisierten Welt verbreiteten und auch ihr Leben für sie hingaben.

Es war unvermeidbar, daß die Christen, wohin sie auch kamen, auf heftigsten Widerstand stießen. Ihr Glaube vertrug sich nicht mit den alten Religionen und schien eine Art von Gehorsam zu fordern, der sonst nur den weltlichen Herrschern zustand. Das Christentum predigte ein neues Königreich. Es verdammte alle anderen Religionen als falsch. Die Gottesdienste schlossen Ungläubige aus, hießen aber Frauen und Sklaven willkommen — niedrige Wesen, deren Anerkennung durch die Christen auf revolutionäre Tendenzen schließen ließ. Auch wurden die Christen noch schlimmerer Dinge verdächtigt. Aßen sie nicht jemandes „Leib" und tranken bei ihren Gottesdiensten sein „Blut"? (Kleine Kinder seien ihre Opfer, wurde gemunkelt.) Außerdem schlossen sie sich von der Gesellschaft ab. Sie waren gegen das so beliebte Theater, gegen Feste, Sport, Schulen und Hospitäler — weil dort natürlich überall die alten heidnischen Götter Roms verehrt wurden.

Links: Die Steinigung des heiligen Stephanus, des ersten christlichen Märtyrers. Saulus von Tarsus war für die Bestrafung der nach jüdischem Recht Gott lästernden ersten „Christen" verantwortlich (unten rechts im Bild). Er schloß sich später den Verfolgten an und wurde zum heiligen Paulus.

Rechts: Sankt Georg, der sich weigerte, Apollo zu opfern, wird am Kreuz gefoltert. Das Fleisch wird ihm mit eisernen Kämmen vom Leib gerissen. Diese Geschichte stammt aus der *Goldenen Legende*, einer populären mittelalterlichen Quelle über das Leben der Heiligen.

Kein Wunder, daß viele Menschen die christlichen Minderheiten mit Argwohn beobachteten. Die Christen wurden zu Sündenböcken. Sie waren schuld an Erdbeben, Vulkanausbrüchen, Hungersnöten, Seuchen oder anderen Naturkatastrophen. Oft genügte ein kleiner Vorfall, und aus Mißtrauen wurde Haß und physische Gewalt.

Die Verfolgung begann in Palästina. Als der Bruch mit dem jüdischen Glauben sich vertiefte, wandten sich die orthodoxen gegen die christlichen Juden, die auch Nichtjuden akzeptierten — ein auf den Apostel Paulus zurückzuführender Sinneswandel, der ehemals selber ein Verfolger der Christen war. In Kleinasien kehrten sich die heidnischen Priester sehr bald gegen die Christen. Orgien und Kannibalismus gehörten zu den Anklagepunkten, durch die man die rechtliche Grundlage für Folter und Hinrichtung schuf.

Als das Christentum dennoch weiter an Boden gewann, sahen die römischen Kaiser den Zusammenhalt des Imperiums zunehmend stärker bedroht, weil die Christen den offiziellen und staatstragenden Kult der Kaiserverehrung ablehnten.

Kaiser Nero führte als erster die staatliche, brutale Verfolgung der Christen ein. Nero behauptete nach dem sechstägigen Brand von Rom im Jahre 64 n. Chr., daß christliche Brandstifter die Stadt angezündet hätten. Ob-

Oben: Der Apostel Petrus, der mit dem Kopf nach unten gekreuzigt wurde, weil er sich nicht würdig fand, wie Jesus zu sterben.

wohl die Verhaftungen und Verhöre nicht die Spur einer Schuld erbrachten, erklärte Nero die Unschuldigen zu „Feinden der menschlichen Rasse". Manche wurden — in Tierfelle eingenäht — Bluthunden vorgeworfen, andere wurden von Ochsen zu Tode geschleift. Unzählige wurden niedergemetzelt oder gekreuzigt. Man wickelte Christen auch in ölgetränkte Tücher und ließ sie als lebende Fackeln verbrennen. Diese „Belustigungen" fanden in Neros kaiserlichen Gärten statt, wobei der Kaiser sich unter die neugierige Menge mischte. Petrus und Paulus sollen damals in Rom umgekommen sein.

Zum Erstaunen der Römer schienen viele Christen diese barbarischen Foltern fast zu begrüßen. In den Evangelien (Matthäus, 24; Markus, 8; und Lukas, 21) hatte Christus selbst sie vor dem gewarnt, was ihnen widerfahren würde, wenn sie seine Lehre predigten. Die Verfolgungen, die sie erdulden müßten, wären die Geburtswehen des Königreiches Gottes auf Erden. So hat die christliche Lehre sehr früh schon die Anhänger Christi darauf vorbereitet, Leiden und Märtyrertod als Weg zur Unsterblichkeit zu verherrlichen.

Meist waren Christenverfolgungen örtlich begrenzt oder begannen aus politischer Sorge über die Weigerung der Christen, sich dem offiziellen Kaiserkult anzuschließen. Aber wenn es einmal zur Verfolgung kam, war sie fast immer grausam.

Um das Jahr 110 ließ der römische Statthalter Plinius im Norden Kleinasiens Menschen hinrichten, weil sie sich vor Gericht zum christlichen Glauben bekannten. Die erste christliche Urkunde eines Märtyrertodes ist ein Brief aus Kleinasien, in dem beschrieben wird, wie der greise Bischof Polycarp von Smyrna im Jahre 155 oder 156 in der Amtszeit des Antonius Pius getötet wurde. Der Bischof wurde in ein überfülltes Stadion geführt, wo er sich weigerte, dem christlichen Glauben abzuschwören. Vor einer sensationslüsternen Menge wurde der Bischof lebendig verbrannt, „und die Flammen formten einen Bogen wie ein windgeblähtes Segel, sie bildeten eine Mauer rund um den Märtyrer; und er sah aus wie (. . .) Gold und Silber, das in einem Ofen geschmolzen wird".

In der unglückträchtigen Regierungszeit des Marc Aurel (161—180) litten christliche Märtyrer entsetzlich. Die schrecklichsten Massenmorde gab es in Südfrankreich, in Lyon und Vienne. Heidnische Sklaven verbreiteten

Gerüchte, daß ihre christlichen Herren im Inzest lebten und Kinder äßen. Der Mob geriet in Bewegung. Viele Christen wurden ins Gefängnis geworfen, um dort zu sterben. Andere wurden in der Öffentlichkeit zu Tode gefoltert. Der neunzigjährige Bischof von Lyon, Pothinus, wurde getreten, bewußtlos geschlagen und ins Gefängnis geworfen, wo er starb. Die christliche Sklavin Blandina soll verstümmelt, ans Kreuz geschlagen und dann wilden Tieren zum Fraß vorgeworfen worden sein. Die Raubtiere wollten sie nicht fressen, so wurde sie auf dem Scheiterhaufen verbrannt. Christen, die römische Bürger waren, genossen das Privileg, nur enthauptet zu werden.

Vergebens bemühten sich christliche Schriftsteller, die Öffentlichkeit über ihren Glauben aufzuklären. Justin, der führende Apologet des 2. Jahrhunderts, weigerte sich vor Gericht entschlossen, Götterbildern zu opfern. Er wurde mit sechs Jüngern, einer Frau und fünf Männern, in Rom

Schriftsteller schildert, wie im Amphitheater beide Frauen gemeinsam eine wütende Kuh abwehrten, dann aber wurden auf die Männer ein Bär, ein Eber und ein Leopard losgelassen. Zuletzt bekamen alle sechs Märtyrer mit dem Schwert den Gnadenstoß in den Hals — Perpetua führte, als der erste Schwertstreich sein Ziel verfehlt hatte, den zweiten selbst aus. Unter Maximinus Thrax (235—238) verfolgte der Staat christliche Priester; dann wurden Christen als Sündenböcke den Löwen vorgeworfen, weil ein Erdbeben Städte in Kleinasien zerstört hatte.

Im Jahre 249 führte Decius überall im Reich einen Schlag gegen die neuen Religionen. Jeder, der sich weigerte, den römischen Göttern zu opfern, konnte ins Gefängnis geworfen, gefoltert oder hingerichtet werden. Die Bischöfe der drei christlichen Zentren Rom, Jerusalem und Antiochia kamen bei dieser Christenverfolgung um. Manche Kirchenführer flohen, Tausende von Christen entsagten

enthauptet.

Trotz aller Verfolgungen hatte das Christentum im Jahre 200 n. Chr. überall im römischen Reich, von Frankreich bis Syrien, Fuß gefaßt. In den folgenden 50 Jahren kam es nur noch gelegentlich zu örtlich begrenzten Verfolgungen — vor allem, als die Kaiser Septimius Severus und Maximinus Thrax antichristliche Edikte erließen. Eine für diese Zeit typische Geschichte handelt von sechs Christen, die im Jahre 203 in der Regierungszeit von Septimius Severus im nordafrikanischen Karthago zum Tode verurteilt wurden. Vier waren Männer, die fünfte war Felicitas, eine junge Sklavin, die im Gefängnis ein Kind gebar. Das sechste Opfer war Perpetua, eine junge Frau aus vornehmer Familie, die ein kleines Kind hatte. Ein zeitgenössischer

zumindest vorübergehend ihrem Glauben, um ihr Leben zu retten.

Die nächsten schweren Verfolgungen fanden unter Decius' Nachfolger Valerian statt. Durch die Vertreibung der Christenpriester und Enteignung anderer Christen hoffte Valerian, die nun reiche und recht mächtige Kirche arm zu machen. Er hatte keinen Erfolg und griff zu härteren Maßnahmen. So wurde der Bischof von Rom enthauptet, weil er in den Katakomben, den unterirdischen Grabkammern Roms, predigte, wo sich die Christen insgeheim versammelten.

Die vierzig Jahre nach Valerian verliefen für die Christen friedlich. Im Jahre 303 setzte unter Diocletian dann die schrecklichste aller Verfolgungen ein. Sein erstes Edikt befahl, alle Kirchen zu schleifen, alle heiligen Bücher zu verbrennen, alle hochgestellten Christen zu ächten und alle christlichen Dienstboten zu Sklaven zu machen. Strengere Gesetze folgten; wer sich zum Christentum bekannte, war vogelfrei.

Aber die damals schon 300 Jahre alte Kirche war mittlerweile viel zu stark, um unterdrückt werden zu können. Um 320 hatte das Christentum im Heer Fuß gefaßt. Es gibt eine zeitgenössische griechische Quelle, nach der 40 Soldaten des Kaisers Licinius in Armenien nackt auf einen zugefrorenen Teich getrieben wurden, bis sie erfroren, weil sie ihren Glauben nicht aufgeben wollten.

Im Jahre 324 wurde Licinius, der weströmische Kaiser, von seinem östlichen Gegenspieler Konstantin geschlagen, der den Christen gewogen war. Konstantin wurde später der erste christliche Kaiser Roms. Die frühen Christenverfolgungen hatten damit ein Ende.

Links: Eine romantische Darstellung der christlichen Märtyrer im Kolosseum in Rom während der Verfolgung durch Kaiser Nero im 1. Jahrhundert n. Chr.

Unten: Ein Elfenbeinrelief stellt die zusammengetriebenen Christen dar, die den Tod in der Arena erwarten. Über ihnen wartet inmitten von Engeln Christus, um ihnen die Märtyrerkrone aufzusetzen.

Oben: Die Katakomben von Rom. In diesen in den Fels gehauenen Grabkammern trafen sich die Christen in den Jahren der Verfolgungen durch die römischen Kaiser heimlich zum Gottesdienst.

Unten: Eine Büste von Kaiser Nero, der als erster die Christenverfolgung zur offiziellen Staatspolitik machte.

Der Albigenser-Kreuzzug
Frankreich 1180–1270

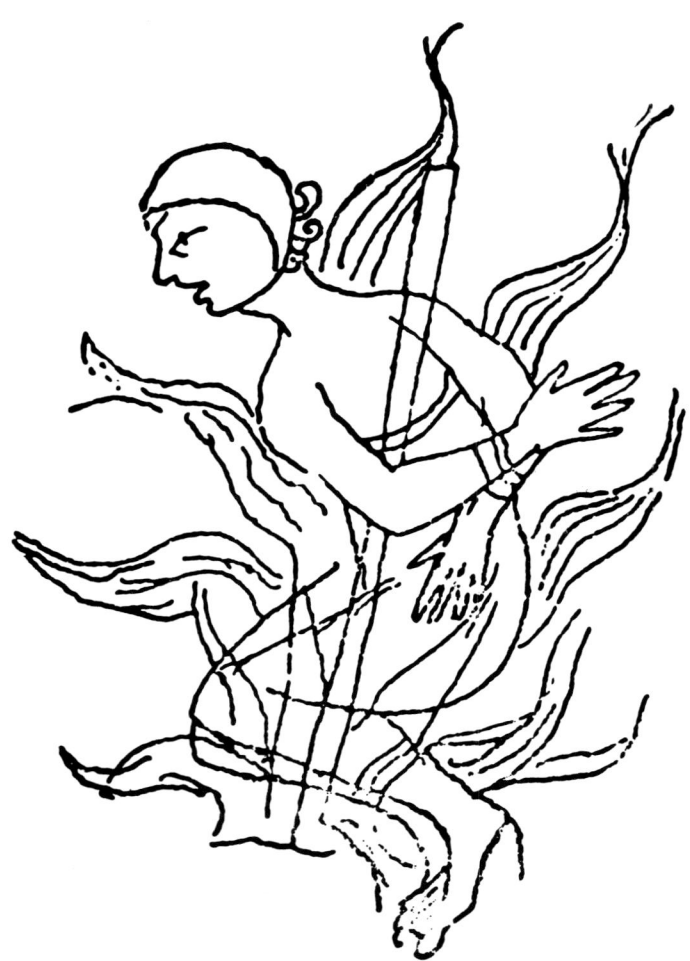

Oben: Mittelalterlicher Holzschnitt: Die Verbrennung eines Albigensers.

Die Grausamkeiten heidnischer Verfolger gegen die frühen Christen verblassen neben dem Abschlachten von Christen durch Christen im Krieg gegen die albigensischen Abtrünnigen, der als „Albigenser Kreuzzug" bekannt wurde und das Gebiet des Languedoc in Südfrankreich im frühen 13. Jahrhundert verwüstete.

Der Albigenser Kreuzzug hat seinen Namen und auch indirekt seinen Ausgangspunkt in einem Ereignis, das nahe der Stadt Albi, nordöstlich von Toulouse, im Jahre 1165

stattfand. Von Gerüchten über Ketzerei beunruhigt, befragten katholische Geistliche Männer und Frauen aus der Umgebung, die der Ketzerei beschuldigt wurden, über ihren Glauben.

Zu ihrer Entrüstung hörten sie, daß diese Menschen das Alte Testament ablehnten, die Taufe durch Priester für unnötig hielten und ausweichend über ihre Einstellung zu Ehe und Beichte aussagten. Sie sahen Jesus nur als einen Engel, dessen Leiden und Tod eine Illusion waren. Die Albigenser oder Katharer (die Reinen), lehnten die römischen Sakramente, die Kirchengesetze und die Priesterschaft ab.

Sie hatten keine Gotteshäuser und teilten ihre Mitglieder in „Vollkommene" (Geistliche) und „Gläubige" (Laien) ein. Die Vollkommenen lebten im Zölibat, fasteten, waren strenge Vegetarier und Pazifisten; ihr Preis war das immerwährende Leben, das durch eine geistige Taufe, Konsolation genannt, gewährt wurde. Die Gläubigen durften heiraten, obwohl die Heirat und das Zeugen von Kindern als sündhaft angesehen wurden; sie durften Besitz haben und sogar dem Schein nach Mitglieder der katholischen Kirche bleiben. Sie erhielten die Konsolation auf dem Totenbett. Unter gewissen Bedingungen wurde ein ritueller Selbstmord gutgeheißen.

Wie bei allen ketzerischen Strömungen versuchte die römische Kirche zuerst, solche Sekten durch gezielte Aktionen zu zerschlagen, zum Beispiel durch Strafaktionen, Vertreibung, schwere Geldbußen und endlich die Exkommunikation. Aber als die Ketzerei weiterbestand und sogar vom Adel unterstützt wurde, schien das Gefüge von Staat und Kirche gefährdet. Das Dritte Lateranische Konzil von 1179 versprach Belohnung für die Gefangennahme von Ketzern. 1181 begann der Abt von Clairvaux den ersten Kreuzzug innerhalb eines christlichen Landes gegen diejenigen, die die Sakramente, die Autorität der Päpste, Kardinäle und Bischöfe abstritten, sowie gegen alle, die diese Ketzer schützten. Der Abt belagerte siegreich die Stadt Lavaur zwischen Toulouse und Albi und brachte den abtrünnigen Roger Trencavel II. dazu, sich der Herrschaft der Kirche zu unterwerfen und seinem Glauben abzuschwören.

Im Jahre 1184 drohte die päpstliche Bulle *Ad abolendum* den Katharern, anderen Ketzern und ihren Beschützern mit Exkommunikation, kirchlichen Ketzergerichten und der weltlichen Bestrafung all jener, die nicht widerrufen wollten. Die Ketzerschaft der Katharer hatte die machtvolle Maschinerie der päpstlichen Inquisition in Gang gebracht. Dennoch zog die Kirche friedliche Überredung der Gewalt vor. Aber viele Jahre des Ringens katholischer Missionare um die Albigenser brachte nur wenige in den Schoß des orthodoxen Christentums zurück.

Im Januar 1208 kam die Krise, die den Krieg heraufbeschwor — die Ermordung des päpstlichen Gesandten (Legaten) Peter von Castelnau in der Grafschaft Toulouse. Der Legat hatte eben erst den Herrscher von Toulouse, Graf Raimund VI., den größten südfranzösischen Feudalherrn, exkommuniziert, weil er nichts gegen die in seinem Herrschaftsbereich wuchernde Ketzerei unternommen hatte. Papst Innozenz III. gab verständlicherweise Raimund die Schuld an dem Mord und rief alle christlichen Staaten auf, einen Kreuzzug gegen die (katharischen) Ketzer zu unternehmen und das Land ihres Protektors zu konfiszieren. (Gemeint war Raimunds Besitz.) Im Juni 1209 sammelte sich in Lyon ein Heer, das überwiegend aus im

Kriegshandwerk unerfahrenen Fanatikern — eher Pilgern — bestand. Diese Streitmacht wurde von landbesitzenden Adligen, vornehmlich aus Nordfrankreich, aufgestellt und angeführt.

Erschreckt durch diesen Aufmarsch bat Graf Raimund die Kirche öffentlich um Vergebung. In St. Gilles ließ er sich zum Beweis seiner Bußfertigkeit mit Birkenzweigen auspeitschen. Der gerissene Graf nahm nun selbst an dem

Schutz in den Kirchen, in denen die Priester die Sterbeglocken läuteten. Glockengeläut, Waffengerassel, Kriegsgeschrei und die Schmerzensrufe Sterbender mischten sich zu einem gräßlichen Mißklang. Der Feind brach in die Kirchen ein, und im Nu waren aus diesen Zufluchtsstätten Schlachthäuser geworden: Priester, Krüppel, Frauen, Kinder — die Söldner metzelten alle nieder. In der Kirche St. Marie-Madeleine sind nach Berichten 7000 Menschen

Oben: Eine Darstellung aus dem 19. Jahrhundert des Massakers von Béziers.
Kreuzfahrer dringen in die Stadt — eine Hochburg der Albigenser — ein und metzeln 20 000 Bürger nieder.

Links: Der heilige Dominikus wacht über die Verbrennung der Bücher der Ketzersekte der Albigenser. Ein „reines" Buch hebt sich unberührt über die Flammen, die alle übrigen verzehren.

Kreuzzug teil, der in sein eigenes Land ziehen wollte. Der Plan des Feldzugs war einfach: jede feindliche Festung und ummauerte Stadt sollte belagert werden, bis sie sich ergab. Das erste größere Ziel war Béziers — ein als reich geltendes Nest von Häretikern, angeführt von einem Vasallen Raimunds. Die Erstürmung von Béziers statuierte ein grausiges Exempel für alle späteren Belagerungen. Söldner wüteten in der Stadt, brachen Türen ein, plünderten und töteten alle, die sich wehrten. In Panik verließen Hunderte von Bürgern ihre Häuser und rannten durch die engen Gassen. Katholiken und Katharer suchten zusammen

ermordet worden. Zusammen sollen 20000 Katharer und Katholiken beim Blutbad von Béziers gestorben sein; erstere, weil sie Ketzer waren, letztere, weil sie Ketzer bei sich aufgenommen hatten.

Zwischen 1209 und 1215 zogen die Kreuzzügler landauf, landab durch das Languedoc und überfielen mit Mord und Raub alle Städte, die die Ketzer beschützt hatten. Das belagerte Carcassonne ergab sich und entging dadurch einem Massaker. Von 1209 an wurde die berühmte ummauerte Stadt zum Hauptquartier des Anführers der Kreuzfahrer, Simon de Montfort, der von hier aus andere

Kathararzentren brutal überfiel. Vom Fall Béziers' und Carcassonnes vor Angst gelähmt, unterwarfen sich einige rasch und entgingen den schrecklichsten Exzessen. Aber schon 1210 gab es neue Greuel — diesmal in Bram und Minerve. Bram leistete nur drei Tage Widerstand. Simon de Montfort stach allen 100 Mann der Garnison die Augen aus, schnitt ihnen die Nasen und Oberlippen ab und ließ nur einem Mann ein Auge, damit er die anderen zur feindlichen Burg von Cabaret führen konnte. Cabaret verstand den Wink und ergab sich. In Minerve kam es zu den ersten Massenhinrichtungen von Ketzern. Über 140 „Vollkommene" weigerten sich, ihrem Glauben abzuschwören und sich dadurch zu retten, sondern stürzten sich freiwillig in einen riesigen, nahe der Burg errichteten Scheiterhaufen.

1211 brauchte de Montfort zwei Monate, bis er Lavaurs Widerstand gebrochen hatte. Dann henkten seine Männer den Anführer und 80 Ritter. Als der Galgen unter diesem Gewicht zusammenbrach, schlitzten sie den noch Lebenden die Hälse auf. Auch hier starben 400 Katharer auf einem riesigen Scheiterhaufen. Die Söldner ergriffen die adlige Beschützerin der Katharer, Guirade de Laurac, warfen sie in einen Brunnenschacht und begruben sie unter einem Steinhagel.

Aber selbst diese Schreckensherrschaft konnte das Ketzertum nicht ganz auslöschen. Gebiete, die sich Montfort zunächst unterworfen hatten, revoltierten später wieder. Raimund VI. und sein Sohn (später Raimund VII.) bekamen neue Unterstützung. Sie hielten Montforts Belagerung von Toulouse länger als acht Monate stand. Diesmal behandelten die Verteidiger ihre Gefangenen ebenso grausam, wie diese ihre Freunde behandelt hatten. Gefangenen Belagerern wurden Zunge und Augen herausgeschnitten, sie wurden verbrannt, von Pferden geschleift oder lebendig in Stücke gehackt. Da wurde Montfort vom Stein eines Katapults getötet, und damit endete die Belagerung.

Oben: Ein auf einem Albigensergrab gefundenes gemeißeltes Kreuz aus dem 13. Jahrhundert.

Oben: Illustration aus einer französischen Handschrift des 13. Jahrhunderts, das die Albigenser als Ketzer bezeichnet, denen man „aus dem Weg gehen" soll.

Links: Teil eines Steinreliefs aus dem 13. Jahrhundert in der Kirche St. Nazaire in Carcassonne, das die Belagerung der albigensischen Stadt Toulouse durch das Heer von Simon de Montfort zeigt.

gekommen, einem Schlupfwinkel der katharischen Geist-
lichkeit. 1243 griff eine französische Streitmacht diese
unzugängliche Festung auf den Vorbergen der Pyrenäen
an. Unglaublicherweise hielt die kleine Garnison neun
Monate lang aus, ehe sie sich ergab. Die Bedingungen
waren unerwartet milde: Freiheit oder geringe Strafen für
alle, außer für die Ketzer. 200 Katharer jedoch sollen die
Amnestie abgelehnt und sich auf einem Scheiterhaufen
verbrannt haben, der unterhalb der Festung hinter einem
Palisadenwall errichtet worden war. Wie auch immer —
der Verlust so vieler führender Katharer versetzte der Sekte
einen schweren Schlag. Um 1270 hatte die Inquisition die
führende Schicht der Katharer in Südfrankreich vernichtet. Die Sekte hielt sich noch ein Jahrhundert, bis sie
endgültig verschwand.

Oben: Burg Montségur im felsigen Vorgebirge der Pyrenäen,
die letzte Festung der Albigenser. Eine kleine Streitmacht hielt
dort neun Monate lang der Belagerung stand.

Rechts: Die Inquisition, dem Orden der Dominikaner
übertragen, wurde eingerichtet, um die Ketzerei auszurotten.

Die Atempause war nur kurz. Bald drang in das durch
10 Jahre Kampf erschöpfte Languedoc erneut eine Armee
von Kreuzzüglern ein, zu der 10000 Bogenschützen gehörten, die von Prinz Ludwig von Frankreich angeführt
wurden. Ein Jahr nach Simons Tod tat sich Ludwig mit
Simons Sohn zusammen, um die Stadt Marmande im
Südosten von Bordeaux zu erobern. Ihre Truppen erschlu-
gen brutal 5000 unschuldige Bürger. Toulouse aber hielt
wiederum der Belagerung stand; der neue Kreuzzug scheiterte, und 1225 waren die alten Herrscherhäuser von
Languedoc wieder an der Macht.

Dann, im Juni 1226, führte der französische König selbst
ein Invasionsheer heran, das doppelt so stark war wie das
von 1209. Diesmal unterwarf sich fast das ganze Land.
Toulouse hielt aus, bis zur völligen Zerstörung seiner
wirtschaftlichen Basis. Erst dann bat Raimund VII. um
Frieden, und 1229 wurden die Albigenserkriege durch den
Vertrag von Paris beendet.

Südfrankreich hatte immer noch seine Ketzer. Ab 1233
begannen Dominikaner-Inquisitoren die Jagd auf sie nach
einem System, das für die päpstliche Inquisition überall auf
der Welt zum Vorbild wurde. Gleichzeitig bekehrten mis-
sionierende Franziskanerpater viele Katharer zum orthodoxen Katholizismus.

Die Ermordung einer Gruppe von dominikanischen und
franziskanischen Inquisitoren in der Nähe von Toulouse
löste den letzten großen Schlag gegen die Katharer in
Südwestfrankreich aus. Die Mörder waren aus Montségur

Der große Hexenwahn

„Hier, herzliebes Kind, sind alle meine Geständnisse, für die ich sterben muß. Und sie sind nichts als Lügen und Erfindungen, so wahr mir Gott helfe. Dieses habe ich alles aus Furcht vor der weiter angedrohten Marter sagen müssen, die bisher schlimmer war als alles, was ich schon erduldet hatte. Denn sie lassen nicht mit dem Martern nach, bis man etwas sagt." Dies schrieb der Bürgermeister von Bamberg im Juli 1628 an seine Tochter. Er schrieb unter Qualen, denn seine Hände waren in einer Presse so zerquetscht worden, „daß das Blut unter den Nägeln und überall sonst hervorquoll". Es war sein letzter Brief, heimlich im Kerker verfaßt. Bald danach wurde er wegen Hexerei hingerichtet. Es war eine Strafe, die ungezählte Tausende in Europa während des großen Hexenwahns

erleiden mußten — eines Wahns, der im 15. und 16. Jahrhundert seinen Höhepunkt erreichte.

Bis zum ausgehenden Mittelalter hatte sich niemand viel um Hexen gekümmert. Schon vor der Geschichtsschreibung hatte es Zauberer und Hexen gegeben, die angeblich über magische Fähigkeiten verfügten. Im mittelalterlichen Europa hielt sich auch der Glaube an derartige Mächte als Teil des Glaubens an das Übernatürliche, den ja auch das Christentum hat.

Als die Obrigkeit begann, gegen Zauberei und Hexerei einzuschreiten, griff sie nur einzelne an, die beschuldigt wurden, Menschen oder Felder verhext zu haben. Die Verfolgung von Hexen wurde erst durch die päpstliche Inquisition des 13. Jahrhunderts gegen die Albigenser zu einem brutalen, internationalen Unternehmen. Im 13. Jahrhundert waren die wandernden, vom Papst eingesetzten Dominikaner-Inquisitoren gegen die Albigenser so erfolgreich gewesen, daß die Inquisition bald arbeitslos geworden wäre, hätte sie sich nun nicht gegen die Hexen gerichtet.

Was taten und woran glaubten die Hexen eigentlich, daß sie der Kirche so suspekt wurden? Die Antwort ist, daß sie sich auf Satans Seite geschlagen haben sollten, um ihm bei

der Vernichtung des Christentums zu helfen. Einen Eindruck vom Umfang dieser angeblichen Verbrechen geben die Prozeßberichte der Inquisition in Toulouse aus dem Jahre 1335. Die dort angeklagten Frauen glaubten angeblich, daß Satan mit Gott gleichgestellt sei und über die Erde regiere. Sie sagten aus, einen Pakt mit dem Teufel geschlossen und mit ihm, in Gestalt eines Ziegenbocks, geschlafen

Oben: Waldensische Hexen reiten auf Besenstielen durch die Luft. Aus einer Handschrift aus dem 15. Jahrhundert. Hexerei wurde dieser ketzerischen Sekte obendrein angedichtet.

Linke Seite: Ein Hexensabbat (links) und seine Folgen (rechts) aus einer Schweizer Handschrift aus dem 16. Jahrhundert.

Rechts: Der Tod von 54 Tempelrittern, die von Philipp IV. von Frankreich der Hexerei bezichtigt wurden. Philipp wollte das Vermögen des Ordens an sich bringen.

Unten: Hexen bei einem Regenzauber, zu dem ein Hahn, eine Schlange und ein Hexenkessel gehören. Man beschuldigte sie, Stürme entfachen zu können, um die Ernte auf den Feldern und Schiffe auf dem Meer zu vernichten.

zu haben. Auf Satans Anweisung hätten sie bei der Heiligen Kommunion gefrevelt. Sie hätten sich am Hexensabbat, einem lasterhaften Bacchanal, beteiligt. Sie hätten Zaubersprüche gesagt und aus Teilen menschlicher und tierischer Leichen, der Kleidung Gehenkter und giftigen Kräutern Todestränke gemischt. Sie hätten Neugeborene geraubt und gegessen. Sie hätten Schafe der Nachbarn krank werden lassen, Ernten vernichtet und Menschen dadurch getötet, daß sie Wachsfiguren, die Fetzen der Kleidung ihres Opfers trugen, zum Schmelzen brachten.

Zweifellos wurden einige Leute zu Recht angeklagt. Ein berüchtigtes Beispiel war Gilles de Rais, der edle Waffengefährte der Johanna von Orléans. Nachdem er sein Vermögen verloren hatte, versuchte er durch Schwarze Magie reich zu werden, zu der er das Blut von Jungfrauen brauchte. Er überfiel und mordete mehr als 50 Kinder sadistisch, ehe er aufgespürt und auf dem Scheiterhaufen verbrannt wurde. Aber abgesehen von ein paar Einfältigen, die Aufsehen erregen wollten, waren Hexen einfach alte und ein wenig verwirrte Menschen oder solche, die fälschlich von anderen bezichtigt worden waren. Manchmal brauchte man auch schlicht Sündenböcke für Katastrophen wie die Pest.

Oben: Gilles de Rais, ein französischer Edelmann aus dem 15. Jahrhundert, auf den die Legende vom Ritter Blaubart zurückgeht, beobachtet entzückt die Ermordung eines Kindes.

Eine Anklage wegen Hexerei bedeutete oft nichts anderes als Folter und Tod. In der Theorie durfte nur ein öffentliches Gericht die Todesstrafe verhängen. Wenn die Inquisitoren die Schuldigen der weltlichen Justizbehörde auslieferten, baten sie darum, daß die Strafe kein Blutvergießen oder Gefahr für das Leben des Gefangenen zur Folge haben sollte, aber dies war nur ein Vorwand für die Kirche, ihre Hände in Unschuld zu waschen.

Ein frühes Beispiel für staatlich legalisierte Folter und Mord an Teufelsanhängern gab es Anfang des 14. Jahrhunderts, als Philipp IV. von Frankreich den Orden der Tempelritter beschuldigte, um dessen Reichtum an sich zu bringen. Der Großmeister und 54 Ritter dieser alten geistlichen Bruderschaft wurden nach einem falschen Prozeß

verbrannt. 1459 kam es zu einem großen Prozeß in Arras, wo viele arme Menschen der Hexerei und Ketzerei beschuldigt wurden und umringt von Tausenden Neugieriger auf dem Scheiterhaufen starben.

In den letzten Dezennien des 15. Jahrhunderts trieb der kirchliche Hexenwahn grausige Blüten; gestützt auf die im Jahre 1484 von Papst Innozenz III. herausgegebene Hexenbulle. Ausgerechnet zwei charakterlich minderwertige Dominikaner, Pater Heinrich Krämer, früher Inquisitor in Tirol, und Jakob Sprenger aus Basel, wurden nun Großinquisitoren für Deutschland. Sie gaben 1489 gemeinsam den *Malleus Maleficarum* (Hexenhammer) heraus, ein 25 000-Wörter-Handbuch für Hexenjäger. Zwei Jahrhunderte lang folgten Eiferer in vielen Ländern den abscheulichen Regeln dieser sogenannten Prozeßordnung für das Fangen, Verhören, Aburteilen und Hinrichten von Hexen.

Schlechter Ruf allein genügte schon, einem Menschen den Prozeß zu machen. Äußerliche Tugendhaftigkeit war kein Schutz. In der Tat wurden Asketen besonders verdächtigt, ihre Teufelsverehrung geschickt zu verbergen. Angeklagte hatten kaum eine Hoffnung, ihre Unschuld beweisen zu können. Ein manchmal erlaubtes Prüfverfahren war die Hexentaufe, bei der man die Angeklagten ins Wasser warf. Hexen sollten auf dem Wasser schwimmen, während die Unschuldigen untergingen (und zweifellos gelegentlich ertranken). Aber meist ließ sich der Ausgang eines Prozesses voraussagen; denn angeklagte Hexen galten als schuldig, solange ihre Unschuld nicht bewiesen war. „Nicht schuldig" war ein fast nie gehörter Urteilsspruch bei Prozessen, bei denen die Angeklagten keinen Verteidiger bekamen und nie erfuhren, wer als Zeuge gegen sie ausgesagt hatte.

Die Prozesse verliefen fast alle gleich. Vor Gericht geschleppt, prasselten unentwegt Fragen auf die Angeklagten nieder. Der Inquisitor verlangte ein Geständnis und die Namen Gleichgesinnter. Wenn eine „Hexe" alle Anklagen bestritt, entkleideten und rasierten die Verhörenden ihr Opfer und suchten nach Malen. Jede Warze, jedes Muttermal oder jeder Leberfleck konnte ein „Teufelszeichen" sein, jede Beule oder Talgdrüse ein „Hexenmal", eine teuflische Zitze, an der ein vertrauter, persönlicher Dämon genährt wurde. Man glaubte, gewisse Teufelszeichen seien unsichtbar, aber als Hautstellen auffindbar, die gegen Nadelstiche unempfindlich waren. Skrupellose Hexenjäger „fanden" unsichtbare Zeichen, weil sie Instrumente mit zurückziehbaren Klingen benützten.

Nach dieser Suche wurde dem Beschuldigten noch einmal befohlen, ein Geständnis abzulegen. Weigerung bedeutete Folter. Erst kamen Daumenschrauben, dann die Folterbank und danach die Streckleiter. Wenn dies alles versagte, gab es Beinschrauben, rotglühende Zangen und die sogenannte Wippfolter, wobei das nackte Opfer schwere Gewichte an die Füße gebunden bekam und plötzlich hoch in die Luft gerissen wurde.

Nach der Reformation übernahmen die protestantischen Länder eifrigst alle Folterprozeduren. 1594 wurden im calvinistischen Schottland Alison Balfour 48 Stunden lang die Arme in einem Eisengerät zerquetscht. Ihr achtzigjähriger Mann lag zur gleichen Zeit unter 700 Pfund schweren Eisenbalken. 57 Schläge auf einen Keil zerschmetterten die Füße ihres Sohnes, der in „spanische Stiefel" gesteckt worden war, und ihre siebenjährige Tochter wurde mit Daumenschrauben gefoltert.

Je besessener der Inquisitor an einem Ort war, desto größer die Zahl der Toten. In der Umgebung von Trier starben 368 Frauen aus 22 Dörfern innerhalb von sechs Jahren als Hexen. In den ersten Jahren des 17. Jahrhunderts ließ der Bischof von Würzburg mehr als 900 „Hexen" und „Drudner" aus allen sozialen Schichten, darunter auch siebenjährige Kinder, verbrennen. In Bamberg mordete sein ebenso grausamer Vetter Hunderte von Männern, Frauen und Kindern.

Im 17. Jahrhundert regte sich ein neuer, rationalerer Geist. Die Niederlande zum Beispiel stellten nach 1610 die Hinrichtung von Hexen ein, aber es dauerte fast bis zum Ende des Jahrhunderts, bis andere Staaten dem Beispiel folgten und der große Hexenwahn sich legte. Es ist bekannt, daß in Deutschland mindestens 100000 Hexen hingerichtet wurden; die letzten Hexenprozesse fanden 1728 in Berlin und 1775 in Kempten statt. Die Zahl der Opfer in Frankreich und Schottland liegt zusammengerechnet bei etwa 10000. In England sollen es 1000 gewesen sein. Niemand kennt die genauen Zahlen. Manche sprechen von 200000, andere glauben, daß es mehr als eine Million gewesen sind.

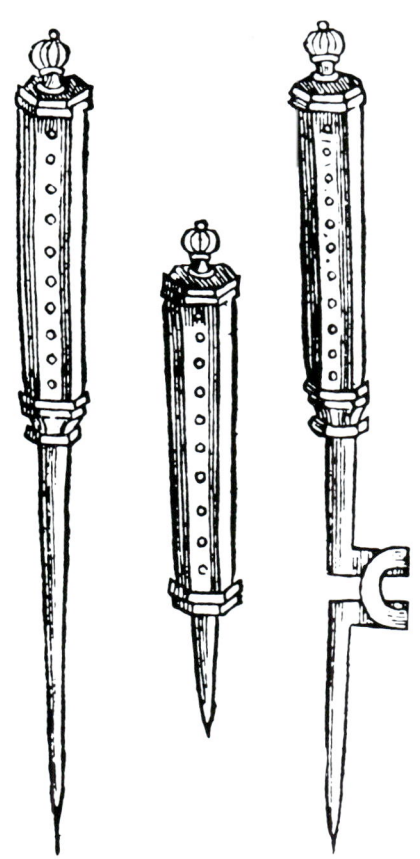

Oben: Von den Hexenjägern benützte Instrumente zum Auffinden von Teufelszeichen. Das Gerät in der Mitte hat eine zurückziehbare Klinge, mit der man den „Schuldbeweis" leicht erbringen konnte.

Rechts: *strappado*, eine Foltermethode der Inquisition, um von Hexen ein Geständnis zu erpressen. Die Angeklagte, meistens nackt, bekommt schwere Gewichte an die Füße gebunden und wird dann in die Luft gezogen.

Die Konquistadoren

Kaum ein Menschenalter, nachdem Christoph Kolumbus Amerika entdeckt hatte, eroberte sich Spanien ein riesiges Reich in der Neuen Welt. Die Männer, die es errichteten, waren Abenteurer — rauhe Soldaten-Entdecker, die Konquistadoren genannt wurden. Schon 1522 hatte Hernando Cortes die Hauptstadt des aztekischen Mexiko eingenommen. Francisco Pizarro hatte weiter im Süden 1553 das Reich der Inkas in Peru zerschlagen. Schon einige Zeit früher waren alle größeren Inseln in der Karibik erobert worden. Jedesmal hatte eine Handvoll Spanier, mit Feuerwaffen und von Verrat unterstützt, Tausende von Indianern unterworfen. Niemand konnte den europäischen Eindringlingen bei ihrer Suche nach Gold und Land Einhalt gebieten. Ihnen folgten Missionare, die mit gleicher Entschlossenheit Heiden zum Christentum bekehren wollten.

In diesem Wettkampf um Leib und Seele der besiegten Indianer blieb die Menschlichkeit auf der Strecke, alte Kulturen wurden brutal ausgelöscht.

Die Mißhandlung der Besiegten begann in Westindien — der ersten entdeckten und ausgebeuteten Region. Kolumbus bemerkte, daß die ersten Inselbewohner, die er traf, sanft, friedliebend und klug waren. Wenig später wollte er sie schon versklaven, denn er mußte feststellen, daß sie Kannibalen waren, und das — so fanden die Spanier — machte die karibischen Indianer zu naturgegebenen Objekten der Sklaverei.

Zuhause in Europa war sich Papst Alexander IV., ein Spanier, dessen nicht so sicher. Er drängte sogar die Herrscher Spaniens, den Indianern freundlich entgegenzukommen und sie zum katholischen Glauben zu bekehren. Daraufhin bestimmten Ferdinand und Isabella, daß amerikanische Indianer, die sich freiwillig Spanien unterwarfen, die spanische Nationalität erhielten und damit keine Sklaven sein könnten. Aber die Konquistadoren legten dies so aus, daß Indianer, die sich der spanischen Herrschaft nicht unterwarfen, versklavt werden dürften. Der Sprache nicht mächtig, lauschten feindselige Inselbewohner verständnislos einem Beamten der Krone, der das königliche Ansuchen verlas, den christlichen Glauben anzunehmen und Untertanen der spanischen Krone zu werden. Vor der Übermacht der spanischen Waffen verloren die Indianer fast alle folgenden Kämpfe. Die Spanier eroberten große Gebiete und verlangten ungeheure Tributzahlungen: bis zu zwei Unzen Gold oder 100 Pfund Baumwolle jährlich pro Kopf. Statt sich zu fügen, verließen die Inselbewohner ihre Felder und verhungerten in ihren Verstecken in den Bergen.

Ende des 15. Jahrhunderts standen die Inselbewohner,

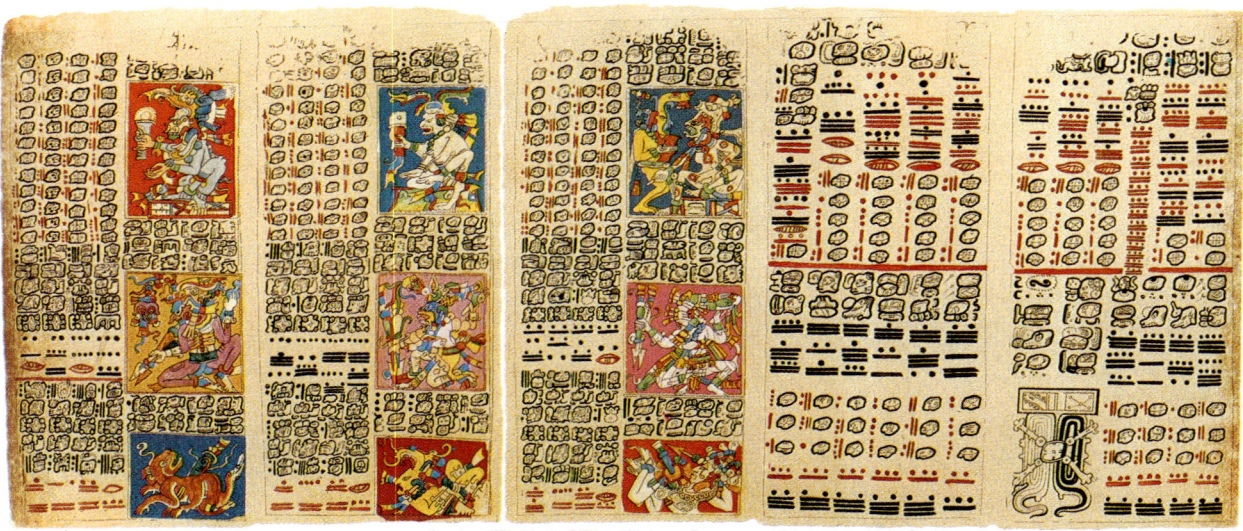

Ganz oben: Ein goldener Tukan (Pfefferfresser) aus Peru und **(oben)** der Codex Dresdensis, eine frühe Mayahandschrift mit Berechnungen der Umlaufzeit der Venus, die zeigt, welchen Hochstand die präkolumbische Kultur erreicht hatte.

die nicht geflohen waren, vor einer neuen Katastrophe: Kolumbus teilte ihr Land unter seinen Gefährten auf — und machte ihnen auch die Arbeitskraft der Einwohner, die dort lebten, zum Geschenk. Der Drang nach Entdeckungen und Landnahme hatte die Spanier nach Amerika gebracht, jetzt wurde den Karibik-Indianern obendrein die spanische Feudalkultur aufgezwungen. Die spanische Krone erkannte an, daß die spanischen Kolonisten Arbeitskräfte brauchten, und stimmte daher der *encomienda* zu, einem System, das einem Spanier zeitweilig die Verantwortung für das körperliche und geistliche Wohlergehen einer Anzahl Indianer übertrug. Theoretisch waren sie frei, praktisch leisteten sie auf Haiti und Kuba Sklavenarbeit.

sich weigerten, das Haus zu verlassen, wenn sie nicht (von Indianern) in einer Sänfte getragen würden. Viele Spanier arbeiteten nicht mehr, sondern wurden Diebe oder Zuhälter. In Haiti suchten Händler das Land sogar nach neun- oder zehnjährigen Mädchen ab.

Die Azteken in Mexiko wurden von den Spaniern ähnlich verabscheuungswürdig behandelt. In den Augen

Oben: Aztekenkrieger verteidigen sich gegen einen spanischen Ritter. Die Krieger tragen Holzschwerter mit Obsidianschneiden.

Unten rechts: Massenmord an Indianern durch spanische Soldaten. Die Indianer, die für die Spanier schwere Lasten tragen mußten, wurden auf Befehl von Cortez als Vergeltung für eine vermeintliche Verschwörung ermordet.

Oben: Zeichnung aus dem 16. Jahrhundert, die den Eroberer von Mexiko, Hernando Cortez, darstellt.

Tausende starben an Überarbeitung und Unterernährung; in einer Generation sank die Zahl der Indianer auf Haiti von mehreren Hunderttausend auf 14.000.

Bald behandelte der ärmste spanische Glücksritter einen indianischen Inselbewohner schlechter als ein Tier. 1498 berichtete Kolumbus, daß ungelernte spanische Arbeiter

der Spanier waren sie seltsame, minderwertige Kreaturen, mehr Tier als Mensch, die Götzen anbeteten, zahllose Menschenopfer darbrachten und manchmal Menschenfleisch aßen.

Auch hier verlieh das spanische System der *encomienda* der brutalen Ausbeutung der Indianer einen honorigen

229

Anstrich. In Mexiko benützten die spanischen Herren die Azteken wahllos für jede Art von Arbeit. Sie ernährten und kleideten ihre Herren, bauten ihnen Häuser und dienten ihnen als Lasttiere, sie zahlten ihnen Tribut und leisteten Frondienste als Träger und Maurer beim Wiederaufbau ihrer Hauptstadt. Im Laufe des 16. Jahrhunderts setzten die kostspieligen Ambitionen der spanischen Habsburger ihre Siedler in der Neuen Welt wiederholt unter Druck, den Indianern noch mehr Gold und Silber abzuverlangen. Erschöpfung, Unterernährung und Unfälle rafften viele von ihnen dahin.

Kaum jemand beutete die Indianer in Mexiko grausamer aus als Cortes' Rivale Beltrán Nuño de Guzmán. Als er zum Gouverneur von Pánuco (Nordost-Mexiko) gemacht wurde, versklavte Guzmán die gesamte Bevölkerung, brandmarkte sie und verschickte Tausende zu Schiff als Berg- und Landarbeiter auf die karibischen Inseln in den sicheren Tod. Guzmán gab den Sklavenhandel auch nicht auf, als er 1527 Präsident des Obersten Gerichtshofs von Neu-Spa-

vember 1532 machte Pizarro vor, was später gang und gäbe wurde: Er ließ Tausende unbewaffneter Inkas in Cajamarca niedermetzeln, dann nahm er ihren König Atahualpa gefangen und forderte Lösegeld. Monatelang siechte Atahualpa in der Gefangenschaft dahin, während seine Untertanen überall im Land Gold zusammentrugen. Sie füllten einen großen Raum mit prachtvollen Goldstatuen, Trinkbechern, Tellern und anderen Kostbarkeiten — ein Lösegeld, wie es nie zuvor in der Geschichte gesehen wurde. Aber statt ihn freizulassen, erwürgten die verräterischen Spanier Atahualpa für erdichtete Verbrechen, zu denen auch Verrat gehörte. Dann schmolzen sie die unersetzliche Beute in Barren um, die sich leichter handhaben ließen, eine Aufgabe, die neun Schmelzöfen einen Monat lang in Betrieb hielt.

Ein Jahr danach stürmte Pizarro mit 480 Spaniern die Hauptstadt der Inkas, Cuzco, und raubte alle Schätze aus den Tempeln, Palästen, Häusern und Königsgräbern, unter anderem lebensgroße Gold- und Silberstatuen. Wie-

nien wurde, dem höchsten Gericht von Spanisch-Mittelamerika. In Nueva Galicia, Neu-Spaniens nördlichster Provinz, trieben Guzmáns Sklavenjäger indianische Männer, Frauen und Kinder in einen großen Pferch, plünderten und verbrannten das umliegende Land. Sie metzelten Tausende nieder und schickten die anderen auf einen zwölftägigen Gewaltmarsch, bei dem alle Mütter ihre Kinder verloren. Derweil ritten drei Spanier voraus und hielten den äußeren Schein von Moral aufrecht, indem sie mehr als 500 Indianer, die sich aus Verzweiflung erhängt hatten, von den Bäumen abschnitten und ihre Leichen versteckten. Solange Guzmán regierte, herrschten in Mexiko Anarchie und brutale Gewalt.

In Peru erging es den Inkas nicht besser als ihren aztekischen oder karibischen Leidensgefährten. Im No-

derum wanderte alles in die Schmelzöfen. Als die Konquistadoren Peru restlos ausgeplündert hatten, war ein unschätzbares Erbe an herrlichen Kunstwerken zu Metallbarren geworden.

Danach begannen Pizarros Soldaten, Land und Leute hemmungslos auszubeuten. Ein Bericht besagt, daß Tausende vornehme Frauen mit ihren Dienerinnen obdachlos gemacht und in die Prostitution getrieben worden seien. Ein anderer Chronist notiert: „Ich habe Spanier lange nach der Eroberung sich damit amüsieren sehen, daß sie die Indianer mit Bluthunden jagten. Es war ein Sport für sie." Die Spanier zwangen die Indianer, sich in den Silberbergwerken hoch in den Anden in der dünnen Luft zu Tode zu arbeiten. Sie nahmen ihnen rücksichtslos die Vorräte an Getreide und ihre Herden ab — ganze Lamaherden wurden

abgeschlachtet, nur wegen des Hirns, das als Delikatesse galt. Die der Fleisch- und Wollvorräte beraubten Indianer litten entsetzlich unter Hunger und Kälte.

Während diese Exzesse den Namen Spaniens überall in der Neuen Welt besudelten, kämpften Missionare, denen es um das Wohlergehen ihrer indianischen Gemeinden ging, um Reformen. Keiner hatte mehr Einfluß als Bartolomé de las Casas, der erste in Amerika geweihte katholische Bischof. Las Casas' Argumente überzeugten die spanische Krone, daß Ausbeutung unchristlich sei und gerade die Menschen vernichte, deren Arbeit das Reich in der Neuen Welt zahlungskräftig hielt. Darauf erließ Kaiser Karl V. in den Jahren 1542—1545 seine Neuen Gesetze für West-Indien: Verbot der Sklaverei, schwere Strafen für Ausbeutung der Indianer und Abschaffung der *encomienda*. Die Gesetze ließen sich nur schwer durchsetzen und kamen zu spät, um die Indianer auf den karibischen Inseln vor dem Aussterben zu bewahren. Aber sie führten doch zu einer gewandelten Einstellung Spaniens gegenüber den Völkern, die es unterworfen hatte.

Auf lange Sicht jedoch trafen die Spanier die amerikanischen Indianer nicht durch ihre gezielte Brutalität am härtesten, sondern durch einen keineswegs vorgesehenen Schlag: Schon 1570 hatten die eingeschleppten Pocken, Masern und andere Krankheiten der Alten Welt die Bevölkerung des Tals von Mexiko auf weniger als ein Viertel ihrer Zahl vor der Eroberung dezimiert. Auch anderswo entvölkerten die epidemischen Krankheiten der Alten Welt die Städte und Dörfer. Im größten Teil von Spanisch-Amerika erwies sich, daß dadurch viel verheerendere und nachhaltigere Folgen heraufbeschworen wurden als durch die Grausamkeiten der kolonialen Mißwirtschaft.

Oben: Der spanische Konquistador Gonzalo Pizarro hetzt seine Hunde auf Indianer, die ihm nicht sagen wollten, wo er Gold finden könne.

Links: Soldaten bewachen die Eingänge des Hauptplatzes von Tenochtitlán, während andere brutal Azteken überfallen, die an einer Zeremonie teilnehmen.

Unten: Indianer errichten unter spanischer Aufsicht ein Haus.

Oben: Diese Inkazeichnung eines Spaniers, der seinen Indianerdiener mißhandelt, zeigt die brutale Realität der Eroberung Amerikas.

Die Bartholomäusnacht
Paris 1572

Oben: Katharina von Medici, die Mutter des französischen Königs Karl IX., die geistige Urheberin der Morde in der Bartholomäusnacht.

Der Abend vor dem Bartholomäusfest war als Bartholomäusnacht bekannt, und die Dämmerung senkte sich schwül und heiß über Paris. Nach einem drückenden Sommer war das Wasser der Seine sehr warm, und König Karl IX. von Frankreich nahm ein Bad. Armand de Clermont, Seigneur de Piles, gab ihm Schwimmunterricht und hob das königliche Kinn über Wasser. Wenige Menschen, die diese freundliche Szene am 23. August beobachteten, konnten wissen, daß Piles durch die Hellebarde eines königlichen Gardisten noch in dieser Nacht sterben würde, während der König anerkennend zusah. In den frühen Morgenstunden des 24. August sollte nicht nur Piles, sondern Dutzende seiner protestantischen Gefährten bei einem Massenmord umkommen, der als kaltblütige politische Aktion geplant worden war, um dem König die Regierungsmacht zu bewahren. Als das Morden um sich griff und unkontrollierbar wurde, starben Tausende von Protestanten in ganz Frankreich.

Hinter dem Komplott steckte Karls Mutter, Katharina von Medici, die Enkelin von Lorenzo dem Prächtigen, dem skrupellosen, mächtigen Herrscher über Florenz. Katharina, eine machtbesessene, schlaue Politikerin, war entschlossen, ihrer Familie die Herrschaft über Frankreich um jeden Preis zu erhalten.

Dies aber ließ sich schwierig an. Karl IX. war erst 22, aber kränklich und sollte jung sterben. Katharina hatte noch andere Söhne, aber sie sah auch zwei rivalisierende Gruppen um die Macht in Frankreich wetteifern. Die eine war die extrem katholische Adelsfamilie Guise, die andere war die sich gerade bildende protestantische Minderheit, die Hugenotten (nach Besancon Hugues genannt, einem Schweizer Politiker). Die Königsfamilie war katholisch, aber Katharina wollte ein vereintes Königreich durch eine dritte, royalistische Partei aufbauen, die den König über die Religion stellte. Bisher war ihr das mißlungen. In 10 Jahren hatte die Familie Guise drei Religionskriege zwischen Katholiken und Hugenotten erzwungen. Seit dem letzten Zusammenstoß im Jahr 1570 bedrohte ein brüchiger Friede Frankreichs Einheit. Jetzt, 1572, war Katharinas Stellung als persönliche Beraterin von König Karl durch den Führer der Hugenotten, Gaspard de Coligny, Admiral von Frankreich und Seigneur de Chatillon, gefährdet.

Katharina von Medici blieb gelassen. Ihre Zuversicht wurzelte in der zynischen Lehre Niccolo Machiavellis, dem Pionier des politischen Realismus, dessen Meisterwerk „Der Fürst" Katharinas Großvater gewidmet war. Machiavelli lehrte, es sei Aufgabe des Fürsten, sein Reich durch jedes Mittel zu bewahren. Niemand lernte die Lektion besser als Katharina, die es meisterhaft verstand, einem Opfer Freundschaft zu beteuern, während ihre Schergen ihm die Dolche in den Rücken stießen. Sie suchte nun, ihre Stellung als engste Beraterin ihres Sohnes zurückzugewinnen, indem sie die Führer der Hugenotten und die Guise aufeinander hetzte. Das Schlachtfeld sollte Paris sein, wo sich führende hugenottische Adlige versammelt hatten, um die Hochzeit des hugenottischen Königs Heinrich von Navarra mit der Schwester des französischen Königs zu feiern.

Der Konflikt sollte dadurch zum Ausbruch kommen, daß Coligny von einem gedungenen Mörder der Guise umgebracht wurde. Aber dieser Plan schlug fehl. Coligny überlebte zwei am 22. August auf ihn abgegebene Schüsse. Karl IX. hielt die Guise für das Attentat verantwortlich. Weitere Nachforschungen drohten Karls Mutter bloßzustellen. Katharina sah diesen Verlauf voraus und besuchte mit ihren Höflingen Karl am Abend des Bartholomäustages. Gemeinsam überzeugten sie den König, daß nur noch die Ermordung der Hugenottenführer Frankreich und den Thron vor dem drohenden Aufstand der Protestanten retten könne. Einige von Karls engsten Freunden waren Hugenotten, aber der willensschwache, sadistische König ließ sich mühelos überzeugen, daß die führenden Protestanten sterben mußten. „Tötet sie! Tötet sie alle...!" rief er.

Am späten Abend stellte die Königinmutter mit ihren Freunden eine Liste der Mörder und ihrer Opfer auf. Der König traf selbst Maßnahmen, daß die Stadttore geschlossen wurden und Kettenboote jede Flucht über die Seine verhinderten, daß bewaffnete Bürger die Ausfallstraßen bewachten und daß auf diese Weise ganz Paris zu einer

Oben: Solche Szenen gab es überall in Paris, als die Royalisten und Katholiken gegen die Hugenotten vorgingen, die sich zur Feier der Hochzeit des protestantischen Heinrich von Navarra mit der Schwester des Königs versammelt hatten.

Unten: Die Bartholomäusnacht, von einem Hugenotten gemalt, der das Blutbad überlebte. Als die Kunde in die Provinzen drang, folgten dort ähnliche Massenmorde.

riesigen Falle für die Hugenotten wurde. Soldaten und Bürger, die die Morde ausführen sollten, mußten weiße Kreuze an ihren Kopfbedeckungen befestigen, damit man Freund und Feind auseinanderhalten konnte. Stadthäuser, in denen Hugenotten abgestiegen waren, wurden mit Kreuzen markiert.

Drei Schauplätze für die Morde wurden ausgewählt: der Louvre, der Palast des Königs, in dem viele hugenottische Adlige mit ihrem Gefolge wohnten; Häuser in der Rue de Béthisy, wo Coligny noch seine Schußverletzungen ausheilte, und schließlich das Faubourg St. Germain am linken Seineufer.

Um die todgeweihten Gäste zu täuschen, ging die königliche Familie wie üblich zu Bett. Um 2 Uhr morgens aber kleideten sich der König, seine Mutter und die anderen Verschwörer heimlich wieder an. Bald darauf gab die große

Szene an, die an eine von Kaiser Neros Schreckensorgien erinnerte.

Im Palast liefen aufgeschreckte Hugenotten durch die Gänge. Von vier Bogenschützen verfolgt, suchte der Vicomte de Léran Zuflucht im Schlafzimmer der Königin Marguerite, der katholischen Braut von Heinrich von Navarra. De Léran hielt sich an der verängstigten Königin fest, die auf ihrem Bett lag. In einer überraschenden Aufwallung von Großmut ließ ihn der Anführer der Palastwache am Leben. Weniger glücklich war ein anderer hugenottischer Edelmann, der drei Schritte von Königin Marguerite entfernt erstochen wurde, als sie gerade ins Zimmer ihrer Schwester laufen wollte.

Inzwischen waren die Mörder in der Rue de Béthisy am Werk. Der Herzog von Guise traf dort mit einem großen Trupp Soldaten ein, um eine alte persönliche Rechnung zu

Glocke von St. Germain l'Auxerrois das Signal zum Beginn des Mordens. Der König und sein jüngerer Bruder, der Herzog von Anjou, überwachten persönlich das Blutbad im Louvre. Die königliche Schweizergarde, die sich Mut angetrunken hatte, führte die „Exekutionen" im Palast aus. Im Schein flackernder Fackeln trieben sie die verstörten protestantischen Adligen, ihre Diener, Sekretäre und Lehrer im Louvre zusammen und entwaffneten sie. Sie jagten sie durch ein Hoftor und schlugen sie mit Keulen, Hellebarden und Lanzen nieder; dann stachen sie mit Dolchen und Schwertern auf die Verwundeten ein, bis alle tot waren. Der König sah sich vom Fenster aus die grausige

begleichen. Er wollte als Zuschauer an der Ermordung von Coligny teilnehmen.

Ein Verräter ließ sie ins Haus des Staatsmannes ein, und Colignys Garde wurde niedergemacht, ehe sie Widerstand leisten konnte. Die Mörder rannten die Treppen hinauf. Coligny betete in seinem Schlafzimmer. Es heißt, daß er von einem Schweizer erstochen wurde, als er um sein Leben flehte. Der schwerverwundete Mann wurde aus dem Fenster geworfen, damit Guise ihn genau sehen konnte. Später wurde Colignys Leichnam enthauptet, verstümmelt und an einen Galgen gehängt.

In der Nähe starben weitere Protestanten — manche

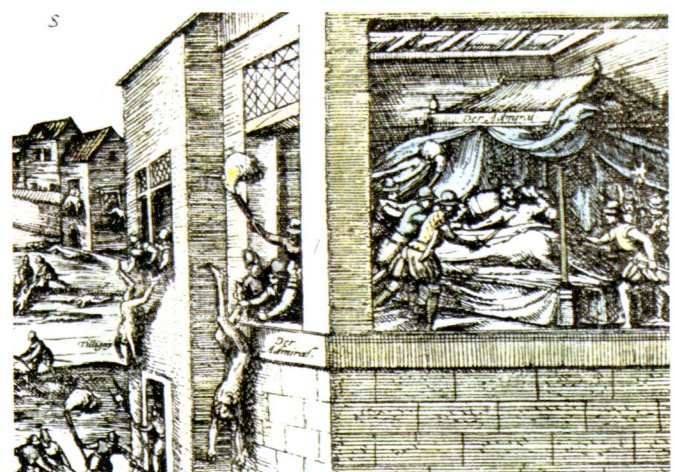

Oben: Die Ermordung von Admiral Coligny, dem Führer der Hugenotten. Er wird aus dem Fenster seiner Unterkunft geworfen, wo er sich von einem früheren Attentat erholte.

Linke Seite: Hugenottenmorde in Tours.

Unten: Karl IX. und seine Mutter, Katharina von Medici, sehen von einem Balkon des Louvre zu, wie ihre protestantischen Gäste ermordet werden.

wurden in den Betten ermordet, andere, als sie in ihren Nachthemden auf die Dächer kletterten. Knappen, Pagen und Diener starben mit ihren Herren. Ein persönlicher Freund von König Karl, La Rochefoucauld, glaubte, als sechs Maskierte in sein Zimmer eindrangen, er sei das Opfer eines königlichen Scherzes geworden. „Nicht so fest, mein kleiner Herr!" rief er vor seinem Tod, in der Annahme, der Maskierte, der auf ihn einschlug, sei der verkleidete Karl.

Tausend Mann von der Miliz sollten im Faubourg St. Germain, außerhalb der Stadtmauern und auf der anderen Seite des Flusses, die dort wohnenden Hugenotten nieder-

machen. Aber ein Schwimmer kam ihnen zuvor und konnte die Hugenotten warnen. Etwa 90 entkamen auf ihren Pferden.

Als der Bartholomäustag heraufdämmerte, steigerte sich das Morden ins Ungeheuerliche. Der Mob mordete mit — eine Horde, die hauptsächlich aus Bettlern, Landstreichern und Tagedieben bestand, von denen Paris im 16. Jahrhundert wimmelte. Was als politischer Mord an einer ausgewählten Gruppe führender Hugenotten und ihrer Begleitung geplant gewesen war, artete zum zügellosen Blutbad aus, dessen Ausmaß nicht mehr zu übersehen war. Anfangs hatten die Mörder ihre toten Opfer ausgeplündert — nun mordeten sie, um zu plündern. Reichtum brachte, ebenso wie Ketzertum oder politische Opposition, den Tod. Viele Juweliere und Geldwechsler wurden einfach aus den Fenstern ihrer Häuser gestürzt. Vom allgemeinen Mordtaumel geschützt, ließen Adlige ihre Widersacher umbringen, um sich ihr Vermögen oder ihre Stellung anzueignen. Ein Zeitgenosse schrieb: „Wenn ein Mann Geld hatte, eine gute Pfründe oder auch nur hungrige Erben, wurde er zum Hugenotten erklärt."

Auch die Seine wurde zum Schlachtfeld. Fährmänner warfen die Leichen in den Strom; Mörder stürzten Leichname von den Brücken, vor allem über die flußabwärts gelegene Pont-aux-Meuniers. Verbrecher wetteiferten darin, ausgefallenste Todesarten zu erfinden. Manche warfen die Opfer lebendig in den Fluß oder trieben sie über eine Schiffsplanke ins Wasser. Zwei Frauen, die sich schwimmend zu einem Pfahl gerettet hatten, wurden gesteinigt. Ein Mörder, der ein Ehepaar in seinem Haus getötet hatte, trug die Kleinkinder in einem Korb zum Fluß und ließ sie über die Schulter ins Wasser rollen. Der König selbst soll wiederholt auf Menschen geschossen haben, die nicht schnell genug ertranken.

Am Mittag veranlaßten entsetzte Warnungen einflußreicher Bürger von Paris Karl dazu, dem Morden ein Ende zu machen. Aber es vergingen Tage, ehe das Gemetzel in der Hauptstadt aufhörte. Inzwischen griff es auf die Provinzen über. In Meaux, Troys, Orléans, Bourges, Lyon, Rouen, Toulouse, Bordeaux und anderen großen Städten wurden Protestanten in die Gefängnisse geworfen und dort umgebracht.

Niemand weiß, wie viele starben, bevor im Oktober Ruhe einkehrte. Ein Mörder prahlte damit, allein „mehr als 400 Herren" abgeschlachtet zu haben. Ein katholischer Verteidiger der Hugenottenmorde nannte später nur eine Gesamtzahl von 2 000 Toten für Frankreich. Andere historische Schätzungen schwanken zwischen zehn- und hunderttausend Opfern.

Die Protestanten außerhalb Frankreichs sahen mit Erschütterung dieses Massensterben, aber Papst Gregor XIII. ließ eine Medaille prägen und die Blutnacht als Kreuzzug für den wahren Glauben feiern. Tatsächlich hatte der Massenmord nichts anderes als eine politische Aktion sein sollen. Aber das Zerwürfnis, das er hatte auslöschen sollen, vertiefte sich nur noch mehr. Die Hugenotten fanden neue Führer, und die Machtkämpfe mit den Katholiken gingen weiter, bis 200 Jahre später endlich politische und religiöse Freiheit verankert wurden.

Schwarzer Sklavenhandel

„Die Neger sind so eigensinnig und nicht willens, ihr Land zu verlassen, daß sie oft aus den Kanus, Booten oder Schiffen ins Wasser sprangen und untertauchten, bis sie ertranken, um nicht aus dem Wasser gezogen und von unseren Booten gerettet zu werden, die sie verfolgten. Sie stellten sich Barbados gräßlicher vor als wir uns die Hölle . . ."

So schrieb 1694 Kapitän Thomas Phillips seinen Ärger über die Selbstmorde der schwarzen Sklaven nieder, die sein Schiff *Hannibal* von Westafrika zum Verkauf an die europäischen Siedler nach Westindien transportierte. Zu der Zeit betrieb Spanien den transatlantischen Sklavenhandel schon seit zweihundert Jahren. Nicht weniger als zehn Staaten in Europa und Amerika machten sich nach und nach die Hände damit schmutzig. Als er im späten

viele billige Arbeitskräfte für die Pflanzungen in Süd-, Mittel- und Nordamerika. Aber die grausamen Lebensbedingungen und eingeschleppten Krankheiten der Alten Welt dezimierten sehr bald schon die verfügbaren indianischen Landarbeiter. Andererseits erwiesen sich die Afrikaner in dem heißen Klima, in dem Reis und Zuckerrohr angebaut werden mußte, recht widerstandsfähig. Die Europäer fanden bald heraus, daß westafrikanische Häuptlinge ihre eigenen Stammesangehörigen gern gegen Stoffe, Gold oder Rum eintauschten. So setzte ein Dreieckshandel ein, den die Spanier einführten, die Briten dann perfektionierten: Mit Handelsgütern aus England beladen, segelten Schiffe nach Afrika, tauschten ihre Ladung gegen Sklaven ein und fuhren dann nach Westindien. Dies war die „Mittelpassage" oder die zweite Etappe der Dreiecksreise. Die Kapitäne verkauften ihre menschliche Ladung in der Karibik gegen Geld oder tauschten sie gegen Zucker ein; dann segelten ihre Schiffe wieder nach England zurück. Bald beteiligte sich Neuengland an diesem Handel: Gegen amerikanischen Rum, der aus westindischem Zucker gebrannt war, wurden in Afrika Sklaven eingetauscht.

Die meisten Sklaven kamen aus dem schmalen, etwa fünftausend Kilometer langen Küstenstreifen Westafrikas

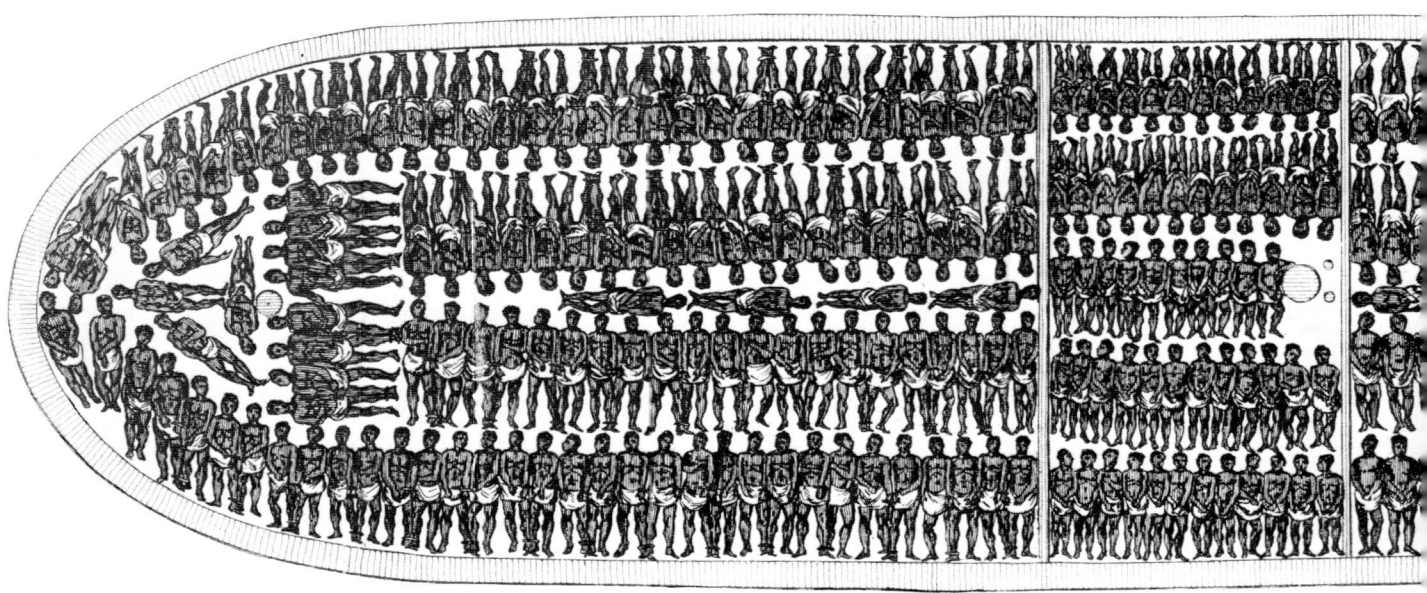

19. Jahrhundert zu Ende ging, waren etwa 20 Millionen Afrikaner aus ihrer Heimat entführt worden, wahrscheinlich kam die Hälfte von ihnen um, ehe sie überhaupt die Neue Welt erreichten.

Sogar hohe Verluste konnten die Sklavenhändler nicht zur Aufgabe bewegen, denn die Gewinne waren enorm. Dieser Menschenhandel war das lukrativste Geschäft aller Zeiten und begründete den Reichtum der englischen Häfen Bristol und Liverpool wie den von Boston und Newport in Neuengland. Indirekt unterstützte die Sklaverei die industrielle Entwicklung in England und in den jungen Vereinigten Staaten.

Auch dieser unmenschliche Handel unterlag den Gesetzen von Angebot und Nachfrage. Die Portugiesen und Spanier, später die Briten, Holländer, Franzosen, Schweden und anderen nordeuropäischen Kolonisten, brauchten

vom Senegal bis in den Süden Angolas. Anfangs handelten die Kapitäne der Sklavenschiffe mit den Häuptlingen noch um jeden Sklaven. Aber von 1700 an wurden viel mehr gebraucht, um allein die 249 Schiffe zu füllen, die Englands *Royal African Company* gehörten. Vom eingehandelten Reichtum verführt, griffen die Stammesfürsten zu drastischen Maßnahmen, um die Wünsche der weißen Männer zu erfüllen. Kriegsgefangene, Schuldner und Frauenräuber durften nach den Stammesgesetzen versklavt werden. Aber habgierige Fürsten fanden Wege, mehr lebende Ware aufzutreiben. Manche verkauften sogar die eigenen Frauen und Kinder. Andere luden befreundete Stämme ein, nur um sie dann einzufangen. Kriege und Überfälle wurden angezettelt, nur um viele Gefangene zu machen. Wenn die Feinde knapp wurden, trieb der mächtige König von Barsally in seinen eigenen Städten Sklaven zusammen.

Oben: Der Entdecker David Livingstone traf 1865 in Afrika einen Zug gefangener Sklaven. Die schwarzen mit Musketen bewaffneten Sklaventreiber schienen sich durchaus wohl dabei zu fühlen.

Links: Ein Plan für das Verstauen der Sklaven in den Laderäumen eines Schiffes.

Unten: Anzeige einer Sklavenauktion. In den Siedlerzeiten gehörte das zum Alltagsleben von Jamaika. Man konnte Sklaven kaufen, vermieten oder mieten.

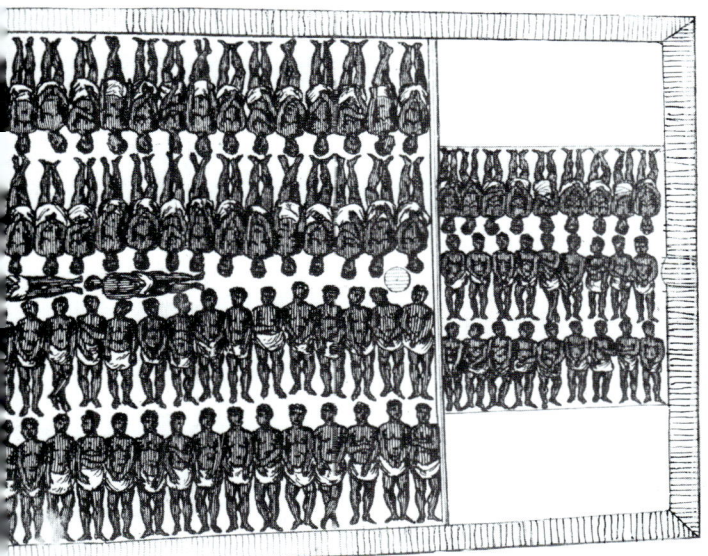

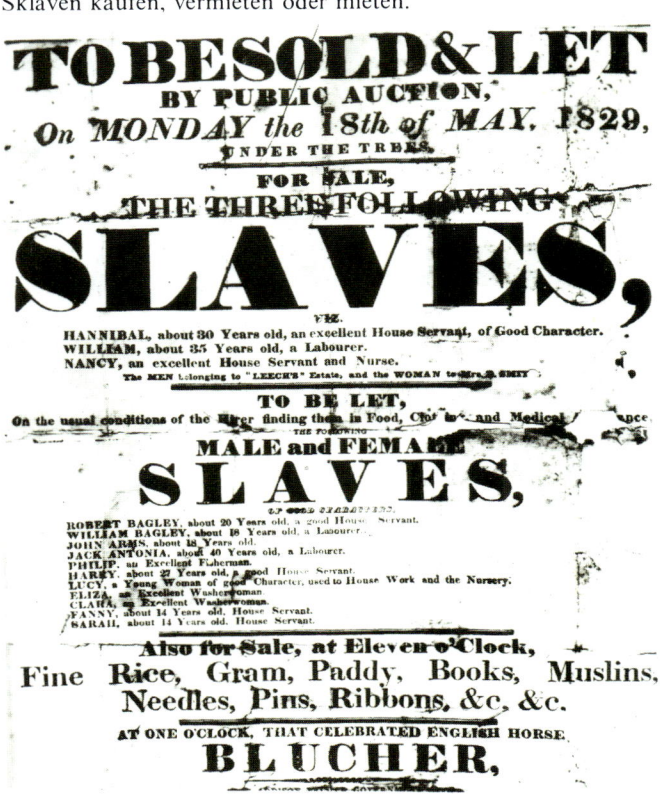

Den unglücklichen Männern und Frauen, die eingefangen wurden, wurden die Hände auf den Rücken gebunden, sie wurden mit Seilen oder Ketten aneinander gefesselt, zu einem „Sklavenzug". Mit Peitschen und Kolbenschlägen vorwärts getrieben, schleppten sich die Unglücklichen bis zu fünfzehnhundert Kilometer weit zur Küste. Dort wurden sie in ein zugiges, palmblattgedecktes Gefängnis gesperrt, das als *barracoon*, Sklavenbaracke, bekannt wurde.

Die nächste Entwürdigung war eine grobe medizinische Untersuchung. Männer und Frauen mußten nackt vortreten und wurden von Schiffsärzten wie Vieh auf dem Markt nach Schäden untersucht. Wer graue Haare, schlechte Augen, Lippen oder Zähne hatte oder geschlechtskrank war, wurde als Ausschuß aussortiert. Alle übrigen erhielten auf der Brust ein Brandzeichen um nachzuweisen, welche Schiffsgesellschaft sie gekauft hatte.

Anfangs, als Sklaven knapp waren und sehr hoch bezahlt wurden, bemühten sich die Kapitäne, sie gut unterzubringen und gut zu ernähren. Später aber wollten sie ihre Gewinne dadurch erhöhen, daß sie soviel „Schwarze Ware" einluden, wie es nur eben ging. Hunderte männlicher Sklaven lagen in Reihen nebeneinander, die Füße in Richtung Bordwand. Ein Kapitän rühmte sich, sie so eng gepackt zu haben, daß „sie nicht soviel Platz hatten wie ein Mann in einem Sarg". Manche Kapitäne stauten die Sklaven lieber auf der Seite liegend, wie Löffel; andere setzten sie hintereinander, wie auf einem Schlitten; Frauen und Kinder wurden von den Männern getrennt, aber nicht angekettet. Die unteren Decks der meisten Sklavenschiffe waren so niedrig, daß ein Erwachsener nicht aufrecht stehen konnte. Die Liverpooler Schiffe hatten in den Zwischendecks eine Höhe von 150 Zentimetern — aber die Kapitäne benützten den zusätzlichen Raum, um weitere Sklaven zu laden, die sie auf übereinandergestellten Pritschen in Reihen festketteten.

Die Sklaven zu ernähren war leichter als die Laderäume zu säubern: Für die Notdurft der Sklaven waren große Eisenbottiche vorgesehen; in der Praxis konnten die in den unteren Decks gefesselten Männer diese nicht erreichen. Viele wurden seekrank, wo sie gerade lagen. Jeden Morgen spritzte die Mannschaft den angesammelten Unrat mit Schläuchen fort, aber der Gestank war immer unerträglich. Matrosen behaupteten, ein englisches, französisches oder portugiesisches Sklavenschiff aus fünf Meilen Entfernung riechen zu können. Holländische Sklavenschiffe waren nicht ganz so menschenunwürdig, weil sie besser belüftet waren und weniger stanken.

Schon unter normalen Bedingungen war die langsame Überfahrt unmenschlich. Im Sturm aber wurde alles noch viel fürchterlicher. Die Kapitäne ließen dann die Luken zunageln; Schmutz und Elend der Sklaven unter Deck spotteten jeder Beschreibung. Wenn ein Sturm mehrere Tage andauerte, starb die ganze menschliche Fracht. Windstille war ein weiteres Risiko, denn dem Sklavenschiff konnten Wasser und Proviant ausgehen. 1781 benützte Luke Collingwood den drohenden Mangel an Trinkwasser als Vorwand, 54 kranke Sklaven über Bord der überfüllten *Zong* werfen zu lassen.

Krankheiten aber gefährdeten die Mannschaft ebenso wie die Sklaven. Die Ruhr breitete sich durch den Schmutz

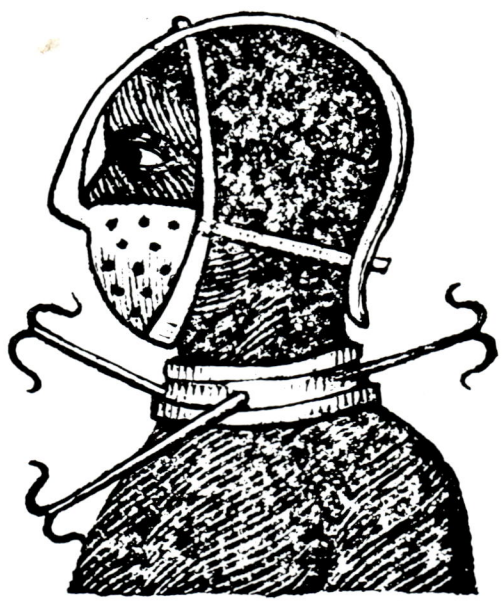

rasch aus. Auf einem Sklavenschiff, der *Britannia,* starb mehr als die Hälfte der 450 Sklaven an Pocken. Es kam vor, daß alle an Bord eines Schiffs durch eine merkwürdige Krankheit erblindeten. Bis auf einen Mann wurde die ganze Besatzung der *Rodeur* blind. Dieser rief ein vorüberfahrendes Sklavenschiff an und bat um Hilfe, erfuhr aber, daß alle an Bord ebenfalls blind geworden waren. Das zweite Schiff wurde nie wieder gesehen.

Auf der Mittelpassage drohte den Sklaven eine neue Gefahr, ausgerechnet zu der Zeit, als humane und wirtschaftliche Gründe die Briten 1807 dazu bewogen, den

Nicht alle Sklaven fügten sich kampflos in ihr Schicksal, viele leisteten Widerstand. Auf den Sklavenschiffen kam es zu Meutereien; auf den Zuckerplantagen zur Rebellion. Zahllose Sklaven flohen. Das ganze häßliche System brach erst zusammen, als die Regierungen menschlichere Gesetze erließen. In Kuba und Brasilien dauerte die Sklaverei bis 1880 an. Heute gibt es keine Sklaverei mehr, aber dort, wo sie blühte, trennt immer noch eine tiefe soziale und wirtschaftliche Kluft Schwarze und Weiße.

Linke Seite: Dieser Maulkorb hinderte am Essen, eine der Methoden, Sklaven gefügig zu machen. Eine andere, bei dem geringsten Anlaß verhängte grausame Strafe war die „Tretmühle" (rechts). Sklaven wurden mit den Handgelenken an eine Stange über einer Walze gebunden, die scharfe, hervorstehende Leisten hatte. Wenn sie nicht Schritt hielten, wurden ihre Beine zerschnitten.

Links unten: Sklaven-Versteigerung

Sklavenhandel zu verbieten. Statt für jeden Sklaven an Bord eine Strafe von bis zu 100 Pfund zu bezahlen, ertränkten Kapitäne lieber ihre menschliche Fracht, wenn sie von Antisklaverei-Patrouillenbooten aufgebracht wurden.

Kaum ein Sklavenschiff legte in nord- oder südamerikanischen Häfen an, ohne Verluste durch Krankheit, Verhungern oder „Melancholie" erlitten zu haben. Manchmal überlebte nur ein kleiner Bruchteil der Fracht. Für die Überlebenden begann nun die letzte und längste Phase der Sklaverei. Sie wurden auf vorher in der Lokalpresse angekündigten Auktionen verkauft. Zum Beispiel annoncierte am 4. Juni 1772 die *Virginia Gazette:* „Zweihundert sehr vielversprechende afrikanische Sklaven am Donnerstag in Petersburg zu verkaufen."

Die meisten Sklaven endeten in Gruppen, die unter der Peitsche eines Aufsehers auf Zuckerrohr-, Baumwoll-, Reis- oder Tabakplantagen arbeiteten. Viele bekamen nie ausreichend zu essen. Ein Bericht von einer Plantage auf Jamaika lautete: „Jeder Sklave bekam in 24 Stunden ein Pfund Korn und manchmal einen halben, stinkenden Hering." Ein polnischer Gast auf dem Gut von George Washington in Mount Vernon schrieb 1798: „Sie hausen in armseligen Hütten, die verkommener sind als die unserer allerärmsten Bauern."

Haussklaven wurden besser behandelt als Feldarbeiter. Aber auch sie konnten jederzeit von Berufsauspeitschern, sogenannten „Jumpers", bestraft werden. Die Angst vor der Rebellion ihrer menschlichen Herdentiere war einer der Gründe für die harte Unterdrückung der Sklaven.

Oben: Schwarze Olympische Sieger feiern ihren Erfolg mit dem „Schwarzen Gruß". Sport-Erfolge gaben amerikanischen Negern die Möglichkeit, bei diesem Anlaß gegen rassische Vorurteile zu demonstrieren, die es in den USA immer noch gibt.

Die „Endlösung"
Nazi-Deutschland 1941–1945

Bis 1945 waren fast 5 Millionen Slawen und andere Europäer als Zwangsarbeiter nach Deutschland verschleppt worden. Tausende starben dort unter grausamen Lebensbedingungen. Niemand aber erlitt ein schrecklicheres Schicksal als Europas Juden. Naziführer bezeichneten sie als menschliches Vieh, als Ungeziefer und Parasiten. Adolf Hitler kam 1933 mit dadurch an die Macht, daß er demagogisch den Juden die Schuld an Deutschlands schlechter Wirtschaftslage gab. Noch bevor der 2. Weltkrieg begann, war die Judenverfolgung in Deutschland voll angelaufen.

Sie steigerte sich in Etappen: 1935 sprachen die „Nürnberger Gesetze" den Juden die deutsche Staatsbürgerschaft ab und verboten ihnen, Deutsche zu heiraten. Bis 1938 hatte die Regierung Deutschlands Zehntausende von jüdischen Ärzten, Rechtsanwälten, Beamten, Journalisten und Schauspielern mit strikten Berufsverboten belegt. 1938 enteignete die Regierung jüdische Geschäfte, verordnete Juden Sonderausweise und schloß jüdische Kinder vom Besuch öffentlicher Schulen aus. 1939 wurden Juden, die noch nicht geflohen waren, in Konzentrationslager interniert, in Buchenwald, Dachau und Mauthausen. „Alles, was mit der Judenfrage zu tun hatte, schien erledigt zu sein, nur noch nicht die Juden selbst", schrieb ein Schriftsteller.

Aber es gab Pläne, auch dieses Problem zu lösen; nicht gerade in Deutschland, aber im übrigen Europa, vor allem in Osteuropa, wo Hitler „Juden und Bolschewiken" zu den Todfeinden der Deutschen erklärte. 1941 begann die „Endlösung der Judenfrage". Den deutschen Armeen, die von

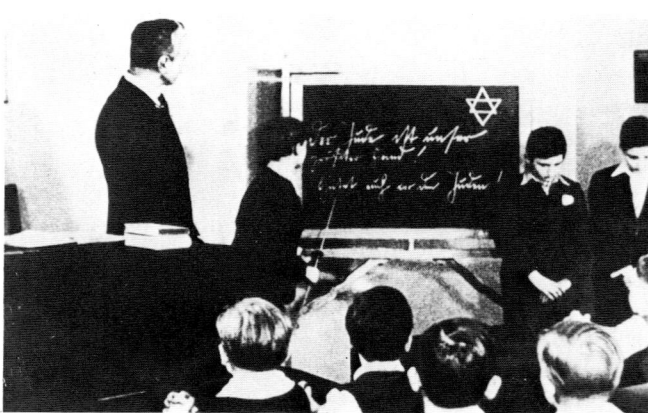

Oben: Jüdische Schulkinder müssen sich neben eine Tafel stellen, auf der steht: „Der Jude ist unser größter Feind! Hütet euch vor dem Juden!"

Links: Straßenbahnwagen für Juden in Deutschland.

1939 lebten fast 9 Millionen Juden in den rund 20 europäischen Ländern, die bald von Nazi-Deutschland überrannt werden sollten. 1945 waren fast 6 Millionen dieser Juden durch ein geplantes Vernichtungsprogramm ausgerottet worden. Mit ihnen starben Millionen anderer — vor allem Russen, Polen und Zigeuner. Begründet wurden die Morde durch die Ideologie der totalitären Nazi-Partei, die in Deutschland von 1933 bis 1945 regierte. Die Nazis erklärten alle diese Menschen für „rassisch minderwertig" und somit auszuschalten — nur geeignet, der weit überlegenen „arischen Rasse", also ihren deutschen Eroberern, als Sklaven zu dienen.

Polen aus nach Osten, nach Rußland einfielen, folgten vier besonders indoktrinierte Sondereinsatzgruppen, größtenteils aus der Gestapo (Geheime Staatspolizei) und der SS (Schutzstaffel) rekrutiert. Jede Gruppe war in Untereinheiten aufgeteilt. Jede Einheit trieb 500 russische Juden zusammen und zwang sie, aus der Stadt zu marschieren, wo sie ihr eigenes Massengrab schaufeln mußten. Ihrer Kleider beraubt, wurden dann die Männer, Frauen und Kinder mit Maschinengewehren oder Handgranaten ermordet. Jede dieser Mordeinheiten konnte etwa fünf solcher „Aktionen" pro Woche ausführen.

Diese Methode aber kostete zuviel Munition. Im Frühjahr 1942 machten fahrbare Vergasungswagen das Töten billiger. Zu der Zeit aber ließ Adolf Eichmann, Leiter des „Referats Juden" im Reichssicherheitshauptamt in Berlin, durch Zwangsarbeiter große Gaskammern für Massenmorde in gigantischem Stil errichten. Die meisten dieser Gaskammern befanden sich in den polnischen Vernichtungslagern, weil dort die jüdische Bevölkerung etwa 10 Prozent ausmachte.

Oben: Juden bei der Ankunft im Konzentrationslager Auschwitz in Südpolen. Hinter ihnen die Viehwagen, in denen sie transportiert wurden.

Unten: Holzbretter und Stroh als „Betten" in Auschwitz.

Zuerst hatten die Nazis die polnischen Juden durch willkürliche Morde und Deportationen terrorisiert. 1940 wurden sie dann in den Städten in Ghettos gepfercht, in denen eine halbe Million an Unterernährung und Krankheit sowie durch Zwangsarbeit starb. 1941 wurden die Ghettobewohner in Massentransporten in die Vernichtungslager gebracht.

Sehr bald schon wurden Juden aus dem ganzen deutsch besetzten Europa in diese Todeslager deportiert. Mit einem Stück Brot und dem Versprechen einer Umsiedlung lockte man Tausende polnischer Juden freiwillig in die Güterwagen, die sie zu den Öfen der Krematorien rollen sollten.

Widerstrebende Juden wurden mit brutaler Gewalt zu der „Reise" gezwungen.

Millionen mußten tagelang fahren, in Vieh- oder Güterwaggons gepfercht, ohne Nahrung, Wasser oder sanitäre Einrichtungen. Manchmal kam eine halbe Zugladung tot am Ziel an, die andere Hälfte lag im Koma.

Für viele war der Zielbahnhof Auschwitz im Süden Polens, das größte aller Vernichtungslager. Wenn die Viehwaggons anhielten und die Wärter die Türen aufschoben, sahen die unglücklichen Gefangenen eine triste Landschaft vor sich — Straßenkarrees, von Hunderten streng ausgerichteter Baracken gesäumt, von Stacheldrahtzäunen umgeben, die elektrisch geladen und an Betonpfeilern befestigt waren, deren Reihen sich am Horizont verloren. SS-Wachen standen neben den auf den vielen Wachttürmen montierten Maschinengewehren. Aus riesigen, quadratischen Ziegelschornsteinen der „Fabriken" drang Feuerschein und schwarzer, schmieriger Rauch. Ein durchdringender Gestank von verbranntem Fleisch und Haaren hing in der Luft.

Verängstigte Familien sprangen aus den Waggons. Dr. Mengele, der Lagerarzt von Auschwitz, „selektierte" sie in zwei Gruppen. In die erste Gruppe kamen körperlich gesunde Männer und Frauen, in die zweite die alten, schwachen, kranken Menschen und Mütter mit Kleinkindern. Die erste Gruppe mußte bis zum Zusammenbruch arbeiten und wurde dann vernichtet; die zweite Gruppe wurde sofort ermordet.

Die Zustände im Lager waren so furchtbar, daß viele aus der ersten Gruppe nur ein paar Wochen am Leben blieben. Bis zu 1 000 Juden wurden in jede Baracke gepfercht, wo

Oben: Juden müssen ihre eigenen Gräber schaufeln, ehe sie von den Wärtern exekutiert werden, die über ihnen stehen.

der Platzmangel die Menschen zwang, kreuzweise übereinander zu schlafen. Noch vor der Morgendämmerung prügelten Wachen mit Gummiknüppeln sie aus den Unterkünften und ließen sie zum Appell antreten. Die Lebenden hielten zwischen sich die in der Nacht Gestorbenen aufrecht, weil die Vorschriften verlangten, daß die Köpfe abgezählt werden mußten.

Das Essen war minderwertig und karg. Tausende waren unterernährt. Bei den katastrophalen hygienischen Verhältnissen bekamen die Lagerinsassen Geschwüre und starben an Ruhr. Andere kamen binnen eines Monats durch Hunger, Überarbeitung und die Schläge der SS-Wachen oder der Baracken-Ältesten um, die häufig verurteilte Kriminelle waren.

Aber den meisten, die nach Auschwitz kamen, war ein rascherer Tod bestimmt. Je zweitausend Männer, Frauen

All das wurde bald von einem „Sonderkommando" aus Lagerinsassen beseitigt, das den Leichenberg mit Schläuchen abspritzte und die Leichen in Aufzüge lud, die zu den großen Krematorien führten. Übrigens gehörte es zur ersten Aufgabe jedes neu gebildeten Sonderkommandos, die Leichen seiner Vorgänger zu beseitigen, die nach vier Monaten dieser grauenvollen Arbeit von Maschinengewehrgarben niedergemäht wurden. Die Nazis wollten keine überlebenden Augenzeugen.

Bevor die Toten verbrannt wurden, nahmen ihnen die Deutschen ihre letzten Wertgegenstände ab (ein Kommando hatte bereits die Kleider und Schuhe eingesammelt). Den Leichen wurden zunächst die Haare abrasiert, die man zum Stopfen von Matratzen oder für Zeitbomben-Sprengsätze verwendete. Dann riß eine achtköpfige Mannschaft von Zahnärzten (Lagerinsassen) den Toten Goldzähne und

Links: Die Frauenabteilung im KZ Bergen-Belsen und (rechts) SS-Wachen, die Leichen in ein Massengrab in Belsen schaffen. Beide Gemälde sind von Leslie Cole.

und Kinder wurden gruppenweise direkt in eins der großen Kellergeschosse geführt, in sogenannte „Dusch- und Desinfektionsräume". Dort mußten sich alle völlig entkleiden. Dann wurden die Türen geschlossen und die Lichter ausgeschaltet. Statt der belebenden Dusche strömte tödliches Zyklon B, ein Gas aus Blausäurekristallen, auf die Gefangenen herab. Sie starben nicht sofort. Es dauerte 20 Minuten, manchmal eine halbe Stunde, bis der Tod eintrat. In dieser Zeit, in der die Luft im unteren Teil der Gaskammer schon vergiftet war, kletterten Menschen aller Altersstufen übereinander, trampelten sich gegenseitig nieder und kämpften darum, über die giftigen Dämpfe zu gelangen. Wenn riesige Ventilatoren das Gas abgesaugt hatten, reichten die Leichenberge bis zur Decke. Manchmal wurden die Opfer in solchen Mengen in die Gaskammern gepfercht, daß sie alle stehend starben. Ein Berg blauangelaufener Leichen, von Schweiß, Urin, Menstruationsblut und Kot besudelt.

-plomben heraus.

Zwillinge und verkrüppelte Juden wurden gesondert erschossen oder durch Herzinjektionen mit Chloroform ermordet. Gefangene Ärzte mußten dann Obduktionen vornehmen, um vergeblich nach Beweisen für die Theorie der Nazis über rassische „Entartung" zu suchen oder um das Geheimnis der Mehrfachgeburten zu enträtseln, damit deutsche Mütter schnell für die Bevölkerung von Deutschlands neuen Kolonien in Osteuropa sorgen könnten.

Im Krematorium luden Arbeitsgruppen aus Lagerinsassen jeweils drei aus der Masse kahler, nackter Leichen auf Metallkarren und schoben sie in die weißglühenden Verbrennungsöfen. Nach zwanzig Minuten war aus Juristen, Ärzten, Musikern, Geschäftsleuten und Fabrikarbeitern, aus Frauen, Kindern, Säuglingen und Greisen — ein anonymer Aschenhaufen geworden.

In Auschwitz standen in jedem der vier Krematorien 15 Öfen. Auf diese Weise konnten Tausende von Menschen in wenigen Stunden umgebracht und verbrannt werden. Als die Vernichtungsmaschine 1944 auf Hochtouren lief, starben in einer Woche durchschnittlich 6 000 ungarische Juden pro Tag. Insgesamt kamen 2 Millionen Juden, Zigeuner und andere „Untermenschen" in der Hölle von Auschwitz ums Leben.

Für die meisten von uns ist es unvorstellbar, daß Millionen Menschen gehorsam in den Tod gingen wie Vieh zur Schlachtbank. Aber auch für sie war eben die Ungeheuerlichkeit eines solchen Schicksals nicht faßbar. In Auschwitz wollten Juden, die täglich Rauch und Gestank der Krematorien beobachteten, ihren Sinnen nicht trauen. Die lange Geschichte der Juden als unterdrückte Minderheit hatte sie zu glauben gelehrt, ihre Überlebenschance läge allein darin, sich jeder neuen Forderung ihrer Unterdrücker demütig zu unterwerfen. Und da sie auf die Unterdrük-

kung eingestellt waren, sahen sie den letzten Schritt in die Gaskammer oder vor eine Gewehrmündung als weitere Fortsetzung der Entwürdigungen, die sie schon durchlitten hatten, als sie erst ihre Arbeit, dann ihr Heim und zuletzt auch noch ihre Kleidung verloren hatten.

Fast ebenso unbegreiflich wie die Unterwerfung der Opfer war die Unmenschlichkeit ihrer Bewacher. Es geschah zwar mitunter, daß Massenmörder der SS Nervenzusammenbrüche bekamen, aber fast bis zum letzten Mann unterdrückten die 3 000 SS-Wachen in Auschwitz ihr Gewissen und bekannten sich zu der Einstellung, die der Reichsführer SS Heinrich Himmler 1943 vor seinen SS-Gruppenführern so formulierte: „Ob Nationen im Reichtum leben oder verhungern, ist mir total gleichgültig; es interessiert mich nur soweit, als wir sie als Sklaven für unsere Kultur brauchen."

Oben: Dieses Foto eines jüdischen Mädchens wurde am Tag der Deportation in ein Konzentrationslager aufgenommen. Sie gehörte zu den wenigen glücklichen Überlebenden und kehrte in die Tschechoslowakei zurück.

Links: Die eigens für Auschwitz angelegte Bahnstrecke. Hier starben 4 Millionen Menschen. Heute ist dort eine Gedenkstätte.

Viele Wärter in Vernichtungslagern hatten sadistisches Vergnügen an Folter und Mord. Irma Gresse, die Leiterin des Lagers für 30 000 Frauen in Auschwitz, benützte Peitsche, Spazierstock, Stiefel oder Gummiknüppel, um ihre Opfer bewußtlos zu schlagen oder zu treten. Sie erschoß Lagerinsassen oft zum Spaß. Josef Kramer, der Lagerkommandant von Bergen-Belsen, trieb Kinder mit Fußtritten in die Gaskammer oder hetzte Hunde auf Gefangene, um sie ins Feuer zu jagen. Als 1945 britische Truppen Bergen-Belsen erreichten, fanden sie 40 000 lebende Skelette: verhungert, verdreckt, von Ruhr und Typhus gepeinigt. 13 000 unbeerdigte Leichen lagen überall im Lager, und ebenso viele oder mehr der Überlebenden starben in den folgenden sechs Wochen.

So beging Nazi-Deutschland durch planmäßige Entwürdigung und Grausamkeit barbarische Verbrechen in einem Stil und von einer Abscheulichkeit, die in der Geschichte ohnegleichen sind.

Verfolgungen
der Nachkriegszeit

1945 stand die Welt erschüttert vor dem Abgrund an Grausamkeit, der sich durch die Greuel des 2. Weltkrieges vor ihr auftat. Die neugegründeten Vereinten Nationen schworen, nie wieder sollten Staaten bei der Verfolgung von Minderheiten zu Vorwänden greifen können, wie sie bei der Ausrottung fast aller Juden im von Nazi-Deutschland besetzten Europa benutzt wurden. 1948 stimmten ihre Mitgliedstaaten einer weltweiten Erklärung der Menschenrechte zu, die allen Menschen zu jeder Zeit zustanden. Ihr zufolge hat jeder das Recht: auf unbehindertes Reisen, auf eine faire Gerichtsverhandlung, auf Versammlungs- und Koalitionsfreiheit, auf Meinungs- und Glaubensfreiheit.

ten aber trifft sie ein schweres Los als sein Untergebener — besonders in Südafrika. Hunderte schwarzer Afrikaner starben allein im Sommer 1976, als die südafrikanische Polizei Unruhen niederschlug, die durch die repressive *Apartheid-Politik* der weißen Regierung ausgebrochen waren.

Eine neue Schreckenskunde über Sklavenhaltung drang im selben Jahr aus einem schwarzafrikanischen Land. Die Anti-Sklaverei-Gesellschaft in England gab an, daß mehr als 200 000 Bürger von Äquatorialguinea an der Küste Westafrikas als Sklaven auf die Insel Macias Nguema (früher Fernando-Po) zur Arbeit auf Kakaoplantagen gepreßt worden seien. Dieselbe Gesellschaft hat auf andere Praktiken aufmerksam gemacht, die gegen die Menschenrechte verstoßen und überall auf der Welt verbreitet sind.

Seit den sechziger Jahren hat der Drang, das Innere Brasiliens und Paraguays zu erschließen, viele Indianerstämme des Urwalds verelenden lassen, die vor 600 Jahren vor der ersten Eroberungswelle durch die Spanier dahin geflüchtet waren. Man fand Beweise, daß zwischen 1957 und 1963 brasilianische Großgrundbesitzer und Indianer-

Links: Indianer im brasilianischen Urwald. Die rohe Behandlung durch die zu ihrem Schutz eingesetzten Beamten und die Gleichgültigkeit der Regierung haben dazu geführt, daß ganze Stämme und ihr Siedlungsgebiet vernichtet wurden.

Rechts: Rassentrennung in Südafrika. Siedlung für schwarze Afrikaner in Modderdam. Man scheint wenig aus der Geschichte gelernt zu haben, wenn den Angehörigen einer Kulturnation die Lebensumstände ihrer Mitmenschen aus der Dritten Welt so gleichgültig sind.

Manche der am schwersten verfolgten Minderheiten leben gerade in den Staaten, die diese Regeln aufstellten, und leiden unter neuen Wellen der Unmenschlichkeit, ebenso wie zahllose Menschen, die wegen ihrer politischen oder kulturellen Ideale verfolgt werden, weil sie mit denen ihrer totalitären Herrscher nicht in Einklang zu bringen sind.

Offiziell arbeiten schwarze Menschen wenigstens nicht länger als Sklaven des weißen Mannes. In gewissen Gebie-

agenten absichtlich Grippe, Masern, Pocken und Tuberkuloseerreger in die von Indianern bewohnten Gebiete des Matto Grosso einschleppten. Tausende müssen gestorben sein. 1968 hat der brasilianische „Figueiredo"-Report ans Licht gebracht, daß korrupte, sadistische Mitglieder der Indianer-Schutzorganisation mit Dynamit, Maschinengewehren und Gift (arsenhaltiger Zucker) ganze Stämme von Amazonasindianern ausrotteten, die sie schützen sollten.

Trotz papierener Reformen werden die Indianer in immer größerem Stil ihres Landes beraubt, und eingeschleppte Epidemien dezimieren weiterhin die Stämme.

Südlich von Brasilien haben die Indianer von Paraguay ebenso grausame Verfolgungen erlitten. Reportagen aus den siebziger Jahren sprachen von einer halboffiziellen Menschenjagd, bei der die Männer erschossen, die Frauen und Kinder in Lager geschleppt und als Prostituierte oder Sklaven mißbraucht wurden.

Regimekritiker haben in autoritären Rechts- oder Linksdiktaturen entsetzlich gelitten. Im stalinistischen Rußland sind in den Zwangsarbeitslagern Millionen potentieller Dissidenten bis zum Ende des 2. Weltkrieges umgekommen. Sogar noch 1948, 1949 und 1950 warfen neue Verhaftungswellen Tausende mit der üblichen Haftstrafe von 25 Jahren in die Gefängnisse. Alexander Solschenizyns monumentaler Bericht über die Verfolgungen im stalinistischen Rußland zählt die Arten von Opfern auf, die der Spionage bezichtigt werden: Gläubige Christen, Genetiker, die Stalins unwissenschaftliche Theorien ablehnten, und „einfache, ganz normal denkende Menschen", die mit dem

kratisch gewählte, marxistische Regierung in Chile. Amnesty International errechnete, daß in den folgenden vier Jahren mehr als 100 000 Menschen verhaftet und ins Gefängnis geworfen wurden, mehr als 500 wurden „exekutiert", und Zehntausende ins Exil getrieben. Dutzende von Menschen verschwanden einfach, unter ihnen der 67jährige führende Kommunist Bernardo Zuleta, dessen Enkel ihn „an den Händen hängen und stöhnen" sahen, als er nach seiner Verhaftung durch die DINA (den Sicherheitsdienst der Regierung) gefoltert wurde.

1975 wuchs die Hoffnung auf ein Ende der Verfolgungen, als in Helsinki die Europäische Sicherheitskonferenz zusammentrat. Die USA, Kanada, die UdSSR und alle europäischen Staaten mit Ausnahme Albaniens unterzeichneten ein langes Dokument, in dem ein Punkt lautet: „Die Teilnehmerstaaten respektieren die Menschenrechte und die Grundfreiheiten, wie die Freiheit des Denkens, des Gewissens, der Religion und des Glaubens für alle, ohne Rücksicht auf Rasse, Geschlecht, Sprache oder Religion."

Ende der siebziger Jahre gibt es Zeichen, daß die Weltmeinung und die praktische politische Erfahrung einen

Westen sympathisierten. Nach Stalin sind die sowjetischen Verfolgungen weniger offen brutal, aber in den siebziger Jahren gab es Beweise, daß Dissidenten in Heilanstalten gesperrt werden, um sie einer Gehirnwäsche zu unterziehen oder geistig zu zerstören. 1975 schätzte Amnesty International die Zahl der aus politischen oder religiösen Gründen Gefangenen in der Sowjetunion auf 10 000.

1973 stürzte ein rechter Putsch Salvador Allendes demo-

Einfluß auf die barbarische Behandlung der Minderheiten ausüben. Die UdSSR begann, führende Dissidenten abzuschieben, statt sie verschwinden zu lassen. Das rechtsradikale Chile entließ politische Gefangene. Dennoch sind die Mißhandlungen von Menschen nicht zu Ende. Unter der humanitären Maske lebt die alte bestialische Natur des Menschen weiter.

12
Morde, die Geschichte machten

Krieg, Seuchen und Erdbeben treffen die gesamte Bevölkerung, der politische Mord dagegen ist selektiv. Meistens ist das Opfer ein bestimmter Mensch, ein König, Diktator, Präsident oder sonst ein bedeutender Mann oder Repräsentant der Machthaber. Solche Menschen haben immer Feinde — Wahnsinnige, die sich von ihnen verfolgt fühlen; Fanatiker, die gegen Belohnung oder aus Rache morden; Idealisten, die der Tyrannei ein Ende setzen wollen.

Manchmal hat das Opfer den Tod verdient, manchmal stirbt es als Märtyrer. In beiden Fällen ist sein Tod von größerer Bedeutung als ein normaler Mord, weil er einen Schlag gegen die Autorität darstellt. So kann sich ein politischer Mord als Wohltat für ein Volk erweisen oder es eines Staatsmannes berauben, den es noch dringend gebraucht hätte. Aber Verwirrung und Anarchie können in jedem Fall die Folge sein, wenn der Mord das Staatsschiff zum Schwanken oder Kentern bringt. Einmal löste Mord einen Weltkrieg aus; und somit glich der Ermordete dem ersten Todesopfer einer schrecklichen sich über die Welt ausbreitenden Seuche. Die Nachwirkungen eines politischen Mordes lassen sich nicht einschätzen. Immer aber ist die Wahrscheinlichkeit hoch, daß er eine Katastrophe von schrecklichen Ausmaßen nach sich zieht.

Linke Seite: Kain erschlägt seinen Bruder Abel; Ausschnitt eines Bronzereliefs am Ostportal des Baptisteriums in Florenz. Beide hatten Gott ein Opfer für die Fruchtbarkeit der Felder und der Herde dargebracht, aber der Bauer Kain glaubte, Gottes Wohlwollen gelte nur Abel. Diese Geschichte der Bibel erzählt, wie Ackerbau und Weidewirtschaft entstanden sind und wie das Verbrechen des Mordes in die Welt kam.

Mordmotive

Die Morde an bedeutenden Persönlichkeiten aus politischen, religiösen und anderen Motiven haben eine lange Geschichte, die zumindest bis ins Athen der Antike zurückreicht, wo der Tyrannenmord als durchaus ehrenwerte Tat galt. Im Jahre 514 v. Chr. führten zwei junge Adlige, Harmodius und Aristogeiton, eine Gruppe an, die den Diktator Hippias und seinen Bruder Hipparchus ermorden wollte. Hipparchus starb, aber Hippias überlebte, und die Adligen und ihre Freunde wurden getötet. Obwohl die Macht des Tyrannen ungebrochen blieb, begann er eine solche Schreckensherrschaft, daß er schließlich mit Hilfe der Spartaner aus Athen vertrieben wurde. Inzwischen hat die Legende die Mörder als Befreier Athens von der Tyrannei mit einem Heiligenschein umgeben.

Auch in Rom gab es früh schon Fälle von Tyrannenmord — Präzedenzfälle, auf die Cäsars Mörder sich beriefen, um ihre Tat zu rechtfertigen. Cäsars Tod wiederum gab das Beispiel für die Morde an späteren römischen Kaisern durch ehrgeizige Erben oder verbitterte Leibgarden.

Aber das veraltete, mittelalterliche Wort „Assassine" für einen Meuchelmörder ist östlichen Ursprungs. Es kommt von hashshashin (Hanfesser) — dem arabischen Namen für den syrischen Zweig einer in Persien ansässigen islamischen Sekte, die 1090 von Hassan ibn-al-Sabbah gegründet wurde. Von Bergfestungen in Südwestasien aus überfielen die jeweiligen Großmeister der Sekte — jeder trug den Titel „Der Alte Mann aus den Bergen" — die etablierten islamischen Staaten. Auf ihren Befehl ermordeten mit *Haschisch* aufgeputschte, selbstmörderische Fanatiker führende Moslemgenerale und Staatsmänner. Im 13. Jahrhundert vernichteten eindringende Mongolen die Sekte, aber deren Ruf als schlaue politische Meuchelmörder war inzwischen durch aus dem Heiligen Land zurückkehrende Kreuzritter nach Europa gelangt.

In Italien versuchte man im 15. Jahrhundert wiederholt, Probleme durch politischen Mord zu lösen. In winzige Staaten und freie Städte zersplittert, wurde Italien zur Brutstätte von Intrigen und Mord. Neapel lag damit an der Spitze, aber um 1490 wimmelte es auch in Rom von Berufs- und Amateurmördern. Sehr fleißige Mörder waren zwei Mitglieder der spanischen Familie Borgia, Papst Alexander VI. und sein ebenso gewissenloser Sohn Cesare. Um an die Einkünfte verschiedener Kirchenämter oder Pfründen heranzukommen, mordete Cesare einfach deren Inhaber. Cesares Bruder, Schwager, andere Verwandte und Höflinge, die ihm im Wege standen, wurden liquidiert. Manche erschlug er mit dem Schwert, andere starben an Gift. Cesare und Alexander erlitten das Schicksal ihrer vielen Opfer: beide aßen 1503 aus Versehen vergiftetes Konfekt, das für einen reichen Kardinal bestimmt war. Damals hielt

man es für kaum glaublich, daß ein mächtiger Italiener eines natürlichen Todes sterben könnte.

Cesares erfolgreiche Verbrechen hatten weitreichende Auswirkungen, denn sie beeinflußten Niccolo Machiavellis Schrift „Der Fürst" — ein weitverbreitetes Handbuch für Herrscher, das Verrat und Mord rechtfertigte, wenn sie als Sprungbrett zur Macht benutzt wurden.

Bald nach dem Tod der Borgias brachte die Reformation Europa ein neues Motiv für politische Morde. Religiöse Fanatiker töteten 1589 Heinrich III. von Frankreich und 1610 seinen Nachfolger Heinrich IV. Für manche Vertreter der Gegenreformation war der Mord an protestantischen Monarchen offenbar eine gottgefällige Tat. Diese Einstellung ermutigte zweifellos Philipp II. von Spanien, öffentlich zur Ermordung seines rebellischen Feindes Wilhelm des Schweigers aufzufordern, der denn auch 1584 der Kugel eines Mörders erlag.

Wilhelm starb als Opfer eines absolutistischen Monarchen. Aber schon im 17. Jahrhundert fielen Europas absolutistische Könige selbst dem Verlangen ihrer Untertanen nach Mitsprache bei der Regierung zum Opfer. 1649 mordeten die Engländer Karl I. — nach einem Standgericht. Im nächsten Jahrhundert enthaupteten die Franzosen Ludwig XVI. Im 19. Jahrhundert wurden die letzten Monarchen in Osteuropa zur Zielscheibe politischer Mörder, die die bestehende Ordnung beseitigen wollten. 1881 tötete eine von einem der sogenannten Nihilisten gelegte Bombe Zar Alexander II. Die Unzufriedenheit der nationalen Minderheiten in den großen europäischen Staaten machte sich Luft in Bomben und Kugeln, die königlichen Häuptern an den Spitzen der Regierungen galten. 1914 tötete ein junger Serbe den Thronfolger von Österreich-Ungarn; er löste damit den 1. Weltkrieg aus.

Zu der Zeit hatten demokratisch gewählte Premierminister und Präsidenten schon viele absolutistische, durch Erbfolge eingesetzte Monarchen abgelöst. Aber es gab immer unzufriedene Bürger, die bereit waren, auch diese Staatsoberhäupter wegen wirklicher oder eingebildeter Tyrannei zu ermorden. Innerhalb eines Jahrhunderts starben nicht weniger als vier Präsidenten der USA von Mörderhand. 1865 tötete der Schauspieler John Wilkes Booth Präsident Abraham Lincoln, um die Niederlage des Südens im Sezessionskrieg zu rächen. 1881 erschoß ein Geistesgestörter namens Charles J. Giteau als „Akt Gottes" James Garfield. 1901 erschoß der junge Anarchist Leon Czolgosz William McKinley. 1963 erschoß der — angeblich mit den Kommunisten sympathisierende — Lee Harvey Oswald in Dallas John Fitzgerald Kennedy.

Das halbe Jahrhundert von 1865 bis 1914 könnte man in Ermangelung eines anderen Namens getrost das Goldene Zeitalter des politischen Mordes nennen. Neben den bereits erwähnten fielen noch weitere Könige, Königinnen, Präsidenten und Premierminister anderer Länder Mördern zum Opfer. Das nächste halbe Jahrhundert jedoch, das mit dem Tod Kennedys endete, brachte politischen Attentätern eine reiche Ernte unter führenden Männern ein, die voneinander so verschieden waren wie der im Exil lebende, militante russische Kommunist Leo Trotzki und Indiens hinfälliger, alter, ein fast heiliges Leben führender Pazifist Mahatma Gandhi. Die letzten Seiten dieses Kapitels befassen sich mit dem Muster politischer Morde in der Zeit nach Kennedy und versuchen, dieses Phänomen näher zu beleuchten.

Links: Illustration aus einer persischen Handschrift, die den Gründer der Sekte der Assassinen, Hassan ibn-al-Sabbah, zeigt. Seine Sekte bestritt den Kalifen von Bagdad das Recht, die islamische Welt zu regieren. Er baute eine Reihe von unzugänglichen Bergfestungen, von denen aus seine Anhänger in geheimer Mission aufbrachen, um die türkischen Herrscher zu ermorden. Seine Sekte wurde so berühmt, daß ihr arabischer Name *Assassinen* ins Englische und Französische als Bezeichnung für politische Mörder übernommen wurde.

Rechts: Persische Illustration, ein Anhänger Hassan ibn-al-Sabbahs bei der Ermordung eines hohen Beamten.

Julius Cäsar
100–44 v. Chr.

Gegen Mittag des 15. März 44 v. Chr. stieg Julius Cäsar in seine Sänfte und wurde durch Rom zum Pompejus-Theater getragen. Jemand aus der Menge drückte ihm ein Schriftstück in die Hand — eine Warnung vor einem geplanten Mordanschlag. Man bedrängte Cäsar ständig mit Bittschriften, darum hatte er das Blatt nicht gelesen, als

erst eine Vertretung im Senat, die Tribunen. Juristisch wurden die Plebejer 287 v. Chr. mit den Patriziern gleichgestellt. Tatsächlich aber hatten reiche Landbesitzer und Adlige in der Regierung das Sagen, denn den anderen fehlte es an Geld, sich als unbezahlte Senatoren oder Konsuln zur Wahl zu stellen. Roms Kriege verschlechterten die Lage der unterprivilegierten Mehrheit, denn sie machten die Reichen reicher und die Bauern ärmer.

Festgelegte Besitzverhältnisse verhinderten die 133 v. Chr. begonnenen Versuche einer Landreform, und ein Jahrhundert der Bürgerkriege und Aufstände folgte. Nicht alle reichen oder vornehmen Römer standen auf seiten der Regierung. Zur Zeit von Cäsars Geburt, etwa 100 v. Chr., widersetzte sich der Konsul Gaius Marius den wenigen regierenden Familien Roms. Marius rekrutierte ein Heer

Oben: Marmorbüste des römischen Feldherrn, Staatsmanns und Diktators Julius Cäsar. Sie wurde 6 Jahre vor seiner Ermordung geschaffen, als er gerade die Briten und Gallier unterworfen hatte.

er den Saal betrat. Eine Stunde danach lag er zu Füßen der Pompejusstatue, ein blutender, zerstückelter Leichnam. Die Feinde Cäsars glaubten, Rom von einem ungekrönten Kaiser befreit zu haben, dessen autokratische Herrschaft sie fürchteten. Aber die Folgen des Mordes reichten weit — sie trafen die Mörder, Rom und die westliche Welt.

Die Gründe für die Ermordung Cäsars liegen in der Kluft zwischen zwei Gruppen der römischen Gesellschaft und im undemokratischen Wesen ihrer Republik. Das republikanische Rom wurde von zwei jedes Jahr gewählten militärischen Führern oder Konsuln regiert. Sie präsidierten über den Senat, einen Ältestenrat, der anfangs nur aus Patriziern bestand — Nachkommen der alten Oberschicht. Die anderen römischen Bürger — die Plebejer — bekamen spät

aus landlosen Bauern und begann populäre Reformen. Lucius Cornelius Sulla hob ein zweites Heer aus, mit dem er Marius besiegte. Sulla regierte von 82—79 v. Chr. als Diktator, machte die Reformen von Marius rückgängig, nahm den Tribunen ihre Rechte und übertrug den reichen Mitgliedern des Senats wieder alle Autorität.

In dieser Atmosphäre wuchs Cäsar heran — eine Republik der Geldsäcke, die die Unruhe des Volkes unterdrückte, um an der Macht zu bleiben. Die so geteilte Republik — und ihr übriges Weltreich — ging dem gewissen Bürgerkrieg und wahrscheinlich auch ihrem Zerfall entgegen. Cäsar war geschickt genug, ersteren auszunützen, um letzteren aufzuhalten.

Daß dieser Aristokrat an die Macht kam und zum

Volksliebling wurde, hatte niemand erwartet. Seine Familie, die Julier, besaß weder Reichtum noch Einfluß. Aber sie hatte seit jeher schon die Partei der Plebejer ergriffen. Sulla verfolgte sogar den jungen Cäsar, weil er die Tochter eines Freundes von Marius geheiratet hatte. Cäsar flüchtete ins Ausland, kämpfte in Kleinasien für Rom und erntete Ruhm für seine Tapferkeit und seinen Mut.

Als Sulla 78 v. Chr. starb, kehrte Cäsar nach Rom zurück, um seine politische Karriere aufzubauen. Mit vierzig hatte er bereits viele, zunehmend wichtigere Ämter innegehabt und wurde 59 v. Chr. schließlich Konsul. Er gründete zusammen mit Marcus Licinius Crassus und Gnaeus Pompejus das mächtige Erste Triumvirat. Die drei Männer verbitterten die Konservativen, weil sie Reformgesetze durch den Senat peitschten.

Aber ein Konsul hatte nur begrenzte, durch Wahl befristete Macht. Cäsar wollte für längere Zeit und mit mehr Macht regieren. Er wußte, daß er diese nur durch militärischen Ruhm und die Unterstützung einer loyalen Armee gewinnen konnte. Er errang beides. Als Prokonsul der Provinzen im Norden von Italien begann er glanzvolle, grausam geführte Kriegszüge, die in neun Jahren Gallien (Frankreich) dem Römischen Reich einverleibten. Cäsars Truppen und die Massen im heimischen Rom lernten diesen großen, schwarzäugigen, blassen Besieger der Kelten bewundern. Cäsar war eitel und verschwenderisch, aber er teilte das harte Leben seiner Soldaten, kämpfte tapfer, ritt und schrieb ausgezeichnet, verwaltete seine Länder klug und strotzte vor Energie. Und noch mehr: er erfüllte die Hoffnungen des Volkes.

Oben: Dieses Relief zeigt eine Schlacht zwischen römischen Soldaten und einem germanischen Stamm. Der erfolgreiche Feldherr Julius Cäsar gliederte große Teile Westeuropas dem Römischen Weltreich ein.

Rechts: Die Iden des März, ein Gemälde des britischen Historienmalers Sir Edward Poynter. Cäsars Frau Calpurnia war durch Warnungen der Wahrsager und einen Traum beunruhigt, den sie vor jenem 15. März hatte.

Von den beiden anderen Mitgliedern des Triumvirats war Crassus im Kampf gegen die Parther gefallen, und Pompejus, der Cäsars wachsende Macht fürchtete, hatte sich zu den Konservativen geschlagen und versuchte, Cäsars Popularität in Rom zu untergraben. Aber Pompejus verlor an Gesicht, weil es ihm nicht gelang, dem Parteiengezänk in der Hauptstadt ein Ende zu setzen. Inzwischen half die Kriegsbeute aus Gallien Cäsar, Politiker zu kaufen, um im Senat seine Interessen zu wahren.

Im Jahre 49 v. Chr. kam es zur Krise. Als der Senat Cäsar befahl, sein Oberkommando über das Heer abzugeben, weigerte er sich und marschierte nach Rom. Pompejus floh, und in neun Wochen hatte Cäsar ganz Italien erobert. Im Imperium warf er Aufstände in Ägypten, Klein-Asien, Nordafrika und Spanien nieder und mehrte damit seine Macht. Mit Mitte Fünfzig war Cäsar Herr über die griechisch-römische Welt.

Er gab verschwenderisch Geld aus, um seine Siege zu feiern und sich beim Volk beliebt zu machen. Er bewirtete die Römer an 22 000 Tischen, inszenierte eine Seeschlacht

der Statthalter in den Provinzen und die Berichtigung des Kalenders — die Grundlage für den unseren. In all diesen Fällen war Cäsars Wille Gesetz, denn er herrschte nun als Diktator auf Lebenszeit, war oberster Befehlshaber der römischen Armeen und Herr über einen Senat, dessen Senatoren er designiert hatte.

Die Zukunft brachte ihm noch mehr Macht und Autorität. Man errichtete ihm Statuen, die wie die eines Gottes verehrt wurden. In der Öffentlichkeit kleidete er sich in kaiserlichen Purpur und saß auf einem goldenen Stuhl. Tatsächlich herrschte er, wenn auch nicht dem Namen nach, wie ein Kaiser, und plante die Gründung einer Dynastie.

Aber obwohl Cäsar die Gunst der Massen behielt, schuf er sich durch seinen Alleinherrschaftsanspruch Feinde. Senatoren und Tribune kochten vor Wut über persönliche Rügen und seine Änderungen der römischen Verfassung. Die Aristokraten fürchteten, daß ihnen die Macht für immer aus den Händen gerissen würde. Ehrgeizige Adlige sahen mit wachsendem Neid Cäsars Machtmonopol.

als Schauspiel und eine Jagd mit 400 Giraffen und Löwen. Dennoch plante er kühl und überlegen die längst fälligen Reformen. Seine geplanten Verbesserungen sollten mehr Menschen das Wahlrecht verschaffen; sie umfaßten ein riesiges Bauprogramm, die Aufstellung einer Polizei, städtische Ratsversammlungen, Landabgaben an Kriegsveteranen, eine Volkszählung und eine darauf beruhende Steuer, die strenge Überwachung der Steuereintreiber und

Oben: Im 19. Jahrhundert malte Karl von Piloty dieses Gemälde von Cäsars Tod. Cäsar lehnt die Bitte des Tullius Cimber ab, seinen Bruder aus der Verbannung zurückzurufen. Hinter Cäsar zückt Publius Servilius Casca den Dolch.
Rechts: Die blutende Leiche Cäsars unter der Pompejusstatue. Die Mörder glaubten, Cäsars Tod würde Rom von Tyrannei befreien und die Republik bestätigen. Aber Cäsar hielt soviel Macht in Händen, daß sie nur die Funktionsfähigkeit der Regierung zerstörten.

Im März 44 v. Chr. schmiedeten seine Feinde ein Mordkomplott. Der Hauptverschwörer soll Gajus Cassius gewesen sein, ein patrizischer Heerführer, der die Flotte des Pompejus stillschweigend an Cäsar ausgeliefert hatte, als er sah, daß die Sache seines früheren Vorgesetzten verloren war. Aber er war bei der Beförderung übergangen worden und trug dies Cäsar als persönliche Beleidigung nach. Außerdem glaubte er, daß die Ermordung Cäsars Rom von einem Tyrannen befreien würde.

Marcus Junius Brutus war unter Cäsar zu hohen Würden gekommen, und es ging das Gerücht, er sei Cäsars illegitimer Sohn. Wie Cassius hatte auch Brutus für Pompejus gekämpft. Offenbar nahm er an der Verschwörung nur zögernd teil, aber er verabscheute die Tyrannei und bewunderte einen Vorfahren, der einen Bewerber um den Königsthron von Rom getötet hatte.

Andere Verschwörer waren alte Gefolgsleute Cäsars. Decimus Junius Brutus, ein Soldat aus einer Patrizierfamilie, der Gladiatoren ausbildete, machte der Belohnung wegen mit, die alles überstieg, was Cäsar ihm je gegeben

hatte. Gajus Trebonius, der es nicht bis zum Tribun gebracht hatte, rundete die Zahl des inneren Kerns ab. Bald kam noch der Tribun Publius Servilius Casca hinzu und der Propraetor Lucius Tullius Cimber, vielleicht auch noch einige Senatoren. Innerhalb von 2 Wochen wußten mehr als 60 Senatoren von dem Mordplan. Mehrere Möglichkeiten für den Überfall waren erwogen worden. Am Ende lieferte Cäsar nichtsahnend die ideale Chance. Er rief den Senat am 15. März zusammen — den römischen Iden des März. Günstig für die Verschwörer, sollte der Senat sich in der Säulenhalle des Pompejus-Theaters versammeln. Die Verschwörer konnten sich dort ganz unverdächtig treffen. Es war ihnen klar, daß sie schnell handeln mußten, denn Cäsar stand vor der Abreise in den Osten, wo er gegen die Parther kämpfen wollte.

Überlegt man, wie viele von der Verschwörung wußten, scheint es unglaublich, daß Cäsar nichts davon erfuhr. Er vermutete, daß er unter seinen engsten Vertrauten Feinde hatte. Als er gewarnt wurde, daß Marcus Antonius etwas gegen ihn plane, sagte er, er fürchtete nicht die „glatten

Langhaarigen ..., sondern die blassen Mageren", eine Beschreibung von Cassius und Brutus. Aber immer noch weigerte sich Cäsar zu glauben, daß Brutus — ein Mann, den er bewunderte und liebte — bis zum Mord gehen könnte. Römische Historiker schreiben, daß Cäsar durch Omen vor seinem drohenden Tod gewarnt worden sei. Cäsar tat diese als Aberglauben ab. Er entließ seine Leibwache, weil der Senat ihm Schutz versprochen hatte. Als Freunde ihn warnten, er sei in Lebensgefahr, sagte er, er wünsche sich einen schnellen Tod, statt in ständiger Furcht zu leben.

Ein Vorfall aber hätte fast das Leben des großen Diktators gerettet: der Angsttraum seiner Frau Calpurnia. Es

Verschwörer hatten sich bei Gajus Cassius getroffen. Sie verbargen ihre Dolche in Behältern, in denen die spitzen Griffel waren, mit denen die Römer auf Wachstafeln schrieben. In der Nähe hielten sich einige von Decimus Brutus' Gladiatoren bereit.

Cäsar nahm in einer Nische unter einer Statue von Pompejus, seinem früheren Gegner, Platz. Einige Freunde von Brutus saßen hinter ihm. Unterwürfig näherte sich die Mördergruppe. Tullius Cimber gab vor, Cäsars Fürsprache für einen verbannten Bruder erbitten zu wollen. Cäsar winkte ab, aber Cimber umfaßte hartnäckig seine Schultern. „Das ist Gewalt!" rief Cäsar. In diesem Augenblick glitt Casca hinter ihn und stach ihn unter der Kehle in den

gibt zwei Versionen dieses Traums: Einmal sah sie, daß Ehrenzeichen vom Giebel des Hauses gerissen wurden, dann hielt sie im Traum Cäsars blutende Leiche in den Armen. Calpurnia flehte Cäsar an, nicht zu der verhängnisvollen Versammlung aufzubrechen. Wider Willen beeindruckt, und weil er sich nicht wohlfühlte, gab Cäsar nach. Aber ehe er die Sitzung absagen konnte, kam Decimus Brutus und überredete ihn zur Teilnahme. Nach dem Historiker Plutarch köderte ihn Brutus damit, daß der Senat versprochen habe, Cäsar zum König aller Provinzen außerhalb Italiens zu wählen.

Als Cäsar die Halle des Pompejus-Theaters betrat, erhoben sich alle wartenden Senatoren ihm zu Ehren. Die

Hals. Cäsar packte Cascas Arm und stach mit seinem Schreibgriffel auf ihn ein. Er sprang gerade auf, als ein Dolchstoß ihn in die Brust traf. Jetzt drangen alle Mörder auf ihn ein und umringten ihn mit einem Kreis von Dolchen. Eine Version der Geschichte ließ Cäsar unter den Angreifern Marcus Brutus erblicken und sagen: „Auch du, mein Sohn?" Dann zog Cäsar die Toga über den Kopf und fiel unter einem Hagel von Messerstichen.

Danach flüchteten die Mörder und Senatoren, als würden sie verfolgt. War der Saal eben noch laut, bewegt und voll, lag er plötzlich still, leer und verlassen. Cäsars blutüberströmte Leiche mag eine Weile unter der Pompejusstatue gelegen haben, bevor sich drei seiner Sklaven

hereinschlichen und ihn auf einer Bahre forttrugen.

Cäsars Tod bewirkte das Gegenteil von dem, was seine Mörder beabsichtigt hatten. Statt den Tod des Tyrannen zu feiern, trauerten die Massen und verehrten Cäsar als Märtyrer und Gott. Statt die Uhr auf die alte republikanische Regierung zurückzudrehen, stürzten seine Mörder Rom in einen dreizehn Jahre dauernden Bürgerkrieg. Aus ihm ging Cäsars designierter Erbe und Großneffe Octavian als der erste Kaiser Roms hervor. Die sich an Cäsar orientierende Regierung der Kaiser gab Rom eine beständige Herrschaftsform, die es dringend brauchte. Unter der alten Republik, die jährlich die Führung neu wählte, wäre Rom rasch zugrunde gegangen. Nun sollte das Römische Reich weitere 400 Jahre fortbestehen — lange genug, um der Weltgeschichte seinen Stempel aufzudrücken. Cäsars Märtyrertod hatte zu dieser Entwicklung entscheidend beigetragen.

Oben: Die erste Eroberung Englands im Sommer 55 v. Chr. Cäsar landete mit 10 000 Legionären, wurde aber nach schweren Kämpfen von den Britanniern zum Rückzug gezwungen. Seine zweite, besser vorbereitete Invasion im folgenden Jahr war erfolgreich.

Linke Seite: Sklaven tragen Cäsars Leiche fort.

Rechts: Das erste römische Forum. Es erstreckt sich vom Senatsgebäude, der Curia, bis zum Tempel der Venus und der Roma. Das Forum war der älteste Platz der Stadt und bestand aus einem Komplex von Regierungsgebäuden, Tempeln, Läden und freien Flächen. Es war das Zentrum Roms und des Imperiums. Vom Forum führten Straßen in alle Richtungen Italiens, obwohl keine Wagen fahren durften, solange Beamte, Priester, Geschäftsleute, Käufer und Verkäufer dort zu Fuß unterwegs waren. Cäsar wurde bei einer Senatsversammlung im Forum ermordet.

Wilhelm der Schweiger
1533–1584

Am 18. März 1582 verließ Wilhelm I. der Schweiger, Prinz von Oranien, Vorkämpfer der Freiheit und Gründer der modernen Niederlande, den Speisesaal seiner Residenz in Antwerpen und ging durch das überfüllte Vorzimmer. Ein Mann löste sich aus der Menge, zog eine Pistole und schoß. Die Rüsche um den Hals des Prinzen begann zu brennen, und sein Mund füllte sich mit Blut. Der Mörder starb unter den Schwertern der Wachen, und die Diener halfen ihrem verwundeten Herrn aus dem Raum. Die Ärzte stellten fest, daß ihm die Pistolenkugel durch Wange und Gaumen gedrungen war, das Gehirn aber nicht getroffen hatte. Diesmal war der Prinz von Oranien der Rache Philipps II. von Spanien entgangen. Beim zweiten Anschlag sollte er nicht soviel Glück haben.

Als zwei Jahre danach eine Kugel aus der Pistole von Balthazar Gérard den Prinzen von Oranien traf, verdiente sich sein Mörder posthum eine Geldbelohnung. Aber Philipp von Spanien, der sie bezahlte, hoffte auf größeren Gewinn. Dadurch, daß er Wilhelm ermorden ließ, wollte er Kopf und Rückgrat einer Revolte zerschlagen, die Spanien seiner reichsten europäischen Provinzen beraubte. Wäre Wilhelm einige Jahre früher gestorben, hätte Philipp sich die Niederlande wahrscheinlich wieder botmäßig machen können. Nach Lage der Dinge verlor Philipp die sieben nördlichen Provinzen. Es entstanden zwei Nationen, das heutige Belgien und die selbständigen Niederlande, statt des einen großen Staates, für den der Prinz gelebt hatte und gestorben war.

Der Zufall machte Wilhelm zum Anführer der Rebellion. Er wuchs im schlichten, lutherischen Haushalt seines Vaters auf, des Grafen Nassau-Dillenburg, eines kleineren deutschen Edelmanns. Als Wilhelm elf Jahre alt war, erbte er von einem Vetter das Fürstentum Oranien in Südfrankreich, große nassauische Ländereien und anderen Besitz in den Niederlanden. Über Nacht war er zu einem der reichsten Fürsten Europas geworden. Wilhelms neue Bedeutung veranlaßte Kaiser Karl V., ihn an den kaiserlichen Hof in Brüssel zu beordern und ihn im katholischen Glauben zu erziehen.

Liebenswürdig, selbstbewußt, weltmännisch, schien Wilhelm der geborene Höfling. Aber unter dem umgänglichen Äußeren verbarg er Gedanken und Gefühle mit einem Geschick, das ihm später den Beinamen „der Schweiger" einbringen sollte. Vor allem besaß er ein tiefes Gerechtigkeitsgefühl und fühlte sich dem Volk der Niederlande moralisch verpflichtet. Die Niederlande umfaßten im

Links: Wilhelm der Schweiger, der erste Statthalter von Holland. Er wurde am Hofe Kaiser Karls V. erzogen und später zum Statthalter der nördlichen Provinzen von Holland ernannt. Er entzweite sich mit Karls Nachfolger Philipp II. von Spanien wegen dessen Protestantenverfolgungen. Von da an kämpfte Wilhelm gegen die spanische Herrschaft in den Niederlanden.

Rechts: Spanische Truppen rücken in eine holländische Stadt ein. Die Revolution brach aus, als Philipp II. den Protestantismus in diesem reichsten und begehrtesten Land des habsburgischen Reiches ausrotten wollte. Je härter Philipp die nach Unabhängigkeit trachtenden Niederländer unterdrückte, desto entschlossener kämpften sie für ihre Freiheit.

16. Jahrhundert nicht nur das heutige Holland, sondern auch Belgien, Luxemburg und einen Teil Nordostfrankreichs. Theoretisch gehörte dies alles dem Herzog von Burgund, der — als Karl V. — zugleich Kaiser des Heiligen Römischen Reiches war. In der Praxis beschränkte sich seine Macht darauf, Statthalter zu ernennen (die höchsten Verwaltungsbeamten in den Provinzen) und Ratspensionäre (die diese Funktion in den Städten innehatten).

1559 machte Karls Nachfolger, Philipp II. von Spanien, Wilhelm zum Statthalter der nördlichen Provinzen Holland, Zeeland und Utrecht. Sehr bald aber geriet Wilhelm in den Zwiespalt zwischen seiner Loyalität zu Philipp, seinen eigenen Interessen und seiner Verpflichtung dem niederländischen Volk gegenüber. Er sah, wie Philipp den Adel zu entmachten und den Provinzen Rechte und Privilegien zu beschneiden suchte. Philipp wollte die katholische, nach spanischem Muster zentralistische Regierungsmacht seinen nördlichen Ländern aufzwingen, in denen viele Protestanten lebten. Wilhelm hatte andere Ziele. Eine gute Regierung bestand nach seinem Empfinden aus dem Zusammenwirken zwischen dem Herrscher, den führenden Adligen und den verschiedenen Provinzregierungen oder Parlamenten.

Philipp verlegte 1559 den Hof nach Spanien und ließ Margarete, Herzogin von Parma, als Generalstatthalterin in den Niederlanden zurück. Ihre Ratgeber, unter der

Oben: Der stolze, grausame Herzog Alba, den Philipp II. 1566 entsandte, die Niederlande zu unterwerfen. Sein „Blutrat" verurteilte Tausende von Holländern zum Tode.

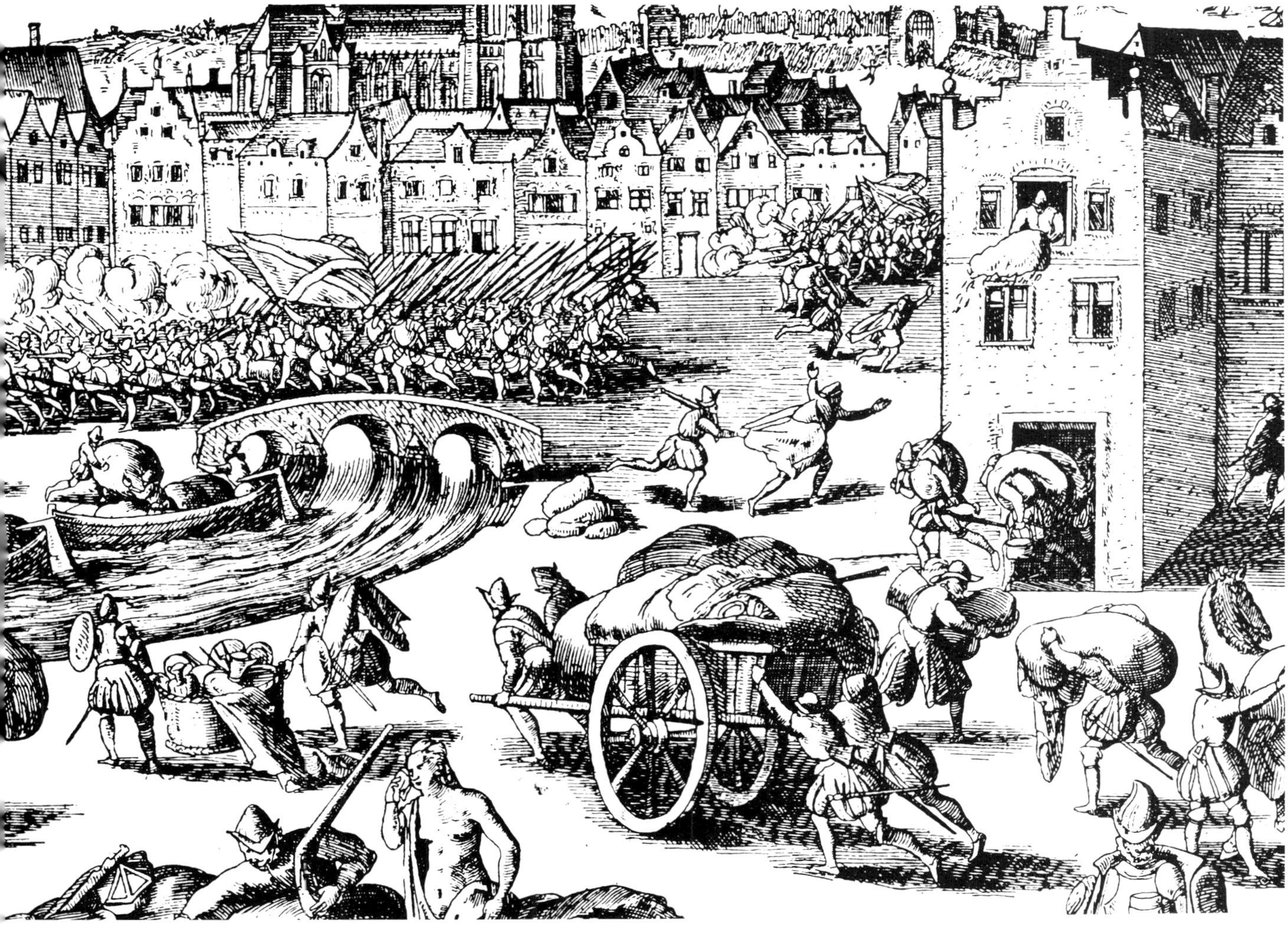

Führung von Kardinal Granvella, waren beauftragt, Philipps neue Politik der Unterdrückung durchzusetzen. Im Jahre 1564 zwangen drei bedeutende Männer des Adels — der Prinz von Oranien, der Graf Egmont und Graf Hoorn — König Philipp, den verhaßten Granvella abzuberufen. Aber es gelang ihnen nicht, eine drohende Verfolgung der Protestanten abzuwenden. Andere Mitglieder des Adels, Kalvinisten und Katholiken, widersetzten sich den Methoden der Inquisition und gründeten den Bund der Geusen, der „Bettler".

1566 reagierte Philipp und entsandte eine spanische Armee unter dem neuen, brutalen Generalstatthalter der Niederlande, „dem eisernen Herzog" von Alba. Des Herzogs sogenannter „Blutrat" von Brüssel bestrafte Ketzer, nahm aufsässige Adlige fest und enteignete sie. 1568 verfügte Alba die Hinrichtung von Hoorn und Egmont und die Ächtung Wilhelms, der nach Deutschland geflohen war. Albas grausames Regime und seine Steuern brachten die Niederländer zum Aufruhr, und sie sahen in dem im Exil lebenden Prinzen von Oranien den Führer ihres Freiheitskampfs gegen die spanische Herrschaft. Weil der Norden — ein Bollwerk der Kalvinisten — zum Zentrum des Widerstands wurde, trat Wilhelm schließlich zum Kalvinismus über, obwohl er immer nur die Vereinigten Niederlande anstrebte, wo die Menschen frei sein und ihre Religion frei wählen sollten.

1572 drang Wilhelm mit einer 20 000-Mann-Armee in den Niederlanden ein, aber die Hilfe, die er sich von Frankreich erhofft hatte, kam nicht, und der Aufstand wurde niedergeschlagen. Inzwischen hatten die Wassergeusen (holländische Piraten) den Hafen von Den Briel eingenommen, und die nördlichen Küstenprovinzen riefen Wilhelm als ihren Statthalter zu Hilfe beim Kampf um ihre Unabhängigkeit. 1573 hielten seine Truppen Teile von Friesland und Zeeland und etwa ein Drittel Hollands. Vier Jahre lang führte er den zähen Überlebenskampf des Nordens an.

1576 starb der spanische Generalstatthalter. Spanische Soldaten im ungeeinten Süden meuterten: Das war Wilhelm als ihren Statthalter zu Hilfe beim Kampf um ihre Unabhängigkeit. 1573 hielten seine Truppen Teile von handelte er die Genter Pazifikation aus: Norden und Süden einigten sich, gemeinsam unter der Führung Wilhelms die Spanier zu vertreiben und einen Religionsfrieden zu finden. Von den 17 niederländischen Provinzen waren 16 zur Union bereit, und nur Luxemburg blieb im Besitz der Spanier.

1577 schien der neue Generalstatthalter, Juan d'Austria, einer Vereinigung des Nordens mit dem Süden zustimmen zu wollen, ebenso dem Abzug der fremden Truppen. Dann überfiel er plötzlich Namur und es kam zu neuerlichen Verhandlungen in Brüssel. Aber religiöse Meinungsverschiedenheiten trennten die Provinzen bald wieder, und 1578 fielen in das geteilte Land 20 000 Soldaten unter dem Herzog von Parma, dem Nachfolger Don Juans als Generalstatthalter, ein. Parmas grandioser Sieg bei Gembloux brachte die südlichen Provinzen wieder unter spanische Herrschaft. 1579 kam durch den Vertrag von Arras eine Union des Südens zustande. Der Norden reagierte mit der Utrechter Union. Die Religion hatte die Einheit der Niederlande unwiederbringlich gespalten. Wilhelm aber mühte sich weiter darum.

Im Sommer 1580 war Philipp zu der Auffassung ge-

langt, der einfachste Weg, die Rebellion niederzuwerfen, sei es, die Niederlande um ihren Anführer zu bringen. Er hatte bereits Mordpläne stillschweigend gebilligt, jetzt förderte er sie ganz offen. Um Attentäter zu ermuntern, setzte Philipp einen hohen Preis für den Tod Wilhelms aus, versprach Erhebung in den Adelsstand und Amnestie für alle früheren Straftaten des Mörders. Der Preis war hoch, stand aber in keinem Verhältnis zum Risiko: mußte ein Mann Wilhelm doch aus nächster Nähe erschlagen, erstechen oder erschießen, da es ja zu jener Zeit keine wirkungsvollen weitreichenden Feuerwaffen gab. Jedem Mörder war der Tod durch Wilhelms Begleiter so gut wie sicher.

Die spanische Morddrohung schadete Philipps Ruf in der Öffentlichkeit und zeigte den Holländern, wie stark

Wilhelm in den Augen seiner Feinde mit ihrer heißersehnten Freiheit verbunden war. Seine Beliebtheit wuchs. Im Dezember 1580 veröffentlichte Wilhelm eine *Apologie,* in der er seine Rebellion gegen Philipp rechtfertigte, der der Loyalität seiner Untertanen nicht würdig sei. Im Mai 1581 unterzeichneten die Generalstaaten der Vereinigten Provinzen die Unabhängigkeitserklärung vom spanischen „Tyrannen und Rechtsbrecher". Da Wilhelm kein Republikaner war, plante er, die Hoheit über die Niederlande von Philipp auf Franz, Herzog von Anjou, zu übertragen. Wilhelm glaubte, ein französischer Herrscher könne dem im Entstehen begriffenen Land die Hilfe Frankreichs sichern. Aber das verräterische und autokratische Verhalten des Herzogs machte ihn bei den meisten Staaten mißliebig.

1582 stattete ein portugiesischer Kaufmann einen Schreiber namens Juan Jauréguy, der in seinem Antwerpener Lagerhaus arbeitete, mit einer Pistole und einem neuen französischen Anzug aus und schickte ihn los, den Prinzen von Oranien zu erschießen. Er hatte vor, die Belohnung selber einzustecken. Am 18. März unternahm Jauréguy seinen Anschlag auf Wilhelm. Obwohl die Kugel das vom Alter gezeichnete Gesicht des Prinzen entsetzlich vernarbte, tötete sie ihn nicht. Druckverbände stillten die Blutung, und er genas.

Anjou verdarb es endgültig mit dem Volk, als er die Eroberung von Antwerpen plante und die Herrschaft über die Niederlande an sich reißen wollte. Geteilt und ent-

Die Ermordung des Prinzen von Oranien in Delft im Jahre 1584 (Zeitgenössischer holländischer Druck).

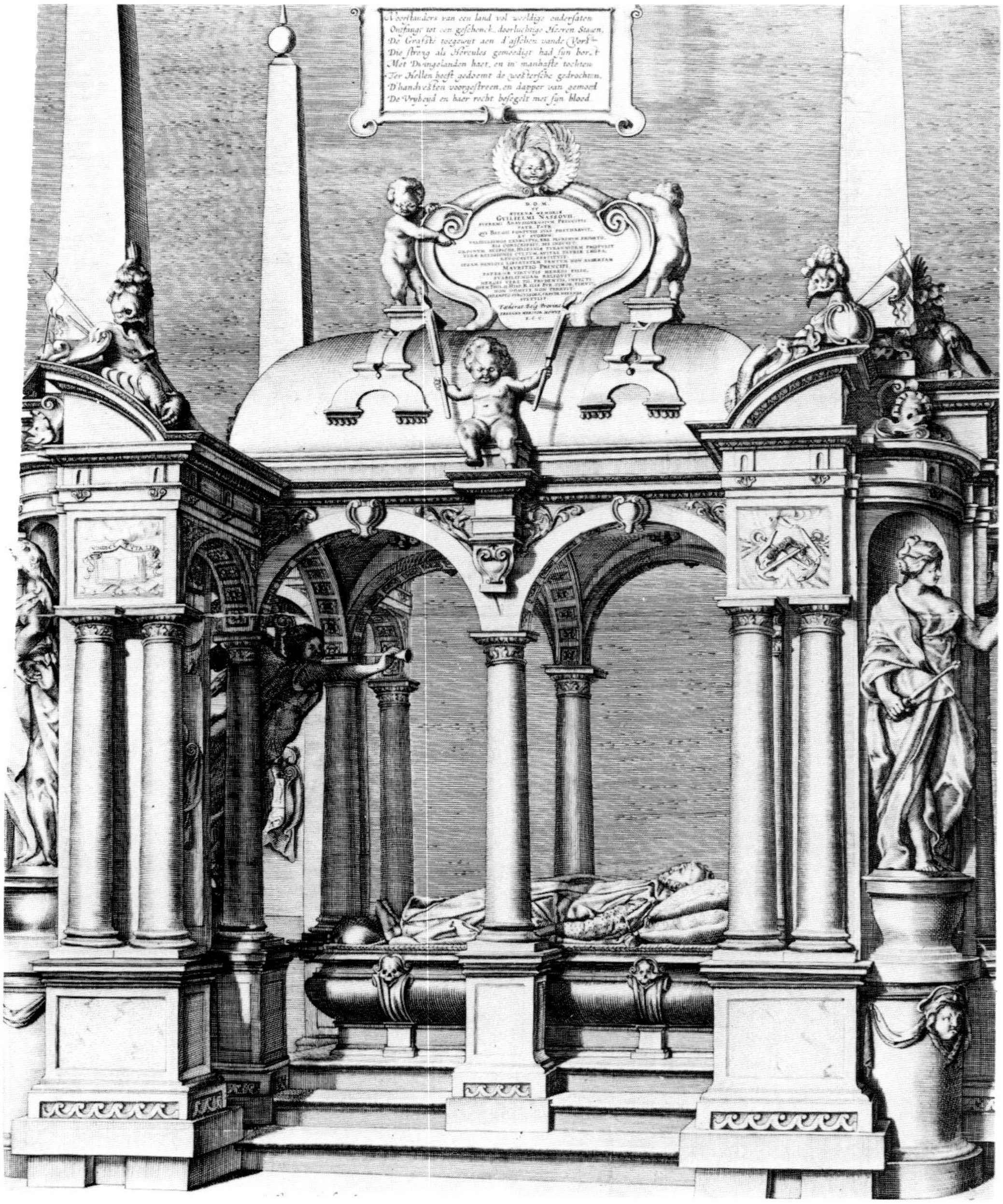

Oben: Philipp II. von Spanien, der seine Regierungszeit der Ausrottung des Protestantismus in seinem riesigen Reich widmete, vor allem in den Niederlanden.

Links: Das vom holländischen Volk errichtete Grabmal Wilhelms des Schweigers.

Rechts: Die Hauptversammlung der Generalstaaten im großen Saal des alten Palastes der Grafen von Holland im Haag. Das politische Geschick der Statthalter erhielt dem Land die Einheit.

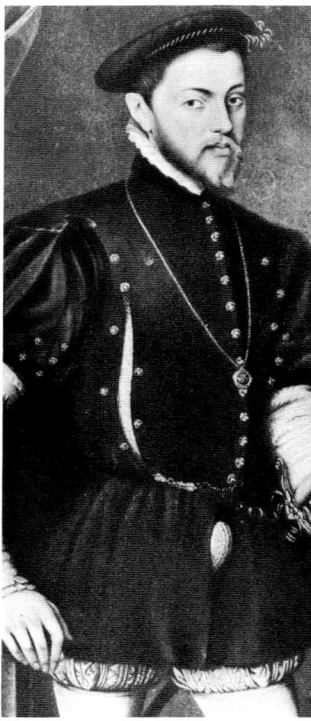

täuscht schloß sich der Süden wiederum eng an Spanien an. Wilhelm brach aus Antwerpen auf, um in den vier nördlichen Provinzen Einigung zu erzielen und sie für ein Bündnis mit dem Süden zu gewinnen.

Immer noch versuchte man, ihn zu töten, aber keiner gelangte auch nur in die Nähe seines Opfers, bis zum Juli 1584, mehr als zwei Jahre nach Wilhelms Genesung von dem ersten Anschlag. Diesmal war der Mordschütze ein Tischlerlehrling und fanatischer Katholik namens Balthazar Gérard. In Dôle in Frankreich hatte Gérard einmal einen Dolch in einen Baum gestoßen, um zu zeigen, wie er den Prinzen von Oranien töten würde. Ein Zuschauer hatte herablassend gesagt, jemand so Unbedeutender wie Gérard wäre kein Mörder berühmter Fürsten. Aber wenn Gérard auch keinen Plan hatte, an Entschlossenheit fehlte es ihm nicht.

Im Mai 1584 traf er — ohne Waffe — in Delft ein. Dort empfing Wilhelm alle Bittsteller im roten Ziegelhaus des Prinsenhof. Gérard stellte sich als Guyon vor, als Protestant, dessen Vater ein Märtyrer der gerechten Sache geworden sei. Er gab vor, Wilhelm dienen zu wollen, weil er der größte protestantische Führer seiner Zeit sei. Wilhelm schickte ihn mit Briefen zum Herzog von Anjou. Gérard kehrte mit genauer Kunde über Anjous Tod zurück. Dann lungerte er tagelang um den Prinsenhof herum. Als ihm gesagt wurde, er solle sich Arbeit beim französischen Kommandanten suchen, erklärte Gérard, dafür keine Mittel zu haben. Wilhelm gab ihm 12 Gulden Reisegeld. Damit kaufte er einem von Wilhelms Leibwächtern zwei Pistolen unter einem Vorwand ab.

Wilhelm verbrachte den Vormittag in Staatsgeschäften mit dem Bürgermeister von Leeuwarden. Der Bürgermeister blieb zum Mittagsmahl. Gerade als die zwei Männer und vier Damen zum Speisesaal gingen, drängte sich Gérard vor und bat mit hohlklingender Stimme um einen Paß für seine Reise nach Frankreich. Wilhelm versprach ihm, dafür zu sorgen. Als Wilhelm weiterging, suchte Gérard in aller Eile nach Fluchtwegen aus dem Palast. Er trug bereits unter seinen Kleidern verborgen einen Schwimmgürtel, um über einen Kanal schwimmen zu können. Danach mischte er sich unter die Bittsteller, die zwischen Treppe und dem Speisesaal auf dem Gang warteten.

Endlich kam Wilhelm heraus. Er hatte eben das gesenkte Haupt eines knienden alten Soldaten berührt, als Gérard seine Pistole abfeuerte. Die Kugel durchschlug Wilhelms Lunge und Magen. Er taumelte, stand dann wieder, wußte aber, daß er tödlich getroffen war. „Gott sei meiner Seele gnädig; Gott erbarme sich dieser armen Menschen", stöhnte er. Dann sank er auf der Treppe in die Arme seines Stallmeisters und starb.

Gérard kam nur bis zur Gartenmauer, dann wurde er ergriffen. Er bekannte sich sofort schuldig, wurde öffentlich hingerichtet und starb den Tod eines religiösen Märtyrers. Der König von Spanien hielt sein Versprechen und zahlte die Belohnung an Gérards Familie. Es kostete ihn nichts, denn das Geld stammte aus Einkünften, die er Wilhelms ältestem eingekerkerten Sohn abnahm.

Wilhelms Tod beraubte die nördlichen Provinzen des Mannes, der ihnen gezeigt hatte, wie sie zu ihrem gemeinsamen Vorteil zusammenarbeiten konnten. Wilhelms zweiter Sohn, Moritz — ein besserer General als Wilhelm —, fuhr fort, den jungen Staat zu festigen, aber es fehlte ihm das staatsmännische Können und der Charme seines Vaters. Wilhelms Tod hatte die letzte Hoffnung ausgelöscht, den Süden von Spanien zurückzugewinnen und die Vereinigten Niederlande zu schaffen. Aber wenn Wilhelm gleich zu Anfang getötet worden wäre, als Philipp einen Preis auf seinen Kopf aussetzte, hätten die Folgen viel weitreichender sein können. So hatte er Zeit gehabt, den Norden ganz von Spanien abzulösen, und damit eine Nation geschaffen, deren Bedeutung weit über ihre Größe hinausreichte — eine Handelsmacht, deren Schiffe die Ozeane überquerten und ein Reich im Osten errichteten; einen Staat, dessen Kunst und geistige Freiheit die Kultur eines Erdteils bereicherten.

Abraham Lincoln
1809–1865

Oben: Das Blockhaus in Hardin, heute Larne County, Kentucky, in dem der Legende nach Abraham Lincoln geboren wurde. Aus solch schlichten Verhältnissen schaffte es der Sohn armer, ungebildeter Eltern, 16. Präsident der Vereinigten Staaten zu werden.

Kurz nach zehn Uhr am Abend des 14. April 1865 drang das Geräusch eines Schusses durch das gut besetzte Ford-Theater von Washington. Präsident Abraham Lincoln sank tödlich getroffen in seiner Loge zusammen. Der Attentäter, John Wilkes Booth, ein bekannter Schauspieler, ließ die einläufige Pistole fallen und sprang aus der Präsidentenloge. Obwohl er sich beim Fall das Bein gebrochen hatte, humpelte er über die Bühne und rief: „Sic semper tyrannis!" (So geschehe es den Tyrannen immer), das Motto des Südstaates Virginia.

Lincolns Tod schien das Werk eines irregeleiteten einzelnen: die Rache an einer strengen Vaterfigur aus dem Norden, die die Rebellen aus dem Süden gezüchtigt hatte. Dieser Mord war aber nur ein Teil eines — wie manche sagen großangelegten — politischen Komplotts hoher Regierungsbeamter der Vereinigten Staaten. Die Gründe, die hinter der Verschwörung stehen sollten, waren Lincolns nach dem Bürgerkrieg postulierten Ziele: „Keinem Böses ... allen Milde." Diese Ziele kollidierten mit dem Plan der Nordstaaten-Kapitalisten, den geschlagenen Süden mit gesetzlicher Billigung auszurauben.

Lincolns Tod machte ihn zu einem Märtyrer und einer Legende, aber er setzte auch einen häßlichen Präzedenzfall für zukünftige Präsidentenmorde. Seit Lincoln war kein Oberhaupt der Vereinigten Staaten mehr vor einem plötzlichen Tod sicher. Und als sie zur mächtigsten Nation des Westens aufstiegen, wurde die Ermordung des Präsidenten der Vereinigten Staaten zu einer Drohung, die die Grundfesten des Weltfriedens erschütterte.

Lincoln war ein großer, schwerknochiger, ungelenker Mann, mit einem gebeugten Gang. Er sah wesentlich älter aus als 56. Sein Anzug hing lose an einem hageren Körper. Über einem schütteren Bart war das faltige Gesicht blaß,

fast gelblich, und unter den Augen hingen große, faltige Tränensäcke. Manche Historiker nehmen heute an, daß er an einer rasch fortschreitenden tödlichen Krankheit litt.

Abraham Lincolns Arzt führte den schlechten Gesundheitszustand des Präsidenten auf Überanstrengung zurück. 1865 lagen vier erschöpfende Jahre Sezessionskrieg hinter ihm. Als es Frühling wurde, zeichnete sich der Sieg ab. Lincoln konnte mit Recht stolz auf seine Erfolge sein — nicht nur darauf, daß er die Vereinigten Staaten durch die schwersten Jahre ihrer Geschichte gesteuert hatte, sondern auch darauf, daß er überhaupt zum Präsidenten gewählt worden war. Lincoln war in einer Holzhütte in Kentucky zur Welt gekommen. Nach einer harten Jugend auf der Farm seines Vaters arbeitete er als Holzfäller, Angestellter, Ladenbesitzer und Landvermesser.

Weniger als ein Jahr Schulbesuch hatte ihm dazu verholfen, zu „lesen, schreiben und bis zum Dreisatz zu rechnen". Alles andere hatte er sich selbst beigebracht. 1834 wurde Lincoln geraten, Jura zu studieren, und 1836 bekam er die Zulassung als Rechtsanwalt. In jener Zeit brachte er es zu politischem Ansehen und machte sich einen Namen als klarer, mitreißender und ehrlicher Redner. 1834 wurde er zum Abgeordneten von Illinois gewählt. Von da an wurden Politik und Recht sein Lebensinhalt.

1847 kam er als Whig (Anhänger der Opposition gegen die Demokraten) in den Kongreß, wechselte aber 1856 zu den gegen die Sklaverei kämpfenden Republikanern über. 1858 wurde Lincoln im Land berühmt, als er gegen den Demokraten Stephen A. Douglas für einen Sitz im Senat

Oben: Erste bekannte Fotografie Abraham Lincolns. 1858 sagte er in einer Rede: „Diese Regierung kann es nicht durchhalten, halb für und halb gegen die Sklaverei zu sein." Er wurde 1861 zum Präsidenten gewählt.

kandidierte. Damals hatten die Nordstaaten die Sklaverei verboten, die im Süden aber noch legal war. Douglas wollte die Sklavenwirtschaft in den neu in den Staatenbund aufgenommenen Staaten einführen, Lincoln war dagegen. Er war gegen die Sklaverei als ein „moralisches, soziales und politisches Übel". Die beiden kämpften in viel zitierten Debatten in sieben Städten in Illinois gegeneinander. Douglas gewann den Sitz im Senat für Illinois. Lincoln aber wurde Präsidentschaftskandidat der Republikaner für die Wahl von 1860. Seine einfache Sprache und seine bescheidene Herkunft sprachen für ihn. Ebenso halfen namentliche Abstimmungen, die seinen Gegner viele Stimmen kosteten. Ende 1860 wurde Lincoln zum Präsidenten der Vereinigten Staaten gewählt.

Die Südstaaten sahen in ihm sofort eine Bedrohung ihrer Sklavenwirtschaft — dem Gefüge, das dem landwirtschaftlichen Süden zu seinem Reichtum verhalf. Bei Lincolns Amtsantritt im März 1861 hatten sich sieben Südstaaten von der Union losgesagt. Vier folgten später nach. In seiner Rede zum Amtsantritt erklärte Lincoln, daß er nicht vorhabe, in den Staaten gegen die Sklaverei einzuschreiten, deren Verfassung sie aufrechterhalte. Ihm war klar, daß einer solchen Einmischung ein Bürgerkrieg folgen würde. Lincoln war die Erhaltung der Union wichtiger als die Abschaffung einer häßlichen Institution in einem Teil des Landes. Der Süden mißtraute seinen Absichten, und der Krieg begann am 12. April 1861.

Lincoln setzte alles ein, die Union zu erhalten. Seine harte Kriegsführung machte ihm viele Feinde. Gegen die Verfassung ließ er Tausende, die er des Verrats verdächtigte, ohne Gerichtsverhandlung ins Gefängnis werfen. Gleichzeitig warb er um die Rebellenstaaten und versprach, sie ungestraft wiederaufzunehmen, wenn sie die Sklaverei abschafften. Dies verbitterte die eingefleischten „radikalen" Republikaner, die schwere Strafen für den Süden forderten. Es verärgerte auch einige Wirtschaftsmagnaten aus dem Norden, die sich große Profite von einem zerstörten und geschlagenen Süden erhofften.

Als der Süden am 9. April 1865 kapitulierte, hatten einige politische Cliquen gute Gründe, den soeben wiedergewählten Präsidenten ungern im Amt zu sehen. Als er fünf Tage darauf ums Leben kam, lagen 80 Briefe mit Morddrohungen auf seinem Schreibtisch.

Sein Mörder, John Wilkes Booth, war von Geburt Südstaatler, lebte aber im Norden. Er war der Sohn eines der größten amerikanischen Schauspieler und hatte zwei Schauspieler-Brüder. Mit 26 Jahren war John auf der Bühne wohletabliert. Dunkelhaarig, gutaussehend und athletisch, neigte er in allen seinen Rollen zu übertriebener Theatralik. Als Publikumsliebling brachte er es zu viel Geld und vielen Geliebten. Verärgert darüber, daß Kritiker ihn an seinem Vater und seinen Brüdern maßen, beschloß John, sie durch eine dramatische Tat von nationaler Bedeutung zu übertrumpfen. 1864 plante er, Präsident Lincoln zu entführen und ihn der Regierung der Konföderierten auszuliefern. Booth glaubte, die Konföderierten würden dann einen günstigen Frieden aushandeln oder die schwindenden Siegeshoffnungen neu beleben zu können, wenn sie Lincoln gegen Kriegsgefangene aus den Südstaaten austauschten. Booth brachte eine Gruppe von Verschwörern zusammen und unternahm zwei Entführungsversuche in Washington.

Erst wollte er dem Präsidenten im Ford-Theater am 18. Januar auflauern. Unerwartet änderte Lincoln sein

Oben: Fackelzug beim Wahlkampf für Lincolns Nominierung zum Präsidentschaftskandidaten. Lincoln galt als gemäßigter Kandidat im Hinblick auf die heikle Frage der Sklaverei, dennoch trennten sich sechs Wochen nach seinem Amtsantritt die Südstaaten von der Union.

Tagesprogramm, und die Verschwörer, die an Verrat glaubten, liefen auseinander. Später trafen sie wieder zusammen. Diesmal wollten sie Lincolns Kutsche überfallen. Am 20. März warteten sechs Männer zu Pferde vergebens in einem Hinterhalt. Wiederum hatte der Präsident umdisponiert, wieder scheiterten die Verschwörer. Vier Wochen danach war Friede und eine Entführung Lincolns sinnlos geworden. Booth sann auf Rache und beschloß, nicht nur den Präsidenten, sondern auch noch zwei weitere Männer in Schlüsselpositionen zu töten. Er selbst wollte Lincoln niederschießen; sein Freund Lewis Powell sollte den Außenminister William Seward ermorden und ein anderer Verschwörer, George Andrew Atzerodt, den Vizepräsidenten Andrew Johnson.

Anfang 1865 führten Gerüchte über Mordpläne gegen den Präsidenten zur Aufstellung einer vier Mann starken Leibgarde bewaffneter Polizeibeamter in Zivil. Zwei hatten tagsüber Dienst — und einer von nachmittags bis Mitternacht, der andere von Mitternacht bis zum Morgen. Der Kriegsminister, Edwin McMasters Stanton, der für Lincolns Sicherheit verantwortlich war, stellte außerdem eine Kavallerieeskorte auf, die Lincoln zu begleiten hatte, wenn er seinen großen schäbigen Wohnsitz verließ. Lincoln lächelte nachsichtig über derlei Vorsichtsmaßnahmen. Er wußte, daß jeder, der entschlossen genug war, ihn jederzeit töten konnte.

Booth hatte als Zeitpunkt den Abend des 14. April gewählt, einen Karfreitag. Daß er das Ford-Theater als

Tatort ausersah, war wohlbegründet. Er hatte dort gespielt und kannte Personal und Gebäude sehr gut. Außerdem hatte er Glück: Am 7. März hatte ein Billettverkäufer das Schloß einer Logentür aufgebrochen, um Zuschauer einzulassen. Diese und die Nachbarloge, zwischen denen die Trennwand entfernt worden war, bildeten bei Lincolns Besuch die Präsidentenloge. Das Schloß war noch nicht repariert worden.

Am Abend des Präsidentenbesuchs lockte Booth die Bühnenarbeiter in eine Kneipe und schlich ins leere Theater zurück. Er legte ein Brett zurecht, um eine Tür zum Foyer zu verrammeln, damit ihm niemand aus dem Orchesterraum in die Staatsloge folgen könnte, vergewisserte sich, daß die Logentür sich leicht öffnen ließ und bohrte ein Guckloch hinein, um Lincolns Schaukelstuhl gut sehen zu können. Dann sammelte er die Holzspäne ein und kehrte in sein Hotel zurück.

An diesem Abend verließ die Gesellschaft des Präsidenten das Weiße Haus nach einer Reihe von Enttäuschungen. Edwin Stanton und seine Frau kamen nicht mit, weil er sich nichts aus Theaterbesuchen machte. Auch General Grant und seine Frau hatten abgesagt. Schließlich war es Lincoln nicht gelungen, eine Wache zur Begleitung zu bekommen.

Die um 8 Uhr 25 zum Theater aufbrechende Gesellschaft bestand aus den Lincolns, einem Major Henry Rathbone, seiner Braut Clara Harris, Charles Forbes, Lincolns Diener, und Lincolns Leibwächter, einem unzuverlässigen Polizisten namens John Parker.

Die Komödie „Unser amerikanischer Vetter" hatte schon begonnen, als der Präsident eintraf. Die Vorstellung wurde kurz unterbrochen, das Orchester intonierte „Hail to the Chief" und die etwa 1 700 Zuschauer standen auf und applaudierten. Lincoln ließ sich in seinem Schaukelstuhl neben seiner Frau nieder, halb hinter einem Vorhang und einer Wand verborgen. Major Rathbone und Miß Harris saßen weiter vorn in der Loge. Forbes saß im Hintergrund, ging dann aber hinaus, um mit dem Kutscher zu reden. Parker hatte seinen Platz hinter der Loge auf dem Gang.

Gegen 10 Uhr betrat Booth das Foyer vor den Logen. Er fand John Parkers Stuhl zu seiner Freude leer. Der Leibwächter, der sich langweilte, weil er die Bühne nicht sehen konnte, hatte sich fortgeschlichen, um etwas zu trinken. Booth ging durch die Foyertür und verkeilte sie. Jetzt war er im dunklen Korridor, der zur Staatsloge führte. Er spähte durch sein Guckloch in der Logentür und sah die Silhouette von Lincolns Kopf. Booth wartete auf eine Textstelle, bei der ein Schauspieler allein auf der Bühne stand. Dann stieß er die Tür auf und schlich hinter den Präsidenten, eine kleine Pistole in der Hand, mit der er nur einen Schuß abgeben konnte.

Booth schoß eine Bleikugel in den Hinterkopf von Lincoln. Gelächter übertönte den Schuß fast ganz. Der Präsident hörte zu schaukeln auf. Seine Begleiter drehten sich um. Sie sahen ein wenig Rauch und einen Mann, der sich an den Lincolns vorbei nach vorn drängte. Major Rathbone sprang auf und packte zu. Booth stach mit einem Messer auf ihn ein und schlitzte ihm den linken Arm bis auf den Knochen auf und rief: „Rache für den Süden!" Im nächsten Augenblick hing er an der Logenbrüstung, ließ sich auf die Bühne fallen, schlug schwer auf, brach sich ein Bein, aber hinkte dennoch weiter.

Oben: Ein geflüchteter Negersklave, der zur Strafe ein „Halsband" trägt. Abscheu vor der Sklaverei führte zu dem Bruch zwischen Nord- und Südstaaten.

Links: Das von der Union gehaltene Fort Sumter in Charleston Harbor (rechts im Bild). Die ersten Schüsse des Bürgerkriegs fielen am 12. April 1863 im konföderierten Fort Moultrie (links im Bild).

Unten: Die Schlacht von Gettysburg in Pennsylvanien, die blutigste und größte des Bürgerkriegs, dauerte vom 1. bis zum 3. Juli 1863. Sie brachte den Wendepunkt, als die heranrückenden Konföderierten unter Robert E. Lee auf die Streitkräfte der Union unter General George Meade stießen. Die Verluste der Konföderierten waren so schwer, daß sie bis Ende des Krieges keine große Offensive mehr unternehmen konnten.

Die verwirrten Zuschauer und der einsame Schauspieler waren wie erstarrt. Dann schrie Mrs. Lincoln laut auf. Das Publikum begann aufgeregt zu raunen. Jemand in der Staatsloge rief: „Er hat den Präsidenten erschossen!" Zuschauer und Schauspieler wurden immer erregter. Dr. Charles Leale stürzte in die Loge des bewußtlosen Lincoln. Zuerst fand er die Wunde nicht, dann sah er die blutgetränkten Haare am Hinterkopf und stellte fest, daß beide Augen nicht auf Licht reagierten. Leale war nun sicher, daß der Präsident sterben würde.

Lincoln blieb nicht das einzige Opfer von Booths Verschwörung. Lewis Powell hatte sich Einlaß in das Haus verschafft, in dem William Seward sich nach einem Wagenunfall erholte. Powell stach und schlug auf mehrere Menschen ein, auch auf Seward, und ergriff dann die Flucht. Aber der Außenminister überlebte. George Atzerodt, der dritte Verschwörer, hielt sich nicht an den Plan, ein Attentat auf Andrew Jackson auszuführen, sondern betrank sich sinnlos und warf seine Waffe fort.

Lincoln lebte noch bis zum Morgen; er starb um 7 Uhr 22. Am Tag zuvor noch war er nichts anderes gewesen als ein willensstarker, umstrittener Präsident. Aber als ein Arzt Silbermünzen auf seine Augen legte, sagte Stanton treffend: „Nun gehört er der Geschichte an." Wieder

Strang verurteilt. Auch Mary Surratt, die fast mit Sicherheit unschuldige Mutter eines der Verschwörer, wurde gehängt. Andere Beteiligte, auch der unglückliche Dr. Mudd, bekamen Gefängnisstrafen. Wie bei dem Mord an Kennedy fast ein Jahrhundert später, haben Historiker Hypothesen aufgestellt, daß der Mörder Lincolns nur ein Strohmann für eine große politische Verschwörung war — für einen Plan, Lincolns auf Vermittlung gerichtete Politik gegenüber dem Süden zu verhindern und das Land der wirtschaftlichen Ausbeutung durch den Norden auszuliefern. Manche nahmen sogar an, daß Außenminister Stanton hinter dem Mord stand, der für ihn nur von politischem Nutzen sein konnte. Wenn Lincoln, Seward und Andrew Johnson ausgeschaltet worden wären, hätte er tatsächlich Präsident und praktisch Diktator des ganzen Südens werden können. Viele sahen in dem Mann mit dem schlauen, intriganten Wesen und dem parfümierten Bart den idealen Schurken. Es ist durchaus möglich, daß er von dem Mordplan wußte, aber nichts unternahm.

Daß Andrew Johnson überlebte, dämpfte anfangs die Hoffnung der Radikalen auf neue Gesetze zur Unterdrückung des Südens. Aber dann begann der Kongreß, das Veto des Präsidenten zu überstimmen, und die radikalen Republikaner drängten Johnson zu einem Machtkampf,

einmal hatte ein Mord sein Opfer geadelt und unvergeßlich gemacht.

Inzwischen begann die Jagd auf Lincolns Mörder und seine Helfer. Trotz des gebrochenen Beins entkam Booth mit einem Gefährten, David Herold, zu Pferd aus Washington. Unerkannt ließ er einen Dr. Samuel Mudd sein Bein schienen. In Booths Tagebuch steht: „Eine Woche, in der sie mich wie einen Hund durch Sümpfe und Wälder jagen ... und mit einem Kanonenboot verfolgen." Am 26. April wurde er in einem brennenden Schuppen bei Bowling Green in Virginia gestellt und angeschossen. Ehe er starb, wurde er aus den Flammen gezerrt. Atzerodt, Powell und Herold wurden gefaßt und zum Tod durch den

Oben: Die Ermordung von Abraham Lincoln in der Präsidentenloge des Ford-Theaters in Washington am 14. April 1865 (zeitgenössischer Druck).

Links: John Wilkes Booth, Schauspieler und Anhänger der Konföderation. Er ermordete Lincoln im Theater während einer Vorstellung von *Unser Amerikanischer Vetter.*

der bis zu seiner Anklage wegen Hochverrats führte. Neue in den Südstaaten eingesetzte Regierungen wurden zu Handlangern von Verkäufern und Geschäftsleuten, die aus dem Norden wie Heuschreckenschwärme über das Land hereinbrachen.

Wäre Lincoln am Leben geblieben, hätte der Süden vielleicht nicht so schwer unter der Korruption gelitten. Durch seine kraftvolle Persönlichkeit hätte er vielleicht die Unterstützung des Kongresses bekommen, die Johnson versagt blieb. Aber in einer Situation, in der der Regierungschef seinen Willen nicht gegen einen feindseligen Kongreß durchsetzen konnte, wäre vielleicht auch Lincoln weitgehend gescheitert und verunglimpft aus dem Amt geschieden. So aber starb er als Held in der Stunde seines Sieges.

Oben: Die letzte Fotografie Lincolns.

Unten: Der bewußtlose Lincoln wurde in ein Haus gegenüber dem Theater getragen, wo er in den frühen Morgenstunden starb.

267

Erzherzog Franz Ferdinand
1863–1914

Als das kaiserliche Automobil am 28. Juni 1914 in der Franz-Joseph-Straße in Sarajevo die Fahrt verlangsamte, zog ein junger Mann unter den sich sammelnden Zuschauern einen Revolver und gab zwei Schüsse ab. Erzherzog Franz Ferdinand von Österreich und seine Gemahlin sanken im Wagen zurück. Innerhalb weniger Minuten waren sie tot. Zwei Monate später befand sich ganz Europa im Krieg.

den Kroaten, Slowenen, Bosniern und Serben ein Parlament zu geben, wie es Ungarn hatte, und damit das Kaiserreich zum Dreivölkerstaat zu machen. Insgeheim aber glaubte er an die Überlegenheit Österreichs und seiner habsburgischen Dynastie. Das ging schließlich so weit, daß Franz Ferdinand die Ungarn und die Slawen verabscheute. Seinen Haß auf die Ungarn sollte — so wurde halb im Ernst behauptet — ein in einer ungarischen Zeitung verbreitetes Gerücht ausgelöst haben, daß er in der Mitte der neunziger Jahre im Sterben gelegen hätte. Damals war er schwer an Tuberkulose erkrankt. Seine Abneigung gegen die Untertanen auf dem Balkan datierte aus den ersten Jahren des 20. Jahrhunderts, als nationalistische Aufstände erkennen ließen, wie sehr die Südslawen die Zentralregierung in Wien haßten. Ein kalter Empfang wurde Franz Ferdinand bereitet, als er Dubrovnik nahe der Grenze des unabhängi-

Oben: Erzherzog Franz Ferdinand mit seiner Frau und seinen Kindern, die von der Thronfolge ausgeschlossen waren, weil seine Frau nicht aus königlichem Hause stammte.
Rechts: Fotografie von Franz Ferdinand, 1914 in Bosnien aufgenommen.

Viele Menschen mochten Gründe haben, Franz Ferdinand, den Thronerben des alternden Kaisers Franz Joseph I. von Österreich-Ungarn, menschlich abzulehnen. Der 50jährige Erzherzog war ein mürrischer, bissiger Mann, in dessen Gegenwart sich niemand wohl fühlte. Mit seinem wenig anziehenden Aussehen und Auftreten schuf er sich ebenfalls keine Freunde. Er war fettleibig und stiernackig, hatte kalte graue Augen, einen wilden, buschigen Schnurrbart und einen Mund, der sich selten zu einem Lächeln verzog. Gelegentlich bekam er Wutanfälle, die seine Frau in Angst versetzten.

Er machte sich leichter Feinde als Freunde. Franz hatte sich bereits damit gegen die strengen Gesetze des Hauses Habsburg vergangen, daß er eine Frau ehelichte, die nicht ebenbürtiger Abstammung war. Aber sein größter Feind in der zerfallenden Monarchie war die südslawische Minderheit.

Ursprünglich hatte er einmal den liberalen Plan gehabt,

gen serbischen Staates besuchte. 1906 brach ein Streik der notleidenden Land- und Fabrikarbeiter für bessere Lebensbedingungen in Bosnien und der Herzegowina aus und entfremdete den Thronfolger seinen zukünftigen slawischen Untertanen noch mehr. Franz Ferdinand sah nun in der Einführung der Demokratie und der nationalen Selbstverwaltung der Minderheiten den Untergang der Monarchie. Er ließ alle Reformpläne fallen und wollte statt dessen, sobald er an die Regierung kam, alle Macht in Wien zentralisieren. 1913 wurde er Generalinspekteur aller Streitkräfte. Jetzt hatte er die Macht, die er brauchte, um seine Unterdrückungspläne durchzusetzen.

Franz Ferdinand und die von ihm repräsentierte habsburgische Hauspolitik machte sich besonders die Serben in der Monarchie zu Feinden, die von einer Vereinigung mit dem unabhängigen Serbien träumten. Um 1911 entstanden überall im Reich revolutionäre Geheimgesellschaften von Südslawen, „Junge Bosniaken" genannt. Sie standen mit

Gleichgesinnten außerhalb des Kaiserreichs in Verbindung, so mit der „Schwarzen Hand" in Serbien, die das Ziel hatte, alle Serben zu vereinen. Die Intellektuellen dieser Gruppen wollten eine Revolution auf breiter Basis; andere aber hatten nur ein Ziel: die zu beseitigen, die sie unterdrückten — vor allem Franz Ferdinand, den habsburgischen Thronfolger.

Einer dieser Nationalisten, Gavrilo Princip, war Serbe und kam aus einer westbosnischen Familie ärmster Kleinbauern. Er war klein, zierlich und intelligent. Als Österreich-Ungarn 1908 Bosnien und die Herzegowina annektierte, schloß er sich den Revolutionären an und wurde deswegen von der Schule verwiesen. Im März 1914 war Princip auf der anderen Seite der Grenze in der serbischen Hauptstadt Belgrad. Dort erfuhr er, daß Franz Ferdinand im Juni einen Besuch in Sarajevo plante, der Provinzhauptstadt von Bosnien.

Von diesem Tag an bereitete der 19jährige die Ermordung des Erzherzogs vor. Seine Freunde Nedjelko Cabrinovic und Grabez waren bereit, mitzumachen. Ein anderer Freund beschaffte sechs Bomben und vier Revolver, wahrscheinlich von „Apis" — das war der Deckname von Oberst Dragutin Dimitrijevic. (Apis war Führer der „Schwarzen Hand", früherer Chef der serbischen militärischen Abwehr und wohl die bedeutendste Persönlichkeit Serbiens.) Eine Woche intensiver Schießübungen in einem stillen Belgrader Park machte Princip zu einem leidlich guten Schützen.

Der Geheimdienst riet Franz Ferdinand, die geplante Reise nach Sarajevo nicht am St.-Veits-Tag zu unternehmen, dem Jahrestag zweier großer serbischer Schlachten und einem Symbol für Serbiens Freiheit. Der Erzherzog schlug alle Warnungen in den Wind. Von seinem Standpunkt aus mußte er unbedingt reisen. Durch einen Manöverbesuch in Bosnien und einen Aufenthalt in der Landeshauptstadt wollte der Thronfolger die Kriegshetzer im nahen Serbien warnen, sich nicht an Territorien des Kaiserreichs zu vergreifen. Im übrigen erlaubte die Reise seiner oft herablassend behandelten Frau, Sophie geborene Gräfin Chotek, mit ihm in der Öffentlichkeit aufzutreten. Vor allem aber wollte er seine persönliche Autorität in einem besonders aufrührerischen Winkel der Monarchie demonstrieren. Er war sich der Gefahr wohl bewußt, sagte aber nur halb im Scherz, daß die Leute wohl Bomben auf ihn werfen würden.

Ende Juni waren der Erzherzog und seine Mörder am Tatort eingetroffen. Am 26. Juni, als Franz und Sophie einen inoffiziellen Besuch im Basar machten, ließ nichts das drohende Verhängnis ahnen, und die Einwohner von Sarajevo bereiteten dem königlichen Paar einen durchaus freundlichen Empfang.

Die offizielle Fahrt durch Sarajevo begann am Sonntag, dem 28. Juni (St.-Veits-Tag) am Vormittag. Um zehn Uhr, als die sechs Automobile der kaiserlichen Kolonne zügig in die Stadt fuhren, war es schon recht heiß. Der Weg zum Rathaus führte über den Appell-Quai, eine Straße am Ufer der Miljacka. Auf einer Strecke von etwas mehr als 300 Metern in der Menge verteilt, warteten sieben Attentäter. Sie hatten Glück: Durch Eifersüchteleien zwischen Sarajevos Polizeichef und dem Militärgouverneur der Provinz war versäumt worden, die Route durch einen Polizeikordon zu sichern.

Um 10 Uhr 10 kam der Erzherzog in einer prächtigen Uniform und mit einem Federbuschhelm im zweiten offe-

nen Automobil in Sichtweite. Neben ihm saß Sophie in einem weißen Kleid, weißen Handschuhen, mit einem weißen Sonnenschirm und Blumen am Gürtel.

Das kaiserliche Automobil glitt sicher an den ersten beiden Mördern vorbei; Mehmed Mehmedbasić zitterte und Vaso Cubrilović hatte Mitleid mit der Erzherzogin und drückte nicht ab. Dann warf Cabrinović seine Bombe. Sie traf den Kühler des kaiserlichen Wagens, rollte unter den nächsten und explodierte. Mitglieder der kaiserlichen Eskorte und Zuschauer wurden verletzt. Die Sprengkapsel ritzte Sophies Hals. Cabrinović schluckte Zyankali und sprang in den Fluß, mußte sich jedoch erbrechen, so daß er lebend geborgen und der Polizei übergeben werden konnte.

Man hielt kurz, um festzustellen, was geschehen war, dann setzte der Erzherzog die Fahrt fort. Der Verschwörer Popović, ein Schüler, unternahm nichts. Grabez brachte es

Oben: Drei der jungen Serben, die von der „Schwarzen Hand" bestimmt wurden, Erzherzog Franz Ferdinand und seine Frau zu ermorden. Von links nach rechts: Milan Ciganović, Nedjelko Cabrinović und Gavrilo Princip.

nicht über sich, eine Bombe zu werfen, die unschuldige Zuschauer verletzen mußte. Princip erkannte das kaiserliche Automobil nicht rechtzeitig. Der Versuch, Franz Ferdinand zu ermorden, war fehlgeschlagen. Wenigstens sah es zunächst so aus.

Vor dem Rathaus hielt der Bürgermeister seine Begrüßungsrede. Dann änderte Franz Ferdinand das Protokoll ab. Statt wie vorgesehen durch die Franz-Joseph-Straße zum Museum zu fahren, entschloß er sich zu einem Besuch seiner verwundeten Offiziere im Militär-Hospital — eine sichere Fahrt zurück über den Appell-Quai, der jetzt geräumt war. Um 11 Uhr 15 fuhr die Wagenkolonne ab, aber durch Verrat oder ein Versehen bogen die ersten beiden Automobile in die Franz-Joseph-Straße ein. Der Militärgouverneur rief dem ersten Fahrer zu, er solle anhalten und über die andere Straße fahren. In der Menge, die von einer Ecke aus zusah, stand Princip, der gerade aus einem Café gekommen war. Nicht mehr als drei Meter trennten ihn von seinem Opfer in dem fast zum Stillstand gekommenen Automobil. Der Serbe zog den Revolver. Ein Polizist wollte ihm in den Arm fallen, wurde aber absichtlich von einem Zuschauer angerempelt.

Princip feuerte zweimal. Der erste Schuß traf den Thronfolger in die Brust. Die zweite Kugel drang Sophie in den Unterleib. Beide blieben aufrecht sitzen. Dann machte ihr Auto einen Ruck nach vorn, und Sophies lebloser Körper

fiel gegen Franz Ferdinand, dem Blut aus dem Mund rann, als er stammelte: „Sopherl, Sopherl, stirb nicht!" Graf Franz Harrach, sein Adjutant, fragte ihn, wie schwer verletzt er sei. „Es ist nichts", antwortete er wiederholt mit immer schwächer werdender Stimme.

Die Nachricht von der Ermordung des Erzherzogs wurde in der Hauptstadt merkwürdig gelassen aufgenommen, die meisten Wiener hatten ihn nie zu Gesicht bekom-

men. Sein Tod bedeutete keine Krise in der Thronfolge; die rivalisierende Gruppe der kaiserlichen Familie war insgeheim erfreut. Fürst Albert Montenuovo, der kaiserliche Oberhofmeister, wickelte das Begräbnis bewußt unauffällig ab, und der 83jährige Kaiser Franz Joseph trauerte nur um die verwaisten Kinder seines Neffen.

So schien die Ermordung zunächst eine rein österreich-ungarische Affäre zu sein, die intern erledigt werden

österreichischen Angestellten der serbischen Staatsbahn unterstützt worden seien. Ihre Waffen stammten aus der serbischen Armee.

Beweise für eine offizielle Unterstützung durch Serbien gab es nicht. Aber Franz Joseph teilte seinem Verbündeten, Kaiser Wilhelm II. von Deutschland, mit, er sei entschlossen, Serbien zu isolieren und ihm eine Lektion zu erteilen wegen Bedrohung des Friedens, solange „diese Brutstätte

Oben: Der blutbefleckte Waffenrock, den Franz Ferdinand trug, als ihn Gavrilo Princip (ganz links) erschoß.

Links: Gavrilo Princip wird unmittelbar nach dem Attentat von der bosnischen Polizei verhaftet.

Unten: Der Prozeß nach der Ermordung von Franz Ferdinand. Princip sitzt in der Mitte der ersten Reihe. Die Attentäter glaubten, durch den Mord die Vereinigung aller Slawen voranzutreiben. Das geschah aber erst nach einem der schrecklichsten Kriege der Geschichte.

konnte, was auch geschah. Danilo Ilić und zwei andere Verschwörer wurden zum Tode verurteilt. Princip, eben zwanzig Jahre alt, entging der Todesstrafe, weil er durch einen Fehler des Standesamts noch als neunzehn galt und damit für diese Strafe zu jung war. Er bekam zwanzig Jahre Zwangsarbeit. Aber die Polizei hatte ihn so geprügelt, daß er einen Arm verlor. Kaum zwei Jahre später starb er an Tuberkulose.

Inzwischen nahm der Mord von Sarajevo internationale Dimensionen an. Wenige Tage nach dem Attentat fand man Beweise für eine serbische Beteiligung. Die Attentäter gaben an, daß sie von einem serbischen Major und einem

krimineller Agitation in Belgrad ungeschoren weiterexistieren darf". Beweise von Serbiens Unschuld stimmten den Kaiser nicht um. Er hatte den Entschluß gefaßt, die serbischen Kontakte der Attentäter und Serbiens bekannte Feindseligkeit gegen Österreich zum Vorwand zu nehmen, Serbien durch einen Krieg zu zerschlagen. Österreichs territoriale Ansprüche stellten dabei natürlich ein unterschwelliges Motiv dar.

Franz Joseph wußte, welches Risiko dieser Krieg bedeu-

die Kriegsbereitschaft Österreichs noch abkühlen können. Der k.u.k. Botschafter in Serbien hatte die Koffer schon gepackt, als die Antwort Serbiens eintraf. Er las sie, tat sie kurz als "unbefriedigend" ab und reiste unverzüglich nach Wien.

Die Führer der Weltmächte hätten vielleicht immer noch etwas gegen den Krieg tun können. Am 27. Juli bat der britische Außenminister Sir Edward Grey Deutschland, Österreich vom Abgrund zurückzureißen. Durch den

tete. Die Serben hatten mächtige Freunde in ihren slawischen Brüdern, den Russen. Ein Krieg mit Serbien konnte also auch Krieg mit Rußland bedeuten. Rußland aber hatte potentielle Alliierte: Großbritannien, Frankreich und Italien. So wurde jede Aktion gegen Serbien unmöglich, wenn Österreich-Ungarns mächtiger Verbündeter Deutschland ihm nicht den Rücken deckte.

Wilhelm II. versicherte dem österreichischen Botschafter, daß Österreich-Ungarn auf Deutschlands unbedingte Bündnistreue zählen könne, falls Rußland intervenieren sollte. Österreich stellte Serbien nun am 23. Juli ein Ultimatum, in dem es verlangte, daß Serbien antiösterreichische Propaganda unterdrücken und die "Schwarze Hand" sowie andere Gruppen auflösen solle, die für die Integration der Südslawen in Serbien kämpften. Es verlangte weiter, daß österreichfeindliche Beamte entlassen würden und daß die österreichische Polizei in Serbien die Feinde Österreichs bekämpfen und sich an der Suche nach weiteren Verschwörern beteiligen dürfe, die mit der Ermordung des Erzherzogs zu tun gehabt hätten. Österreich bestand auf einer Antwort binnen 48 Stunden.

Wien rechnete fest damit, daß Serbien diese Bedingungen nicht annehmen konnte, von denen einige die nationale Souveränität gefährdeten. Aber Serbiens Antwort, die am 25. Juli, zwei Minuten nach Ablauf der gesetzten Frist eintraf, enthielt bemerkenswerte Zugeständnisse. Nur die Entlassung von Beamten auf Weisung Österreichs und das Operieren österreich-ungarischer Polizei im Land lehnte Serbien ab.

Aber zu diesem Zeitpunkt hätte wohl keinerlei Antwort

Oben: Unter den Linden in Berlin verliest am 1. August 1914 ein Offizier die kaiserliche Proklamation, die Rußland den Krieg erklärt.

Rechts: Zwei Züge, die Soldaten in den ersten Kriegstagen zur Front bringen, begegnen sich. Nachdem die "Kriegsmaschine" einmal angelaufen war, konnte niemand sie wieder anhalten. Nach dem Begeisterungstaumel der ersten Tage mit Musikkapellen und der Hoffnung auf einen raschen Sieg kam das Morden, Blutvergießen und Elend des Weltkrieges (rechts außen).

Reichskanzler Bethmann Hollweg leitete der Kaiser Greys Botschaft an Franz Joseph weiter. Aber der deutsche Kanzler verwässerte absichtlich den Inhalt, um die versteckte Drohung einer britischen Intervention auszumerzen.

Am 28. Juli erklärte Österreich-Ungarn Serbien den Krieg, und Wien schäumte förmlich über vor Kriegsbegeisterung. In letzter Stunde wechselten der deutsche Kaiser und der Zar Noten, die sich kreuzten und in denen sie sich gegenseitig aufforderten, den Kriegsausbruch zu verhindern.

Aber die Kriegsmaschinerie war bereits angelaufen. Am 29. Juli beschossen österreich-ungarische Truppen Belgrad. Rußland mobilisierte gegen Österreich-Ungarn. Österreich-Ungarn reagierte und machte gegen Rußland mobil. Am 1. August erklärte Deutschland Rußland den Krieg und am 3. August Rußlands Verbündetem Frankreich. Das von Belgien geforderte Durchmarschrecht wurde abgelehnt; trotzdem marschierten deutsche Truppen am 3./4. August in Belgien ein. Darauf folgte am 4. August Großbritanniens Kriegserklärung an Deutschland. Am 6. August befand sich Österreich-Ungarn formell mit Rußland im Krieg, und am 12. August erklärte Großbritannien Österreich-Ungarn den Krieg. Schon bald waren ganz Europa und alle überseeischen Kolonien Europas in den Weltkrieg verstrickt.

Der 1. Weltkrieg entmachtete die Habsburger und führte zur Bildung von Jugoslawien (Land der Südslawen). Aber er hatte noch ganz andere Folgen. Etwa 10 Millionen Menschen starben im Krieg. Er führte zur Gründung neuer Staaten, in denen deutsche Minderheiten lebten. Deren Situation lieferte später dem nationalsozialistischen Deutschland den Vorwand für seine aggressive Annektionspolitik, die den Weg in den 2. Weltkrieg bereitete.

Admiral Yamamoto
1884–1943

In den Jahren vor 1941 war der japanische Flottenchef Isoroku Yamamoto außerhalb des eigenen Landes kaum bekannt. Aber der von ihm befohlene Überfall auf Pearl Harbor löste den Eintritt der Vereinigten Staaten am 7. Dezember 1941 in den 2. Weltkrieg aus. Die Ereignisse dieses Tages, der später von Präsident Franklin Delano Roosevelt als „Datum einer infamen Niedertracht" bezeichnet wurde, zogen Yamamoto den tiefen Haß der

Oben: Isoroku Yamamoto 1934. Als Oberbefehlshaber der japanischen Flottenverbände plante Yamamoto 1941 die Vernichtung der US-Flotte in Pearl Harbor.

Amerikaner zu. Auch Rache gehörte zu den vielfältigen Motiven des amerikanischen Plans, der sechzehn Monate später zu Yamamotos Ermordung führte, einem in der Militärgeschichte einmaligen Vorgang.

Der 1884 geborene Yamamoto entstammte einer Samuraifamilie. 1904 beendete er die Ausbildung an der japanischen Marineakademie und kämpfte im folgenden Jahr auf dem Schlachtschiff *Nisshin* bei Tsushima. In dieser Seeschlacht vernichtete die junge japanische Flotte Rußlands Ostsee-Flotte, beendete damit den russisch-japanischen Krieg und machte Japan zu einer der großen Seemächte der Welt. In den folgenden 35 Jahren folgte Beförderung auf

Beförderung; 1940 wurde Yamamoto Admiral und im August 1941 Oberkommandierender aller japanischen Flottenverbände.

Zu dieser Zeit stand Japan schon vier Jahre mit China im Krieg und hatte soeben Französisch-Indochina besetzt. Dieser Feldzug brachte die Ereignisse in Gang, die zu Yamamotos größtem Triumph führen sollten und mit seinem Tod endeten. Die Amerikaner, Briten und die Niederlande reagierten auf Japans Einmarsch in die Kolonie einer europäischen Großmacht mit der Sperrung japanischer Konten und einem Handelsembargo. Damit wurde die Öleinfuhr gestoppt, die Japan dringend brauchte, um China niederzuringen. Um an Öl zu kommen, begannen die Japaner, eine Serie kühner Invasionen vorzubereiten. Sie wollten nach Süden vordringen, die an Öl reichen Inseln Java und Sumatra (Niederländisch-Indien) erobern und gleichzeitig die britische Kolonie Malaya überrennen, die damals als Lieferant von Zinn und Kautschuk an erster Stelle stand.

Nur die pazifische Flotte der USA war nahe und stark genug, diese kühnen Pläne zu durchkreuzen, die hauptsächlich von Marinelandetruppen ausgeführt werden sollten. Yamamoto nannte diese US-Flotte den „Dolch, dessen Spitze auf die Kehle Japans zielt": Wenn dieser Dolch nicht stumpf gemacht oder zerbrochen werde, würde wahrscheinlich jeder Vorstoß auf Malaya oder Niederländisch-Indien scheitern. Yamamoto drängte zu einem plötzlichen Schlag gegen die US-Pazifik-Flotte. Zögernd stimmte der Generalstab der Marine schließlich zu.

Yamamoto wollte den Vernichtungsschlag gegen den Flottenstützpunkt der US-Marine im Pazifik, Pearl Harbor auf der hawaiischen Insel Oahu, ausführen. Geheimdienstagenten, die im japanischen Konsulat von Honolulu arbeiteten, hatten gemeldet, daß die US-Pazifik-Flotte jeden Sonntag im Hafen läge und die Schiffe nie voll bemannt wären. Eine mondlose Nacht und andere Wetterbedingungen machten den frühen Sonntagmorgen des 7. Dezember für den Angriff besonders geeignet. Um die Geheimhaltung zu sichern, nahm die japanische Flotte einen Umweg über die Kurilen im Nordosten Japans. Das Geschwader bestand aus zwei Schlachtschiffen, drei Kreuzern, neun Zerstörern, drei U-Booten und fünf Kleinst-U-Booten. Die meisten Schiffe waren ausschließlich zur Verteidigung der sechs Flugzeugträger vorgesehen. Denn Yamamoto plante einen Luftangriff von den Flugzeugträgern aus. Den Angriff sollten 135 Sturzkampfbomber, 40 Torpedobomber, 104 konventionelle Bomber und 81 Jagdflugzeuge fliegen.

Um 7 Uhr 55 morgens starteten 145 Bomber und 45 Jäger von den Flugzeugträgern, verloren sich hinter dem Horizont und schwenkten nach Süden ab, überflogen Oahu und bombardierten 30 Minuten lang die völlig unvorbereiteten Schlachtschiffe, Kreuzer und Zerstörer, die in Pearl Harbor vor Anker lagen, sowie Hafenanlagen und Flugplätze. Fünfzehn Minuten nach diesem Angriff kam die nächste Welle mit 134 Bombern und 36 Jägern. Das Zerstörungswerk beider Angriffe war grausam. Drei Torpedos schlitzten das Schlachtschiff *Oklahoma* auf, das kenterte. Jäger schossen mit Maschinengewehren auf die Männer, die über Bord gesprungen waren. Eine Bombe fiel in den Schornstein der *Arizona*, sprengte sie auseinander und tötete 1 000 Matrosen. Die *California* und *West Virginia* sanken ebenfalls. Die *Maryland, Nevada, Pennsylvania* und *Tennessee* wurden schwer beschädigt. Das war der Verlust an Schlachtschiffen, daneben wurden drei Zerstörer und vier kleinere Schiffe versenkt und drei leichte Kreuzer sehr schwer beschädigt. Nach einem offiziellen Bericht wurden 349 Flugzeuge vernichtet und mehr als 4 000 Soldaten und Zivilisten getötet oder verwundet. Dieses Blutbad kostete die Japaner nur 29 Flugzeuge und weniger als 100 Tote. Yamamotos Triumph wurde nur dadurch geschmälert, daß keine Flugzeugträger im Hafen lagen, sondern sich auf hoher See befanden und so dem Angriff entgangen waren.

Besonders empörend fand man — neben der Brutalität des japanischen Überfalls — die Tatsache, daß er vor der offiziellen Kriegserklärung Japans erfolgt war. Die Japaner hatten in der Tat ein Ultimatum gekabelt, das kurz vor dem Angriff in Washington eintraf, aber ein Dechiffrierungsproblem verzögerte die rechtzeitige Übermittlung. In den folgenden Monaten bekam Amerika zunehmend mehr

kreisen. Es war Pech für Yamamoto, daß die US-Abwehr mit Hilfe von IBM-Rechenmaschinen seinen Marine-Code geknackt hatte. Als seine Schiffe sich den Midway-Inseln von Nordwesten näherten, wurden sie von US-Flugzeugträger-Luftverbänden in der Flanke angegriffen. Die Schlacht bei den Midway-Inseln kostete Yamamoto 330 Flugzeuge und alle vier Flugzeugträger, die er bei Pearl Harbor eingesetzt hatte. Die Amerikaner verloren nur einen Flugzeugträger und 150 Flugzeuge. Die japanische Marine erholte sich nie mehr von diesem Schlag, den Admiral Chester Nimitz später einen „Sieg für die Geheimdienste" nannte.

Die amerikanischen Code-Knacker hatten Yamamoto eine erste Niederlage bereitet. Bald sollten sie ihm das Leben nehmen.

Auch nach der Seeschlacht bei den Midway-Inseln fuhren die Japaner fort, Insel auf Insel zu erobern, bis sie beinahe

Rechts: Vizeadmiral Yamamoto 1937 bei Verkündung der Vergeltungsmaßnahmen der japanischen Marine gegen China wegen der Erschießung eines japanischen Offiziers, der einen Landungstrupp befehligte. Die japanische Aggression gegen China eskalierte 1937 zum Krieg, als das Militär die Regierungspolitik zu beeinflussen begann.

Grund, Yamamoto zu hassen. Vom Dezember 1941 bis zum Juni 1942 errangen seine Schiffe einen Sieg nach dem anderen. Yamamotos Ansicht bestätigte sich, daß nur ungeheuer schnelle Überfälle Amerika in Schach halten könnten, während Japan seine Offensive in Südostasien mit Vorstößen in drei Richtungen durchführte.

Im Juni 1942 schlug er abermals los, diesmal gegen die wiederaufgebaute pazifische Flotte der USA. Yamamoto wollte die Midway-Inseln am Westende der hawaiischen Inselgruppe erobern und die Flugzeugträger der US-Pazifik-Flotte zwischen der Midway-Einsatzgruppe und einem nördlichen Flottenverband, der die Aleuten angriff, ein-

Australien erreichten. Anfang 1943 aber begann sich das Kriegsglück zu wenden. Die Alliierten zerstörten die Garnisonen auf den Salomoninseln und bedrohten den großen japanischen Flottenstützpunkt von Rabaul auf der Insel Neu-Britannien im Osten von Neu-Guinea.

Allerdings konnten die Japaner mit Luftangriffen zurückschlagen, und Yamamoto kam nach Rabaul, um die Operationen persönlich zu leiten. Er beschloß, japanische Stellungen auf den Salomoninseln im Südosten von Neu-Britannien zu inspizieren. Am 13. April benachrichtigte sein Hauptquartier über Funk die Garnisonen auf den Inseln. Die verschlüsselte Nachricht kündigte Yamamotos

Besuch fünf Tage später an und enthielt Einzelheiten über die Zeit des Flugs, über seine Maschine und die ihn begleitende Jagdstaffel.

Diese Nachricht wurde in Hawaii von der amerikanischen Einheit FRUPAC (Fleet Radio Unit, Pacific Fleet) mitgehört und dechiffriert. Washingtons hohe Militärs wurden sofort alarmiert und berieten, was sie mit diesem Glückstreffer anfangen sollten. Sollten sie die einmalige Chance ausnützen und Yamamoto aus dem Hinterhalt überfallen? Rache für Pearl Harbor und das Ausschalten des fähigsten Marinechefs Japans waren gewichtige Argumente dafür. Dagegen stand das moralische Stigma des Mordes — trotz eines brutalen Kriegs — und die Befürchtung, daß die Japaner herausfanden, daß ihr Code geknackt war — und sofort etwas dagegen unternahmen. Washington ging voller Optimismus davon aus, die Japaner würden die Schuld an dem geplanten Hinterhalt örtlichen Spionen geben. Man glaubte, daß der psychologische Effekt der Ermordung Yamamotos von größerer Bedeutung sei als moralische Skrupel über die Art der Ermordung. Der Entschluß war gefallen.

Am frühen Morgen des 14. April ging Admiral Isoroku Yamamoto pünktlich wie immer an Bord seiner Maschine. Er trug die Ausgehuniform und ein zeremonielles Samuraischwert. Um 6 Uhr startete er in Rabaul nach Südosten, mit dem Ziel, gegen acht im Süden Bougainvilles zu landen, das etwa 530 Kilometer entfernt liegt.

Fünfunddreißig Minuten vor Yamamotos Abflug von Rabaul starteten 18 amerikanische Lightnings auf Guadalcanal, 1100 Kilometer südlich von Bougainville. Über den Wellen fliegend, um nicht auf den japanischen Radarschirmen zu erscheinen, kamen sie dem Admiral entgegen. Die Chance, ihn zu finden erschien Captain Thomas Lanphier von der US-Luftwaffe, dem Leiter des Mord-Kommandos, mehr als gering. Angesichts der Weite des Ozeans wuchs seine Skepsis, daß eine von der Abwehr gelieferte Nachricht beide Flugzeugverbände am richtigen Ort zur richti-

Oben links und rechts: Die Zerstörung der pazifischen Flotte der USA am 7. Dezember 1941 in Pearl Harbor. Der Schock des Angriffs war um so schlimmer, als die Japaner den USA noch nicht den Krieg erklärt hatten. Die Vergeltung folgte im nächsten Jahr, als Dechiffrierexperten Japans Angriffspläne auf die Midway Inseln entschlüsselten. Bei diesem Angriff verloren die Japaner 300 Flugzeuge, alle vier Flugzeugträger, die sie in Pearl Harbor eingesetzt hatten, und den schweren Kreuzer *Mogami* (unten).

gen Zeit zusammenführen könnte.

Aber genau dies geschah. Über den Shortlandinseln unmittelbar vor Südbougainville kam der japanische Verband in Sichtweite. Die Lightnings griffen die begleitenden Jagdflugzeuge an. Lanphier aber jagte den Mitsubishi-Bomber, in dem Yamamoto saß.

„Ich feuerte eine lange Salve in die Fluglinie des Bombers etwa aus einem rechten Winkel heraus. Der rechte Motor und gleich darauf der rechte Flügel fingen Feuer . . . Als ich in Schußweite des Bombers und seiner Bordkanone kam, brach die Tragfläche ab. Der Bomber stürzte in den Dschungel." Bis auf eines kehrten alle amerikanischen Flugzeuge sicher zu ihrem Stützpunkt zurück.

Man barg Yamamotos Leiche und verbrannte sie feierlich. Die Japaner betrauerten ihn tief. Admiral Koga, sein weniger bedeutender Nachfolger, sagte zu Recht: „Es gab nur einen Yamamoto, und niemand kann ihn ersetzen." Mit Yamamotos Tod rächten sich die Amerikaner für Pearl Harbor und führten zu einem schweren Schlag gegen die Kriegsmoral Japans. Dadurch, daß sie einen seiner fähigsten Führer töteten, beschleunigten sie möglicherweise sogar den endgültigen Sieg.

John F. Kennedy
1917–1963

Im Jahr 1960 waren nur zwei Männer mächtig genug, der Welt den Frieden zu erhalten oder sie in den Krieg zu stürzen: der sowjetische Ministerpräsident Nikita Chruschtschow und der neugewählte demokratische Präsident der Vereinigten Staaten, John Fitzgerald Kennedy. Mit 43 war Kennedy der jüngste Präsidentschaftskandidat, der je gewählt worden war, und kaum jemand hätte geglaubt, daß er seine Amtsperiode von vier Jahren nicht beenden würde, nachdem er so hart darum gekämpft hatte. Aber eine dunkle Wolke des Aberglaubens warf ihren Schatten: Alle sechs Präsidenten, die seit 1840 im Abstand von jeweils 20 Jahren gewählt wurden, waren während ihrer Amtszeit gestorben — drei davon durch Mord. Kennedy: „Das ist ein böses Omen, mit dem ich Schluß machen werde." Es gelang ihm nicht — er endete durch einen Mord, den die amerikanische Presse das Verbrechen des Jahrhunderts nannte.

„Jack" Kennedys politische Laufbahn war vom Glück begünstigt. Er entstammte einer großen, reichen und mächtigen Familie irischer Herkunft. Sein Vater, Joseph Kennedy, war US-Botschafter in London gewesen, und auch Jack war für eine bedeutende Rolle in der Politik erzogen worden. Den Menschen gefiel der hochgewachsene Mann mit dem offenen, energischen Jungensgesicht und dem liebenswürdigen, ehrlichen Wesen. Sie bewunderten seine

Oben links: John Fitzgerald Kennedy beim Wahlkampf für die Präsidentschaft 1960.

Unten: Der Amtsantritt von Kennedy als 35. Präsident der Vereinigten Staaten.

Rechts: Opposition gegen sein Programm des „Aufbruchs zu neuen Grenzen" und eine Reihe von außenpolitischen Krisen luden dem neuen Präsidenten schwere Verantwortung und Sorgen auf.

junge, schöne Frau Jacqueline („Jackie") und ihre hübschen Kinder.

Man wußte, daß er für Tapferkeit im Kriege ausgezeichnet worden war. Aber was ihm am meisten Zulauf brachte, war sein Programm des Aufbruchs zu „neuen Grenzen", um Armut und Rassendiskriminierung zu verringern und im Kalten Krieg mit der Sowjetunion Boden zu gewinnen.

Trotz aller persönlichen Ausstrahlung wurde Kennedy mit einer der geringsten Stimmenmehrheiten in der Geschichte der USA zum Präsidenten gewählt. Viele Amerikaner mißtrauten seiner Jugend, seinem Reichtum, seinem Mangel an Erfahrung in der Außenpolitik oder aber auch seinem Katholizismus. So hatte er vom ersten Tag an Feinde und machte sich bald neue. Die Hochfinanz nahm Anstoß an seinen Reformgesetzen. Andere waren gegen seine Versuche, die Situation der Schwarzen zu verbessern. Die Black-Power-Bewegung selbst verwarf diese Bemühungen als unzureichend. Die Kommunisten beschimpften ihn wegen der „Invasion in der Schweinebucht", als Fidel Castros Kuba eine von der CIA (Central Intelligence Agency) gesteuerte Landung zum Fiasko machte. 1962 rief Kennedys waghalsige Politik allseits Besorgnis hervor; er riskierte einen Weltkrieg, um die UdSSR zu zwingen, ihre auf Kuba errichteten Raketen-Abschußbasen, die die USA bedrohten, wieder abzubauen. Dann, als sich die Beziehungen zur Sowjetunion verbesserten, verunglimpfte ihn die extreme Rechte als Kommunistenfreund.

Nicht weniger als 870 anonyme Drohbriefe erhielt Kennedy im ersten Amtsjahr. 170 uniformierte Polizeibeamte bewachten alle Eingänge des Weißen Hauses, durchleuchteten alle eingehenden Päckchen und vernichteten Konfektsendungen ungeprüft. Etwa drei Dutzend Sicherheitsbeamte fuhren bei allen Reisen des Präsidenten als seine persönliche Leibwache mit. Man überwachte sogar die Zubereitung der Speisen.

Im November 1963 standen die Sicherheitsbeamten des Präsidenten vor einer schweren Aufgabe: Er wollte nach Texas reisen. Die texanischen Demokraten zerfielen in extreme Gruppen von Liberalen, Konservativen und Ultrarechten. John F. Kennedy glaubte, durch einen Besuch den Bruch heilen und sich Wählerstimmen sichern zu können, die er dringend für seine Wiederwahl im Jahr 1964 brauchte. Er wollte die Städte Houston, Fort Worth, Dallas und Austin in einer hektischen, auf zwei Tage geplanten Flugreise besuchen.

Die Reise war gefährlich: Morddrohungen waren eingegangen — vier bezogen sich allein auf Houston. In Dallas, einer Stadt von 1 Million Einwohner, einer Brutstätte extremer Richtungen und einer Bastion gegen den Katholizismus, veröffentlichte die Presse feindliche Vorausberichte. Zu der Zeit gab es dort in einem Jahr mehr Morde als in ganz Großbritannien, und man konnte Schußwaffen so mühelos kaufen wie Brötchen.

Von einem früheren Präsidenten hatte der Chef des FBI einmal gesagt: „Wenn sich jemand wirklich in den Kopf setzt, den Präsidenten zu erschießen, glaube ich nicht, daß wir viel dagegen unternehmen könnten." Die Leibwache Kennedys mag sich mit Unbehagen jener Bemerkung erinnert haben, als die Reise nach Texas begann.

Aber der erste Tag mit Besuchen in San Antonio und Houston im Süden von Texas verlief gut. Die Kennedys flogen abends nach Fort Worth im Nordosten, wo sie übernachteten. Die nächste Station war Dallas.

Als der Präsident am Morgen des 22. November geweckt wurde, regnete es. Weil der Flug von Fort Worth nach Dallas nur 13 Minuten dauerte, konnte man mit Sicherheit annehmen, daß es auch dort regnen würde. In dem Fall würde man ein Plexiglasdach auf die offene Präsidentenlimousine setzen, um den Regen abzuhalten — und ebenso die von Demonstranten geschleuderten Wurfgeschosse.

Nach dem Frühstück brachte die Präsidentenmaschine *Air Force One* die Kennedys nach Dallas. Beim Flug

de wimmelte es von Polizisten, ein Zaun hielt die Zuschauer zurück. Die Sicherheitsbeamten gingen kein Risiko ein, obwohl die Menge größtenteils freundlich wirkte. Eine Gruppe von Schulschwänzern hielt ein Plakat mit dem Text: „Wir lieben Jack." Eine andere Gruppe begann zu zischen, wieder andere schwenkten Spruchbänder mit Slogans wie: „Du bist ein Verräter!"

Furchtlos streckte Jack Kennedy die Hände nach der enthusiastischen Menge hinter dem Zaun aus. Dann drängte ihn ein Sicherheitsbeamter ins Auto. Der große, blaue, offene Lincoln hatte kein Plexiglasdach. Das Wetter war heiß und sonnig geworden.

Um 11 Uhr 55 setzte sich die Autokolonne mit ihrer Polizeieskorte auf Motorrädern in Bewegung. Im ersten

memorierte Kennedy die Rede, die er beim Lunch in Dallas halten wollte. Die Themen waren: Frieden, Gleichberechtigung und soziale Gerechtigkeit.

Inzwischen traf auch ein 24 Jahre alter Registraturangestellter in Dallas seine Vorbereitungen. Lee Harvey Oswald stand früh auf. Er packte ein zerlegtes Schnellfeuergewehr mit Zielfernrohr und ein Magazin mit vier Kugeln in einen braunen Papierbeutel. Dann nahm ihn ein nichtsahnender Kollege mit zum Büro. Es hatte aufgehört zu regnen, als Oswald das Texas-Schulbuchmagazin erreichte. Dort versteckte er seine Waffe. Gegen Mittag, als die Angestellten zum Lunch gingen, leerten sich die oberen Stockwerke. Oswald eilte in den sechsten Stock, in dem auf einer Seite aufgestapelte Kartons standen, weil ein Teil des Dachs repariert wurde. Oswald baute sich aus den Kartons einen Schießstand an der südöstlichen Ecke des Gebäudes. So hatte er Rückendeckung, konnte aber aus der Vogelschau das Auto des Präsidenten sehen, wenn es sich auf der einen Straße näherte, dann im rechten Winkel auf die andere abbog, an der das Schulbuchmagazin lag. Abgesehen vom Gefängnis von Dallas hatte kaum ein anderes Gebäude eine so gute Sicht auf die Route der Kolonne.

Als die Zeit für die Vorbeifahrt des Präsidenten näher kam, trafen sich Oswalds Kollegen im fünften Stock zum Zusehen. Im Stockwerk über ihnen setzte er das Gewehr zusammen und lud es.

Die Air Force One war auf dem Rollfeld von Dallas um 11 Uhr 38 gelandet. Auf den Dächern der Flughafengebäu-

Wagen saßen Polizei- und Sicherheitsbeamte. Etwa fünf Wagenlängen hinter ihnen folgte der Präsidentenwagen. Vorn saß neben dem Chauffeur ein Geheimdienstbeamter. Hinter ihnen kamen zwei Klappsitze, auf denen John B. Connally, der Gouverneur von Texas, und seine Frau Nellie saßen. Der Präsident und Mrs. Kennedy saßen im Fond. Vier Motorradfahrer schützten die Seiten und das Heck des Präsidentenautos. Dahinter folgte dann ein Kabriolett mit zehn Sicherheitsbeamten, von denen zwei auf den Trittbrettern standen. In zweieinhalb Wagenlängen Abstand folgte der Wagen des Vizepräsidenten mit Lyndon B. Johnson und seiner Frau. Dann kam noch eine Limousine mit Geheimdienstbeamten, dahinter weitere Autos mit Politikern, Journalisten und Fotografen.

Die Kolonne fuhr südwärts ins Zentrum der Stadt. Zum Unbehagen seiner Leibwächter ließ der Präsident zweimal anhalten, einmal schüttelte er Kindern die Hände, ein andermal begrüßte er eine Gruppe von Nonnen.

Anfangs war die Zuschauermenge nicht groß, aber sie verdichtete sich, als sich die Wagen dem Stadtzentrum näherten. Auf den Gehwegen standen die Menschen in Zwölferreihen, aus den Fenstern winkten begeisterte Sekretärinnen. Die Menge drängte auf die Fahrbahn, und Kennedys Chauffeur mußte fast im Schrittempo fahren. Einer der Agenten sprang immer vom Trittbrett des nachfolgenden Wagens, um die Frau des Präsidenten mit seinem Körper abzuschirmen.

Um 12 Uhr 21 erreichte die Wagenkolonne das Stadt-

Gefängnis von Dallas und bog nach rechts in die Main Street ein. Sie war mit Flaggen und Weihnachtsdekorationen geschmückt, überall brandete Beifall auf. Das als unfreundlich verschriene Dallas bereitete dem Präsidenten den herzlichsten Empfang seiner Reise.

Nach der Main Street verschwanden die ersten Wagen in den Grünanlagen der Dealey Plaza, fuhren im Zickzack über den Platz, erst nach rechts in die Houston Street, dann links in die Elm Street, ehe sie zur Handelskammer abbogen. Als der Wagen des Präsidenten in die Houston Street einbog, war der Applaus so anhaltend, daß Nellie Connally feststellte: „Man kann wirklich nicht sagen, daß Dallas Sie nicht liebt, Mr. President." Er antwortete: „Nein, das kann man nicht", als der Wagen an der braunen Ziegelfront des

Wagen das Tempo und ließ völlige Verwirrung zurück.

Im Parkland Memorial Hospital taten die Ärzte, was in ihrer Macht stand. Sie machten Infusionen und pumpten Sauerstoff durch einen Schnitt in die Luftröhre unterhalb der Wunde, die das Atmen verhinderte. Aber die Gehirnverletzung war tödlich. Eine Zeitlang wurden noch unregelmäßig erfolgende Atmung und Herztätigkeit registriert, dann hörte beides auf. Herzmassagen blieben erfolglos. Um 1 Uhr nachts stellte der Chef der Neurochirurgie den Tod John Fitzgerald Kennedys offiziell fest.

Die Welt vernahm die Nachricht in tiefem Schock. Die US-Streitkräfte wurden rund um den Globus in Alarmbereitschaft versetzt. Panikverkäufe in Wall Street verursachten eine Baisse. Am Broadway schlossen die Theater. Die

Links: Diese Aufnahmen entstanden, als Präsident Kennedy bei der Fahrt durch Dallas in Texas von den Kugeln des Mörders getroffen wird. Die erste Kugel traf den Präsidenten in den Nacken, durchschlug den Hals und verwundete auch noch den im Wagen sitzenden Gouverneur von Texas am Handgelenk und in der Brust. Die zweite Kugel traf den Hinterkopf des Präsidenten, die dritte verfehlte ihr Ziel. John F. Kennedy sank bewußtlos zusammen und starb in der folgenden Nacht.

Schulbuchmagazins mit weniger als 18 Stundenkilometern entlangfuhr. Es war jetzt 12 Uhr 30. Als der Chauffeur aufblickte, stellte er besorgt fest, daß vor ihm Arbeiter auf einer Eisenbahnüberführung standen. Die Sicherheitsbeamten hatten verlangt, daß die Brücke geräumt würde. Aber die wahre Gefahr lauerte hinter dem Wagen.

Als der Präsident winkend die Hand hob, fielen nacheinander mehrere Schüsse. Manche hörten zwei, andere drei, einige hielten es für Feuerwerkskörper oder Fehlzündungen, andere erkannten das Geräusch als Gewehrschüsse.

Die erste 6,5-mm-Kugel traf Kennedy im Nacken, durchschlug die Luftröhre, traf danach Gouverneur Connally, brach ihm Rippen, durchlöcherte einen Lungenflügel, zerschmetterte das linke Handgelenk und blieb im linken Oberschenkel stecken. Connally begriff im ersten Augenblick gar nicht, was geschehen war. Aber Kennedy griff nach seinem Hals und keuchte. Sekunden später riß die nächste Kugel die rechte Schädelpartie am Hinterkopf weg, und der Wagen war mit Blut und blaugrauer Hirnmasse bespritzt. Jacqueline fuhr herum, sah Jacks fassungslosen Ausdruck, sah, wie er die Hand zur Stirn hob, und dann auf ihren Schoß sank. Sie schrie: „Oh, mein Gott, sie haben meinen Mann erschossen!" Ein dritter Schuß landete weit ab.

Ein Sicherheitsbeamter kletterte auf das Heck des Lincoln, zog Mrs. Kennedy auf den Rücksitz hinunter, legte sich auf dessen Rückenlehne und schirmte sie mit dem Körper gegen weitere Kugeln ab. Dann beschleunigte der

Generalversammlung der UN wurde einberufen. Selbst das sowjetische Fernsehen stellte seine Sendungen ein.

In Dallas suchte die Polizei inzwischen nach dem Mörder. Oswald war aus dem Lager geflüchtet, hatte aber die Waffe und das Magazin zurückgelassen. Sehr bald bekamen alle Polizeistreifen über Funk seine Beschreibung. Um 13 Uhr 15 hielt ein Polizeibeamter seinen Streifenwagen an, um einen Verdächtigen zu überprüfen. Der Mann zückte einen 38er Revolver und erschoß ihn. Jemand sah den Mörder in ein Kino flüchten. Die Polizei folgte. Diesmal hatte Oswalds Revolver eine Ladehemmung. Er wurde verhaftet und wegen Doppelmordes angeklagt.

Aber Oswald lebte nicht lange genug, um vor Gericht zu kommen. Zwei Tage nach der Ermordung Kennedys wollten Kriminalbeamte ihn durch eine Kellergarage vom Polizeigefängnis ins Staatsgefängnis überführen. Unter den Schaulustigen befand sich Jack Ruby. 52 Jahre alt, Besitzer einer Striptease-Bar. Als Oswald näher kam, zog Ruby einen Revolver und erschoß ihn. Oswalds Rolle und Motiv beim Präsidentenmord blieben so für immer ungeklärt.

Die Öffentlichkeit reagierte mit Unruhe und Verwirrung auf den Tod von Kennedy und Oswald. Der neue Präsident, Lyndon B. Johnson, setzte daraufhin eine Kommission zur Untersuchung des Todes seines Vorgängers ein. Der Oberste Bundesrichter, Earl Warren, leitete sie. Nach neun Monaten, 25000 FBI-Verhören und 26 Bänden Beweisakten kam der Warren-Report zu dem Schluß, daß

Oswald den Mord allein begangen habe.

Aber die Gerüchte, daß Oswald Komplizen gehabt habe und daß seine Ermordung sowie die Untersuchung der Kommission nur zur Verschleierung dienten, hielten sich. Politische Gegner der Rechten, die Mafia, die CIA, die Russen und andere sind beschuldigt worden, Oswald als Strohmann benutzt zu haben. Noch in den späten siebziger

Jahren gruben findige Reporter Beweismaterial aus, das von der Kommission nicht beachtet oder unterdrückt worden war. Es gab Hinweise, daß das FBI Tatsachen vertuscht habe, aus denen seine Versäumnisse hervorgingen. Dennoch deuten alle Beweise immer noch auf Oswald als Alleintäter hin.

Das Bild, das sich bis heute ergibt, zeigt Oswald als einen

Oben: John F. Kennedys Leichenzug am Eingang des Ehrenfriedhofs von Arlington. Staatschefs aus aller Welt nahmen teil, um ihn für seine Integrität, seinen Mut und seine zukunftsweisenden innen- und außenpolitischen Bestrebungen zu ehren.

Links: Mitglieder der Präsidentenfamilie beim Begräbnis. Links und rechts die Brüder des Präsidenten, Edward und Robert, zwischen ihnen die Witwe, Jacqueline Kennedy.

Rechts: Ermordung des Mörders. Lee Harvey Oswald, der mutmaßliche Mörder von Präsident Kennedy, wurde vom Besitzer einer Nachtbar in Dallas erschossen, als er aus dem Stadtgefängnis ins Staatsgefängnis übergeführt werden sollte.

verschlossenen, ablehnenden Einzelgänger mit kommunistischen Neigungen, seit er mit 15 Jahren „Das Kapital" von Karl Marx gelesen hatte. Er meldete sich zur Marine-Infanterie, wurde zum Scharfschützen und Radartechniker ausgebildet und später zu einem US-Flughafen in Japan versetzt. Von hier aus starteten die U2-Aufklärer zu ihren Erkundungsflügen über kommunistischem Territorium,

worüber die Russen dringend mehr erfahren wollten.

Oswald ging später nach Moskau und erbot sich, militärische Geheimnisse zu verraten. Sein Einbürgerungsantrag wurde abgelehnt, aber er durfte eine Russin heiraten. Beide kehrten nach zweieinhalb Jahren in die USA zurück. Oswald wechselte häufig die Stellung. Seine Ehe scheiterte. In New Orleans kam er in Kontakt mit Pro- und Anti-Castro-Kommunisten aus Kuba; in Mexiko mit dem sowjetischen Geheimdienst; in Dallas mit Weißrussen. Offensichtlich war er in ein Doppelspiel verstrickt, dessen nebelhafte Ziele heute noch ein Thema für lebhafte Diskussionen abgeben.

Die Vorstellung, daß Oswald auf sowjetische Anweisung Kennedy ermordete, scheint absurd. Sein Tod hatte keinen Einfluß auf die Funktionsfähigkeit des amerikanischen Regierungsapparats. Präsident Johnson setzte die von Kennedy begonnenen Reformen durch. Unter Johnson war die wichtigste Änderung der US-Politik die wachsende Verstrickung in den Vietnam-Krieg. Auf lange Sicht hat dies tatsächlich die Regierung der USA geschwächt und ihr Ansehen geschädigt, aber diese Entwicklung konnte der Mörder von John F. Kennedy nicht voraussehen.

Der politische Mord
Ein zweischneidiges Schwert

Weniger als fünf Jahre nach dem Tod von Präsident Kennedy fielen sein Bruder, Senator Robert Kennedy, und der Führer der Schwarzen Bürgerrechts-Bewegung, Martin Luther King, von Mörderhand. Die Londoner *Times* äußerte sich düster über die „Aussicht, daß politische Extremisten wieder auf den politischen Mord als Mittel zurückgreifen" könnten. Falls diese Prognose andeuten sollte, daß bis dahin weder Messer noch Revolver als politische „Argumente" gedient hätten, stimmte das nicht. Die Ermordung dreier führender Männer der größten Nation des Westens machte allerdings Millionen auf etwas aufmerksam, worüber sie nie nachgedacht hatten: auf die Gefahr, der Menschen im öffentlichen Leben ausgesetzt

sind. In gewisser Weise behielt die *Times* recht. Ende der siebziger Jahre war die Zahl politischer und nationalistischer Morde so sprunghaft angestiegen, daß die Journalisten von einem neuen Zeitalter der Mörder sprachen.

Neue Sekten tauchten auf und waren bereit, für Ziele zu morden, die sich sehr wenig von denen früherer Extremisten unterschieden. Nur einige ihrer Methoden waren anders. Die Kennzeichen der neuen Mordwellen waren die internationale Zusammenarbeit zwischen linken und nationalistischen Terroristengruppen verschiedener Länder sowie Entführungen, Flugzeugnahmen und Morddrohungen gegen Geiseln als Druckmittel, um die Befreiung inhaftierter Terroristen zu erzwingen.

Es kam zu vielen nationalistisch motivierten Morden, zum Beispiel 1970 in Kanada, als Separatisten in Quebec den Arbeitsminister Pierre Laporte entführten und ermordeten.

In Europa machten drei Nationalistengruppen — Basken, Iren und Süd-Molukker — durch terroristische Akte, zu denen Mord gehörte, immer wieder von sich reden. In Nordspanien erschossen baskisch sprechende Spanier, die

einen eigenen baskischen Staat fordern, wiederholt Polizisten und Beamte. 1973 untertunnelten sie eine Straße in Madrid und zündeten eine Bombe, die den spanischen Premierminister mit seinem Auto in die Luft sprengte.

1975 besetzten Süd-Molukker, die in den Niederlanden im Exil leben, einen Personenzug in Beilen und töteten drei Geiseln. Sie wollten damit die niederländische Regierung zwingen, auf die Regierung Indonesiens Druck auszuüben, der Inselgruppe der Süd-Molukken Autonomie zu geben. Dies war nur der erste von mehreren Überfällen, bei denen die Süd-Molukker holländische Geiseln nahmen.

Die bei weitem größte Zahl nationalistischer Morde gab es in Europa vom Ende der sechziger Jahre an in Nordirland — einer Provinz des Vereinigten Königreichs, deren katholische Minderheit sich schon seit langem unterdrückt fühlte. 1976 waren dort bereits 1000 Menschen umgekommen. Die britischen Truppen, die zur Aufrechterhaltung der Ordnung nach Nordirland geschickt wurden, erlitten Verluste durch Heckenschützen und Überfälle. In der Republik Irland lauerten Bombenleger dem britischen Botschafter auf und töteten ihn.

In Israel und anderen Ländern haben palästinensische Araber, die durch den 1948 gegründeten jüdischen Staat heimatlos geworden sind, sehr oft zum Terror gegriffen, um auf sich aufmerksam zu machen. Die Kugel eines Arabers tötete Senator Robert Kennedy — man vermutet, weil der Senator ein Freund Israels war.

Mord gehört mittlerweile zum politischen Alltag aller Länder der Erde. Die von Extremisten der Linken oder Rechten verübten Morde in Lateinamerika stiegen ins Unermeßliche. 1970 ermordeten Terroristen Argentiniens früheren Präsidenten Pedro Aramburu und den westdeutschen Botschafter in Guatemala — wo es während eines fünfjährigen Terrorregimes allein 8000 politische Morde von rechts gegeben hatte. 1974 starb in Argentinien durchschnittlich ein Mensch am Tag durch den Terror.

Der Mittelmeerraum besitzt eine jahrhundertealte Tradition des politisch motivierten Mords. In Italien wurden in den siebziger Jahren die Roten Brigaden weltweit berühmt-berüchtigt für ihre Attentate auf Juristen, Journalisten, Gefängnisbeamte, den ehemaligen Ministerpräsidenten Aldo Moro und andere Vertreter des Establishments.

Oben: Deutsche Polizisten wechseln den Reifen ihres Panzerwagens, der bei der Fahndung nach Angehörigen der Baader-Meinhof-Bande von einer Kugel durchlöchert wurde.

Links: Die ausgebrannten Reste eines israelischen Busses, der von 11 palästinensischen Terroristen überfallen wurde. 41 Tote, darunter 9 Terroristen, und 72 Verletzte waren das Ergebnis des folgenschwersten Angriffs von Palästinensern seit der Gründung Israels.

Die Polizei beschuldigte diese extreme linke Gruppe der meisten Ausschreitungen des politischen Terrorismus.

Aber auch Mittel- und Nordeuropa blieben nicht von Mordtaten verschont. Hier ist vor allem die westdeutsche, dem Mittelstand entstammende, sich links orientierende, nach ihren Führern benannte „Baader-Meinhof-Bande" zu erwähnen. 1977 gehörten der Generalbundesanwalt Buback und der Arbeitgebervertreter Hans Martin Schleyer zu ihren Opfern. Sowohl in Italien als auch in der Bundesrepublik diente der politische Mord als Druckmittel auf die Regierung, zu harten Maßnahmen zu greifen, um dadurch eine Revolution auszulösen, die den Kapitalismus zerstören und die Gesellschaft umwandeln sollte.

Die Bekämpfung von Terroristen in modernen Großstädten ist für die Polizei ein kompliziertes Problem. Sie können in so riesigen Städten wie Rom, New York oder London leicht untertauchen, und der moderne Verkehr — Autos, Omnibusse, Züge und Flugzeuge — ermöglicht es ihnen, in Stunden weit fort zu sein. In Italien hat übrigens die Rivalität zwischen drei verschiedenen Polizeiorganisationen das Problem noch vergrößert.

Wenn Personen des öffentlichen Lebens in ständiger Todesgefahr oder Angst vor Entführung leben, werden sie gezwungen, sich mit einem engen Sicherheitskordon zu umgeben. Hochbezahlte, bestens ausgebildete Leibwächter bewachen ihre Häuser, die wie mittelalterliche Burgen befestigt sind. Ihre Autos haben besonders gesicherte Reifen, gepanzerte Böden zum Schutz gegen Bomben, kugelsichere Karosserien und Fenster. Aber kein Schutz garantiert das Überleben. Fünf Polizeibeamte wurden getötet, als die Roten Brigaden mitten in Rom Aldo Moro entführten.

Meuchelmörder, so scheint es, finden auch heute noch die Opfer, auf die sie es abgesehen haben. Aber nützt dieses Morden wirklich etwas? Cäsars Ermordung führte zu genau dem, was die Mörder verhindern wollten. Der Tod Wilhelms von Oranien brachte den Spaniern die holländischen Provinzen nicht zurück. Der Mord an Lincoln, der den Süden rächen sollte, brachte den Süden wahrscheinlich um seinen besten Freund. Kennedys Ermordung änderte die Politik der USA nicht. Allerdings befreite Franz Ferdinands Tod — indirekt und mit dem ganzen Elend eines Weltkriegs — die Südslawen und verhalf ihnen zu einem eigenen Staat, dem heutigen Jugoslawien. Yamamotos Tod brachte allenfalls einen Propagandasieg.

Rechts: Der tote Fahrer von Aldo Moro nach der Entführung des ehemaligen italienischen Ministerpräsidenten. Bei diesem Überfall der Roten Brigaden mitten in Rom kamen auch fünf Polizisten ums Leben. Die Terroristen verlangten die Freilassung inhaftierter Mitglieder der Roten Brigaden im Austausch gegen Aldo Moro. Als die Regierung sich weigerte, in schwebende Verfahren einzugreifen, brachten die Terroristen Aldo Moro um. **Unten:** Mitglieder der türkischen Volksfront stellen Molotow-Cocktails her. Chaos, Mord und Terrorismus sind die Waffen politischer Extremisten, um Forderungen durchzusetzen oder ihre politischen Anschauungen einer Mehrheit aufzuzwingen, die sie auf andere Weise nicht überzeugen können.

Vier von diesen sechs Morden hatten nicht das Resultat, das die Mörder erhofft hatten. Auch heute scheint sich das nicht geändert zu haben. Einen Politiker ermorden heißt noch lange nicht, die Ideen zerstören, für die er eingetreten ist. Oft wird das Opfer zum Helden und sein Nachfolger bestärkt, dessen Ziele weiterzuverfolgen. Nur wenn ein politischer Mord einen Krieg oder eine Revolution großen Stils auszulösen vermag, kann er seinen Zweck erreichen.

Dies könnte in Zukunft häufiger der Fall sein. Pessimisten sagen für die Zukunft wachsende Unzufriedenheit voraus, wenn der nationale Wohlstand überall sinkt, weil die Erdölquellen versiegen. Unter solchen Bedingungen könnte die Zahl der Attentate auf führende Politiker in die Höhe schnellen. Aber wenn — wie es die Propheten des Untergangs behaupten — die Ölverknappung unabänderlich zu weltweiter Verarmung und Hunger führt, dann würde der politische Mord als Mittel, Regierungen zu stürzen, keine Probleme lösen. Wenn jedermann an Hunger oder Krankheit dahinsiecht, interessiert ihn nicht mehr, wer welchen machtlosen Premierminister oder Präsidenten ermordet.

Ob nun diese düsteren Prophezeiungen wahr werden oder nicht, die Namen der mörderischen Sekten von gestern und heute werden bestimmt vergessen sein und neue Namen werden Schlagzeilen machen.

Wer immer die einzelnen Mörder und ihre Opfer sind, man könnte sagen, daß sie ein zeitloses Bild von Kontrahenten abgeben. Alle Führer aller Zeiten können zum Ziel für den Dolch oder die Kugel eines Meuchelmörders werden — manche als Sündenböcke, manche als Menschenopfer, manche als Vaterfiguren — oder als eine Mischung aus allen drei Motiven.

Nach einer Theorie sterben ermordete Führer den aus Urzeiten überlieferten Tod des Menschenopfers. Viele alte Völker wählten einen Priesterkönig auf ein Jahr. Danach töteten sie ihren König und setzten einen neuen ein. Durch diese magische Ersatzhandlung wollten sie die Wiedergeburt der sich neigenden Sonne und der Jahreszeiten, von denen ihre Ernte und damit ihre Nahrung abhing, sichern. Wenn man politische Mörder bedeutender Männer wie zum Beispiel Lincoln in diesem Licht betrachtet, mag man in ihnen „selbsteingesetzte Priester des Volkes" sehen, die den alten Priesterkönig töten, um für den nächsten Platz zu schaffen. Aber einen mit Machtvollkommenheit ausgestatteten Menschen zu töten, hat auch Freudsche Züge. Denn in gewissem Sinn sind Führer Vaterfiguren, deren Autorität wir unbewußt brechen wollen, um ihren Platz selbst einzunehmen.

Da unsere Strafgesetze das Töten eines Menschen verbieten, kann kein Mord jemals gerechtfertigt werden. Viele Menschen sind dennoch bereit, im Fall des Tyrannenmordes Ausnahmen gelten zu lassen. Selbst hochgeachtete Philosophen sind dafür eingetreten. Der große Theologe des 13. Jahrhunderts, der Heilige Thomas von Aquin, glaubte auch, daß das Naturrecht dem einzelnen das Recht gäbe, einen Tyrannen zum Wohle der Gemeinschaft zu töten. Im 17. Jahrhundert betrachtete der englische Philosoph John Locke den Tyrannen als einen Mann, der mit seinen Untertanen im Krieg liegt; seine Tötung könne darum als ehrenwerte militärische Handlung angesehen werden. Vertrackterweise aber ist der Tyrann des Einen oft der Held des Anderen. Außerdem kann sein Tod zu unerwünschten Rückschlägen führen. Und schließlich und endlich: Wenn die Menschen einmal beginnen, ihre Führer mit der Pistole abzuwählen, wie sollen wir dann noch wissen, wer für die Mehrheit schießt?

13
Katastrophen
der
Wissenschaft

Seit der industriellen Revolution hat der Mensch seine Erfindungsgabe und seine Technologie eingesetzt, um seinen Lebensstandard ungeheuer anzuheben. Außerdem ist es ihm mehr oder weniger gelungen, mit Gefahren fertig zu werden, die ihm in der Vergangenheit schwer zu schaffen machten. Krankheit, Hunger, Überschwemmung und Dürre sind weitgehend beherrschbar geworden. Die Vorhersage von Erdbeben und Stürmen, Städte, die nicht mehr so leicht in Flammen aufgehen — auch hier ist viel erreicht worden. Aber riesige Fortschritte der Wissenschaft und der industriellen Technologie haben eine völlig neue Art der Katastrophen und Krisen mit sich gebracht: Die Verschmutzung von Land, Meer und Luft; schreckliche Langzeitfolgen durch unzureichend geprüfte Heilmittel; ökologische Krisen, heraufbeschworen durch den maßlosen Gebrauch bestimmter Schädlingsbekämpfungsmittel, hoher Ausstoß giftiger Industrieabfälle; entsetzliche chemische Explosionen; beunruhigend hohe Werte radioaktiven Fallouts — dies sind nur einige der neuen Probleme, die uns aus der Technologie erwachsen.

Linke Seite: Der Rio Tinto in Südwestspanien ist seit jeher durch Kupfersalze verfärbt. Kupfervorkommen gibt es überall in diesem Gebiet. Seitdem die Erze in großem Umfang abgebaut und veredelt werden, ist der Fluß so verseucht, daß keinerlei Leben mehr in ihm erhalten blieb. Muß Umweltverschmutzung immer der unvermeidliche Preis sein, den der Mensch für industrielles Wachstum und einen hohen Lebensstandard zu bezahlen hat?

Umweltverschmutzung
Eine weltweite Krise

Was bedeutet Umweltverschmutzung genau? In den Vereinigten Staaten produziert allein der Straßenverkehr alljährlich die beängstigende Menge von 66 Millionen Tonnen giftiges Kohlenmonoxyd. Experten schätzten, daß die Weltmeere alljährlich mit 10 Millionen Tonnen Öl verschmutzt werden, sei es durch Unfälle, Schlamperei oder reine Verantwortungslosigkeit. Hochgiftige Ungezieferbekämpfungsmittel bedrohen häufig das biologische Gleichgewicht unserer Erde. Durch Abwässer chemischer und anderer Fabriken sind riesige Schäden unter der Wasserfauna und -flora in den großen nordamerikanischen Seen und im Mittelmeer entstanden. Seeleute berichten, daß es

selbst in den entlegensten Gegenden der Weltmeere kein abfallfreies Wasser mehr gibt.

Bis zur industriellen Revolution hatte der Mensch kaum ein Werkzeug, seine natürliche Umwelt zu zerstören. Er konnte der Erdoberfläche allenfalls ein paar Kratzer zufügen. Die Technologie und das riesige Bevölkerungswachstum haben gemeinsam das lebensnotwendige Gleichgewicht zwischen den Bedürfnissen des Menschen und den Naturschätzen der Erde zerstört. Aber der Mensch entnimmt der Erde nicht nur mehr, als er ihr zurückgibt, sondern er verschwendet es auch und läßt zu, daß die Abfälle Luft, Wasser und Boden vergiften. Die Umweltverschmutzung ist zu einer der größten Langzeitkrisen der Gegenwart geworden. Man hat dieses Problem gerade erst erkannt, geschweige denn gelöst. Das obige Schaubild illustriert 13 Arten industrieller und anderer Umweltschädigungen, die unsere natürliche Umwelt vom Berggipfel bis zum Grund der Meere zerstören. Sie sind auf der nächsten Seite aufgezählt und zeigen den ganzen Umfang der Umweltverschmutzung.

1. Der Gebrauch von über lange Zeit wirkenden Schädlingsbekämpfungs-, Entlaubungs- und Unkrautvernichtungsmitteln durch Land- und Forstwirtschaft führt zu dauerhaften Schäden von Tier- und Pflanzenwelt.

2. Landwirtschaftliche Methoden wie Monokulturen zerstören die Pflanzenvielfalt, erschöpfen den Boden und belasten die Umwelt mit Kunstdünger, mit Schädlingsbekämpfungs- und Unkrautvernichtungsmitteln, die alle zusammen das ökologische Gleichgewicht gefährden.

3. Der Bau riesiger Straßennetze fördert die übertriebene Benutzung von Autos und damit Umweltverschmutzung und Treibstoffverbrauch; Wasser fließt ungenützt ab, wodurch der Grundwasserspiegel absinkt.

4. Der Bau ausgedehnter Vorstädte, die Land aufbrauchen, das Einkommen der Städte vermindern und durch kleine, viel zu verschwenderische Heizsysteme zur Luftverschmutzung beitragen.

5. Riesige städtische Mülldeponien, die Land unfruchtbar machen, die umliegenden Gebiete schädigen und oft zur illegalen Deponie von Giftmüll werden.

6. Abwässerströme, gereinigt oder ungereinigt, die Wasserläufe belasten, das Gleichgewicht zwischen Pflanzen- und Tierleben zerstören und eine wertvolle natürliche Hilfsquelle zunichte machen.

7. Industrielle Abwässer belasten die Umwelt mit Langzeitgiften und gefährden durch zu hohe Temperaturen das ökologische System vieler Flüsse.

8. In Großstädten wirken die von Vorstädten ausgehenden Schäden mit denen durch Autostraßen zusammen.

9. Unzulängliches und unvollständiges Verbrennen natürlicher fossiler Brennstoffe, das die Luftverschmutzung gefährlich ansteigen läßt.

10. Aus Tankern, Treibstoff aufnehmenden Schiffen und bei Bohrungen unter der Meeresoberfläche austretendes Öl verunreinigt alljährlich die Weltmeere mit einer Menge von rund 10 Millionen Tonnen.

11. und 12. Der Bau und Einsatz von Flugzeugen, die die Atmosphäre mit Treibstoffrückständen vergiften und die Lebensqualität von Millionen Menschen durch ihren Lärm verschlechtern.

13. Das Versenken von chemischen Abfallprodukten und anderen Schadstoffen im Meer, die das Wasser vergiften und das lebenswichtige Plankton zu zerstören drohen.

Ein wahlloser Mörder

Ein Reisender, der die schöne Mittelmeerinsel Sardinien besucht, trifft häufig auf geheimnisvolle Inschriften an Mauern älterer Häuser: „DDT 1944." Dies sind Erinnerungen an einen Großeinsatz der US-Armee am Ende des 2. Weltkrieges, die Insel von Moskitos zu befreien, die Malaria übertragen. DDT heißt Dichlordiphenyltrichloräthan, eine chemische Verbindung, die erstmals 1939 zur Schädlingsbekämpfung benützt wurde. Das Gift durchdringt die Haut des Insekts und verursacht allmähliche Lähmung und Tod. Die Aktion der US-Armee war ein großer Erfolg. Heute ist Sardinien endlich von den Malaria übertragenden Stechmücken frei, besitzt eine blühende Tourismusindustrie und neuen Wohlstand.

Sardinien war nicht der einzige Teil der Erde, der von dem neuen Wundermittel gegen Schädlinge profitierte. Ähnliche US-Armee-Einsätze gab es auch auf den Inseln im südlichen Pazifik. Seitdem ist DDT eingesetzt worden, um überall auf der Welt Krankheiten verbreitende Insekten auszurotten. Noch 1955 hat die Weltgesundheitsorganisation (WHO) in mehreren südamerikanischen Staaten DDT eingesetzt. Fachleute haben errechnet, daß DDT sehr wohl 10 Millionen Menschenleben gerettet haben kann. Später wurde dasselbe Präparat in Staub- oder Puderform in der Landwirtschaft eingesetzt, um Pflanzenschädlinge zu vernichten. Da es in der Herstellung billig und leicht anzuwenden war, hat man riesige Mengen verbraucht. Bis 1969 waren schon etwa 500 000 Tonnen DDT über die Erdoberfläche verteilt. Es schien, als hätte der Mensch eine wunderbare neue Waffe gegen Seuchen und Hunger entwickelt.

Aber die neue Waffe erwies sich als zweischneidiges Schwert, weil DDT ein Langzeitgift ist. Das bedeutet, daß es über lange Zeit giftig bleibt, manchmal über mehrere Jahre. Im übrigen hat es eine *kumulative*, das heißt anhäu-

Links: Ratten, die in der Küche eines indischen Hauses verendet sind, werden mit Insektengift besprüht, um die Flöhe in ihrem Fell zu töten, die Pest übertragen könnten.
Oben rechts: Eine Bretterhütte in Argentinien wird mit DDT besprüht. Das gehörte zum Programm der Weltgesundheitsorganisation im Kampf gegen die Malaria in Südamerika.

Unten rechts: Chemiker sezieren in einem britischen Naturschutzinstitut eine Schleiereule. Untersuchungen ergaben große DDT- und andere Giftrückstände, wahrscheinlich von Getreide, das Mäuse gefressen hatten, die dann Beute der Eule wurden.

fende Wirkung. Wenn ein Vogel Insekten frißt, in denen das Gift in geringen Mengen vorhanden ist, wird es vom Vogel nicht wieder ausgeschieden, sondern es lagert sich im Fettgewebe seines Körpers ab, bis sich eine tödliche Dosis ansammelt. 1954 sprühte die Michigan State University Ulmen mit DDT ein, um die Ulmenborkenkäfer zu töten, die das Ulmensterben verursachen. Das DDT tötete die Käfer, gleichzeitig vernichtete es aber auch alle Rotkehlchen. Die Rotkehlchen fraßen Regenwürmer, die wiederum Blätter mit DDT gefressen hatten, und die kumulative Ansammlung von Gift hatte die Rotkehlchen getötet. Dies ist ein klassischer Fall dessen, was die Wissenschaft „biologische Potenzierung" nennt und bedeutet, daß das Gift um so konzentrierter wirkt, je höher es in der Nahrungskette aufsteigt. Dieser kumulative Effekt starker organischer Chlor-Insektizide wie DDT macht sie nicht nur für die Schädlinge gefährlich, sondern auch für alle Tiere, die zur Nahrungskette gehören, und damit auch für den Menschen.

In den sechziger Jahren wiesen Wissenschaftler der *Miami School of Medicine,* nach, daß zwischen starken DDT-Rückständen und Todesfällen durch Krebs, Leukämie und Bluthochdruck eine Wechselbeziehung besteht. Die britische Autorin Lynette Hamblin schreibt, daß mit Muttermilch ernährte Kleinkinder nach Untersuchungen in mehreren Ländern große Dosen DDT aufgenommen hatte. In Teilen der Vereinigten Staaten fand man in der Milch von Frauen DDT-Werte, die um das Sechsfache über der Unbedenklichkeitsgrenze lagen. In Australien erreichten die Werte häufig sogar das Dreißigfache. Die Entdeckung, daß in der Ostsee gefangene Heringe hohe Mengen an diversen Chemikalien, darunter auch DDT, enthielten, brachte die schwedische Regierung im März 1969 dazu, den Gebrauch von DDT für die Dauer von zwei Jahren ganz zu verbieten. Im selben Jahr folgten eine Reihe anderer Regierungen diesem Beispiel. Bis 1970 gab es derartige Verbote oder Einschränkungen in den USA, in Kanada, Großbritannien, Schweden, Dänemark, Norwegen, Australien, Neuseeland und Japan.

Seit dem 2. Weltkrieg hat DDT Millionen Menschenleben gerettet, vor allem in den unterentwickelten Ländern, und es hat zahllose Schädlinge auf den Feldern und in den Obstgärten der Welt ausgerottet. Die Malaria hat die Menschen in den entwickelten Ländern nie bedroht, und die Wissenschaftler haben inzwischen auch sicherere Schädlingsbekämpfungsmittel als DDT entdeckt. Die Bedrohung tierischen und menschlichen Lebens aber war gefährlich genug. Dank Rachel Carson und ihrem Buch „Stummer Frühling", das 1962 erschien und die Welt auf die schweren Nebenwirkungen von DDT aufmerksam machte, und dank des schnellen Reagierens vieler Regierungen wurde ein ökologischer Langzeitschaden eben noch rechtzeitig verhindert. Dennoch ist es mehr als verständlich, wenn ein unterernährter Bauer in Afrika oder Asien nur an das Heute und nicht an das Morgen denkt; wenn es ihm gleichgültig ist, daß ein Wunder der modernen Wissenschaft einige Tierarten auslöscht und in der Zukunft die Gesundheit von Menschen gefährdet. Für ihn geht es ausschließlich darum, zunächst sich und seine Familie vor dem Tod durch Krankheit oder Unterernährung zu retten.

Verschmutzung der Meere

Oben: Der Supertanker *Amoco Cadiz*, der im März 1978 vor der bretonischen Küste auf Grund lief.

Rechte Seite: Versuche, die Küste der Bretagne von der Ölpest zu befreien. Der Lebensunterhalt von Tausenden, die im Fremdenverkehr, in der Landwirtschaft und Fischerei beschäftigt waren, wurde durch die Ölpest gefährdet.

Um 9 Uhr 45 am 15. März 1978 geriet der 230 000-Tonnen-Supertanker *Amoco Cadiz*, der vom Persischen Golf vollgetankt mit Rohöl nach Rotterdam unterwegs war, in Seenot. Das bereits stürmische Wetter verschlechterte sich; der Südwestwind wurde noch stärker und die See ging hoch. Die französische Küste lag etwa sieben Meilen von der Steuerbordseite des Tankers entfernt, als die Mannschaft Kapitän Pasquale Bardari meldete, daß das Ruder des riesigen Schiffs den Dienst versagte —, daß er ein Schiff befehligte, das nicht mehr gesteuert werden konnte. Er ließ sofort über Funk eine Warnung an alle Schiffe in der Nähe durchgeben, daß die *Amoco Cadiz* steuerlos treibe. Dann rief er die Schiffseigner in Chicago an und bat um Weisungen für diesen Krisenfall. Sie forderten ihn auf, einen oder mehrere Schlepper zu rufen und — koste es, was es wolle — einen Hafen an der Südwestküste Englands anzulaufen, um einen Teil der Ladung zu löschen.

Der Kapitän ließ weiter Funksprüche an die anderen Schiffe durchgeben. Gegen Mittag kam der deutsche Schlepper *Pacific* längsseit der nun hilflosen *Amoco Cadiz*. Um vier Uhr nachmittags hatten die Eigner in

Chicago mit der Firma des Schleppers einen Bergungsvertrag ausgehandelt und nun begannen die Versuche, ein Schleppseil an Bord des Tankers zu bringen. Als alle Versuche scheiterten und die Dunkelheit rasch hereinbrach, gab die *Pacific* den Bergungsversuch auf. Nach französischen Berichten bat der Kapitän um 23 Uhr 18 die Hafenbehörde von Brest um Hilfe. Aber da war es schon zu spät. Der Riesentanker mit seiner tödlichen Ladung war vor der französischen Küste auf Grund gelaufen. Die schwerste Tankerkatastrophe der Welt hatte die Küste der Bretagne getroffen.

Der größte Teil der 220 000 Tonnen Rohöl wurde an die Küste geschwemmt und vernichtete die Existenzbasis von Hunderten bretonischer Fischer und den Wohlstand eines Gebiets, das weitestgehend vom Tourismus lebte. Einen Monat später arbeiteten immer noch Tausende von freiwilligen Helfern an der Beseitigung der klebrigen schwarzen Masse. Der französische Ministerpräsident Raymond Barre nannte das Unglück eine nationale Katastrophe. In der Tat ist gerade das Ausmaß der Katastrophe furchteinflößend: Die größte Umweltkatastrophe der Welt, die von Menschenhand ausgelöst wurde, geschah durch das Stranden eines einzigen großen Schiffs. Dabei war schon vor gut 10 Jahren ein anderer Supertanker vor der Südwestküste Englands auf Grund gelaufen, hatte Hunderte von Kilometern Strand in England und Frankreich verseucht, in nicht mehr meßbarem Umfang das Leben von Meerestieren und Pflanzen vernichtet und offenbar dennoch den Ölgesellschaften, Regierungen und anderen Beteiligten keine Lehre erteilt, wie man mit solchen Superunfällen fertig wird.

Die *Torrey Canyon* strandete am 18. März 1967 auf den Felsen vor der Küste von Cornwall im Südwesten Englands. In den folgenden Tagen liefen annähernd 100 000 Tonnen ihrer Ladung von 120 000 Tonnen Rohöl ins Meer. Ein 56 Kilometer langer und 24 Kilometer breiter Ölteppich drohte mit Schäden und Zerstörungen in bis dahin ungekanntem Ausmaß. Tatsächlich wurden allein 8 000 ölverschmierte Seevögel an die Küste Cornwalls geschwemmt, nach Schätzungen kamen mehr als 50 000 Seevögel um. Es dauerte mindestens drei Jahre, bis sich die Fischbestände dieser für die Fischerei wichtigen Gegend nach der Katastrophe regeneriert hatten. Das Unglück wurde als nationaler Notstand behandelt. Man unternahm jede nur erdenkliche Anstrengung, die Küsten zu säubern. Eine der in England versuchten Methoden war die Auflösung des Öls durch Detergenzien, aber ein über die Katastrophe veröffentlichter Bericht aus dem Jahr 1968 ergab, daß nicht das Öl das Meeresleben am schwersten geschädigt hatte, sondern die Reinigungsmittel! Der Einsatz von Bulldozern und Löffelbaggern, mit denen man vorwiegend die Ölrückstände von der bretonischen Küste zu entfernen suchte, schränkte die Schäden für Fisch- und Vogelbestände wesentlich ein. Endlich, nach langer, teils durch das schlechte Wetter bedingter Verzögerung, ordnete die britische Regierung an, das Wrack von der Royal Air Force bombardieren zu lassen, um das noch im Schiff verbliebene Öl in Brand zu setzen. Dies brachte zwar die Katastrophe zu einem dramatischen Abschluß, verlagerte aber die Umweltverschmutzung lediglich vom Meer in die Luft.

Der Ärmelkanal ist eine der dichtestbefahrenen Wasserstraßen der Welt, insofern ist es nicht so überraschend, daß die zwei größten Supertankerunfälle gerade vor seiner westlichen Einfahrt geschehen sind. Aber eine Ölpest ist

nicht allein eine Folge dramatischer Unfälle in verkehrsreichen Wasserstraßen. In ihrem Buch *Umweltverschmutzung — eine Weltkrise* beschreibt die britische Autorin Lynette Hamblin, was im Januar 1969 geschah, als eine Bohranlage vor der Küste von Santa Barbara „auslief". Die Union Oil hatte vom Meeresgrund des Pazifik aus ein Bohrloch bis in 1 200 Meter Tiefe vorgetrieben, das mehrere Öllager öffnete, die nur durch poröse Gesteinsschichten voneinander getrennt waren. Tiefere Lager enthielten Öl, das unter stärkerem Druck stand als das in höheren Lagern, und dieses Öl ergoß sich durch Einbrüche im Meeresboden ins Wasser. Nach der Schätzung von Experten strömten zwölf Tage lang täglich etwa 80 000 Liter Öl aus. Endlich wurde das Bohrloch mit riesigen Mengen chemischen „Schlamms", der mit Zement vermischt war, gestopft, aber bis dahin hatte sich bereits ein Ölteppich von fast 1 Million Liter klebrigen schwarzen Rohöls gebildet. Einige Tage wurde er durch Ostwinde von der kalifornischen Küste ferngehalten, aber dann drehte der Wind, und schließlich waren über 320 Kilometer Küstenlinie bis zur mexikanischen Grenze verpestet.

Es kostete viel Geld, nach dem Unglück vor Santa Barbara die Küsten zu säubern. Das US-Innenministerium machte die Ölgesellschaften für die im Februar 1969 entstandenen Säuberungskosten haftbar. Man nimmt an, daß sie mindestens 5 Millionen Dollar bezahlen mußten, von zahllosen Privatklagen ganz abgesehen. Aber es dauerte fast ein Jahr, bis die Küsten wieder einigermaßen sauber waren, und nach Schätzungen gingen dem örtlichen Fremdenverkehr im Jahre 1969 mehr als 10 Millionen Dollar Einnahmen verloren.

Santa Barbara war unter den Ölkatastrophen insofern einmalig, als man hier die Verantwortlichen leicht feststellen und zur Zahlung zwingen konnte. Bei Zusammenstößen oder anderen Schiffsunglücken, die erschreckend häufig vorkommen, ist das kaum je möglich. Die britische und die französische Regierung mußten die Rettungsaktion im Fall der *Torrey Canyon* mitsamt der Bombardierung bezahlen, und so enden derartige Vorfälle meistens. Seit Ende der sechziger Jahre werden Supertanker von 200 000 und mehr BRT gebaut; damit tauchten neue Probleme auf, für die noch Lösungen gefunden werden müssen. Aber viele der Ölteppiche, die an die Küsten des Mittelmeers, des Atlantiks und der Nordsee getrieben

Links: Wrack des Supertankers *Torrey Canyon*, der vor der Südwestküste Englands 1967 auf Grund lief. Nachdem er Hunderte von Kilometern der britischen und französischen Küsten mit Öl verschmutzt hatte, wurde er bombardiert, um das restliche Öl zu verbrennen — dadurch wurde die Luft verschmutzt.

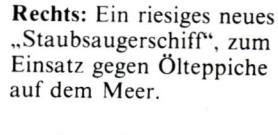

Rechts: Ein riesiges neues „Staubsaugerschiff", zum Einsatz gegen Ölteppiche auf dem Meer.

werden, sind die Folge zufälliger Ölverluste oder — und das kommt häufiger vor — des Flutens der Öltanks auf hoher See. In beiden Fällen ist es praktisch unmöglich, die Schuldigen festzustellen. Es gibt seit 1969 eine internationale Gesetzgebung, die es jedem Tanker verbietet, Öl in territorialen Gewässern (zwischen 12,5 und 200 Seemeilen vor den Küsten der Länder) oder im Ärmelkanal, in seinen westlichen Zufahrtswegen, in der Nordsee, der Ostsee und in der Irischen See abzulassen. Leider werden diese Gesetze so gut wie nicht befolgt.

Als der norwegische Forscher Thor Heyerdahl 1970 auf seinem Papyrusfloß über den Atlantik segelte, beobachtete er, daß der Ozean von teerartigen Klumpen bedeckt war, die sich manchmal „von Horizont zu Horizont" ausbreiteten. Seit Heyerdahls furchteinflößender Beschreibung der Verschmutzung des Atlantiks durch Öl haben die Wissen-

Oben: Küstenstreifen der Bretagne, der von der Ölpest betroffen wurde. Nachdem die obere Schicht der Strände gereinigt war, blieben die unteren noch monatelang verseucht.

Oben: Der Bau von Behelfsbarrieren gegen die Ölverschmutzung der Küsten nach dem Schiffbruch der *Amoco Cadiz.*

Unten: Demonstration der Bretonen gegen die Ölpest an ihrer Küste nach der Katastrophe der *Amoco Cadiz.*

schaftler mehr über dieses Problem herausgefunden. Sie schätzen, daß etwa 10 Millionen Tonnen Öl alljährlich direkt und indirekt in die Weltmeere fließen. Was kann man dagegen tun? Eine strengere Kontrolle der vielbefahrenen Seewege wie beispielsweise des Ärmelkanals könnte schon viel helfen. Auch eine strengere Handhabung der heutigen Gesetze über das Ablassen von Öl oder ölhaltigem Wasser wäre hilfreich. Aber letzten Endes scheint (wie bei vielen industriellen Katastrophen) die Ölverschmutzung in plötzlich steigendem und riesigem Umfang zu dem Preis gehören, den wir für unsere Abhängigkeit vom Öl als Energiequelle bezahlen müssen.

Lärmbelästigung

Ein amerikanischer Journalist schrieb kürzlich einen Artikel über einen fiktiven New Yorker, der durch Zufall in den Central Park geriet und an der dortigen Stille fast starb. Angeblich sei er eben noch rechtzeitig durch ein brüllendlautes Transistorradio gerettet worden. Diese Geschichte enthält ein Körnchen Wahrheit. Manche Städter haben sich so an den Lärm in ihrer Umgebung gewöhnt, daß sie sich ohne ihn nicht mehr wohl fühlen. Allerdings trifft für

Oben und rechts: Der hohe Lärmpegel durch Düsenflugzeuge, Lastwagen, Autos, Motorräder und andere Fahrzeuge sowie die dadurch bedingte Zunahme von Erkrankungen — Streß, Taubheit und psychische Störungen — scheint der Preis zu sein, den die Industrienationen für den modernen Schnellverkehr zu zahlen haben.

die meisten Menschen der Industriegesellschaft das Gegenteil zu. Lärm, vor allem lauter, dröhnender, unerwarteter Lärm ist zunehmend zu einem Störfaktor geworden, der Nervosität, Kopfschmerzen, Leistungsabfall, Schlaflosigkeit, ja zeitweilige Taubheit verursacht. Bei manchen Menschen hat er das Gehör bereits bleibend geschädigt.

Wissenschaftler und Ingenieure messen die Lautstärke in Dezibel (dB) auf einer Skala, die von 0 (für ein vom menschlichen Ohr kaum wahrnehmbares Geräusch) bis weit über 100 reicht. Diese Skala ist logarithmisch, so daß ein Anstieg von 10 Dezibel eine zehnfache Steigerung der Lautstärke bedeutet. Für das menschliche Ohr aber verdoppelt ein Anstieg um 10 Dezibel die Lautstärke. Das heißt, daß ein Büro mit einem Geräuschpegel von 58 Dezibel gegenüber 48 Dezibel im Leseraum einer Bibliothek doppelt so laut wirkt, das tatsächliche Geräuschvolumen des Büros jedoch zehnmal lauter ist. Auf die meisten Menschen wirkt eine Lautstärke von 50 Dezibel störend und von 80 Dezibel unangenehm; bei 90 Dezibel kann es sich auf das Gehör auswirken, bei 120 wird es schmerzhaft.

Kurze Spannen starken Lärms können eine vorübergehende Taubheit verursachen, während langanhaltender, sehr lauter Lärm einen Dauerschaden des Gehörs hervorrufen kann.

In den vergangenen Jahren ist der Geräuschpegel des Umweltlärms jährlich insgesamt um etwa ein Dezibel angestiegen, und er verdoppelt seinen Angriff auf das menschliche Ohr alle zehn Jahre. Flugzeuge, Lastwagen, Züge, Omnibusse, Autos, Preßlufthämmer und Musik durch Verstärkeranlagen tragen vereint zur wachsenden Lärmbelastung bei. Das tun aber auch Haushaltsgeräte wie Staubsauger, Mixer, Fernseh- und Stereogeräte, Alarmanlagen und Rasenmäher. Ferner sind da Motorräder, Motorboote und Transistorradios, die dort eindringen, wo einst die natürliche Stille der Felder, Wälder, Seen und Strände war. Sie und alle anderen sogenannten modernen Errungenschaften produzieren soviel Lärm, daß ein großer Prozentsatz der Bevölkerung technisch hochentwickelter Länder stark geschädigt wird; und es gibt ausreichend Beweismaterial dafür, daß der Lärm zunehmend psychische Schäden verursacht. Akuter physischer Schaden aber tritt am schnellsten in Fabriken auf, wo die Arbeiter

sowohl lautem als auch ständigem Lärm tagtäglich Jahr für Jahr ausgesetzt sind.

Lärm galt lange Zeit in Druckereien, auf Schiffswerften oder in Textilfabriken als unvermeidliches Übel und verminderte Hörfähigkeit als Berufsrisiko. In der Vergangenheit haben Millionen Arbeiter in diesen und ähnlichen Industriezweigen Hörschäden durch Lärm erlitten. Erst seit kurzer Zeit denkt man ernsthaft darüber nach, diese Schäden durch Geräuschdämpfung zu verhindern. Eine Reihe von Ländern hat der Industrie Auflagen über Lärmentwicklung gemacht, üblicherweise darf ein Maximum von 90 Dezibel nicht überschritten werden, wo Menschen 40 Stunden in der Woche arbeiten. Wenn der Lärm diese Meßwerte übersteigt, müssen technische Veränderungen den Lärm dämpfen oder isolieren oder die Arbeiter mit Ohrenschützern ausrüsten. Es gibt immer Firmen, die sich nicht an diese Vorschriften halten, weil die Kosten der Lärmdämpfung die Preise erhöhen würden vielleicht über die der Konkurrenz. Ohrenschützer benützen die Arbeiter häufig nicht, weil sie sie unbequem oder lästig finden.

Was kann geschehen, um die Belästigung durch Industrie- oder Umweltlärm zu vermindern? Man ist sich darüber einig, daß die beste Methode die Reduzierung der Lärmquellen ist; man kann geräuschärmere Maschinen bauen. Aber Änderungen an Konstruktionsplänen haben unvermeidbar einen Preisanstieg zur Folge, den der Konsument zu zahlen hat. Eine andere Lösung, zu der die Industrie wiederholt aufgefordert wird, besteht in der Dämpfung oder Isolierung von Lärmquellen. Städteplaner haben bereits begonnen, Siedlungen und Schulen von Autostraßen und Flugplätzen entfernt zu errichten oder in neue Häuser Schalldämpfungen einzubauen. Eine dritte, mittlerweile gebräuchliche Methode ist die gesetzliche Lärmbekämpfung. Viele Regierungen verbieten zum Beispiel den sinnlosen Gebrauch von Autohupen oder sie lassen Klagen gegen Verursacher von Lärm zu, der das erlaubte Maß überschreitet. Aber diese Gesetze sind schwer anzuwenden, weil die Lärmverursacher oft nicht zu identifizieren oder die Lärmgeschädigten nicht immer

bereit sind, vor Gericht zu gehen.

Die Auswirkungen der Lärmbelästigung sind nicht so augenfällig und dramatisch wie die Folgen von Luft- oder Wasserverschmutzung, und die Menschen scheinen sich des Schadens auch nicht so bewußt zu sein. Aber der Lärm hat wahrscheinlich eine größere und unmittelbarere Wirkung auf mehr Menschen als jede andere Art der Umweltverseuchung. Lärm kann bekämpft werden, aber das verlangt Unterstützung durch die Öffentlichkeit und die Bereitschaft, für die Kosten aufzukommen.

Das Unglück von Minamata
Japan 1950

Im Fischerdorf Minamata auf der Insel Kiushu in Japan stürzten sich Anfang der fünfziger Jahre plötzlich Katzen von den Kaimauern und ertranken. Es war das erste Zeichen einer kommenden Katastrophe, die nicht nur Katzen treffen sollte. Sie hatten vergifteten Fisch gefressen und waren von dem Gift nervenkrank geworden. Nicht lange danach, im Jahr 1953, folgten erste Vergiftungsfälle bei Menschen, deren Zahl rasch anstieg. Viele der Opfer starben, andere erkrankten an Krämpfen, litten unter Be-

wurden Hutmacher durch eine Quecksilberverbindung, die bei der Herstellung von Filzhüten verwendet wurde, vergiftet. Seither gibt es in England die Redensart: „mad as a hatter" (verrückt wie ein Hutmacher).

In Minamata führten Analysen zu der Vermutung, daß die Methyl-Quecksilber-Verbindung im Wasser der Bucht von Minamata dadurch entstanden war, daß das von der chemischen Fabrik Chiso mit anderen Abfällen ins Meer abgeleitete Quecksilber sich mit dem Methyl verband, das seinerseits durch Mikroorganismen entstanden war, als sie organische Abfälle im Wasser aufspalteten. Das Gift wurde von Fischen und Muscheln aufgenommen, die wiederum von den Fischern und anderen Bewohnern von Minamata verzehrt wurden. Die Chemiker konnten ihre Vermutung nicht beweisen, weil die Firma Chiso sich weigerte, ihre Produktionsmethoden beziehungsweise die Abfälle prüfen zu lassen. Chiso bestritt jede Schuld an den Vergiftungen und leitete ungerührt weiterhin quecksilberhaltige Abfall-

Links: Die Plastikfabrik Chiso in Minamata, Japan. Die Gesellschaft mußte 1966 einen Teil des Werks stillegen, als sich herausstellte, daß Quecksilberabfälle in die Bucht von Minamata abgelassen worden waren. Dabei entstand eine hochgiftige Verbindung, die von Fischen und Muscheln aufgenommen wurde.

Rechts: Verlassene Fischerboote in Minamata. Die Fischer und ihre Familien litten als erste unter der Methyl-Quecksilber-Vergiftung. In den fünfziger und sechziger Jahren breiteten sich die Vergiftungssymptome rapide aus und wurden als „Minimata-Krankheit" bekannt.

wegungs-, Sprach- und Sehstörungen und anderen Symptomen. Kinder kamen blind oder mit anderen körperlichen und geistigen Mißbildungen zur Welt.

Untersuchungen ergaben, daß es sich bei dem Gift um eine tödliche Verbindung aus Quecksilber und Methyl handelte. Quecksilber ist schon lange als gefährliches Gift bekannt. In Verbindung mit organischen Substanzen aber kann es durch Gehirnschäden und Störungen des Zentralnervensystems zum Tod führen. Bereits im 19. Jahrhundert

stoffe in die Bucht ab wie schon seit Jahren. Auch die japanische Regierung bestritt jede Kenntnis der Ursache der „Minamata-Krankheit" und lehnte es ab, irgendwie einzuschreiten.

Die betroffenen Einwohner überwanden die traditionelle japanische Obrigkeitsfurcht und gingen gegen die Firma Chiso vor. Sie erregten großes Aufsehen in der Öffentlichkeit und fanden bald Unterstützung in der japanischen Bevölkerung. 28 Familien verklagten die Firma Chiso auf

Schadenersatz. 1966 endlich stellte Chiso das Verfahren ein, das die Quecksilbervergiftung der Bucht verursacht hatte, und offizielle Untersuchungen ergaben bald darauf, daß die Abfälle kein Quecksilber mehr enthielten. Zwei Jahre später bestätigte die Regierung, daß die Firma für die Quecksilberverunreinigung verantwortlich gewesen war.

Bis Mitte der siebziger Jahre waren in Minamata 150 Menschen an der Methyl-Quecksilber-Vergiftung gestorben und mehr als 1000 wurden offiziell als geschädigte Opfer anerkannt. Chiso unterlag in der langen gerichtlichen Auseinandersetzung, mußte eine Schadenersatzsumme von fast 100 Millionen Dollar an die Opfer zahlen und sich an den Kosten der Reinigung der Bucht beteiligen, was die Firma an den Rand des Ruins brachte. Die Kosten steigerten sich zudem noch, denn weitere 3700 Menschen forderten Schadenersatz.

Andere Nationen, die die Tragödie von Minamata in Japan beobachteten, reagierten mit Besorgnis auf die

Thunfisch große Mengen Methyl-Quecksilber gefunden und als Folge eine Million Dosen aus dem Handel gezogen. Noch 1972 wurde im Irak entdeckt, daß nicht nur Fische, sondern auch Menschen, Vieh und Geflügel unter schweren Vergiftungserscheinungen litten. Die Lage war so ernst, daß die Regierung bei Todesstrafe untersagte, mit Quecksilber behandelte Stoffe in Flüsse zu schütten. In dem Bemühen, einer weiteren Konzentration von Methyl-Quecksilber in Fischen entgegenzuwirken, wurde 1972 von 91 Nationen ein Verbot beschlossen, Quecksilber und andere giftige Abfallstoffe ins Meer abzuleiten.

Für die Menschen in Minamata aber setzt sich die Tragödie fort. Wenige Opfer der Vergiftungen sind geheilt; die meisten werden bis ans Ende ihres Lebens geschädigt bleiben. Beim Menschen und anderen Säugetieren verursachen gewisse organische Quecksilberverbindungen Zerstörungen von Gehirnsubstanz. Diese Zerstörungen sind irreparabel. Aber in Minamata leiden auch jene, die der

Möglichkeit, daß sich auch anderswo Methyl-Quecksilber entwickeln könnte. In Schädlingsbekämpfungsmitteln und in industriellen Abfallprodukten enthaltenes Quecksilber war überall auf der Welt ins Wasser gelangt, und man fürchtete, es könne über vergiftete Fische in den Nahrungszyklus gelangen. 1964 meldete Schweden hohe Methyl-Quecksilber-Konzentrate in Süß- und Salzwasserfischen. 1970 prüften bereits viele Länder ihre Nahrungsmittel auf den Giftgehalt. In den USA wurden in fünf Dosen

Vergiftung entgangen sind, denn sie müssen sich um hilflose Angehörige kümmern oder verkrüppelte Kinder pflegen. Besonders tragisch ist, daß manche jungen Frauen Angst haben, zu heiraten und Kinder zu bekommen, weil das Gift, das sie womöglich in sich tragen, auch die nächste Generation schädigen könnte.

Die Contergan-Tragödie
Ein weltweites Unglück
in den sechziger Jahren

Im September 1961 bekam eine 21jährige Engländerin ihr erstes Kind, eine Tochter. Die Geburt war äußerst kompliziert, weil die Füße des Kindes mit dem Gesäß verwachsen waren und in einem Winkel von 90 Grad abstanden. Man mußte die Mutter operieren, um das Kind auf die Welt zu bringen. Bei der Untersuchung stellte sich heraus, daß das Kind weder Arme noch Beine hatte. An einer Schulter hingen drei gelenklose Finger, an der anderen zwei. An einem Fuß waren sieben Zehen, am anderen sechs Zehen und ein Daumen. Das Mädchen gehörte zu den 8 000

liebt und konnte ohne Verschreibung gekauft werden. Das Mittel war in Tierversuchen geprüft worden und hatte sich bei klinischen Tests bestens bewährt.

Ende der fünfziger Jahre wurde Thalidomid unter Lizenz in vielen Ländern hergestellt, auch in Großbritannien, wo es von der pharmazeutischen Tochterfirma eines der größten Whiskyproduzenten hergestellt wurde. 1960 aber kamen beunruhigende Berichte aus Westdeutschland über Geburten von Kindern mit Deformierungen, die mit dem Namen *Phokomelie* bezeichnet werden. Phokomelie heißt: Robbengliedrigkeit. Die Kinder werden mit Armen geboren, die so kurz sind, daß ihre Hände fast an den Schultern sitzen. Weniger häufig zeigen auch die Beine Wachstumsschäden. Manchmal kommen andere Mißbildungen hinzu, zum Beispiel Verformungen des Ohrs, Augenschäden oder das Fehlen normaler Öffnungen im Magen und Darmtrakt. Phokomelie ist äußerst selten, und die meisten Ärzte bekommen während ihrer ganzen Berufslaufbahn nicht einen Fall zu Gesicht. 1961 aber gab es eine fast epidemiear-

Kindern, die in verschiedensten Ländern deformiert zur Welt kamen, weil ihre Mütter das neue Medikament Thalidomid eingenommen hatten, das ihnen von ihren Ärzten als Beruhigungs- oder Schlafmittel in den ersten Wochen der Schwangerschaft verschrieben worden war.

Die westdeutschen Hersteller des Mittels, Chemie Grünenthal, hatten Thalidomid unter dem Markennamen Contergan verkauft. Es war als Schlafmittel überaus be-

tige Häufung von Phokomelie. Tatsächlich wurden überall auf der Welt, wo Thalidomid, unter verschiedenen Namen und von verschiedenen pharmazeutischen Firmen hergestellt, auf den Markt gekommen war, Geburten von gliedlosen, deformierten Kindern registriert.

Die Hersteller in Großbritannien zogen Thalidomid im November 1961 aus dem Handel. Ein Jahr darauf lagen bei den Gerichten die ersten Klagen wegen Fahrlässigkeit

Oben: Eltern von Thalidomid-Kindern in Großbritannien erörtern ihre und die Probleme ihrer Kinder.
Unten links: Ein thalidomidgeschädigter Junge nimmt trotz seiner Behinderung am normalen Schulbetrieb teil.
Unten rechts: Schadenersatzzahlungen der Hersteller des Medikaments, das die Mißbildungen verursachte, haben den Eltern einen Teil der finanziellen Lasten abgenommen, die durch die Behandlung und Pflege der Kinder entstehen.

wollten einen Treuhandfonds einrichten, der im Laufe von zehn Jahren ein Volumen von 3,25 Millionen Pfund bekommen sollte. Als unmittelbaren Erfolg des Pressefeldzugs erhöhten die Hersteller ihr Angebot, und die Gesamtzahlung an die Kinder überstieg 30 Millionen Pfund.

Mit Recht wurde die Frage gestellt, ob es überhaupt zu der Tragödie gekommen wäre, wenn man das Mittel gleich zu Anfang an *trächtigen* Versuchstieren ausprobiert hätte. Nach dem Unglück wurden diese Tests gemacht und ergaben, daß Dosen von Thalidomid während einer bestimmten Zeit der Schwangerschaft bei den Tierkindern zu ähnlichen Deformierungen führten wie bei menschlichen Neugeborenen. Es ist eine alarmierende Tatsache, daß bis zur Thalidomid-Katastrophe niemals Versuche an trächtigen Tieren durchgeführt wurden, um so mögliche Schäden für das menschliche Embryo ausschließen zu können.

Man darf jedoch nicht vergessen, daß trotz Tierversuchen und klinischer Erprobung an Menschen kein neues Medikament, das zum allgemeinen Verbrauch freigegeben

gegen die britischen Hersteller von Eltern von Thalidomid-Kindern vor. Die Gewährung von Schadensersatz verschleppte sich zehn Jahre lang, dann, 1972, begann die Zeitung *The Sunday Times* einen großen Feldzug mit Artikeln und Kommentaren, die jeden Aspekt der Thalidomid-Tragödie abhandelten.

Die Whisky-Hersteller hatten den Thalidomid-Kindern über ihre Eltern einen Vergleichsvorschlag gemacht: sie

wird, absolut sicher ist. Internationale pharmazeutische Konzerne haben die Pflicht, alle Erprobungen neuer Medikamente so umfangreich und weitreichend durchzuführen, wie es die Öffentlichkeit mit Recht erwarten kann. Die Thalidomid-Katastrope sollte die letzte bleiben.

Die radioaktive Bedrohung

Am 17. Januar 1966 stieß in der Nähe des spanischen Küstenorts Palomares ein B52-Bomber der US-Luftwaffe mit seinem Tankflugzeug in der Luft zusammen. Er verlor vier Bomben mit atomaren Sprengköpfen, und trotz der Verlautbarung, daß sie nicht explosiv seien, waren nicht nur Wissenschaftler von der Gefahr einer durch Kernwaffenunfälle ausgelösten Katastrophe aufs äußerste alarmiert.

Eine der Bomben fiel, ohne Schaden anzurichten, in ein ausgetrocknetes Flußbett. Eine zweite fiel ins Meer und wurde erst nach drei Monaten geborgen. Die beiden anderen Bomben fielen auf Felder, und obwohl sie keine Sprengsätze trugen und daher nicht explodierten, zerbarsten sie, wobei radioaktives Material frei wurde. Die Strahlenverseuchung war so stark, daß die gesamte örtliche Ernte vernichtet werden mußte und 20 000 versiegelte Behälter mit kontaminierter Erde zur „Lagerung" in die USA transportiert wurden.

Kaum war die Aufregung der Öffentlichkeit über das Problem der insgeheim stattfindenden Transporte von Kernwaffen verebbt, als am 11. Mai 1969 in den Rocky Flats-Atomwerken bei Denver in Colorado ein Brand ausbrach. Das Feuer richtete in der Atomwaffenfabrik einen Schaden von 50 Millionen Dollar an. Darüber hinaus beschädigte es radioaktives Plutonium im Werte von

Oben: Ein US-Kriegsschiff patrouilliert vor der Küste von Palomares in Spanien.
Links: Tausende Fässer radioaktiv verseuchter Erde werden auf einen Frachter zum Transport in die USA verladen. Die Erde wurde verseucht, als zwei Bomben auf Felder fielen und zerbarsten.

Rechte Seite: Atomwerk in Windscale in Nordengland. 1957 wurde ein großer Teil der Umgebung des Werks strahlenverseucht. Obwohl die Bautechnik der Kernkraftwerke ständig verbessert wird, sind sie noch nicht sicher genug und können unter Umständen Gefahr bringen.

20 Millionen Dollar — einen der gefährlichsten von Menschen produzierten Stoffe. Plutonium strahlt Alphastrahlen aus, die Körperzellen zerstören und, wenn sie in den Körper gelangen — durch das Einatmen strahlenverseuchter Luft oder durch radioaktiv verseuchte Speisen oder Getränke — zum Tod führen.

Es sieht ganz so aus, als müsse die Menschheit nicht nur mit der Belastung der natürlichen Strahlung — den kosmischen Strahlen aus dem Weltraum und radioaktiven Substanzen in der Erdkruste (und durch Nuklearbombenversuche hervorgerufenen Strahlungen) fertig werden, sondern auch noch mit der ständigen Bedrohung durch Atomunfälle, die zahllose Todesopfer fordern oder sogar einen Kernwaffenkrieg auslösen können. In den Fällen von Palomares und Rocky Flats war es fast soweit. Aber die Schrecken der Atomexplosionen von 1945 in Hiroshima und Nagasaki kann man nicht einfach aus dem Gedächtnis löschen. Wir wissen jetzt, daß — aufgrund radioaktiver Bestrahlung — die Überlebenden von Atomkatastrophen an Fieber, Übelkeit, Appetitlosigkeit, Anämie, Erbrechen, Durchfall, Geschwüren leiden, und je nach der Menge der Strahlung schließlich sterben werden. Die Politiker hoffen heute darauf, daß die Furcht vor einer allgemeinen radioaktiven Verseuchung uns möglicherweise den atomaren Frieden bewahren kann.

Die Möglichkeit der Gefährdung durch Radioaktivität steigert sich noch dadurch, daß heute immer mehr Atomkraft für friedliche Zwecke eingesetzt wird.

Der Abbau der natürlichen Vorräte an Öl, Erdgas und Kohle, vor allem aber die komplizierte wirtschaftsgeographische Lage dieser Ressourcen haben Staaten unterschiedlicher Gesellschaftsordnung nach energetischen

starke Unterschiede, was ihre Nutzbarkeit und Abbaufähigkeit angeht."

Gefunden wurde die Kernkraft. Kernkraft ist eine billige, rauchlose und relativ unerschöpfliche Energiequelle. Darüber hinaus stellte die Atomenergiekommission (AEC) fest, daß die Öffentlichkeit durch die Kernkraftwerke nur Bruchteilen der maximalen Strahlenmenge ausgesetzt wird, die nach striktesten Sicherheitsregeln noch als ungefährlich gilt. Dieser Optimismus stieß in der Öffentlichkeit, besonders unter Wissenschaftlern, auf zunehmend schärfer werdende Kritik. Die Furcht vor dem „Atomstaat" (Robert Jungk) wuchs. In riesigen Demonstrationen protestierten unruhig gewordene Bürger gegen die von Regierungen und Elektrizitätsindustrie favorisierte Politik des KKW-Baus. Die Demonstranten vor Gorleben, Kalkar oder Wackersdorf wurden von den Politikern und der konservativen Presse lange Zeit als „Chaoten", „Krawallmacher" und „Technikfeinde" beschimpft.

Dabei war die Kritik der Kernkraftgegner alles andere als verstiegen. Sie argumentierten vielmehr mit dem gesunden Hausverstand: Wenn die Kernenergie an die Stelle der natürlichen Energiequellen tritt, dann wächst auch die Wahrscheinlichkeit von Unfällen in Atomkraftwerken. Explodierte auch nur ein einziges, so prognostizierten die Kritiker, dann könnten Quantitäten von radioaktivem Fallout frei werden, die dem von Hunderten der auf Hiroshima abgeworfenen Atombomben entsprechen.

Ein Unfall ist unmöglich, erwiderten die Offiziellen. Sie wiesen statistisch nach, daß pro Reaktor allenfalls alle 10 000 Jahre ein großer Unfall zu erwärten sei. Ähnlich behaupteten die Konstrukteure der „Titanic", ihr Ozeandampfer sei unsinkbar.

Alternativen suchen lassen. Was nordamerikanische Wissenschaftler 1980 in ihrer Studie für den US-Präsidenten „Global 2000" konstatierten, könnten auch sowjetische, deutsche oder französische Forscher gesagt haben: „Die nicht-regenerierbaren Brennstoffe auf der Welt — Kohle, Erdöl, Erdgas, Ölschiefer, Teersand und Uran — reichen theoretisch zwar noch für Jahrhunderte, aber sie sind nicht gleichmäßig verteilt, sie werfen schwerwiegende ökonomische und Umweltprobleme auf, und es bestehen

Vor „Panikmache" warnten die Atom-Apologeten und rühmten die neue, „saubere" Energie. Am 26. April 1986 war es dann soweit. Das Atomkraftwerk Tschernobyl in der Ukraine explodierte. Der Deckel zur Hölle wurde weggerissen.

Der GAU von Tschernobyl

Der Mensch besitzt keine Sinnesorgane, um radioaktive Strahlungen zu spüren. Die Gefährdung ist zunächst so unhörbar, so unriechbar und so unsichtbar, daß selbst die Menschen in Kiew noch zwei Tage nach der Katastrophe nicht wußten, daß knapp 100 Kilometer nördlich ihrer Stadt ein atomares Höllenfeuer ausgebrochen war. Eher verdutzt waren die Arbeiter des schwedischen Atomkraftwerks Forsmark an der Ostseeküste nördlich von Stockholm, als sie am Morgen des 30. April 1986 bei den Sicherheitsschleusen vor der Reaktorhalle zurückgewiesen wurden. Der Reaktor und seine Zentrale erwiesen sich als

180 Tonnen weißglühendes Uran fraßen sich durch die Betonhülle des Reaktorblocks. Der GAU, der „Größte Anzunehmende Unfall", im 1000-Megawatt-Kraftwerk Tschernobyl, hatte kontinentale Dimensionen: Die radioaktive Kapazität des Reaktorkerns entspricht der von 1500 Hiroshima-Bomben.

Um den entfesselten Reaktor entbrannte ein gigantischer Kampf. Die sowjetische Regierung evakuierte 135 000 Einwohner und flog 6000 Ärzte, Sanitäter und Krankenschwestern in das Krisengebiet ein. Dreißig Großhubschrauber warfen in permanenten Anflügen Blei und Zement über dem Druckröhren-Reaktor ab, um das infernalische Feuer zu ersticken. Brigaden von Bergarbeitern trieben in Tag- und Nachteinsätzen einen 130 Meter langen Tunnel unter das Zentrum des Reaktors und errichteten eine Betondecke, um die radioaktive Verseuchung des Grundwassers zu verhindern. Experten

intakt. Doch als die Strahlenmeßtrupps die Kraftwerker abmaßen, knatterten die Geigerzähler wild — die hohe Radioaktivität war von draußen eingeschleppt. Als Zentrum des Übels orteten Atomphysiker und Meteorologen nach Auswertung der Luftströmungen ein Atomkraftwerk im Großraum Kiew.

Zur gleichen Zeit brannte der Reaktor von Tschernobyl, tagelang, wochenlang: Die bislang schwerste, von den „Experten" praktisch für unmöglich gehaltene Katastrophe war eingetroffen, der atomare GAU. Bis zu

arbeiteten im Sturmschritt jeweils genau eine Minute und zehn Sekunden auf dem Dach des Reaktors — eine Minute länger hätte den Tod bedeutet. Ein Heer von Helfern entseuchte über 60 000 Häuser, trieb das Vieh über die radioaktiven Sperrgrenzen und drang mit bleiverkleideten Traktoren und ferngesteuerten Robotergeräten in das Reaktorgelände ein. Als Höhepunkt des atomaren Szenarios empfanden viele Fernsehzuschauer ein besonders beklemmendes Bild: Sowjetische Arbeiter „beerdigten" verseuchte Erde.

Oben: Blick aus einem Hubschrauber auf den Unglücks-reaktor.

Links: Um den außer Kontrolle geratenen Reaktor von der Umgebung zu isolieren, wird unter dem Reaktor eine mächtige Schutzplatte verlegt. Rund um die radioaktiven Trümmer wachsen vier Mauern in die Höhe.

„Es ist ein lautloser Kampf. Es gibt keine Verwundeten und kein Gestöhn", so kommentierte ein Augenzeuge erschüttert das Geschehen. Sicher ist inzwischen: Die Helfer der ersten Stunde erlebten ihren letzten Sommer.

Die Folgen außerhalb der Landesgrenzen waren schnell, einschneidend und, wie zu befürchten steht, nachhaltig. Als die Wolke aus Jod, Cäsium und Strontium um die Erde zu treiben begann und quer durch Europa die Geigerzähler zu ticken anfingen, wurde deutlich, daß sich das jahrelang bagatellisierte „Restrisiko" einen Teufel um Grenzen, Systeme oder Militärblöcke schert.

Obgleich nur drei bis vier Prozent der Reaktor-Radio-aktivität nach außen gelangte und nur ein Prozent durch die Höhenströmungen nach Westeuropa driftete, erwies sich die Wirkung als enorm: In Skandinavien wurden 40 000 Rentiere, Lebensgrundlage der Lappen, verstrahlt und mußten notgeschlachtet werden; im Nordwesten Englands durften Schafzüchter 30 000 Tiere wegen

übermäßiger Strahlenbelastung nicht auf dem Markt verkaufen; die deutsche Gemüseernte mußte untergepflügt und frisch gemolkene Milch weggeschüttet werden; selbst im fernen Anatolien erwiesen sich Haselnüsse und Tee als vergiftet. Nicht zu reden von dem psychischen Notstand der Bevölkerung, die durch völlig hilflose — auf den GAU nicht vorbereitete — Behörden, falsche Becquerel-Grenz-angaben und schiere Ignoranz zusätzlich geschockt wurden: Den Balkon nicht zu betreten und Kinder nicht ins Freie zu lassen, so lauteten allen Ernstes amtliche bundesdeutsche Empfehlungen...

Was im Falle der Havarie des amerikanischen Atom-kraftwerks in Harrisburg auf Grund einiger glück-licher Zufälle der Umwelt erspart blieb, scheint uns die inzwischen bei strahlendem Leib eingemauerte Atomruine Tschernobyl zu bescheren: Spätschäden. Bis zu 75 000 Menschen könnten als Folge der Reaktorkata-strophe an Krebs sterben. Diese Prognose stellt der ameri-kanische Knochenspezialist Robert Gale, der unmittelbar nach dem Unglück Strahlenopfer in der UdSSR be-handelte. Die eine Hälfte der Todesfälle werde es in der Sowjetunion, die andere Hälfte in Westeuropa geben. Unabhängig voneinander kommen die amerikanischen Strahlenphysiker Prof. Dr. John Gofman und Prof. Dr. Karl Morgan zu einem ungleich höheren Ergebnis: eine Million zusätzlicher Krebsfälle in den nächsten 70 Jahren, davon rund 500 000 tödlich. Den niedrigen amt-lichen Krebsprognosen hält Prof. Gofman entgegen: „Alle Regierungen spielen die Strahlungsgefahren herunter, weil sie Kernkraftwerke bauen wollen."

Tschernobyl hat einen unauslöschlichen Schock aus-gelöst. Trotzdem werden vor allem in der Sowjetunion, der Bundesrepublik Deutschland, Frankreich und Großbri-tannien die Kernkraftwerke weiterhin ausgebaut. Im Westen wird mit der größeren Sicherheit der Reaktor-typen gegenüber dem Osten argumentiert. Prof. Dr. Klaus Traube, früherer Direktor von Interatom, hält davon nichts. Er kritisiert nach Tschernobyl besonders eine Schwachstelle westlicher Atompolitik: „Wir haben es uns geleistet, Kernkraftwerke in dicht besiedelte Gebiete zu setzen. Wir müßten im Krisenfall Millionen Menschen evakuieren. Das ist völlig unmöglich."

Kritiker regen jetzt an, der selbst erzeugten Gefahr ziviler Atomkatastrophen mit einer globalen „Umwelt-Außenpolitik" zu begegnen und diese in den weltweiten Abrüstungs- und Entspannungsprozeß einzubinden. Auch im Land des Katastrophenreaktors selbst mehren sich, im Zeichen der „glasnost" (Transparenz) unter Generalsekre-tär Michail Gorbatschow, kritische Stimmen. Die gleichen Kräfte, die das Projekt der Bürokraten zu Fall gebracht haben, sibirische und nordrussische Flüsse nach Süden umzuleiten, stemmen sich nunmehr auch gegen die „strahlende Zukunft" eines weiteren Kernenergieausbaues in der Sowjetunion. Der berühmte Schriftsteller und Ostsibirier Valentin Rasputin („Abschied von Matjora") sagte ein Jahr nach Tschernobyl:

„Wir sind aus irgendeinem Grund der Meinung, daß das, was in Tschernobyl geschah, ein Zufall gewesen sei, während es doch eine Gesetzmäßigkeit war, die — wenn sie sich nicht bei uns abgespielt hätte — im nächsten Jahr woanders geschehen wäre, und zwar in der gleichen Größenordnung. Und es wird noch Schlimmeres passie-ren. Das entspricht der Gesetzmäßigkeit. Das ist, wie wenn man den Geist aus der Flasche läßt, dann muß er etwas Böses anstellen."

Chemische Katastrophen
Seveso 1976 — Basel 1986

Am Mittag des 10. Juli 1976 explodierte in der ICMESA-Fabrik unweit von Mailand eine Mischung von Chemikalien, die zur Herstellung von Trichlorphenol, einem der Bestandteile eines starken Pflanzengiftes, benützt werden. Durch die Explosion wurde ein Sicherheitsventil aufgesprengt, und eine Wolke von Chemikalien drang in die Luft. Sie enthielt Dioxin, ein Nebenprodukt der Trichlorphenol-Herstellung und eines der tödlichsten Gifte, das bekannt ist. Die kegelförmige Wolke senkte sich über einen großen Teil der Stadt Seveso, wo sie ihre

Gebiet zu evakuieren. Bis zu diesem Zeitpunkt waren schon 35 Menschen ins Krankenhaus eingeliefert worden.

Die Behörden teilten das Gebiet in Zone A, die am schwersten betroffene Gegend, und in Zone B ein, das weniger stark verseuchte Gelände mit „erträglichen Mengen" von Dioxin. Zone A, die immerhin ein Gebiet von 250 Morgen Land und Wohnungen von etwa 750 Menschen umfaßte, wurde ganz evakuiert, mit Stacheldraht eingezäunt und von Soldaten bewacht, um Bewohner an der Rückkehr zu hindern, wenn sie verseuchte Gegenstände aus den Häusern holen wollten. In Zone B, einem Gebiet von 500 Morgen, durften die mehr als 5000 Einwohner in ihren Häusern bleiben, aber die Kinder wurden tagsüber fortgebracht, um die Vergiftungsgefahr zu reduzieren; Ortsfremden wurde der Zugang untersagt.

Allmählich verschwanden bei vielen der Seveso-Opfer die frühen Vergiftungserscheinungen wie Hautgeschwüre, aber statt dessen bekamen sie eine schwerere, dauerhafte Hautkrankheit, Chlorakne, von der besonders Kinder stark betroffen wurden. Blutuntersuchungen ergaben, daß alle Kinder aus Zone A und viele andere Opfer, Erwach-

tödliche Last über 750 Morgen Gartenland, Kornfelder und Weiden sowie über Häuser und Gärten von fast 6000 Menschen ablud, ehe sie fortgetrieben wurde und sich allmählich auflöste.

Binnen zwei Tagen erkrankten viele Menschen in der betroffenen Gegend an Hautgeschwüren im Gesicht, an Armen und Beinen, litten an Diarrhöe, Erbrechen, Kopfschmerzen und Schwindel. Tausende von Vögeln fielen tot zur Erde, und kleine Tiere wie Katzen und Kaninchen verendeten. Ärzte, die mit Anrufen ihrer verängstigten Patienten bombardiert wurden, fragten bei den örtlichen Gesundheitsbehörden nach, was die Wolke enthalten hätte, aber die Behörden konnten ihnen kaum Auskünfte geben. Die Sprecher der ICMESA hatten lediglich mitgeteilt, sie könne möglicherweise „Bestandteile von Pflanzengift" enthalten haben. Sie ließen nichts über die wirkliche Gefahr durchblicken.

Erst neun Tage nach der Explosion gaben ICMESA-Vertreter und die schweizerische Mutterfirma Givaudan zu, daß Dioxin im Fallout der Wolke enthalten war. Es vergingen weitere fünf Tage, bis ein Arzt der Gesellschaft den örtlichen Behörden riet, das am schwersten verseuchte

sene wie Kinder, eine verminderte Zahl weißer Blutkörperchen hatten, was die Widerstandskraft gegen Infektionen reduziert und die Gefahr einer zukünftigen Leukämie birgt.

Das Ende der Geschichte der Seveso-Katastrophe wird auf Jahre hinaus, wenn nicht für immer, auf sich warten lassen. Lehren aber, die aus ihr gezogen wurden, könnten eine ähnliche Katastrophe in der Zukunft verhindern. Erstens könnte eine Frühwarnung möglicher Opfer die Berührung mit dem Gift einschränken. Zweitens könnte eine Fabrik, die toxische Produkte herstellt, so gebaut werden, daß das Gift bei einem Unfall nicht in die Atmosphäre entweichen kann. Drittens könnte die Herstellung von Trichlorphenol mit dem todbringenden Nebenprodukt Dioxin ganz eingestellt werden, da es für die Produkte, denen es zugesetzt wird, andere gleichwertige Stoffe gibt. Durch jede dieser drei Maßnahmen hätte die Katastrophe von Seveso verringert oder verhindert werden können.

Als in der indischen Stadt Bhopal ein amerikanisches Chemiewerk havarierte und 4 000 Frauen und Männer

Links: Das Chemiewerk ICMESA in Seveso, Italien. Von dieser Fabrik stieg die tödliche Gaswolke auf, die die Gegend verseuchte, als ein Sicherheitsventil der Anlage platzte.

Oben: Ein Prüfer in Schutzmaske und Schutzanzug entfernt eine Katze, die an den giftigen Dämpfen verendet ist.

Unten: Dieses Kind, eines der vielen Opfer von Seveso, hat ein von Chlorakne vernarbtes Gesicht, eine Folge der Dioxin-Vergiftung nach der Explosion in der Fabrik ICMESA.

durch Giftgase starben, sprachen europäische Chemie-Manager von einer klassischen Dritte-Welt-Katastrophe, die durch Billiginvestitionen, d. h. mangelnde Sicherheitseinrichtungen, provoziert worden sei. Ein vergleichbares Unglück sei für Europa auf Grund des „extrem hohen" Sicherheitsstandards auszuschließen.

In der Nacht zum 1. November 1986 explodierten in der Sandoz-Lagerhalle 956 in Muttenz bei Basel Fässer mit über 1200 Tonnen Chemikalien. Die Hitze war so hoch, daß sich selbst 15 Zentimeter dicke Stahlträger verbogen. Der Chemie-GAU am Rhein entwickelte sich in Minutenschnelle zu einem Inferno:

Der Chemiegigant Sandoz — das zehntgrößte Schweizer Unternehmen — hatte es versäumt, für einige hunderttausend Franken eine Sprinkleranlage zu installieren, die die Flammen im Keim erstickt hätten. Als nun die Feuerwehren anrückten und pro Minute 25 Kubikmeter Wasser in die Flammen jagten, gab es überdies keine Staubecken, die das mit Chemikalien vergiftete Löschwasser auffangen konnten. Schlimmer noch: 250 Meter neben der Flammenhölle von Halle 956 lagerte ein Tank mit

Phosgen. Phosgen, das heute zur Produktion von Kunststoff gebraucht wird, wurde im Ersten Weltkrieg als Giftgas eingesetzt: Das Inventar hätte ausgereicht, um die Bevölkerung ganz Europas auszurotten.

Das „Tschernobyl am Rhein", wie die entsetzte Bevölkerung das verheerende Chemieunglück taufte, führte innerhalb von Stunden zu schwerer Vergiftung des Rheins: Über 150 000 tote Aale holten Feuerwehr und Wasserschutzpolizei aus dem vergifteten Strom. Hechte, Äschen, Zander und Forellen verendeten. Fischreiher, Enten, Schwäne und Kormorane starben an vergifteten Fischen. Plankton, Algen, Ein- und Mehrzeller, Wasserflöhe, Kleinkrebse, Würmer und Insektenlarven gingen auf den 330 Flußkilometern zwischen Basel und Mannheim ein. Die Trinkwasserversorgung für 20 Millionen Rheinanlieger war gefährdet, vorsorglich schlossen die Behörden die am Rhein gelegenen Trinkwasserbrunnen unmittelbar nach der Verseuchung und ließen Tankwagen zur Wasserversorgung anfahren.

Vier Wochen später ereigneten sich die nächsten Chemiekatastrophen an Europas meistbesungenem Strom: Die BASF mußte zugeben, zwei Tonnen des hochgiftigen Pflanzenvernichtungsmittels Dichlorphenoxy-Essigsäure in den Vater Rhein geleitet zu haben, Hoechst entsorgte Chlorbenzol über den Regenwasserkanal unerlaubt in den Main (und damit auf Umwegen in den Rhein), die Bayer-AG ließ in Leverkusen 800 Kilogramm Methanol in den Rhein fließen. Die Behörden warnten, Kühe und Hunde aus dem Rhein saufen zu lassen, und sprachen von „singulären" Unglücksfällen. Die Forschungsmannschaft von „Greenpeace", die mit ihrem Laborschiff „Beluga" Giftwellen im Rhein nachspürt, diagnostizierte dagegen: „Der Störfall, das ist inzwischen der Normalfall am Rhein."

Inzwischen werden schärfere Sicherheitsbestimmungen und Strafauflagen gegen industrielle „Brunnenvergifter" gefordert. Der Verwaltungsratpräsident der Sandoz-AG, Dr. Marc Morat, meinte auf der Hauptversammlung des Unternehmens am 5. Mai 1987, angesichts des Unglücks habe man wieder das Fürchten gelernt. Man bejahe den Fortschritt, aber gelegentlich regt sich in uns die bange Frage: „Ist das nicht zuviel?"

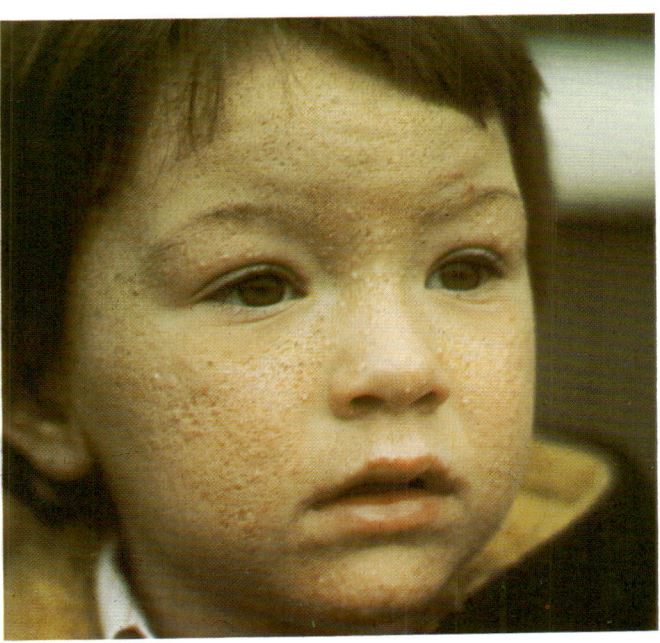

Weltraummüll
Kanada 1978

Am 29. Januar 1978 studierten sechs amerikanische und kanadische Ökologen Flora und Fauna auf einem abgelegenen Außenposten im Norden Kanadas namens Warden's Grove. Sie stießen zufällig auf einen etwa drei Meter breiten und einen Meter tiefen Krater, der sich ins Eis eines zugefrorenen Flusses gegraben hatte. Verformte und durchlöcherte Metallteile ragten aus der Kraterhöhle. Nachdem dieser Fund gemeldet worden war, flogen Wissenschaftler zum Fundort, etwa 230 Kilometer östlich des Großen Sklavensees. Sie untersuchten die Metalltrümmer auf Radioaktivität. Die Prüfung fiel positiv aus. Eine fünf Tage dauernde Suche, die etwa 1 Million Dollar gekostet

Troposphäre eintrat. Was aber, wenn er nicht verbrannt wäre? Und wenn er, statt in eine Straße zu fallen, wo sofort Sicherheitsmaßnahmen hätten ergriffen werden können, unbemerkt auf einem Dach oder in einem Garten gelandet wäre und die ganze Umgebung verseucht hätte? Das waren die Fragen, die Menschen besorgt stellten und die unbeantwortet blieben. Der britische Schriftsteller Bryan Silcock verglich das immense Interesse, das ein abgestürzter Satellit erweckt, der niemanden tötet, mit der Gleichgültigkeit, auf die eine Überschwemmung in Indien stößt, bei der Tausende umkommen. Er stellt dazu fest: „Wir verstehen, was Gott uns schickt, nicht aber, was unsere Wissenschaftler im Weltraum treiben."

Die Lage bekommt immer mehr Züge eines Alptraums, wenn man sich überlegt, daß im Januar 1978 über uns am Himmel 4 272 Metallgebilde herumflogen, die von amerikanischen und russischen Wissenschaftlern dort hinaufgeschossen worden waren: Fernsehsatelliten, Wettersatelliten, Spionagesatelliten und eine beträchtliche Anzahl von Satellitenwracks, die ausgedient haben; außerdem Trüm-

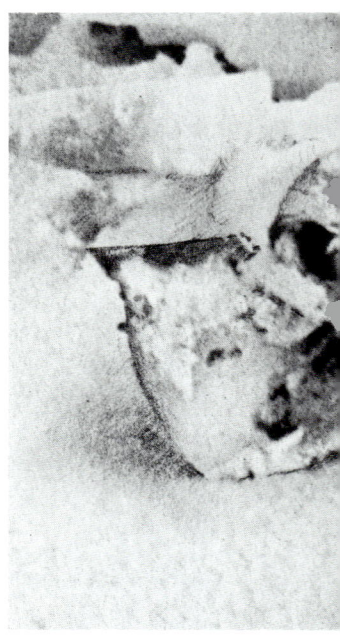

hatte, brachte ein erstes Ergebnis.

Aber die Fragen begannen nun erst. Die Trümmer waren Fragmente eines mit Atomkraft angetriebenen sowjetischen Satelliten, der aus der Umlaufbahn geraten und auf die Erde gefallen war. Er war in eine der dünnstbesiedelten Gegenden der Erde gestürzt, aber das war reiner Zufall. Die Erde einmal in 104 Minuten umkreisend, hatten seine zwei früheren Umlaufbahnen ihn über Spanien, Tunesien, Zentralafrika, Madagaskar nach Norden über den Pazifik und Kalifornien nach Zentralkanada geführt, dann nach Süden, etwas weiter westlich von seinem früheren Kurs über Westafrika zwischen Australien und Neuseeland nach Norden und endlich zu seinem Absturzort über den Eiswüsten Nordkanadas. Niemand war verletzt, nichts schien zerstört zu sein. Was aber, wenn der radioaktive Abfall auf eine von Menschen wimmelnde Straße in Madrid gestürzt wäre, auf eine kalifornische Stadt oder ein anderes dichtbesiedeltes Gebiet? Der Atombrennstoff in seiner Batterie, so wird vermutet, verbrannte, als der Satellit wieder in die

mer, die von ihnen in einem bestimmten Flugstadium abgestoßen worden sind. Seit 1968 sind 5 000 von Menschenhand geschaffene Objekte dieser Art wieder in die Erdatmosphäre eingetreten und verglüht. Mindestens zwei sind in den sechziger Jahren nicht verglüht, sondern ins Meer gefallen, wo sie keinen Schaden verursachten.

Der in Kanada zerschellte Satellit war ein Kosmos 954, der am 18. September 1977 von der Weltraumstation Tjuratam in Zentralasien abgeschossen worden war. Die westlichen Radarstationen hatten ihn sofort nach dem Start entdeckt. Er gehörte zu einer Serie von Spionagesatelliten und sollte wahrscheinlich die Bewegungen westlicher Flottenverbände beobachten. Er stieg allerdings nicht so hoch wie seine Vorgänger und bewegte sich in einer Höhe von etwa 240 Kilometern. Die sofort einsetzende Flut von Funkkommandos zwischen der Sowjetunion und dem Satelliten deutete an, daß er schon bald nach dem Start nicht mehr richtig funktionierte. Bereits Anfang Januar errechneten amerikanische Wissenschaftler, daß er

Unten links: Kanadische Wissenschaftler, die nach den Trümmern des abgestürzten sowjetischen Weltraumsatelliten suchen.
Unten: Trümmer in dem Dreimeterkrater, die von im Regierungsauftrag arbeitenden Naturkundlern gefunden und als Teile eines Spionagesatelliten mit Atomantrieb identifiziert wurden.
Rechts: Ein Mitarbeiter des kanadischen Atomenergie-Kontrollrates verpackt ein radioaktives Stück des sowjetischen Satelliten in einem Luftwaffen-Hangar auf dem Flughafen Yellowknife im Nordwest-Territorium

im Laufe des nächsten Monats seinen Flug abbrechen würde. An die Sowjetunion gerichtete Fragen über den Satelliten wurden anfangs mit ausweichenden Stellungnahmen beantwortet. Dann wurden die Russen stärker unter Druck gesetzt, und am 16. Januar gaben sie genaue Auskünfte und erklärten, es gebe „keine Gefahr des Auftretens kritischer Masse und daher auch keine Explosionsgefahr".

Die radioaktiven Batterien der Kosmos-Serie haben etwa die Größe einer 4-Liter-Thermosflasche und enthalten rund 45 Kilo Uran 235. Die durch den Zerfall des Urans entstehende Hitze wird in Elektrizität umgewandelt und dient dazu, schwer zugängliche Installationen mit Strom zu versorgen. Auch amerikanische Satelliten werden mit Kernkraftbatterien ausgerüstet; man verwendet aber ein Isotop des Plutoniums, das sehr schnell zerfällt. Die besondere Gefährlichkeit von Uran 235 liegt darin, daß es sehr viel langsamer zerfällt und dadurch die Strahlung sehr viel länger anhält.

Kosmos 945 trat kurz vor 7 Uhr morgens am 24. Januar wieder in die Erdatmosphäre ein. Marie Ruman aus Yellowknife sagte: „Ich dachte, liebe Güte, da brennt ein Düsenjet! Dann ging mir auf, daß es das nicht war ... Es waren rote Flammen, Dutzende und Dutzende, die zusammen herunterfielen." Eine riesige Suchaktion setzte ein. US-Luftwaffenmaschinen flogen in verschiedener Höhe das ganze Gebiet ab, und nachdem die ersten Trümmer entdeckt wurden, fand man später noch mehrere, Hunderte von Kilometern weiter im Westen.

Der Mensch wird ganz ohne Frage seine wissenschaftlichen und technischen Forschungen fortsetzen. Die Entdeckungen, die er dabei macht, werden erheblich zu unserem Wissen beitragen und in vielen Fällen unser Leben auf der Erde erleichtern. Aber ebenso unvermeidbar wird es tragische Rückschläge geben und schreckliche Unfälle, die Tote oder Verwundete fordern. Diese Katastrophe lauert noch in der Zukunft.

14
Das Meistern von Katastrophen

Des Menschen Macht, der systematischen Grausamkeit ganzer Gesellschaftssysteme oder auch nur einzelner Einhalt zu gebieten, ist beschränkt. Nationale Gesetze und internationale Abkommen existieren, werden aber oft nicht rechtzeitig angewandt. Menschliche Macht ist auch begrenzt, wenn sie Naturkatastrophen gegenübersteht. Aber wenn wir auch nur wenig tun können, um sie zu verhindern, können wir doch das Leid verringern, das sie verursachen.

Die großen Industrienationen in West und Ost haben die Mittel, mit ihren eigenen Naturkatastrophen allein fertig zu werden. Wenn ein Wirbelsturm die Küsten von Florida verwüstet oder ein Erdbeben das Stadtzentrum von Bukarest zerstört, dann sind angemessene Hilfsmaßnahmen schnell getroffen und die Wiederaufbauarbeit beginnt bald.

In der sogenannten Dritten Welt — in der es unglücklicherweise zu den meisten Naturkatastrophen kommt — ist das nicht der Fall. In Krisenzeiten brauchen die unterentwickelten Länder unsere Hilfe. Und dennoch ist in der Vergangenheit die richtige Hilfe oft zu spät gekommen. Gibt es eine wirksamere Methode, diese Katastrophen zu meistern?

Linke Seite: Nach dem Erdbeben vom Mai 1970 in Peru. Naturkatastrophen haben den Menschen von jeher heimgesucht, aber durch das Bevölkerungswachstum sowie die ständig expandierenden Städte nimmt eine Katastrophe in Stadtgebieten rasch verheerendes Ausmaß an. Hilfe wird fast immer benötigt, und zwar richtige und schnelle Hilfe. Aber wird sie auch immer geleistet?

Helfen — aber wie?

Katastrophen pflegen meist große Hilfsbereitschaft der Menschen auszulösen. Aber erreicht diese Hilfsbereitschaft auch die Opfer?

Vier markante Beispiele der letzten Jahrzehnte machen das Dilemma, das oft über das Leben von Tausenden entscheidet, sichtbar: Hilfeleistungen werden erbracht, aber sie kommen zu spät.

Positiv gestaltete sich die Selbsthilfe, negativ die Hilfsaktionen im Fall des schweren Erdbebens vom 4. Februar 1976 in Guatemala, das 23 000 Tote und 75 000 Verletzte forderte: Innerhalb von drei Stunden danach war der Flugplatz wieder offen. Die meisten Krankenhäuser waren nicht schwer in Mitleidenschaft gezogen worden und arbeiteten schon nach zwei Tagen wieder. Sie hatten bald keinen Gips mehr, um Knochenbrüche zu behandeln — gebrochene Gliedmaßen sind bei Erdbeben die häufigste Verletzung. Das benötigte Material wurde später von einer britischen Hilfsorganisation geliefert. Doch bereits vier Tage nach dem Erdbeben hatten die örtlichen Behörden Gräben für Latrinen ausheben lassen, hatten Behelfsunterkünfte eingerichtet und Straßen in ländlichen Gebieten gesperrt, um sie als Landebahnen für Flugzeuge benutzen zu können. All dies geschah lange bevor ausländische Hilfsaktionen aktiv wurden.

Das Problem erster medizinischer Hilfe war bis auf den Gips längst gelöst, als eine Armada ausländischer Hilfe eintraf — diese wiederum erwies sich als großzügig, aber kopflos: amerikanische Ärzte, ein komplettes transportables Notlazarett und 115 Tonnen Medikamente. Die Ärzte hatten wenig zu tun, und unter den Medikamenten befanden sich u. a. Antibabypillen (!), Ärztemuster und eine Sammlung von Tabletten, die 1934 hergestellt worden waren. Die Behörden in Guatemala setzten drei Apotheker zum Sortieren ein, um Brauchbares herauszufinden. Nach drei Monaten gaben sie es auf,

Oben: Szene der
Zerstörung. Die Folgen
eines Erdbebens, das im
Juni 1970 einen Felssturz
auslöste, bei dem
80 Millionen Tonnen Fels,
Eis und Schlamm vom
höchsten Berg Perus mit
280 Stundenkilometern
durch das Tal rasten. **Oben
links:** Diese Luftaufnahme
zeigt den Schlammstrom,
den die Lawine auslöste.
Die Katastrophe wurde
noch größer, weil die
Überlebenden nicht mit
Hilfsgütern versorgt werden
konnten — sowohl durch
die Unzugänglichkeit des
Gebiets als auch durch die
miserable Organisation der
Hilfsaktionen.

hoben einen großen Graben aus, warfen alles hinein und
schütteten ihn zu.

Hilfe ohne Zweck und Ziel löste das Erdbeben am
31. Mai 1970 in Peru aus. Ein 800 Meter hoher, von einer
dicken Eisschicht bedeckter Felshang stürzte vom Gipfel
des Huascarán und bildete eine Lawine von 80 Millionen
Tonnen Fels, Eis und Schlamm. Sie raste mit 280 Stundenkilometer vom höchsten Berg Perus durch das Tal, riß
zahlreiche Dörfer mit sich und begrub die blühende Stadt
Yungay unter einer dicken Schlammschicht. In Huarás,
der Verwaltungszentrale der Region, starb rund die Hälfte
der Bevölkerung, als die Lehmziegelhäuser über ihnen
zusammenstürzten. Das Erdbeben tötete 70 000 Menschen, verletzte weitere 40 000 Frauen, Männer und Kinder
und zerstörte 200 000 Häuser.

In dieser Gebirgsgegend dauerte es 24 Stunden, bis die
totale Zerstörung der Städte überhaupt bekannt wurde.
Eine Woche nach dem Erdbeben trafen zwei Mormonen-
Missionare in Chimbote an der Küste ein und meldeten,
daß die Stadt Caraz noch keinerlei Hilfsgüter erhalten
habe — und Huarás lag lediglich 80 Kilometer
landeinwärts hinter dem von der Lawine zerstörten Teil.
Zwei Monate vergingen, ehe die NASA durch Luftauf-
nahmen das ganze Ausmaß der Katastrophe registriert
hatte. Nach viereinhalb Monaten (!) gab es immer noch
Dörfer, die nur mit Maultieren zu erreichen waren.

Mehr als 2000 Zentner Nahrungsmittel, Medikamente
und Kleidung lagen im Flughafen von Los Angeles bereit
und warteten auf ein Flugzeug, das sie nach Peru bringen
sollte.

Aber auch der Fall Peru ist keine Ausnahme. Im
November 1970 traf eine Flutwelle, die einer der wenigen
Überlebenden als eine „gigantische Wassermauer" beschrieb, die Küste Ostpakistans, des heutigen Bangla-
deschs. Etwa eine Million Menschen kamen um. Dies war
eine der schrecklichsten Katastrophen des Jahrhunderts.
Als „Katastrophe der Katastrophen" entpuppte sich
jedoch die Unfähigkeit der pakistanischen Militärdiktatur:
Die örtlichen Pläne für Hilfsmaßnahmen bei Überschwemmungen reichten nicht einmal im Ansatz, obwohl
das Gangesdelta regelmäßig von Hochwasserkatastrophen heimgesucht wird. Pakistan lehnte es anfangs sogar
ab, in der Provinz den allgemeinen Notstand auszurufen.
Die Situation vor Ort entwickelte sich zur schauerlichen
Groteske: Nur einen einzigen Hubschrauber stellte die
Militärregierung zur Verfügung, um Hilfsgüter einzu-
fliegen.

Zwar war die Weltöffentlichkeit über das Ausmaß des
Elends erschüttert, doch wie so oft erwiesen sich die inter-
nationalen Hilfsmaßnahmen als schlecht vorbereitet, ja
dilettantisch. Der britische Wissenschaftler Dr. Anthony
Michaelis beobachtete die Ergebnisse bürokratischer
Unfähigkeit: „Dosen mit Apfelmus, Honiggläser, Woll-
socken, Wintermäntel und viel zu kompliziert aufzu-
bauende Zelte füllten das Flugzeug, wo Geräte zur
Wasserdestillierung, Schlauchboote und Tabletten zur
Wasserdesinfizierung viel angebrachter gewesen wären.
Zwei Tonnen Reis, Wolldecken und Medikamente wurden
von der deutschen Luftwaffe Tausende von Kilometern
weit in wenigen Stunden eingeflogen, dann aber auf einem
offenen Feld beim Flugplatz deponiert. Am Ende
landeten die Güter auf dem schwarzen Markt und kamen
nie den Flüchtlingen zugute, für die sie bestimmt waren."
Europäische Geldspenden konnten noch nach einem
halben Jahr nicht in das Krisengebiet überwiesen wer-

den, weil Pakistan verwaltungstechnisch Schwierigkeiten machte...

Wie schließlich Katastrophen durch politische Umbrüche unfreiwillig ausgelöst werden, zeigt das Beispiel Ostafrika. Anfang der siebziger Jahre war es im äthiopischen Raum gelungen, die Heuschreckenplage unter Kontrolle zu bekommen. Die Brutgebiete wurden überwacht und alle sich bildenden Schwärme rechtzeitig vernichtet. Der Sturz des Kaisers Haile Selassie führte zu Unruhen im ganzen Gebiet des Horns von Afrika. Die Heuschreckenüberwachung wurde vernachlässigt oder sogar offiziell als „Spionagetätigkeit in einem Kriegsgebiet" verboten. Als Folge haben sich die Heuschrecken, einer der alten Plagen des Ostens, erneut entwickeln können und breiten sich heute rasch wieder aus: nicht nur in Äthiopien, Somalia und Eritreia, also den in den Krieg verwickelten Gebieten, sondern auch im benachbarten Kenia, Uganda und Sudan.

Gerade das Beispiel Äthiopien zeigt aber nach Auffassung erfahrener Dritte-Welt-Experten ein strukturelles Defizit herkömmlicher Katastrophenhilfe. Als in der Sahelzone die furchtbare Dürre und damit Hungersnot um sich zu greifen begannen, reagierten die Industriestaaten mit gewaltigen Hilfssendungen. Das war lebenswichtig und rettete zahllosen entkräfteten Dürreflüchtlingen buchstäblich in letzter Minute das Leben. Doch die Ursachen künftiger Katastrophen wurden nicht beseitigt. Erforderlich sind in den Ländern traditioneller Armut und Unterentwicklung die Anlage von Stauseen, Bewässerungskanälen, die Durchführung von Bodenmeliorisation, Baumpflanzungen gegen Bodenerosion, ein Minimum an

Agrartechnologie, Einrichtung eines Transportsystems — und zur Leitung dieses agrarrevolutionären Prozesses Volksbildung, Sanitärwesen, Kultur und Information.

Über die Dauerinstallierung der Katastrophe hat der Präsident der Nord-Süd-Kommission, Willy Brandt, aus Anlaß der Verleihung des Dritte-Welt-Preises am 25. April 1984 vor der UNO folgendes ausgesagt: „Egoismen und andere Engstirnigkeiten haben zum Erfolg geführt, daß

Links: Ein Heuschreckenschwarm besteht oft aus 10 Millionen Einzelinsekten, die in einer Saison mehr als 3000 Kilometer zurücklegen können und die trockenen Gebiete, über die sie herfallen, kahlfressen. Anfang der siebziger Jahre waren Heuschreckenschwärme in Ostafrika kaum mehr eine Gefahr, aber die politischen Unruhen in den Gebieten, die am häufigsten von ihnen heimgesucht werden, haben ein erschreckendes Anwachsen der Schwärme bewirkt. Am Horn von Afrika gibt es nach Jahren der Dürre bereits große Hungergebiete, und Tausende leben in Sammellagern (*unten*).

Unten links: Zwei europäische Krankenschwestern mit zwei der vielen verhungernden Kinder aus dem Lager. Beide sind so unterernährt, daß sie nicht mehr gerettet werden können.

auf den Gebieten, auf denen sich Ost-West-Konflikte und Nord-Süd-Problematik berühren, Fortschritte allenfalls mit der Geschwindigkeit einer Schnecke erzielt wurden. Und es gehört schon eine erhebliche Portion Verstocktheit dazu, noch immer nicht einräumen zu wollen, daß von den weltweit gewaltig gestiegenen Rüstungsausgaben nicht allein politisch, sondern auch ökonomisch in hohem Maße schädliche Wirkungen ausgehen." Brandt nannte das Übel beim Namen: „In den 100 Milliarden, die in diesem Jahr weltweit für Rüstung ausgegeben werden, steckt das Todesurteil für Millionen unserer Mitmenschen. Die Mittel, sie leben zu lassen, werden durch Waffen absorbiert."

Natürlich wird es niemals möglich sein, Erdbeben, Vulkanausbrüche oder Flutwellen zu verhindern, obwohl einige dieser Naturereignisse heute bis zu einem gewissen Grad prognostizierbar und damit in einem gewissen Maß mit vorbeugenden Gegenmaßnahmen abzuschwächen sind. Was aber geschehen kann und muß, ist eine Verbesserung der Maßnahmen, die nach der Katastrophe das Elend der Betroffenen lindern. Zweierlei ist dabei besonders wichtig. Erstens muß die Hilfe so schnell einsetzen wie nur eben möglich, zweitens muß es die richtige Art von Hilfe sein. Als das Erdbeben von Agadir 1960 eine Stadt, die zum „Miami von Marokko" werden sollte, in einen Trümmerhaufen verwandelte und 15 000 Menschenleben forderte, obwohl es in der Stadt kein fließendes Wasser gab.

Der Kapitän der englischen Kanalfähre „Herold of Free Enterprise" wiederum, die im Frühjahr 1987 sank und 180 Menschen in den Tod riß, verfügte über keine

Oben und unten rechts: Szenen nach dem Erdbeben vom Februar 1976 in Guatemala. Trotz großer Zerstörungen und vieler Verluste an Menschenleben haben die Guatemalteken sich sehr rasch an die Aufräumungsarbeiten gemacht, und bereits am vierten Tag begannen die staatlichen Behörden mit der Verteilung von Hilfsgütern.

vollständigen Passagierlisten. Das Ausmaß der Katastrophe konnte erst mit erheblicher Verspätung bestimmt werden.

Die Weltöffentlichkeit wird aber zunehmend auch von lautlosen und gleichsam unsichtbaren Katastrophen beunruhigt, gegen die selbst mächtige internationale Hilfsorganisationen wie das Rote Kreuz und sein islamisches Pendant, der Rote Halbmond, machtlos sind. Da ist einmal die — wachsende — Zahl von Analphabeten. Über eine Milliarde Frauen und Männer auf unserem schönen blauen Planeten können weder schreiben noch lesen. Sie sind Opfer der Unwissenheit und damit potentielle Objekte des politischen Fanatismus und der Verführung. „Lesen als die große Wanderung durch das Unwirkliche", registriert der Kulturkritiker Fritz J. Raddatz, „ist die Chance zur Besinnung, zur Selbstbegegnung. Wer sich dem Sog fremder Phantasien nie ausgesetzt hat, kann sehr schwer eigene entwickeln; kann Bedrohungen und Zwängen der wirklichen Welt kaum Aktivität entgegensetzen, nicht einmal Toleranz."

Eine internationale Katastrophe von noch nicht abzuschätzendem Ausmaß stellt die Immunseuche AIDS dar. Bereits die jetzt vorliegenden Erkrankungs- und Todeszahlen weisen auf eine Vermehrung der sogenannten HIV-Infektion nach Art des Schneeballsystems hin. Der sprunghafte Anstieg der Infizierten stellt die eigentliche Bedrohung dar. Die Tatsache, daß etwa 20 Prozent der Homosexuellen, 40 Prozent der Fixer und 60 Prozent der — auf Bluttransfusionen angewiesenen — Bluter (Hämophilen) auf lange Sicht vom Virus infiziert sind, darf nicht zu dem irrigen Schluß führen, daß nur „Risikogruppen" von AIDS bedroht sind. Längst hat der mörderische Virus, der das Abwehrsystem außer Kraft setzt und eine simple Erkältung zum tödlichen Risiko werden läßt, auch Heterosexuelle, Nicht-Drogenabhängige und Nicht-Hämophile erfaßt. 95 Prozent aller Patienten mit dem Vollbild AIDS sterben binnen drei Jahren.

Über AIDS könnte gesagt werden, was der berühmte Arzt Christoph Wilhelm Hufeland 1776 über das „venerische Gift" der Lues — die intime Katastrophe unserer Vorfahren — geschrieben hat: „Was sind alle, auch die tödlichsten Gifte, in Absicht auf die Menschheit im Ganzen, gegen das venerische? Dies allein vergiftet die Quellen des Lebens selbst, verbittert den süßesten Genuß der Liebe, tötet und verdirbt die Menschensaat schon im Werden und wirkt also selbst auf die künftige Generation, schleicht sich selbst in die Zirkel stiller häuslicher Glückseligkeit ein, trennt Kinder von Eltern, Gatten von Gatten und löst die heiligsten Bande der Menschheit. Dazu kommt noch, daß es zu den schleichenden Giften gehört und sich gar nicht immer gleich durch heftige und Aufmerksamkeit erregende Zufälle verrät. Man kann schon völlig vergiftet sein, ohne es selbst zu wissen."

Der 1983/84 durch Forschungsgruppen um Professor Luc Montagnier am Institut Pasteur und Professor Gallo im amerikanischen Krebsforschungsinstitut in Bethseda/Maryland entdeckte Syndrom AIDS („Acquired Immuno Deficiency Syndrome") stellt vermutlich die größte Katastrophenherausforderung des 20. Jahrhunderts dar. Prof. Dr. Alexander Schuller vom Institut für Soziale Medizin an der Freien Universität Berlin gibt eine düstere Prognose ab: „AIDS wird sich ausbreiten, immer schneller und mit immer größeren und bald unerträglichen Folgen. Familien und Beziehungen werden zerstört werden, das Gesund-

Oben: Ein Teil der Sendung nicht gebrauchter Medikamente und (Rechts oben) Ein nicht benötigtes Hilfslazarett.

heitswesen wird die hochschnellenden Kosten nicht mehr tragen können, ganze Volkswirtschaften werden erlahmen, Konflikte zwischen Interessengruppen, Wissenschaftlern und Politikern in jeweils verschiedenen Konstellationen werden uns zerreiben."

Dieser Kassandraruf mag manchem zu düster erscheinen. Auch für AIDS mag gelten, was für die Überwindung aller Menschheitskatastrophen gegolten hat: Nicht durch Aberglauben und Hysterie, sondern nur durch Aufklärung, Intelligenz und Selbsthilfe sind Krisen zu überwinden. Der entscheidende Schlüssel für das Überleben der Menschheit ist dabei, ob es den Großmächten gelingt, ihr unfruchtbares Gegeneinander und ihre Macht zur Zerstörung so weit zu begrenzen, daß die Superkatastrophe eines Dritten Weltkrieges unmöglich wird. Das altgriechische Wort „katastrophé" bedeutet nämlich nicht nur „Verderben" und „Zerstörung", sondern auch „Ausweg" und „Umkehr".

Oben: „Iß, trink und sei fröhlich, denn morgen sind wir tot",
diese Devise galt vor allem in jenen Zeiten, in denen große
Teile der Menschheit von Katastrophen wie der Pest heimgesucht wurden. Bis in unser Jahrhundert hinein blieb die Welt
nicht von Seuchen verschont. Die moderne Medizin, eine
hochentwickelte Technologie und ein verstärktes Bewußtsein
für die Not der anderen haben zusammengewirkt, das Gefühl
der Ohnmacht gegenüber den Krisen und Katastrophen des
Lebens abzubauen. Doch sobald Überheblichkeit,
Gedankenlosigkeit oder Unmenschlichkeit des Menschen die
Oberhand gewinnen, schlägt der Tod zu — nicht anders
als im Mittelalter.

Stichwortverzeichnis

Bildnachweis

205(R)	Hilmar/ZEFA
206(L)	U.S. Atomic Energy Commission/William H. Regan, Los Alamos Scientific Laboratory
206(R)	Los Alamos Scientific Laboratory
207	Keystone
208(L)	Rex Features
208(R)	Courtesy Office of the Assistant Secretary of Defense, Washington, D. C.
209(OR)	Popperfoto
209(UR)	Rex Features
210-211(L)	Rex Features
211(R)	Novosti
212	Imperial War Museum, London
214	Aldus Archives
215(O)	Metro-Goldwyn-Mayer Inc.
215(UL)	Black American News Service, Detroit
215(UR)	J.-L. Charmet
216	Vatican Library
217(O)	Queen's College MS 305 f. 11 verso/Bodleian Library, Oxford
217(U)	Victoria & Albert Museum, London. British Crown Copyright
218	The Mansell Collection, London
219(L)	Staatliche Museen Preuss. Kulturbesitz, Frühchristliche-Byzantinische Sammlung, Berlin
219(OR)	The Mansell Collection, London
219(UR)	Mansell/Anderson
220	Archives de Toulouse/Yan
221(L)	Museo del Prado, Madrid/Photo Manso
221(R)	The Mansell Collection, London
222(O)	Photo Yan
222(UL)	The Mansell Collection, London
222(UR)	MS Bodley 270b f. 123v Bodleian Library, Oxford
223(O)	Photo Yan
223(U)	Scala
224	Bildarchiv Preußischer Kulturbesitz, Berlin
225(OL)	Documentation Cauboue
225(UL)	Aldus Archives
225(R)	J.-L. Charmet
226	J.-L. Charmet
227(L)	The Mansell Collection, London
227(R)	Photo Friedrich Schult courtesy Nikolaus Barlach
228(O)	Werner Forman
228(U)	Aldus Archives
229(O)	Aldus Archives
229(UL)	Ferdinand Anton, München
229(UR)	The William L. Clements Library, University of Michigan
230	British Museum/Photo R. B. Fleming © Aldus Books
231(O)	The John Judkyn Memorial, Freshford Manor, Bath/Photo Mike Busselle © Aldus Books
231(UL)	Museo de America, Madrid/Photo Mas
231(UR)	The Royal Library, Kopenhagen
232	The Mansell Collection, London
233(O)	The Mansell Collection, London
233(U)	André Held, Lausanne
234	Bibliothèque des Arts Décoratifs/Photo J.-L. Charmet
235(O)	The Mansell Collection
235(U)	Musée Carnavalet, Paris/Photo J.-L. Charmet
236	Aldus Archives
237(O)	Aldus Archives
237(UR)	The Mansell Collection, London
238(O)	Dwight Lowell Dumond, Antislavery, The University of Michigan Press, 1961
238(U)	Radio Times Hulton Picture Library
239(O)	Dwight Lowell Dumond, Antislavery, The University of Michigan Press, 1961
239(U)	Rex Features
240(L)	Keystone
240(R)	The Wiener Library
241	The Wiener Library
242	Imperial War Museum, London
243(OL)	Imperial War Museum, London
243(OR)	Artia/The Wiener Library
243(U)	The Wiener Library
244-245	Rex Features
246	Baptistery, Florence/Scala
248-249	Topkapi Saray Museum, Instanbul
250(L)	Mansell/Alinari
250(R)	Museo delle Terme, Rom/Photo Scala
251(R)	The Mansell Collection, London
252-254	The Mansell Collection, London
255(O)	MS Douce 208 f. 154/Bodleian Library, Oxford
255(U)	Michael Holford Library photo
256(L)	Ferdinandeum Museum, Innsbruck
257(O)	Radio Times Hulton Picture Library
257(U)	Aldus Archives
259	British Museum/Photo Eileen Tweedy © Aldus Books
260(L)	British Museum/Photo Eileen Tweedy © Aldus Books
260(L)	British Museum/Photo Eileen Tweedy © Aldus Books
260(R)	The Mansell Collection, London
261	Rijksmuseum, Amsterdam
262-263	Library of Congress
264(L)	Library of Congress
265(O)	From the collection of The Union League of Philadelphia
265(U)	The Lane Studio, Gettysburg, Pennsylvania
266(O)	Library of Congress
266(U)	Meserve Collection, New York
267(O)	Alexander Gardner/Ostendorf Collection
267(U)	Library of Congress
268-269	Bilderdienst Süddeutscher Verlag
270(L)	Documentation Cauboue
271(OL)	Bilderdienst Süddeutscher Verlag
271(OR)	Ian Yeomans/Sunday Times Colour Library
271(U)	Bilderdienst Süddeutscher Verlag
272-273	Bilderdienst Süddeutscher Verlag
274	Popperfoto
275-276	Compix
277(O)	Courtesy Office of the Assistant Secretary of Defense, Washington, D.C.
278(O)	Camera Press
278(U)	United States Information Service
279	Radio Times Hulton Picture Library
280-281	Life © Time Inc. 1978
282(O)	John Loengard/Life © Time Inc. 1978
282(U)	Henri Dauman/Life © Time Inc. 1978
283(U)	Camera Press (Robert Jackson/Dallas Times Herald)
284	Israel Sun-Sipa Press/Rex Features
285(R)	Keystone
286(U)	G. Sipahioglu/Rex Features
287	Sipa Press/Rex Features
288	S.C. Bisserot/Bruce Coleman Inc.
290-291	Vernon Mills © Aldus Books
292	Paul Almasy/World Health Organization
293(O)	Photo by UNICEF
293(U)	Photo Geoffrey Drury © Aldus Books
294-295	Sipa Press/Rex Features
296(L)	Bill Eppridge/Life © Time Inc.
297(OL)	Rex Features
297(OR) (U)	Sipa Press/Rex Features
298(L)	Rex Features
298-299 (M)	Popperfoto
299(R)	Rex Features
300(O)	Keystone
300(U)	Popperfoto
301	Camera Press
302	Bob Davis/Aspect Picture Library
303	© Shisei Kuwabara represented by Orion Press, Tokyo
304-305	John Hillelson Agency
306-307	Rex Features
308-309	Sipa Press/Rex Features
310(L)	Brennan/Camera Press (Obs) London
310-311 (M)	Popperfoto
311(R)	Compix
312	Popperfoto
314-315	Popperfoto
316(O)	Gianni Tortoli/Photo Researchers Inc.
316(U)	Keystone
317(U)	Sipa Press/Rex Features
318-319	Sipa Press/Rex Features